# PERIODISTAS EN TIEMPOS DE OSCURIDAD

FERNANDO BELZUNCE

# PERIODISTAS EN TIEMPOS DE OSCURIDAD

## El compromiso inquebrantable con la verdad en la era de la desinformación

Svetlana Alexiévich (Bielorrusia)
Martin Baron (Estados Unidos)
Sergio Ramírez (Nicaragua)
Carole Cadwalladr (Reino Unido)
Patricia Campos Mello (Brasil)
Zaffar Abbas (Pakistán)
y cien más

*Ariel*

Primera edición: septiembre de 2025


Avda. Diagonal, 662-664, 08034 Barcelona
Editorial Ariel es un sello editorial de Planeta, S. A.
www.ariel.es
www.planetadelibros.com

ISBN: 978-84-344-3959-7
Depósito legal: B. 13.366-2025

Impreso en España

El papel de este libro procede de bosques gestionados de forma sostenible y de fuentes controladas.

# ÍNDICE

# Prólogo

Fernando Belzunce se formó en la redacción de un diario estremecido por las bombas de ETA, la banda terrorista que asesinaba a guardias civiles, jueces, alcaldes y periodistas. Entre el duelo y el espanto, el trabajo periodístico continuaba: había que seguir informando cada día. Ese deber de informar, que es la manera de garantizar a los demás el derecho de saber, se imponía sobre el miedo. Si extrapolamos su experiencia a la de miles de periodistas en el mundo actual, nos encontraremos con que, en distintos lugares del planeta, la lucha es la misma: la palabra defendiéndose en contra de regímenes políticos represivos, de caciques locales corruptos, de bandas mafiosas, de los cárteles de narcotraficantes. Periodistas desaparecidos y asesinados en México, Palestina, Pakistán y tantos otros países según el recuento de Reporteros Sin Fronteras; alguno de ellos salió de la redacción a hacer su trabajo de reportero en la calle y nunca volvió a ser visto; otro apareció en la cuneta de una carretera, con las manos atadas con alambre de púas y un tiro en la cabeza. Publicaron lo que el poder que pretende adueñarse de las palabras busca esconder. Una profesión de alto riesgo, que encarna no pocas veces un heroísmo cotidiano.

Svetlana Alexiévich, premio Nobel de Literatura de 2015 y autora del testimonio que encabeza este libro, afirma que lo que le interesa en su oficio, como escritora y como periodista, es el ser humano «en toda su profundidad, en su contenido animal, en su oscuridad», igual que interesaba a Dostoyevski. Asomarse al abismo, iluminarlo. Y lo que interesa a Fernando Belzunce, tal como se nos revela en estas páginas, es, además, ver a los propios periodistas como seres humanos, capaces, desde su propia fragilidad e incertidumbre, de percibir y transmitir una visión veraz del mundo, lo más fiel a la verdad. El periodismo, así entendido, es ante todo una profesión humanista.

O como lo dice la periodista colombiana Jineth Bedoya, en un mensaje dirigido a sus colegas de oficio: «Cada vez que tomen su grabadora, cada vez que se sienten a escribir frente a un ordenador, cada vez que vayan a grabar un pódcast, cada vez que vayan a hacer un documental, antes de empezar un trabajo, deben ponerse en los zapatos de quien tienen enfrente». Entrar en el otro para ser el otro es una de esas maneras de buscar la verdad.

A lo largo de varios años, el autor de esta obra entrevistó a más de un centenar de periodistas de muy distintos países en todos los continentes, para luego entretejer sus voces y ofrecernos, en el entramado de sus testimonios cruzados, un concierto coral, como el propio autor afirma, que impresiona y no pocas veces estremece, precisamente porque, más que entrevistas cansinas, de preguntas y respuestas, escuchamos voces desnudas que nos llegan directamente al oído, y que han pasado antes por el tamiz de un cuidadoso trabajo de edición para conectarlas y darles armonía. Entre todas, son el testimonio. Son voces que nos hablan de tiempos difíciles, tiempos de perplejidad, tiempos de crisis. En *Pasado y presente*, que cierra sus *Cuadernos de la cárcel*, Antonio Gramsci escribía en 1930, en pleno auge del totalitarismo, que «la crisis consiste justamente en que lo viejo muere y lo nuevo no puede nacer, y en este terreno se verifican los fenómenos morbosos más diversos». Esta es una frase que, por socorrida, no resulta menos válida para ilustrar el fenómeno de incertidumbre que un siglo después vive la humanidad. Tiempos de oscuridad a cuyo amparo se crían monstruos de apetito insaciable por devorar la libertad.

La crisis que vivimos está signada por dos factores que, al combinarse, vienen a resultar letales: el cambio del patrón tecnológico, determinado por el surgimiento del paradigma digital, que es totalizante por sí mismo, porque determina toda la actividad social y económica, empezando por las maneras de transmitir la información. Se ha derrumbado todo el sistema tradicional de medios de comunicación, y han variado radicalmente las maneras de producir la información, así como de recibirla. Y este fenómeno, que está aún lejos de consumarse, nos deparará cambios aún más radicales con el advenimiento de la inteligencia digital.

El otro factor es el auge de corrientes políticas que desde dentro de los sistemas políticos democráticos desafían a la misma democracia y ponen en cuestión sus postulados fundamentales. En el siglo XX las democracias liberales sucumbían debido a los golpes de Estado, y una de las primeras medidas de las juntas militares era ocupar las estaciones de radio y televisión, y cerrar los periódicos. Hoy estas democracias sucumben porque sus enemigos conquistan legalmente los votos. Son Gobiernos antidemocráticos electos. Y entre sus primeros objetivos está también apoderarse de los medios de comunicación, o destruirlos, en la medida en que la ambición totalitaria es la de la palabra única. Los monstruos que a comienzos de este siglo parecían muertos o domesticados vuelven a tener aliento, y surgen otros fabricados por la demagogia populista. Si la misión trascendental del periodismo ha sido desnudar los hechos para enseñar la verdad, hoy en día es la verdad misma la que se pone en cuestión. Se ha creado con éxito el concepto de «verdad alternativa», que no es otra cosa que una distorsión de la lógica para darle carta de legitimidad a la mentira.

Y quizás no existe una aberración mayor que el presupuesto mentiroso de que libertad y democracia son incompatibles, lo que equivale a hacer creer que solo en un sistema totalitario es posible la plena realización de la libertad individual, cuando esta comienza por la libertad de pensamiento, el pensamiento libremente expresado que solo puede florecer bajo un pleno Estado de derecho. Cuando Svetlana Alexiévich afirma que se considera a la vez escritora y periodista, está definiendo el infaltable doble carácter de este oficio que, por su vocación humanista, es un oficio ético. Para ser un buen periodista, hay que ser un buen escritor. Y un escritor debe saber emplear las herramientas del periodismo, y viceversa, el periodista las de la escritura. Al fin y al cabo, en ambos, que son uno solo, no pueden faltar las palabras: están hechos de palabras y se deben a las palabras.

Un oficio imperecedero, sin duda. Habrá periodismo, sea cual sea su forma, mientras exista quien necesita contar una historia y quien necesita conocerla. Igual que en la literatura, todo parte de la necesidad de contar y de oír contar; de transmitir y de recibir; de escribir y leer. Y, mientras tanto, el periodista, al asumir con entereza su oficio de todos los días, al imponerse a las amenazas que buscan coartar sus palabras, al negarse a la autocensura, estará defendiendo la democracia y haciéndola posible. Si hay una lección que sacar de la lectura de las páginas de este libro, es justamente esa, que libertad de palabra y democracia son consustanciales, y que una no puede vivir sin la otra.

SERGIO RAMÍREZ,<br>escritor y periodista nicaragüense.<br>Premio Cervantes de Literatura

# Introducción

Estamos inmersos en tiempos oscuros que en el futuro serán materia de estudio. El impacto de las grandes corrientes tecnológicas en el periodismo y en las democracias es aún desconocido, pero es ya evidente que hemos entrado en una nueva era marcada por la convulsión y las turbulencias globales. Mi intención es aportar algo de luz en la penumbra para iluminar la esencia de una profesión, sus problemas y sus retos actuales, que tanto se emparejan con los de las sociedades libres. El proyecto surgió hace ya años de la necesidad que sentía de compartir impresiones e inquietudes con colegas de todo el mundo y, a la vez, de asumir cierta responsabilidad que, en mi medida, considero que me corresponde. Parte de un compromiso. Los periodistas estamos acostumbrados a contar lo que les sucede a otras personas, pero no tanto lo que nos sucede a nosotros mismos, algo que, aunque a menudo no percibamos, afecta a todos. El vertiginoso proceso de cambios en el que navega el periodismo, con vientos en contra y vendavales políticos, tiene un fuerte impacto en la información y, por tanto, en la buena salud de las democracias. Esta historia tiene que ser contada.

No ha sido un trabajo sencillo. Llevo mucho tiempo asistiendo de primera mano a una transformación imparable y a un azote tecnológico con importantes consecuencias en el terreno de la política y de las ideas que obliga a revisar el pasado reciente y a repensar el momento actual. Este proceso me ha conducido a enfrentar mi propio pasado y a recordar las razones que me llevaron a elegir esta profesión, que quizás eran algo diferentes a las que me llevan ahora a seguir ejerciéndola tantos años después, con un empeño y un sacrificio personal que a menudo solo otros periodistas entienden.

Quise ser periodista porque, como tantos otros, sentía una gran curiosidad. Un ansia de conocimiento que se unía a una fuerte afición a la lectura y la escritura. Básicamente, quería conocer mundo y quería dedicarme a escribir. Ocupé cuatro veranos consecutivos haciendo prácticas en medios de comunicación de distintas ciudades y, ya licenciado, obtuve mi primer trabajo en el periódico vasco *El Correo*, en la sede central de Bilbao. Empecé con una beca en la sección de Cultura, donde en principio se satisfacían todas mis inquietudes, pero pasé rápidamente a la edición digital, en pleno nacimiento del periodismo en internet. Desde entonces he asistido de primera mano a toda la revolución digital. En aquellos inicios, publicaba noticias de última hora en la web o me encargaba de secciones especializadas. Mientras tanto, escribía para el periódico por las noches y en mis días libres, incluso durante las vacaciones, que aprovechaba para hacer reportajes o cubrir festivales de cine, movido por esas ganas desbocadas de escribir.

Todo en un ambiente de trabajo muy marcado por el terrorismo de ETA. Los atentados eran tan frecuentes en aquella época —en torno al año 2000— que denominábamos a las tres posiciones de apertura de la web «Bomba A», «Bomba AB» o «Bomba ABC». En función de la importancia o la gravedad del atentado, la noticia ocupaba la apertura en zona o columna A, en zona A y en B —que pasaba a ser más ancha—, o en A, B y C —que equivalía a todo el ancho de la página—. Ese era nuestro vocabulario técnico de rutina.

Aquel fue un lugar de aprendizaje privilegiado. No solo periodístico, sino humano. *El Correo* constituía un faro para una sociedad donde el terrorismo causó estragos, con más de ochocientos muertos, miles de heridos y numerosos exiliados. Allí es donde descubrí esas otras razones para ejercer esta profesión que, como decía antes, acaban siendo más fuertes que las que te llevan a iniciarla: ese sentido del compromiso con la sociedad y la idea de la responsabilidad, ese anclaje con los principios y esa tremenda valentía que veía en los jefes del periódico y en otros compañeros que cubrían, sobre todo, la sección de Política, aunque también otras. Fueron un ejemplo increíble. Recuerdo la cantidad de asesinatos que cubrimos en la página web y cómo me marcó todo aquello. Tenía veintitantos años y no era nadie, tan solo alguien que quería aprender mucho y que procuraba observar con gran atención en una época muy intensa. Cuando me llamaban a la reunión de la mañana para que contara los temas de la web, no me hacían mucho caso, pero me dejaban quedarme después. Entonces escuchaba muy callado, sin querer molestar, cómo los jefes comentaban los otros temas, los verdaderamente importantes.

Algunos periodistas de *El Correo* estaban amenazados por ETA. Se veían guardaespaldas por el periódico y había importantes medidas de seguridad. Leías en paredes y pancartas amenazas e insultos al periódico y a los que éramos sus empleados. Recuerdo que un domingo por la tarde tiraron decenas de cócteles molotov a la redacción. Se percibía tensión y preocupación, pero nadie daba un paso atrás y todo el mundo seguía haciendo lo que tenía que hacer.

El momento que sentí más duro fue cuando ETA asesinó a Santiago Oleaga, director financiero de *El Diario Vasco*, un periódico que siempre he sentido muy cercano y que pertenece al mismo grupo editorial, Vocento. Aquel jueves, un 24 de mayo de 2001, la noticia causó una importante conmoción en *El Correo*. Aunque no llegué a conocer personalmente a Santi, su muerte me marcó para siempre. El crimen trasladó un mensaje que no dejaba dudas. El riesgo que se asumía al trabajar en periódicos como aquellos era ese, y, pese a la amenaza, todos siguieron trabajando con la misma entrega de siempre. Después pasaron muchas cosas más, pero aquel día no se me olvidará jamás; lo tengo muy presente. He conocido a muchas personas que vivieron aquello en *El Diario Vasco* y en *El Correo*. Son inspiraciones para siempre. Algunos, por supuesto, aparecen en este libro.

Trabajo en la actualidad como director editorial de Vocento, tras una trayectoria profundamente marcada por la evolución y el desarrollo de internet. El grupo de comunicación cuenta en España con varios periódicos, entre ellos mi querido *ABC*, y más de mil periodistas. Tengo muy buena relación con muchos colegas de otros medios, con los que comparto ilusiones e inquietudes, y mi entorno cercano está también rodeado de periodistas. Aún me sorprende la calidad humana, el sentido de la responsabilidad que guía el trabajo y el entusiasmo que se percibe incluso en los más veteranos, tras décadas de esfuerzo a sus espaldas. También formo parte del World Editors Forum Board de WAN-IFRA, un consejo internacional de directores que me ha permitido comprobar que el desasosiego ante la situación que vive el periodismo en la actualidad es común en los distintos continentes. Lo mismo he podido experimentar en mi colaboración con la Fundación Gabo, una de las instituciones más inspiradoras de la escena internacional, con un impacto excepcional en España y América Latina.

No es fácil explicar un trabajo, una vida, donde la vocación, para bien y para mal, juega un papel tan importante, al igual que la entrega y el compromiso. Un oficio duro, hermoso y necesario que resulta muchas veces ingrato y que desde hace años es sometido a ataques planificados, motivados por intereses opacos que merece la pena descubrir.

Para llevar a cabo este proyecto, he realizado más de cien entrevistas con colegas de profesión de decenas de países. Intervienen premios nobel y premios pulitzer, líderes de cabeceras internacionales y directores de medios nacionales y locales, grandes novelistas y ensayistas, estrellas de la comunicación e influyentes firmas de opinión, así como conocidos corresponsales, reporteros de guerra, periodistas exiliados, verificadores y autores de investigaciones que han puesto patas arriba Estados y compañías multinacionales. También aparecen, casi a su pesar, informadores humildes y discretos, tan importantes como los anteriores, que merecen ser descubiertos, al igual que profesionales orientados a la innovación, la transformación digital, el diseño o los negocios. Todos ellos son referentes. Sus vivencias y sus reflexiones me permiten guiarte por este ensayo que retrata el estado del periodismo desde una mirada global mientras trazo un dibujo sobre la situación geopolítica desde múltiples perspectivas, con especial impacto en la defensa de los derechos individuales y colectivos.

Quería entender y mostrar sus preocupaciones, sus motivaciones y sus ideales. Aquellos que los impulsaron a embarcarse en un viaje tan apasionante como complicado. Encontrarás historias de superación y relatos tan duros como conmovedores que ejemplifican la dedicación y el coraje de quienes, de manera silenciosa, enfrentan obstáculos y peligros de enorme magnitud, motivados por un compromiso con la verdad y la sociedad que merecen, deben, ser conocidos.

No es una propuesta orientada a periodistas, sino a lectores interesados en la política, en la escena internacional, en las relaciones de poder, en los mecanismos de la influencia y en los movimientos soterrados que determinan el mundo en que vivimos. Todo desde el punto de vista de profesionales de la información que han sido testigos de acontecimientos históricos, cuyos principios reconcilian a uno con el género humano y la idea de sentido colectivo.

Así que el ensayo va de menos a más. Empiezo relatando experiencias y pensamientos que ilustran la iniciación en este campo, y continúo con historias que reflejan este excepcional compromiso. He dedicado una sección completa a la reflexión sobre el sentido y la misión del periodismo, a modo de invitación para que te reconcilies con nosotros. Hay un bloque de ruptura centrado en la irrupción de internet, donde se mezclan las ilusiones iniciales con la decepción posterior. Hago hincapié en la convulsión que ha supuesto la aparición de las grandes plataformas tecnológicas, con una posición de dominio que ha quebrado la sostenibilidad de las empresas de nuestro sector. Este apartado presta también especial atención a las incógnitas y los retos que presenta la inteligencia artificial.

Las redes sociales tienen, como es esperable, un especial protagonismo por el papel mayúsculo que juegan en la propagación de la desinformación, los ataques organizados contra los informadores y la ruptura de la conversación pública real, socavando los cimientos de las democracias y contribuyendo de manera determinante al auge y la consolidación de movimientos políticos extremistas o iliberales en diversos países. Hay también grandes dosis de autocrítica y propuestas para mejorar este oficio, que a menudo pasan por volver a poner en primera línea su esencia, a veces ensombrecida por el aluvión tecnológico. La autocrítica, la innovación y la responsabilidad son los pilares fundamentales en esta búsqueda de una prensa más ética, transparente y cercana a la sociedad.

Muchos de los que aparecemos en esta obra coincidimos en que este trabajo no está llamado a cambiar el mundo, pero todos creemos que debe contribuir a que el ciudadano pueda disponer de su derecho a estar informado. No es poco. Porque una sociedad no puede ser libre sin información libre. Estamos enfrentando un verdadero ataque global, con casos de censura, persecución y violencia contra informadores que, contados aquí en primera persona, evidencian la urgencia de defender la libertad de prensa y expresión.

El hecho de conocer esta realidad de primera mano desde hace ya mucho tiempo es lo que me ha llevado a dar este paso adelante. Considero que, dada la experiencia acumulada, debía contribuir a divulgar una situación de enorme gravedad que en gran medida resulta desconocida por el gran público, con el propósito de que haya una toma de conciencia sobre la situación que afrontamos como sociedad.

El libro responde a un planteamiento coral. Se trata de conversaciones con profesionales seleccionados que comparten sus experiencias y aportan sus pareceres sobre asuntos concretos, con la idea de que la suma de todas sus voces acabe conformando un relato único. He eliminado las preguntas porque están implícitas en las respuestas. Los relatos están conectados entre sí y apenas necesitan transiciones ni contextos explicativos. Son muy contundentes. Me he dado cuenta de cuántas ganas tenemos de contar lo que nos sucede, y de cómo nos sentimos. Cuánto nos ha aliviado tener esta fenomenal excusa para el desahogo.

Esta compilación de voces desemboca en un formato muy trabajoso pero muy periodístico. Hay un ingrato trabajo de edición que ha ocasionado la eliminación de mucho material para que la obra fuera abordable. Ha sido muy doloroso reducir no solo las intervenciones de tanta gente brillante, sino incluso algunas entrevistas completas. Pero ha sido necesario. Considero que el formato se adapta a la temática como un guante y que supera la monotonía del relato único en primera persona. Confío en que la lectura de un asunto que en el fondo es denso y complejo te resulte fresca y agradable. El esfuerzo ha sido enorme. Para abordar el proyecto, me he inspirado en la obra de Svetlana Alexiévich, referente del género de literatura documental, apenas explorado en el idioma español. Suya es la apertura.

FERNANDO BELZUNCE
*Madrid, 2025*

# APERTURA

---

Svetlana Alexiévich (Bielorrusia)

# Estos tiempos son oscuros

Cuando tenía cuatro años ya decía que quería ser escritora. De niña, un poco más mayor, escribía poesías cortas y mis familiares siempre se reían de mí porque no cesaba. Repetían, porque les hacía gracia, una frase que solía decir: «Seré escritora». Cuando me entregaron el Premio Nobel, sentí una profunda tristeza por el hecho de que mis padres no estuvieran vivos para presenciarlo. Me habría encantado que lo vieran, que hubieran hecho bromas con esa misma frase que tanto decía de niña: «Seré escritora». Sentí mucha pena.

Ese episodio infantil es una anécdota, claro, pero si hablamos en serio, tengo que decirle que creo que un escritor de verdad nace con la sensación de camino marcado. He vivido toda mi infancia y juventud —bueno, no toda, pero sí esos años decisivos— en una zona rural. Mis padres eran maestros en la escuela del pueblo. En este periodo temprano me marcaron mucho las conversaciones, los relatos que se comunicaban unas a otras las mujeres jóvenes, o maduras, sentadas en los bancos pegados a las casas. Aquellas conversaciones eran incluso más interesantes que los libros. Teníamos una cantidad tremenda de libros en nuestra casa y me encantaba leer, pero aquellas conversaciones eran fascinantes.

Creo que soy medio escritora y medio periodista. Nunca me he despedido por completo de mi perfil periodístico. De hecho, mi padre era periodista. Solo en un momento dado de su carrera profesional decidió ser maestro, siguiendo una tradición familiar de cuatro generaciones. Era algo que llevaba dentro lo que le convenció para aceptar este puesto. Por eso nos trasladamos a la zona rural. Cuando me gradué en la escuela no tenía ninguna duda, ya sabía que iba a ingresar en una facultad de Periodismo.

Así que, en definitiva, tenía, por un lado, a mi padre y, por otro lado, a esas mujeres que yo escuchaba y que me marcaron tanto. Eran como el compás que siempre resonaba en mi mente y en mi ser cuando escribía.

Trabajé como periodista, sí. Primero unos cinco o seis años en un periódico y luego pasé a una revista. Pero me sentía como una rata en una ratonera, me faltaba espacio. En lo que se supone que era el periodismo soviético, no me sentía libre, sino encerrada. Lo que me interesaba a mí no era relevante para el periódico donde trabajaba. Lo sabemos todos nosotros. Lo que estamos leyendo en un periódico tiene un nivel muy superficial. A mí muy pronto me empezó a interesar la realidad con la que me encontraba a un nivel muy distinto.

Lo que me atraía era el ser humano, no tanto en su dimensión social, superficial, sino el ser humano en toda su profundidad, en su contenido animal, en su oscuridad, en lo que de alguna manera ha reflejado Dostoyevski en sus libros. Me interesaban, como dijo un escritor soviético —ahora no recuerdo cuál—, las entrañas del ser humano.

Esta manera coral de abordar las historias podría responder a que aprendía más hablando con personas que leyendo libros. Puede ser, sí. Lo que encontraba en los libros era insuficiente. Tenía la sensación de que el ser humano siempre ha sido mucho más amplio. Tiene más volumen, más posibilidades de las que suele mostrar la literatura. La guerra, por ejemplo, no es solamente un conflicto armado. Hay un añadido más importante que procede del ser humano como tal.

De hecho, debo decir que en la literatura rusa existía no tanto una tradición, sino incursiones en este tipo de género. Por ejemplo, durante los años de la Primera Guerra Mundial, hubo una enfermera procedente de una familia aristocrática que registraba en un cuaderno lo que le relataban los enfermos en los hospitales. Su apellido era Sidorchenko. Era su posición, digamos, aristocrática, lo que le empujaba a hablar con la gente más sencilla, en un intento por descubrir la vida y llenar los vacíos en su percepción del mundo.

Y luego están Alés Adamóvich, a quien considero mi maestro de letras, y Daniil Granin, otro escritor. Los dos trabajaban en este campo: el de registrar la memoria oral. Adamóvich decía que lo que la gente te cuenta es megaliteratura, hiperliteratura. Que, de alguna manera, ese tipo de literatura está por encima de lo que tú puedes crear como escritor. Incluso Tolstói, en sus diarios, escribió que, tarde o temprano, los escritores debían tener en cuenta esa realidad viva al crear los argumentos de sus novelas, porque la vida está por encima de cualquier invención. Es superior.

No sé muy bien cómo logro ganarme la confianza de estas personas. Me cuesta explicarlo, pero tal vez esto fue la herencia de mi padre. Él, por muy director de escuela que fuese —una posición muy respetada en las zonas rurales—, era capaz de pararse en mitad de la calle para ayudar a una anciana a llevar a casa un cubo con agua, y no parar de hablar con ella durante dos horas: de lo humano, de lo divino, de lo vivido... Era capaz de entrar en su vida de esta manera. Veía lo mismo, por ejemplo, cuando visitaba a mi abuela, que vivía en una aldea en Ucrania. En aquel lugar la gente se sentaba y hablaba. Hablaba de cosas dolorosas, de desastres, de sucesos que les remitían a Dios. Compartían todo lo que les había ocurrido. Eran unos relatos muy impactantes, unas vivencias muy profundas. Yo quedaba inmersa en sus testimonios.

Por supuesto, al comenzar un trabajo tengo una idea preconcebida y luego la modifico. Siempre tengo una idea inicial. Lo que ocurre es que, al ir de una persona a otra, a veces esta idea se modifica y se hace más grande en todos los sentidos. Hace poco estuve releyendo mis libros para preparar una nueva edición en ruso. He llegado a la conclusión de que, actualmente, los haría de una manera muy diferente. Habría hecho otras preguntas y habría abordado otros temas. Porque, al igual que mis interlocutores, crezco y cambia mi visión del mundo, cambia también mi intención. Cambiarían los libros, sin duda.

No toda persona puede hablar. Cuando digo hablar no me refiero a una conversación rutinaria, de las que siguen el curso de la vida, sino a una expresión auténtica de un ser que reflexiona, que analiza. Alguien que se interroga sobre sí mismo, sobre lo que le rodea, etc. Una persona que piensa, que indaga en su interior. De cada diez personas, diría que, como mucho, hay dos con esa capacidad. La mayoría simplemente transita por la saga de la vida.

El periodismo parece haberse visto reducido por la tecnología. Coincido con usted. El periodismo actual tiene mucho margen para innovar, y estoy completamente de acuerdo en que la técnica no es el problema. Recuerdo, hace muchísimos años, que me preguntaban por el tipo de grabadora que usaba, si traía las preguntas pregrabadas... Y no, nunca trabajé así. Yo voy a ver a una persona, que es tu vecino en el tiempo, y a hablar con ella. La cuestión es: ¿quién es el que hace la pregunta? ¿Hasta qué punto eres interesante para el otro? ¿Te lo has preguntado alguna vez? ¿Hasta qué punto eres capaz de indagar, adivinar o intuir algo sobre los misterios del tiempo, de la actualidad, del ser humano? En resumidas cuentas: ¿quién eres tú?

Para mí, la aprobación más alta se producía cuando una persona, tras haber pasado con ella toda la jornada en su casa, me decía: «Por Dios, no era consciente de que sabía todas estas cosas. Jamás habría pensado que pudiera tener dentro estos pensamientos, estos sentimientos. Gracias a ti lo estoy sacando afuera. Los estaba revisando, y estaban tan profundamente enterrados en mi ser que nunca habían aflorado».

De hecho, mi trabajo, ya sea entendido como mi profesión o como vocación, consiste en rescatar el tiempo perdido, y no solo el que se pierde a través de los medios de comunicación, sino también el que desaprovecha el propio ser humano.

El momento es muy importante, y el hecho de no preparar preguntas de antemano es clave. Porque no se trata de una entrevista, sino de una conversación, donde tiene que generarse un clima de confianza. Esa conversación tiene que arrastrarnos tanto a mí como a la persona con la que hablo; es lo que estimula la memoria y desata todas las bifurcaciones. Ahora estamos hablando de un tema y luego estamos hablando de otro. Conduce a otros niveles. No hay que forzar la conversación. Si insistes en las preguntas, lo arruinas: el clima se rompe de inmediato. Y entonces, le niegas a la persona la posibilidad de expresarse.

Para mí, nunca ha sido peligroso lograr que todas estas personas mostraran sus pensamientos. Sinceramente, no lo creo. La autocracia, la dictadura, son formas de poder muy primitivas. Hay un líder que manda sobre la variedad de voces y, evidentemente, de opiniones. No se contempla que exista una sola persona que piense de otra manera y, además, tenga voz. Quien lo hace, se convierte en una figura incómoda para el régimen. Ahí reside la causa de mi imposibilidad de volver a casa, a Bielorrusia.

Ahora estoy trabajando en un libro que tratará el tema de la revolución en Bielorrusia y la guerra de Rusia contra Ucrania. En su momento, escribí sobre el ocaso del hombre soviético. ¿Ha leído ese libro? Pensé que aquel hombre soviético había desaparecido, pero me equivoqué. Todavía existe y ahora ha vuelto a empuñar las armas en Ucrania. Por eso tengo que continuar con mi labor y estoy preparando este nuevo libro.

Para mí es muy importante el periodismo, sobre todo ahora, en estos tiempos oscuros, donde parece que las sociedades democráticas retroceden. Creo que los periodistas son los que luchan y salvan la democracia. Su propósito de escribir este libro es muy importante.

Svetlana Alexiévich

# LA PROMESA

Nwabisa Makunga (Sudáfrica)

Alessandra Galloni (Italia)

Angélica Cárcamo (El Salvador)

Pamella Sittoni (Kenia)

Roberto Dias (Brasil)

Fatemah Farag (Egipto)

Gustavo Villarrubia (España)

Óscar Villasante (España)

Pepa Bueno (España)

Julián Quirós (España)

Wahida Faizi (Afganistán)

Rosa Hilda Rivas (El Salvador)

Cristian Alarcón (Chile-Argentina)

*La curiosidad, la aventura, la afición a leer y a escribir, la fascinación por la televisión o por la radio, la defensa de unos ideales o el esbozo de una vida alejada del aburrimiento son motivos habituales para quienes se inician en el periodismo. También influye la promesa de la imagen que uno trata de proyectar en el futuro. En esta sección, voces de distintas latitudes comparten el origen de su pasión. A veces los motivos que te llevan a elegir este camino no son los mismos que te impulsan a continuarlo.*

## Sin un periodismo creíble, la democracia sudafricana no sobreviviría

Era muy joven, apenas una adolescente, y no entendía realmente lo que estaba pasando. Pero viendo ese funeral y, sobre todo, la forma en que la emisora contaba la historia de este hombre, se despertó algo en mí. No fue tanto por el hombre en sí —evidentemente, muy importante—, sino por el trabajo que realizaba la emisora, que era muy bueno. Me impactó. Me pareció un trabajo trascendental, muy necesario. Recuerdo que fue casi la primera vez que interactué con una pieza periodística gracias a la televisión en directo. Pensé por primera vez que de mayor me gustaría trabajar ejerciendo una labor tan decisiva para la vida de las personas. Lo sentí así. No tenía claro si me gustaría trabajar necesariamente en televisión, pero sí dedicarme a la narración, de una u otra forma. En ese momento ni siquiera lo identifiqué como periodismo, porque no sabía bien qué era. Simplemente, pensé que me gustaría contar una historia tal y como lo hacía aquel periodista. Me cautivó y me pareció que transmitía la importancia de lo que había ocurrido de una manera muy meritoria y responsable. Me pareció que ese propósito era relevante. El trabajo de ese señor era vital.

Ese fue, por así decirlo, el comienzo de la chispa inicial de mi interés. A medida que pasaron los años descubrí también que me gustaba escribir. Y creo que fue solo cuando tuve que ir a la universidad que descubrí que había una cosa llamada periodismo. ¿No te pasó algo parecido? El periodismo no es tan fácil de explicar cuando eres adolescente. Así es como me enamoré realmente de este oficio. Sin un periodismo creíble, la democracia sudafricana no sobreviviría. Es uno de los pilares más importantes de la democracia sudafricana, porque la democracia en sí misma depende de la transparencia. Y lo que hace el periodismo es aportar el tipo de transparencia que necesitamos para poder mantener nuestra democracia.

Creo que es una labor profundamente honorable. Es un trabajo que me tomo muy en serio. Al principio pensé que no sería tan difícil como lo es ahora. No esperaba que las plataformas hicieran lo que están haciendo en nuestros días. No esperaba estas campañas de desinformación, desde luego. Nadie te enseña sobre eso. Nosotros, como periodistas, no hablamos de periodismo lo suficiente como para explicárselo a la sociedad. Somos conformistas y queremos que la obra hable por sí sola. Pero la realidad es que competimos con personas que son antidemocráticas y contrarias a la transparencia. Y lo que hacen esas personas es utilizar determinadas redes sociales para desacreditar el propio arte del periodismo. Narrativas como las que ha popularizado Trump, como que el periodismo es el enemigo del pueblo, son absolutamente falsas. Y la gente les cree. Y creo que no hacemos lo suficiente para explicarle a la gente que por eso hacemos lo que hacemos, en beneficio de la democracia y, en última instancia, de las personas. No hablamos lo suficiente de ello. Tenemos que explicarlo.

Es extraño, porque en sus inicios internet era algo abstracto que no tenía nada que ver con el periodismo. No lo concebíamos como parte del oficio. No veías a las plataformas, que por entonces comenzaban a crecer en Sudáfrica, como una oportunidad hasta que nos dimos cuenta del poder que tenía internet para narrar historias. Y luego empezamos a pensar en cómo usar esto para contar realmente las historias. Me emociono cuando hablamos de cómo ser creativos, cómo innovar y contar mejor nuestras historias. Este es el mejor medio de transporte para la creatividad.

En *Sowetan* hicimos una cobertura muy buena. Sudáfrica lucha desde hace muchos años contra la crisis energética. Simplemente, no tenemos suficiente energía, así que se organizan apagones continuos bajo un programa denominado «reducción de carga». Son apagones programados que provocan una agenda un poco caótica, aunque esté organizada. Puedes imaginar lo que eso causaba a nuestras comunidades y a nuestra economía. Nada era capaz de funcionar cuando los apagones eran continuos.

Contactamos con cien pequeñas empresas durante poco más de una semana. Les pedimos que compartieran sus historias, porque queríamos saber cómo les afectaban los altos precios de la energía y los apagones. Sus historias eran desgarradoras: no solo estaban perdiendo ingresos, sino que algunas personas habían perdido sus empleos. Publicamos algunas de las historias en el interior de nuestra publicación, y en la portada decidimos enumerar únicamente las cien empresas. Era una página en blanco, cubierta solo con sus nombres: nombre tras nombre de negocios afectados. En la parte superior de la portada, centrado, incluimos un mensaje dirigido al Gobierno, denunciando cómo su incapacidad para solucionar la crisis energética había llevado a la ruina a tantas empresas. La publicación fue justo antes de que nuestro presidente tuviera que viajar a la reunión anual del Foro Económico Mundial. El presidente canceló su viaje.

Ese artículo periodístico tuvo impacto nacional, salió en el norte de África, en la CNN. La forma en la que el Gobierno respondió reveló el impacto. Se nombró un ministro de Electricidad y, de repente, tuvo lugar un cambio total en la forma de hacer frente a toda esta crisis. Ese es el poder de contar historias y de poner a las personas en el centro. Este es un caso del que realmente estamos orgullosos.

Hace aproximadamente diez años, en Sudáfrica se dio un fenómeno llamado «captura estatal». Consiste básicamente en que los empresarios utilizan a los políticos para apropiarse del Estado. Ha sucedido en más países. En Sudáfrica, casi todo el Estado fue capturado por la familia Gupta, una familia india que emigró a Sudáfrica a principios de los noventa y que influyó de manera muy estrecha en el presidente Jacob Zuma, de modo que formaron una especie de Gobierno en la sombra. Un grupo de periodistas de diferentes publicaciones trabajó durante meses en una investigación que reveló, con todo tipo de detalles, lo que había estado sucediendo durante años y que nadie quería enfrentar.* Expusieron la magnitud de lo que ocurría hasta un punto en que

* Branko Brkic se refiere a esa investigación, llamada «Gupta Leaks», en la p. 265.

el presidente del país tuvo que dimitir. Ese hombre había vendido nuestro país a esta poderosa familia, y fue el trabajo de esos periodistas lo que permitió desmantelar aquella corrupción. Quiero decir, la Policía no podía hacer nada, y tampoco los inspectores de Hacienda. Fueron únicamente esos periodistas. Me acuerdo de cuatro o cinco, pero de muchos de ellos, muy involucrados en este trabajo, no recuerdo ni el nombre, pese a que probablemente hayan realizado el trabajo más importante para la democracia sudafricana en los últimos tiempos. Ese sentido de trascendencia es el que percibí de niña y lo que me cautivó para siempre.

NWABISA MAKUNGA,
editora de *The Sowetan*. Sudáfrica

## Me enamoré del potencial

Estudié Economía Política en la Universidad de Harvard y también estudié en la London School of Economics, dos de los centros más prestigiosos del mundo. ¿Por qué no elegí una profesión a priori más lucrativa? La verdad es que nunca he querido hacer nada más que esto. Creo que ya lo tuve así de claro alrededor de los 13 años. Me encantaba escribir y participaba en el periódico de mi instituto en Queens, Nueva York. Luego, comprendí la importancia, el poder y la responsabilidad de los periodistas. Me enamoré del potencial que tienen para marcar la diferencia para otras personas. Eso es embriagador. Participé en *The Harvard Crimson*, el periódico de la universidad. Me gradué un sábado y empecé a trabajar un lunes. Este es uno de esos oficios en el que todos los días te das cuenta del impacto que puedes tener y, cuanto mayor es ese impacto, más comprendes el alcance de lo que puedes hacer. Espero inculcar eso a los demás.

Siempre soy optimista. Creo que el periodismo tiene un futuro brillante y próspero. La pandemia y la guerra han hecho que muchas personas tomen conciencia de la importancia de contar con información de confianza.

ALESSANDRA GALLONI,
directora global de Reuters. Londres

## Esta profesión es un privilegio

Es una labor muy noble. Yo vengo de muy abajo, de una zona urbana del interior de El Salvador que estuvo muy asediada por las pandillas. Los domingos, venía con el periódico una versión infantil que me encantaba. Me ponía a simular, a leer las noticias con un peine, como haciendo de reportera o de presentadora. Siempre me llamó la atención y, a medida que fui creciendo, me parecía que contar las cosas que ocurren, los temas de interés, era una forma de aportar a la sociedad.

Cuando empecé a colaborar en los medios comunitarios reforcé eso que quería estudiar. Esta no es una profesión que te vaya a dar dinero, pero es una profesión que te genera mucha satisfacción.

Siento que poder dedicarme al periodismo es un privilegio. Las redes comunitarias me permitieron entrar a un mundo de formación, de organización y de intercambio con otros actores. Gracias a ellas, he podido llegar a donde estoy. Y creo que también ese trabajo que realizo actualmente, como directora de la Red Centroamericana de Periodistas y presidenta de la Asociación de Periodistas de El Salvador, es periodismo. Desde la defensa del periodismo también puedo apoyar a que otras personas, otros jóvenes, accedan a esas mismas oportunidades. Es como regresar a lo que en algún momento se me dio.

Angélica Cárcamo,
directora de la Red Centroamericana
de Periodistas. El Salvador

## Lo que hago crea el bien público

Tengo que ser muy sincera. Entré en el periodismo porque simplemente pensé que era una carrera muy interesante. Era muy joven, naturalmente, y no tenía las ideas tan claras. Me gustaba mucho escribir, me gustaba mucho leer, y sabía que en esta profesión podría hacer esas dos cosas. Eso fue, básicamente, lo que me empujó. Cuando empecé mi trayectoria, no tenía esa gran vocación de crear un cambio en la sociedad. Fue al sumergirme de lleno en este trabajo cuando lo descubrí. Porque escribes una historia y, al día siguiente, hay reacciones, y ves el impacto de tu trabajo. Me doy cuenta de que es una profesión muy poderosa, pero también que requiere que seas muy consciente del poder que tienes. Porque, si te equivocas, todo puede salir muy mal. La responsabilidad también es bastante pesada. Así que ahora, si me preguntas por qué soy periodista, te lo diré: porque creo que lo que hago contribuye al bien público.

Pamella Sittoni,
directora ejecutiva del *Daily Nation*
(Nation Media Group). Kenia

## Quería cubrir a Brasil en la final del Mundial

Yo vivía en Mato Grosso, en medio del país. Soy de São Paulo, pero crecí allí. En los ochenta, aquello era tierra de nadie. El periódico impreso llegaba al día siguiente, a las dos de la tarde. Yo iba a buscarlo y lo leía entero; me encantaba. Empecé a interesarme por la producción y, desde muy temprano, supe lo que quería hacer. Obviamente, tenía unos valores claros, ya entonces veía el periodismo como un servicio importante para la sociedad. Y además me gustaban mucho los deportes y quería dedicarme al periodismo deportivo. Quería cubrir a Brasil en la final del Mundial, así que decidí hacer la carrera para lograrlo.

Roberto Dias,
director adjunto de *Folha de São Paulo.* Brasil

## Quería cambiar el mundo

Vengo de un entorno un poco activista, por lo que el periodismo realmente respondía a mis intereses y preocupaciones personales. Era una forma de conectar con las personas a través de los temas que eran importantes para ellas.

¿Que si quería dedicarme al periodismo para cambiar el mundo? Cuando la gente dice eso nos reímos. Pero hay muchos periodistas que conozco que lo han sentido así y, para mí, es la verdad. Esa es una de las razones por las que eliges este trabajo. Cuando te das cuenta por primera vez de que hay tantas limitaciones en tu capacidad para hacerlo se convierte en un problema. Esta idea de cambiar el mundo se hizo cada vez más difícil de decir con convicción.

FATEMAH FARAG,
directora de Welad Elbalad Media Services. Egipto

## El periodismo te lleva de un lado a otro

Empecé haciendo fotografías para un periódico en Zaragoza llamado *El Día.* Me contrataron para cubrir la fiesta del Pilar para hacer fotos de corridas de toros. Pasé todas las fiestas tomando imágenes y me fue bastante bien. A partir de entonces, el periódico comenzó a darme trabajo los fines de semana para cubrir fútbol en La Romareda, además de corridas de toros.

Después tuve un viaje a Brasil que fue determinante. Me habían invitado a una boda: se casaba un amigo español con una brasileña. En la mesa me tocó sentarme al lado de un periodista, editor de *Folha de São Paulo.** Tuvimos una conversación muy amena, porque le conté que era fotógrafo, y si te dedicas al periodismo, sea en la posición que sea, la conversación surge siempre con mucha fuerza. De repente, me preguntó si podría reemplazar a un reportero gráfico de su periódico que estaba de vacaciones. A mí, como a tantos de mis colegas, siempre me ha gustado la aventura. Me lancé y le dije que sí. Y fue increíble. Comencé a hacer cobertura policial en São Paulo, que es una ciudad increíble. En esa época, los reporteros esperábamos en la comisaría con las cámaras de fotos. Cuando pasaba algo, los agentes nos daban una señal e íbamos a la escena con los coches policiales. Era muy importante poder tener ese acceso. Tuve la suerte de conocer al capitán, el jefe de una estación policial, porque ambos compartíamos la afición por el ajedrez. Se me daba bien y, además, congeniamos rápidamente. Siempre que podía,

* El director de *Folha de São Paulo,* Sérgio Dávila, interviene en las pp. 350-352; el director adjunto, Roberto Dias, en la p. 34; la reportera, Patricia Campos Mello, en las pp. 302-305.

en lugar de estar en la sala de prensa, iba a jugar al ajedrez con él. Me permitió tener acceso a sucesos muy importantes porque me avisaba cuándo merecía la pena ir, cuándo debía esperar... me daba pistas. Me brindó un trato preferencial. Estuve en Brasil dos años.

Desde Brasil conseguí un trabajo en Portugal, que me acercaba a España. Era para RTP. Nada más llegar, lo primero que hicieron fue mandarme a la India para realizar un reportaje. Cuando llegué allí aquello me impactó. Al final decidí quedarme en el país y renuncié al puesto inicial. Comencé a trabajar como reportero gráfico, tomando fotos y escribiendo artículos. Ahí fue cuando empecé a trabajar en televisión para CNN y continué en ese campo. Esos fueron los inicios. El periodismo, la vida, te llevan de un lado a otro.

GUSTAVO VILLARRUBIA,
reportero internacional. Zaragoza

## Colombia era muy peligrosa, por eso queríamos ir

Estábamos en primero de carrera en la Universidad del País Vasco. Yo tenía 17 años, porque soy de diciembre, así que era el pequeñito del grupo. Nos juntamos en la cafetería cinco compañeros de clase, cinco amigos, e hicimos un juramento: «¿A qué hemos venido aquí? Hemos venido a vivir aventuras, ¿no?». Esto sucedía alrededor de 1984.

De chaval, había ganado un premio de redacción en el concurso de Coca-Cola que se hacía en los colegios. Gané en mi colegio y quedé segundo de la provincia, Vizcaya. El diploma se entregaba en el Teatro Campos de Bilbao y me lo dio el periodista Miguel de la Quadra-Salcedo, que acababa de regresar de la marcha de Eritrea, en la guerra. Había perdido treinta y pico kilos y estaba delgadísimo, con barba. Este hombre fue un aventurero impresionante, con viajes por muchísimos países lejanos. Entre otras cosas, fue campeón de España de lanzamiento de jabalina y obtuvo un récord mundial que no le homologaron porque tenía una técnica peculiar. Era un mito. Yo tenía 12 o 13 años y que él me entregara ese diploma me pareció increíble. En ese momento, pensé que quería ser como él.

El caso es que allí estábamos los cinco, en la cafetería de la Universidad. Dijimos que cuando acabáramos la carrera íbamos a recorrer el mundo y a hacer reportajes.

De esos cinco amigos, finalmente solo dos cumplimos ese sueño. El resto se acabó dedicando a otras cosas. Uno a la política, otro se hizo funcionario...

Pudimos hacerlo porque ganamos bastante dinero durante los dos últimos años de la carrera de Periodismo. Me levantaba a las cuatro de la mañana para repartir el pan y por las tardes estudiaba la carrera, igual que mi amigo. Con ese dinero decidimos ir a Sudamérica, porque ahí había lío: era la aventura y ya está.

Y nos fuimos. Primero a Panamá, con la idea de movernos a otros países, como Cuba y Costa Rica, donde también estuvimos. Pero nuestro primer objetivo era Colombia. Colombia era el destino, por así decirlo. Pensábamos que, desde Panamá, el acceso no sería muy complicado. Sin embargo, nos enteramos allí de que no se podía llegar por carretera porque había que atravesar toda la selva del Darién. Éramos muy inocentes a esa edad. Viajábamos sin demasiada planificación, simplemente dejándonos llevar. Fue bárbaro, pero fue muy divertido.

Una vez en Panamá, trabajamos durante una semana en *La Estrella de Panamá*, un periódico que tenía también un canal de televisión. Nos daban un sobre con dólares todas las semanas porque ahí se pagaba en metálico. Y fue toda una experiencia. Nos apodaban «doctorcitos» y les caíamos simpáticos. Les gustaba mucho cómo escribíamos porque no teníamos americanismos, nuestro estilo les llamaba la atención. Querían que nos quedásemos con ellos, pero decidimos marcharnos porque nos pedían sobre todo guiones para su canal de televisión, y a mí ese trabajo no me entusiasmaba. Yo tenía muy claro que quería escribir sobre la guerrilla colombiana, hacer reportajes valientes, y mi amigo también. A él, más que escribir, le gustaban mucho las cámaras, grabar y buscar imágenes potentes. Queríamos lío, y por eso nuestro destino era Colombia.

Un año antes, más o menos, en Colombia había tenido lugar la erupción del volcán Nevado del Ruiz, donde murieron 25.000 personas. Fue cuando murió Omayra Sánchez, la niña que quedó atrapada y a la que no pudieron salvar. Todos la vimos en televisión. En Colombia pasaban muchas cosas; había noticias muy importantes todos los días, porque todos los días había tiros. Las fotos de aquella época eran tremendas. Estaba la guerrilla, con sus distintos grupos armados, los narcotraficantes, una delincuencia brutal... Alquilar un sicario costaba 800 pesetas, apenas cinco euros; es decir, aquello era muy peligroso y, aunque parezca mentira, precisamente por eso queríamos ir.

Bogotá era muy peligrosa. Vivíamos en un hostal lleno de cucarachas. Nos decían que tuviéramos mucho cuidado por las noches. El único apoyo real que teníamos era de Mikel Lejarza, director de Radio Euskadi, que nos acreditó como colaboradores. De ese modo, cubrimos las elecciones presidenciales de Colombia, aquellas en las que perdió Ingrid Betancourt y ganó Virgilio Barco. Recuerdo que Ana Cristina Navarro, la corresponsal de Televisión Española en Colombia, una periodista muy veterana, nos invitó a cenar en su casa. Una mujer espectacular. Me vio en la sede donde se coordinaban las elecciones con la tarjeta de acreditación de prensa y, claro, le llamé mucho la atención. Me preguntó: «Pero ¿tú qué haces aquí?». Le expliqué que en realidad habíamos ido a hacer reportajes de la guerrilla, pero que para sacar un dinerillo íbamos a cubrir aquellas elecciones. Nos llevó a su casa a cenar. ¡Qué pinta tendríamos! Éramos muy jóvenes.

El caso es que queríamos contactar con las FARC y hacer un reportaje en aquellos montes, junto a la guerrilla. Para lograr ese contacto, fuimos a hablar con la Unión Patriótica, entonces su brazo político. Lo hicimos en Cali. No se fiaban ni un pelo, y era comprensible: éramos dos críos, uno con una cámara y el otro con un bolígrafo y un cuaderno. No sabían quiénes éramos. Eso sí, les hacía gracia que fuéramos vascos, como si tuviéramos alguna relación con ETA y supiéramos algo de bombas. Nosotros ya les decíamos que, de eso, nada, pero aun así les hacía cierta gracia.

Una vez hecho el contacto, solo quedaba esperar y estar preparados. Nos alojábamos en un hotel en Cali y allí aguardábamos a que la guerrilla nos diera una señal. Un día, nos llamaron a las tres de la mañana y tuvimos que salir en cinco minutos por la puerta del hotel, con la mochila ya lista para el viaje. Nos recogieron en un coche y empezaron a circular por la ciudad. Nos dieron varias vueltas por allí y nos volvieron a dejar en la puerta del hotel. Ellos llamaban a eso «limpiarnos»; en otras palabras, comprobar que no éramos una amenaza. No sabían si trabajábamos para el Ejército o vete a saber para quién. Porque entonces Colombia era una locura. Así estuvimos durante un tiempo. Nos levantaban a las tres, a las cuatro de la mañana, preparábamos la mochila con todo, nos metíamos en un coche con desconocidos, nos daban vueltas absurdas y volvíamos al hotel.

Hasta que un día hicimos el contacto de verdad. Dos chavalas, con la tez bastante blanca, por cierto, vinieron directas hacia nosotros. Nos advirtieron de que no habláramos, que no dijéramos ni una palabra. Fuimos con ellas y nos metieron en un piso franco con una familia. Allí estuvimos tres días. Hasta que se fiaron de que no nos seguía nadie y de que estábamos limpios.

Entonces ya decidieron subirnos al monte. La operación quedó a cargo de un comandante civil de la guerrilla. Alquilamos un coche en un pueblo y él condujo hasta el límite de aquellos caminos, hasta donde se podía ir en vehículo. A partir de ahí, todo fue a pie por el monte. Se nos unieron unos ocho guerrilleros más. Estuvimos caminando como quince o veinte días por los montes. Aquellos montes son increíbles. No te haces una idea. Pura selva. ¿El trayecto? Durísimo. Caminábamos horas y horas sin parar, a un ritmo muy duro. La naturaleza era brutal. Íbamos de marcha casi sin comer, y cuando comíamos, todo consistía en un arroz con hormigas horrible. Mi colega llevaba fatal el hambre porque no fumaba; yo sí, y eso me ayudaba a llevarlo mejor. Lo peor fue cuando empezamos a subir y alcanzamos una altura considerable: apareció lo que ellos llaman el soroche, el mal de altura, y con lo que pesaba la mochila y el ritmo al que iban esos tíos, yo no podía seguir. No me aclimaté bien. Uno de la guerrilla tuvo que llevarme la mochila los primeros días, hasta que ya me adapté. Fue un trayecto durísimo.

Nos enteramos tiempo después, ya a la vuelta, de que el tipo que nos había alquilado el coche había sido asesinado. Al parecer, fue muy indiscreto y contó que había subido a dos europeos al monte con un comandante de la guerrilla. Lo mataron los de las FARC. Todo era extremadamente peligroso. Nada de juegos.

No existía un campamento como tal, todo era itinerante. La foto que te enseñé, en la que salgo con tres guerrilleras, la sacamos como al quinto o sexto día. Había un claro en la selva, donde había una chabola —o un ranchito, como lo llamaban ellos—.

Recuerdo que ahí mataron una gallina y comimos un arroz que, esta vez, estaba ya bien: sin hormigas.

Era una guerrilla de campesinos. Algunos nunca habían visto una televisión. Nunca. Hubo anécdotas divertidas. Un contraste increíble. Las guerrilleras venían una tras otra a pedirme los productos que usaba para afeitarme. Pero también hubo episodios tremendos. Mataron a un hombre delante de nosotros. Lo pusieron de rodillas y le pegaron un tiro. Le acusaban, también, de ser un chivato. Fue estremecedor.

Estuvimos once días compartiendo vida con ellos. Al final, acabamos conociendo a todos los grupos de la guerrilla.

Cada uno tenía su nombre. Los de las FARC se llamaban entre ellos los fariseos; los del Ejército Popular de Liberación eran los epilépticos; los del Ejército de Liberación Nacional —los únicos que siguen en activo— eran los helenos, y los del M-19, que era la guerrilla urbana, los mecánicos. Esa era la jerga que se usaba para referirse a las cuatro guerrillas.

Tengo fotos con los cuatro grupos. Las hacíamos en algunos pisos franco. Los guerrilleros hablaban con nosotros y luego, para las fotos, se ponían la mascarilla y colocaban granadas y pistolas encima de la mesa. Así posaban para los comunicados. Tenían toda esa parafernalia, como hacía ETA. Nosotros, con 22 o 23 años, alucinábamos.

Tuvimos también nuestros conflictos éticos ya entonces. Ahí moría gente y había mucho sufrimiento. Para mí era muy importante mantener distancia y no cruzar ciertas líneas con ellos solo por conseguir buenas fotos.

Estuvimos unos dos meses en Colombia. Lo pasamos muy mal y muy bien a la vez. Pasamos mucho miedo. Muchísimo. Pero también preparamos numerosos reportajes. Hasta que se nos acabó el dinero y volvimos a Bilbao.

Con todo el material que habíamos recopilado, hice algunas crónicas radiofónicas y un día decidí llamar por teléfono a *El Correo* y probar suerte. Le dije a la telefonista que tenía reportajes de Colombia, me pasó con la sección de Internacional. Así funcionaba entonces. Cogió la llamada Juan López Redondo, el subdirector, y le conté la experiencia. Él me dijo: «Venga usted por la tarde». Y me presenté ahí con mis carpetitas y con las hojas escritas en una Olivetti. Me los publicaron y, por cierto, me los pagaron muy bien. Recuerdo que también hice una historia de la política colombiana, centrada en Virgilio Barco. Llegué a publicar media docena de trabajos. López Redondo me dijo: «Ahora no tenemos trabajo, pero si sale alguna oportunidad, te llamaremos».

Unas semanas después, la llamada llegó. En aquel entonces no había móviles, claro. Cogía tu madre el teléfono de casa. Y recuerdo escucharla: «Oye, que te han llamado de *El Correo* y dicen que llames a este número». Llamé, me preguntaron si podía ir, y allá que fui de nuevo. Tú llegaste a conocer aquel edificio. Creía que iba a empezar mi carrera de periodista y resulta que, en vez de entrar en la segunda planta, que era donde estaba la redacción, me mandaron a la tercera, que era la de administración. Me recibió Víctor Viguri: «Me han dicho que estás un poco loco y que has hecho reportajes en Colombia», me soltó. Le dije que sí. «¿Qué puedo hacer ahora?», pregunté. «Pues mira, ahora vas a escribir publirreportajes para mí», soltó. Así, tal cual. Después de todo aquel viaje, de semejante aventura, de todos esos reportajes... me mandaron hacer publirreportajes.

Óscar Villasante,
director de *El Correo*. Bilbao

## Aquellas prácticas fueron deslumbrantes

Yo quería ser periodista desde que tengo uso de razón. Soy la tercera de cuatro hermanas, todas con grandes melenas, así que en mi casa abundaban los cepillos redondos y los secadores. Mis hermanas mayores siempre dicen que, cuando tenía unos 11 años, ya estudiaba delante de un espejo, con un cepillo a modo de micrófono en la mano, contando la lección. Esa vocación ya estaba ahí. Cuando explicaba la lección de historia como si se la contara al mundo, quería ser periodista. Luego hubo un momento de duda. Se me cruzó el teatro. Pero cuando terminé la formación, ya no tenía ninguna. Sabía en qué carrera matricularme. Creo que todo se explica por la curiosidad. Como en tantos periodistas, ¿verdad?

Mi base cultural eran los libros de mi hermana mayor. Había muchísima literatura francesa en mi casa y yo leía. Aquello me ponía en contacto con el mundo. Era como abrir una ventana. Cuando rondaba los 14 o 15 años, me parecía que el periodismo no solo era el oficio que permitía saber lo que pasaba, sino estar donde pasaban las cosas. Creo que eso es lo que explica una vocación tan temprana, tan insospechada, en un entorno donde no había periodistas. Pensaba en el periodismo como la profesión que me iba a permitir vivir eso que leía en los libros de mi hermana. Yo quería vivir la pasión de mi tiempo. Eso, para mí, era ser corresponsal en todas las guerras y vivirlo todo. Mi motor fue siempre el deseo de ejercer un oficio que me permitiera estar en el lugar de los hechos, vivirlos y contarlos.

Crecí en Badajoz. En mi casa se leía el *Hoy*, que después pasó a ser un periódico de Vocento. Empecé a comprar *El País* después. Era muy jovencita. Fíjate que tenía entonces un noviete y, como teníamos el dinero justo, compartíamos una caña y el periódico. Yo ya no recordaba aquello, pero me lo recordó él muchos años después y ahora sí lo tengo presente.

Estudié la carrera en Madrid. La ciudad era en sí misma un proyecto. Como hacía teatro en el Centro Dramático Regional, ya había venido antes a hacer algún curso de teatro. Madrid formaba parte de mi vida. En mi familia, la incomprensión era total. Si les parecía mal el teatro, les parecía peor el periodismo. Mi padre era policía municipal y mi madre, ama de casa. Siempre se asustaron, y me doy cuenta de que debió ser muy difícil para ellos.

La facultad me decepcionó muchísimo. La tenía completamente mitificada por mi hermana mayor, que era profesora en un colegio. Venía de muchas lecturas, y allí el tiempo parecía pasar sin dejar huella. Tanto me decepcionó que, en el primer curso, decidí dejar la carrera.

Me empeñé, eso sí, en hacer prácticas en verano antes de abandonarla. Al menos quería conocer cómo se trabajaba. Iba a hacer prácticas en Televisión Española, en las instalaciones del Pirulí. Pero ese curso, en 1983, murió mi madre, y quise pasar el verano en Badajoz con mi padre y mi hermana pequeña, así que cambié de plan y solicité prácticas allí. Me admitieron en lo que era Radio Cadena, una de las emisoras públicas del Movimiento del franquismo que se mantuvieron en democracia hasta que se fusionó con Radio Nacional. Empecé esas prácticas y a los quince días llamé a mi amiga Marisol, que estaba en Madrid, y le dije: «Esto es lo que yo quiero hacer». Le pedí que me consiguiera los papeles para matricularme en segundo curso.

Las prácticas me despertaron, como dices. Hice un reportaje sobre el precio del tomate y otro sobre una revista cultural que nacía entonces en Campo Mayor, en Portugal, en idioma español y portugués. A los quince días me dije: «¡Era esto, era esto!». Recuerdo perfectamente esa sensación. Tuve unas experiencias muy intensas. Aquellas prácticas en una emisora en Badajoz fueron para mí una revelación. Siempre he tenido mucha suerte en mi carrera al dar con personas que me han enseñado. Esto es fundamental. Allí estaba José Ramón Pérez Valmorisco, un periodista madrileño que acababa de llegar porque había sacado su plaza pública por oposición en Badajoz. Era un renovador de formatos, y fue el periodista que hizo *Tiempo de vendimia*, un programa histórico de la radio española que acompañaba a los vendimiadores españoles a Francia. Era muy valiente, y yo me puse a seguirle el paso, tratando de hacer todo lo que él hacía. Me decía: «Vamos a hablar con las señoras mayores de la frontera de Portugal, porque cuando ya no estén no quedará memoria». Y aquellas señoras eran fascinantes. Empleaban frases como: «Mis hijas van a comprar al reino», refiriéndose a España. Aprendí mucho con él. Mucho. El amor por lo que hacía era inmenso: cómo planificaba los temas, cómo se preparaba, cómo grababa, cómo montaba, cómo elegía el corte exacto. Esa parte artesanal era deslumbrante.

Recuerdo perfectamente la primera vez que me puse delante del micrófono. Tenía que dar un par de sucesos. Pero, sobre todo, lo que más recuerdo de esa etapa es el deslumbramiento con José Ramón. De verdad, recuerdo el momento exacto en que me dije: «¡Era esto, era esto!». En ese instante desapareció de mi cabeza completamente el ser Oriana Fallaci y cubrir guerras. Descubrir aquella realidad en Extremadura me interesaba muchísimo. Fue como si se corriera una cortina invisible y yo pudiera ver cómo pasaban las cosas de verdad; como si me quitaran un velo. Sentía una gran curiosidad, que todavía tengo, y descubrí el amor por las historias. Esto es tan apasionante como parecía.

PEPA BUENO,
exdirectora de *El País*

## La entrada en la facultad fue un momento mágico

El periodismo, para los de mi generación, fue algo que nos sedujo desde muy chicos. No recuerdo el momento exacto, pero quizás tenía 12 o 13 años. Mi tío recibía el diario *Hoy* todos los días en su taller de Guareña, en Extremadura, de donde soy. El *Hoy* era el periódico que se vendía realmente y llegaba a media mañana, sobre las once, con un señor que los llevaba todos bajo el brazo. Los periódicos de Madrid llegaban mucho tiempo después, sobre las tres de la tarde, en un tren correo. Guareña, en Badajoz, es un pueblo grande —ya sabes—, entre Mérida y Don Benito. No estamos hablando de un sitio perdido, pero sí de mediados de los años ochenta, y entonces las cosas eran así. Se vendía poquita prensa nacional, sobre todo el *ABC.* Llegué antes a los periódicos que a la literatura —es curioso el mundo de las ideas— y ya con 13 o 14 años el sábado y el domingo compraba el *ABC.*

Ese era el mundo fascinante de los periódicos. Tienes que situarte en la Extremadura de entonces, que no era el tercer mundo, ni muchísimo menos, pero en aquellos años, con una sola televisión, el acceso a la información era mínimo. Tu nivel de conocimiento se limitaba al colegio, la biblioteca pública y poco más. Por eso los periódicos eran fascinantes. Las historias que te contaban de cualquier parte del mundo, de cualquier asunto, eran una ventana abierta. Hasta hace poco conservaba recortes del *ABC* de mediados de los ochenta.

Hay una película en la que un joven periodista le pregunta a Dan Rather: «¿Por qué te hiciste periodista?». Y él resume con una sola palabra todo este rollo que te estoy soltando: «Por curiosidad». Todo está definido por el interés, por la belleza del mundo exterior, por la posibilidad que tenía el periodismo. He oído a algunos veteranos que querían ser periodistas porque tenían un afán desmedido por ir a los sitios y contarlo todo. Yo no. Nunca he sentido un gran interés por contar las cosas; lo que sí he tenido es un gran interés por conocerlas, por estar y por verlas. Y luego, claro, tenemos que contarlas.

En aquel *ABC* escribían Antonio Burgos —aún en activo—, José María Carrascal, Jaime Capmany, y también Lorenzo Contreras, era un columnista muy potente al que hoy se recuerda menos. No te suena, ¿verdad? Había grandes artículos, grandes reportajes.

No empecé a leerlo porque quisiera ser periodista, sino porque me interesaba. Era increíble toda la información que ofrecía. Ese fue un poco el mundo que se me abrió y que, enseguida, quise ver. Nunca lo tuve claro ni pude verbalizar este interés porque no sabía si podría estudiar Periodismo. En Extremadura no había facultad, por supuesto, y eso suponía que tenía que ir a Madrid.

Pero dio la casualidad de que mi padre tuvo apuros económicos y se tuvo que ir a trabajar a la capital. Entonces toda la familia se desplazó y, gracias a eso, pude cursar esa carrera. Antes, ni me atrevía a decirlo. No confiaba en que fuera posible porque mis padres no habrían podido costear que yo estudiara fuera de casa en aquellos años. Fíjate lo que es la suerte.

La entrada en la facultad fue un momento mágico, un descubrimiento. Era como entrar en un club donde toda la gente es como tú. Todos teníamos aficiones e inquietudes similares. Yo llegaba de un pueblo donde no había tanta gente con la que pudiera compartir esas afinidades. La facultad de Madrid, en aquellos años, era además estupenda. Más de la mitad de los estudiantes eran chicos que habían venido de todos los puntos de España. Casi no había facultades privadas. Tenía compañeros de Valencia, de Málaga, de Extremadura, de Castilla y León, de Castilla-La Mancha...

Al mismo tiempo, eran años difíciles. Estudié entre 1987 y 1991, y durante toda la carrera vivimos con la sensación de que no iba a haber trabajo para nosotros. Ya entonces se decía que había demasiados periodistas, que se pagaba muy mal y que las jornadas eran interminables. Pero, al final, casi todo el mundo fue encontrando trabajo.

En esa época empecé a comprar también *El País* y escuchaba mucho Antena 3 Radio. Había mucha gente que empezó a estudiar periodismo porque escuchaban *Gomaespuma* en la radio. Recuerdo también el primer programa de opinión de José Luis Balbín, *La clave*, que se emitía por las noches. Era un debate puro, no como las tertulias de ahora: una conversación sosegada, con profundidad. Aquello fue un descubrimiento brutal.

Pasábamos mucho tiempo en la cafetería. La exigencia del curso era muy baja y, de hecho, empecé a trabajar en el tercer año, y prácticamente solo iba a la facultad para hacer los exámenes. ¿Dónde? En una editorial de revistas técnicas, que entonces ganaban mucho dinero. Eran mensuales, de escasa calidad periodística, pero con páginas y páginas de publicidad pagadas por grandes marcas. Había revistas industriales centradas en transportes, por ejemplo. Se escribía corto, pero te acostumbrabas a la responsabilidad de tener que hacer cuarenta páginas por número.

Mientras estudiaba fui becario en *ABC* durante siete u ocho meses. Qué casualidad, ¿verdad? Trabajaba de jueves a domingo de siete de la tarde a cuatro de la mañana para una sección que se llamaba Regiones. En aquel momento, los periódicos no tenían las ediciones locales, que abrirían más tarde y ofrecían muchas páginas de cada Comunidad Autónoma o capital de provincia. Yo era el enlace entre la redacción y el taller de los compositores. Conocí lo que era ajustar los textos con el componedor. Pegabas con cola las columnas y tenías que coger habilidad para convertir un punto en un punto y aparte y una coma en un punto final. Era una época en la que la producción de un periódico requería un proceso industrial bárbaro, con casi más manos involucradas en la parte técnica que en el proceso informativo. Los sábados se tiraba cerca de medio millón de ejemplares. La primera edición arrancaba a las ocho de la tarde y se imprimían tantos periódicos que terminaba sobre las tres de la mañana, cuando arrancaba la edición de Madrid. Eran tiradas muy largas, con mucha publicidad. Conocí más el periódico fabril, por así decirlo, que el informativo. Tenía una visión muy pequeña y esquinada del periódico.

El periodismo de verdad —hacerlo de verdad, más allá de publicar algún reportaje suelto— lo empecé a ejercer en Málaga. Había enviado currículums a muchos sitios y me llamaron de allí. Entré como periodista de economía. Yo había estudiado un máster y aquello fue otro golpe del destino. No tenía ningún vínculo con Málaga.

En aquella redacción, hacía reporterismo económico por las mañanas y por las tardes me encargaba de la edición o de teletipo con agencias de noticias como Colpisa, EFE, Europa Press y alguna más. No estuve mucho tiempo, apenas tres años, y hacía las sustituciones del jefe. Hasta los 30 años no me daba demasiada cuenta de lo que ocurría; las cosas simplemente te pasaban. Pero luego me percaté de que mis historias abrían muchos días el periódico. ¿Por qué digo esto? Porque quizás por eso se propició el gran cambio en mi carrera profesional, que fue una sorpresa total. Ten en cuenta que era un tipo de Extremadura de 27 años que venía de Madrid, que llevaba apenas tres años en Málaga y que editaba teletipos y escribía información económica. Para mi sorpresa, me llamó un día el director, José Antonio Frías, y me preguntó si quería ser el jefe de la sección de local del periódico. Era la sección más importante, aunque yo conocía bien Málaga.

La presión fue formidable. Pero a medida que pasa el tiempo y ves que hay cosas que salen bien, comienzas a experimentar una satisfacción profunda, un entrenamiento y un conocimiento introspectivo muy intenso. De repente te das cuenta de que tienes ciertas cualidades. El trabajo con la edición, a fuerza de leer y leer teletipos, fue como un entrenamiento. Hace que vayas encontrando el criterio, afinas para encontrar la diferencia, para atinar con el enfoque.

De verdad que no. Ni pensaba ni intuía que pudiera ser director de un periódico más adelante. Tampoco es que lo deseara, simplemente, no se te pasaba por la cabeza.

Ahora que preguntas por lo de las casualidades, el otro día estuve mirando papeles que guardaba en casa y descubrí una carta firmada por Teresiano Rodríguez Núñez, el gran director del *Hoy* durante 20 años. Todavía hablan de él, ¿verdad? En la carta me dice que muchas gracias por enviar mi currículum, pero que de momento no había plaza disponible y que guardaba mi referencia. Lo curioso es que, 15 años después, fui yo quien terminó dirigiendo ese periódico. Son pequeñas paradojas que te hacen sonreír.

Estos orígenes marcan mucho. Sigo teniendo curiosidad, por supuesto, y, de hecho, el primer mal que afecta a los periodistas es cuando pierden esa curiosidad y les dejan de interesar las cosas. De joven tienes mucha sed de conocimiento y no te abandona. Es verdad que esa curiosidad es mucho más intensa al principio, porque no sabes nada y por tanto aprendes mucho, mientras que ahora sabemos más cosas y, cuando leemos, vamos buscando solo lo diferente. De todos modos, una cosa que me resulta apasionante —y vuelvo al principio— es la curiosidad por las vidas, por los modos de vida, por los comportamientos sociales y por el carácter de las personas. Lo más interesante de nuestro trabajo es ver, asistir, conocer situaciones y personas excepcionales, para lo bueno y para lo malo. Tenemos el privilegio de observar desde muy cerca a gente que tiene un papel muy importante, de entender su comportamiento, comprender sus motivaciones, anticipar sus intenciones. Me gusta decir que el periodismo consiste en desvelar los conflictos latentes en toda sociedad, porque los que no son latentes los sabe todo el mundo. Ahí está el buen periodismo.

Julián Quirós,
director de *ABC*

## Era el trabajo de mis sueños

Vivía en un pueblo, muy lejos de Kabul, la capital de Afganistán. Tenía solo 14 años y, ya en la escuela, solía simular que era periodista en algunos eventos. A mi padre le preocupaban los talibanes. Bajo su régimen, el ambiente en mi pueblo era muy cerrado. A la gente no le gustaba que las mujeres fueran a la escuela. Recuerdo la forma en que algunos mulás, algunos radicales musulmanes, nos insultaban por querer ir a la escuela. Decían que nuestro futuro sería muy malo y que éramos unas zorras.

Cuando estaba en octavo grado le pregunté a mi padre seriamente si podía trabajar en los medios de comunicación, porque ese era mi sueño. Con los años, lo había convencido de que debía marcharme de ese pueblo, llegar a Kabul y trabajar. Él siempre me apoyó. Pensó que duraría poco y que luego regresaríamos. Cuando llegué, me dijeron que tenía que ir a un curso de corta duración, al menos para aprender a encender el micrófono. Fue muy divertido. Me dijeron que sería bueno presentar el programa para niños, pero yo quería ser presentadora de noticias o de programas políticos.

Estuve en Kabul, la gran ciudad, durante tres meses para hacer aquel curso. No se imagina lo que significaba aquello para mí. Era una niña de pueblo y mi padre me esperaba desde primera hora de la mañana hasta la tarde fuera de las instalaciones. Cuando terminé la formación y volvimos a la provincia, todo el mundo estaba sorprendido. Le criticaban por permitir que su hija trabajara. Todos los días le rogaba que nos mudáramos a Kabul. El buen hombre acabó aceptando.

Un año después, ya en la capital, nos visitó un amigo de la familia que era periodista. Mi madre era una mujer muy conocida porque era profesora, trabajaba con ONG internacionales y era activista en defensa de los derechos de las mujeres. Recibía visitas de gente que quería entrevistarla. Ella se quedó en nuestro pueblo, pero ese amigo vino a recibirnos en Kabul. Le dije que quería trabajar. Me respondió que lo primero que debía hacer era terminar la escuela, pero le contesté que yo quería hacer prácticas. Lo único que me pidió mi padre era que no usara mi nombre real, porque mi madre seguía en el pueblo. «Si trabajas con tu nombre real, esos estúpidos matarán a tu madre», me advirtió. Por eso, durante cuatro años, utilicé un nombre anónimo: Waheeda Farsi.

Transcurrido ese tiempo, cuando me gradué de la escuela, anuncié que quería dedicarme al periodismo de manera profesional. Como estudiante, presentaba en una emisora de radio un programa social, muy ligero; no era, desde luego, una reportera, y yo quería hacer reportajes sobre política, sobre grandes cosas... Para eso tenía que cambiar de emisora. En esa época vi un anuncio en una radio internacional, muy grande, donde ofrecían tres meses de prácticas. Me contrataron e incluso me pagaban algo, unos cien dólares al mes. Y tras ese periodo de aprendizaje me ofrecieron un contrato de trabajo. Estuve con ellos durante cuatro años. La emisora tenía millones de oyentes. Esa era la estación de radio más grande de Afganistán. Y ahí me esforcé muchísimo. Me hice famosa sin pretenderlo. La gente sabía quién era.

Intenté retratar cosas pequeñas, diferentes. Todos los días veía en un parque a un hombre. A veces dormía, a veces consumía drogas... Un día lo escuché hablar en inglés, lo que no es nada frecuente en Kabul, y le pregunté: «¿Sabes inglés?». Y me contestó: «Sí, puedo hablar cinco idiomas». Ese nivel de educación es algo realmente excepcional. Me interesé por su historia y me contó que tenía dos maestrías, pero que no tenía trabajo. Comenzó a consumir drogas, cayó en la adicción y tuvo que vender todo lo que tenía en su casa. Acabó en el parque con sus perros. El presidente de Afganistán, Ashraf Ghani, quedó conmovido por la historia. Pidió al departamento de salud que tratara a este hombre y prometió darle una ocupación. Así que eso supuso un gran cambio, solo porque escribí sobre él. Ahí sentí el poder del periodismo. El poder de cambiar una vida.

Después de aquello, una organización financiada por Dinamarca me ofreció trabajar con ellos como asesora de género. Estaban proporcionando seguridad a los periodistas en Afganistán, especialmente a las mujeres. Estuve con ellos desde 2017 hasta el día en que Kabul se derrumbó. En estos cinco años, no era solo periodista, sino que me ocupaba de ofrecer seguridad a otros profesionales. Afganistán tiene 34 provincias y viajé por la mitad de ellas.

Tenía que capacitar a mujeres periodistas. También establecí grupos de defensa para reunir a los propietarios de los medios con la comunidad internacional y tratar de resolver sus problemas. En aquella época, recuerdo que en muchas zonas todavía no se permitía la entrada de mujeres. Aunque oficialmente se les autorizaba a trabajar, en la práctica no se les dejaba ejercer. Debido a barreras culturales, no podían desempeñar sus funciones. Intentábamos mediar en contratos con algunos medios, que tuvieran un salario, motivar a su familia para que aceptaran ese trabajo... Mi experiencia es que, si llevaban dinero a su hogar, a su padre, a su esposo, serían muy respetadas. Si te independizas, todos te respetan, todos te escuchan. Afganistán es un país pobre y es muy importante tener un salario. Estoy segura de que la mayoría de las mujeres afganas pensaban lo mismo, porque no éramos como las europeas. No disponemos de esa libertad para emanciparnos laboralmente. Teníamos que luchar primero con nuestra familia; segundo, con la sociedad; y tercero, contra el entorno laboral, para acceder a las mismas oportunidades que los hombres.

Viajé a estas provincias cuando la negociación del proceso de paz estaba en sus inicios. Cada vez era más sensible a la situación. Criticaba abiertamente el proceso, las conversaciones. Me parecía que si los talibanes tomaban el poder supondría un retroceso enorme. Empecé a defender la presencia de las mujeres en entrevistas con todos los medios de comunicación afganos. Fue en ese contexto cuando empezaron las amenazas. Los talibanes querían matarme. Me llegaron peticiones de que me detuviera. Entonces tuve claro que nunca lo haría. Pero cada día se fue complicando todo más. Me llegaron avisos de la oficina de seguridad nacional. En un periódico recibieron una amenaza concreta contra mí. Mucha gente me advertía de que me querían matar.

Seguí desplazándome, incluso sola a Kandahar. En cierto modo, era una locura. Los talibanes no estaban allí, pero la situación era muy mala. Todo Afganistán estaba ya muy cerca del colapso, era como estar en guerra. Un compañero me ayudó. Me puse un burka y él me recogió en el aeropuerto, dijo que yo era su cuñada y que había ido desde Kabul para cuidar de su esposa, que iba a dar a luz. Dijimos que iba a su casa, pero marché a un hotel que él había reservado. «No puedes ir a ningún sitio, ni siquiera a almorzar. Cuando necesites algo, llámame. Te llevaré comida», me dijo. Y estuve allí durante dos noches. Me reuní con el Gobierno, estuve con muchos periodistas, conocí a muchas personas muy interesantes cuyos contactos guardo en la agenda como un tesoro...

Después de aquello, seguí viajando para tratar de proteger a más periodistas. Apenas unos días antes del colapso traté de viajar, pero mi director me dijo que estaba en peligro y que el momento era ya muy grave. Casi 200 periodistas, mujeres y hombres, fueron evacuados de sus provincias y se dirigieron a la capital. Les proporcionamos seguridad en una gran casa.

Nunca pensé que Kabul también se derrumbaría. Justo dos días antes del colapso, el 13 de agosto, me casé. Hice una fiesta muy pequeña en casa. Me había comprometido unos meses atrás y decidimos casarnos entonces. El sábado fui a la oficina y visité la casa de seguridad para comprobar que todo estaba bien. Cuando llegué, vi que todas las mujeres lloraban porque estaban solas. Había más de 25 en el refugio y todas lloraban. Según la sharía, según los talibanes, si quieres viajar de una provincia a otra, no se te permite como mujer. Me di cuenta de lo desesperadas que estaban. Recuerdo que algunas ni siquiera tenían cinco dólares para ir en taxi a la casa de un familiar. Ese día fue tremendo. Les intenté tranquilizar: «Todo está bien. Esta es una casa de seguridad. Pueden quedarse aquí. No vayan por otro camino porque no es seguro». La casa de seguridad estaba en la Zona Verde de Kabul, el lugar más protegido de la capital.

Al salir, vi que toda la carretera estaba bloqueada. El tráfico era enorme. Nuestra oficina estaba a 20 minutos, pero no se me permitía caminar porque me podían reconocer en la calle. No voy a decir el nombre, pero uno de los embajadores escandinavos tenía un coche blindado y me llevó. Desde dentro, observé cómo la gente gritaba afuera, corría, lloraba. El miedo era visible. Miré en las redes sociales y vi que la bandera talibán estaba ondeando en algunas ciudades.

Encendimos la radio del coche y anunciaron que Ashraf Ghani, el presidente, había abandonado el país. Pese a todo, aún tenía esperanzas. Pensé que alguien tomaría el poder y que negociaría con nosotros. Todo se solucionaría...

Fui a la oficina y, cuando el guardia de seguridad me vio, comenzó a increparme: «¿Estás loca? No puedes estar aquí. ¡Vete a casa!». Tenía mi portátil, con todo lo que necesitaba, en la oficina. «Estás loca, completamente loca», repetía. Recuerdo que mi foto aparecía en el calendario del programa de radio en la oficina. Me dijo que iba a destruirlo, al igual que todo el material que pudieran utilizar los talibanes para reconocerme. Fue un momento terrible. Recopilé todos mis datos —el disco duro, el portátil, mis documentos oficiales— y me fui a casa. Vivía muy cerca de la oficina, a unos diez minutos caminando, pero eran dos horas en coche en aquellas circunstancias.

Al llegar a casa, sorprendí a mi padre y a mi esposo destruyendo todos los objetos que pudieran ser problemáticos. Todos mis premios, mis fotografías. Querían destruirlo todo. Tenía que marcharme. No era un lugar seguro y tampoco podía ir a casa de mi esposo.

Estábamos en la calle con el coche de Tawfiq, mi esposo, y no teníamos adónde ir.

Tenía dudas. ¿Debía ir al aeropuerto? ¿Reservar un hotel? ¿A dónde debía ir? Hablamos con muchas personas para pedir consejo. El padre de Tawfiq trabajaba en el Ejército y nos ofreció un lugar seguro cerca del aeropuerto. Así que marchamos a esa casa. Trabajamos durante diez días allí y el 25 de agosto recibí un correo electrónico de Dinamarca informándome de que me concedían asilo.

Fue entonces cuando decidimos marchar al aeropuerto. Ese fue el momento clave.

La situación era catastrófica: la zona estaba completamente congestionada y la temperatura rondaba los 35 grados. Ya sabes que en Kabul hace mucho calor en agosto. Iba cubierta con túnicas y apenas se me veía el cabello porque no quería que me reconocieran. Ese día no nos permitieron entrar al aeropuerto. La situación se volvió caótica. La aglomeración de gente era enorme. Estuvimos fuera del aeropuerto unas veinte horas. Veinte horas de pie, sin beber agua, sin comer nada, sin dormir, sin ir al baño. Imagínate... Era como una película de Hollywood, pero no era ficción: se trataba de una película real sobre mi propia vida.

Vi a un tipo llorando que suplicaba a los talibanes que le dejaran pasar. «Tengo visado, por favor —decía—, no soy de aquí. Vine de otro lugar como huésped y quiero volver.» Entonces un talibán le respondió: «No, estás mintiendo. Estás escapando de nosotros. No eres musulmán. Nosotros sí lo somos y ahora gobernamos en Afganistán». Él invocó un principio sagrado, una idea profundamente arraigada en la tradición islámica, difícil de explicar, que apela al derecho de protección cuando la vida está en peligro. Se acogía a ese principio de manera desesperada. Pero a ellos no pareció importarles. Sacaron una pistola. Fueron solo unos segundos. Lo mataron allí mismo, delante de mí. Lo vi con mis propios ojos. La detonación, el golpe del cuerpo al caer... No hay palabras que puedan describir los sentimientos. Nada puede explicar ese horror...

Me alejé como pude, pero estaba en una multitud. No podías controlar bien tus movimientos. Nadie podía filmar. Tuve que esconder el móvil, porque si veían a alguien con un teléfono simplemente lo mataban. Trataba de pasar desapercibida hasta que se despejara un poco la situación, esa era la esperanza. Estaba tapada con la túnica y el calor era insoportable. Se ve que, tras todas esas horas, se me deslizó un poco la túnica y se descubrió un poco el rostro. Tengo esta mancha en la cara que es muy reconocible —ya te habrás fijado—. Al quedar expuesta, unos talibanes me reconocieron. Intentaron arrestarme, aunque no pudieron. La aglomeración de personas era enorme y no llegaron a cogerme. El caos era indescriptible. Quedé atrás, a distancia, y aparecían grupos de personas de repente, movidas por empujones, que se interponían entre nosotros. Pero atraparon a mi esposo. De manera instintiva, se puso entre ellos y yo para protegerme. Entonces empezaron a golpearle. Fue horrible... Le golpearon hasta que ya no podía hablar ni defenderse. Quedó inclinado, en el suelo. No paraban de golpearle. No imagina el horror que fue aquello, ¡cómo le golpeaban! Todavía tiene problemas de espalda por esos golpes.

Le he hecho llorar... No sabe cuánto lo siento. He contado esta historia algunas veces y he logrado que ya no me afecte tanto. Lo siento. No, por favor, no se disculpe. No debe avergonzarse.

¿Por dónde iba? Golpearon a mi esposo y trataban de detenerme. Me veía perdida. De repente, vi a una periodista que venía hacia mí con un equipo detrás. De alguna manera, creía conocerla, pero no sabía por qué. Se abrió un pasillo de gente. Ella iba rodeada de un fuerte equipo de seguridad con los logos bien visibles de la BBC. Cuando se acercó más a mí, vi que era Lyse Doucet,* una periodista británica muy conocida. Es una profesional de primer nivel. Usted sabe quién es, ¿verdad? Nos habíamos conocido meses antes. Me reconoció y se acercó corriendo con su equipo. Cuando vieron llegar a Lyse de repente se transformaron. Los talibanes querían mostrar su mejor cara a los medios de comunicación extranjeros y la BBC es un gran referente mundial. Se volvieron tranquilos, amables, no gritaron más ni golpearon a nadie. En apenas unos minutos, tuvo lugar una transformación total. Lloramos juntas. De inmediato me soltó: «¿Quieres hacer una entrevista?». Le respondí que sí, pero que no quería hacerla en mi idioma, sino en inglés.

Hice la entrevista con ella. Dije con claridad que mi vida estaba en peligro y que debía marcharme de Afganistán. Los talibanes me preguntaron qué había dicho y les contesté que nada especial, que me habían preguntado cómo me sentía y que dije que hacía mucho calor, que estaba muy cansada y que llevaba veinte horas allí. No dijeron nada porque no entendieron una sola palabra de lo que realmente expresé en aquella entrevista. Doucet me dijo que iba a pedir a los talibanes que nos permitieran entrar al aeropuerto para filmar. Luego hubo gestiones. Uno de sus camarógrafos subió a una azotea porque no se le permitía filmar entre estas personas. Todo era apresurado, caótico. Finalmente, los talibanes nos permitieron entrar. Me tomaron de la mano a mí y a mi esposo y dijeron en pastún que era orden del comandante superior. No sé quién era exactamente ese jefe, pero afirmaron que eran soldados talibanes y que me permitían entrar porque se trataba de la orden más importante.

Antes de salir de casa me había puesto en contacto con un militar danés que me había pedido que le enviara un selfi para saber qué aspecto tenía. Me había dicho que llevara algo rojo —el color de la bandera danesa— para reconocerme, así que me puse un pañuelo bien visible. Cuando entré al aeropuerto, los soldados daneses ya estaban allí. Nada más entrar, tres o cuatro soldados se acercaron como una exhalación, casi por sorpresa, y nos escolta-

* Lyse Doucet interviene en las pp. 135-137.

ron. Fue rapidísimo. ¡Fue increíble! Nos ofrecieron agua, nos preguntaron cómo nos sentíamos, si estaba embarazada...

Le pregunté a mi esposo: «¿Es esto real? ¿Estoy viva? ¿De verdad me estoy yendo de mi país?». Estábamos muy contentos. Revisé mi teléfono más de cien veces. Llamé a mi familia, a mis amigos...

Pero hay algo que aún me duele profundamente: cuando fuimos evacuados de Afganistán, despegamos en un helicóptero del ejército danés que no tenía ventanas. No pude ver Kabul por última vez. Normalmente, cuando reservo billetes en el avión, siempre elijo la ventana. Me gusta ver el paisaje desde el cielo. Desde lo alto, todo se percibe de otra manera. Es una forma de grabar un lugar en la memoria. Pero ese día no pude ver Kabul. No pude despedirme de mi país. No pude mirarlo por última vez. Eso es lo más importante que llevo conmigo.

WAHIDA FAIZI,
periodista afgana

## No habíamos escuchado la radio antes

Tenía 14 años y recién habíamos retornado del campamento San Antonio, en Intipucá, Honduras, donde estuvimos alrededor de diez años, tras marcharnos de El Salvador debido al conflicto armado. Ese regreso ocurrió en 1991, antes de que finalizara la guerra. Solo había cursado sexto grado. Veníamos del exilio, todos con la misma realidad, ¿verdad? Vivíamos alrededor de la hacienda donde peleó Francisco Morazán y los señores como mi papá levantaron su propia chambita de lámina o de carpeta mientras se hacían las casas, que se hicieron de forma colectiva, todas similares, quizás para salir más rápido. Uno de los proyectos más importantes para la comunidad era la creación de un boletín informativo, un medio de comunicación, porque no había manera de que la gente se comunicara o que tuviera acceso a noticias.

Y fue así que, en una de esas salidas que hizo la presidenta Rosa Hernández a Europa, llegó a España y allí mencionó que querían montar un medio, una radio. Lo de la radio parecía algo secundario, pero realmente era algo necesario porque no había manera de que nosotros, en la comunidad, estuviéramos informados de lo que pasaba en el país, especialmente debido a la guerra.

Así fue como se contactaron. Creo que José Luis era un colaborador en las ONG y le propusieron esta idea, y él aceptó y se vino. José Luis era José Luis Gavira González, originario de Cádiz. De San Roque, un pueblo con mucha arquitectura, según dicen. Yo no lo conozco. ¿Ha estado usted allí? Bueno, él llegó a la comunidad de esa manera.

Fue maestro popular en los primeros meses. En ese momento estaba en curso el proceso de inserción después de la guerra, ya que se iban a firmar los acuerdos de paz y todos estaban regresando a las casas. Eran personas que no sabían leer ni escribir porque entraron a la guerra de chiquitos y eran de comunidades muy remotas donde no había acceso a la educación. Por ello, como parte de la reinserción, se dispuso que aprendieran a leer y escribir. José Luis fue maestro popular y, luego, realizó un montón de actividades en la comunidad. Hacía hasta de partero. Era también motorista, porque en la comunidad solo había un carrito y él era el que sabía manejarlo. Mira que era una persona bien transparente, bien honesta, bien justa, y el carrito no lo iba a agarrar por sus privilegios, ¿verdad?

Me acuerdo que cuando José Luis llegó, se alimentaba en un área que se llamaba de nutrición, donde le daban comida a la gente, a los viejitos, a los niños, a las mujeres embarazadas y también a las personas que llegaban de visita. Entonces, José Luis comía ahí, pero muchas veces él comía en la casa de mi mamá. Mi papá era pescador y músico, y llegaba a cenar con nosotros. Recuerdo que hasta ese momento no tenía ninguna comunicación conmigo. Luego fui una de las seleccionadas para estar en la radio con otros siete jóvenes más. Todos eran excombatientes, hijos de veteranos de guerra. Éramos personas que no habíamos pasado del sexto grado.

En uno de los cuartos de la hacienda Candelario, donde peleó Francisco Morazán, ahí nos empoderamos. En ese momento solo teníamos un transmisor de quince vatios de potencia, una grabadora de mano y un cable que salía de la ventana del cuarto de la tienda y se ataba a un palo de almendro, que hacía las veces de antena. No sé cómo hacía José Luis para que aquello funcionara, pero se escuchaba en los tres parlantes —me refiero a las tres bocinas, los tres altavoces— que se habían colocado para que la gente escuchara la radio. La gente se reunía en torno a esos parlantes porque solo eran dos horas. Se quedaba, iban pasando, volvían... Ellos ya sabían cuándo ir, porque en las reuniones colectivas, generales, que se hacían en la comunidad, se informaba de los horarios de la transmisión de la radio.

Al principio fue como un juego para nosotros. Éramos personas de 14 años y nunca habíamos tenido la experiencia de escuchar la radio. ¡Eso fue tan difícil! José Luis nos imponía jornadas pesadas de lectura comprensiva, para leer mejor, para aprender a leer respetando los puntos y las comas. Empezábamos a escribir y leer cuentos. Él decía que la radio era algo serio. Lo miraba demasiado serio, a la radio, me refiero. Nos exigió estar bien alineados al proyecto de la radio. Todos nos formamos.

Llegó un periodista muy reconocido de El Salvador durante la guerra, Rodolfo Martínez, que fue uno de nuestros maestros. También vino una española que se llamaba Montserrat. No recuerdo su apellido ni cómo llegó. Qué pena, porque quizás usted la conozca. Yo era muy pequeña. A veces llegaba gente y no sabíamos cómo ni por qué habían llegado. Pero de Montserrat sí sabíamos que había venido a formarnos. La verdad es que entender el periodismo, la lógica, el funcionamiento y para qué sirve fue un proceso también para nosotros.

Nuestra mirada era limitada. Al principio, pensábamos que solo el nuevo rancho tenía la necesidad de comunicarse, pero nos fuimos dando cuenta de que la realidad impactaba a otras comunidades. Entonces vimos la necesidad de expandir la señal de la radio. Así fue como, a finales de 1993, nos trasladamos al municipio que queda a ocho kilómetros al sur de la comunidad. Nos mudamos a una oficina que se llamaba Asociación de Desarrollo Integral, donde montamos la cabina de la radio. Todo fue análogo. Este sí era un noticiero, y todo se transmitía en vivo. José Luis nos preparaba para el «en vivo y en directo». A veces salíamos a hacer reporteo, pero muchas otras eran noticias sin tinte político. Lo que hacíamos era leer las noticias, redactarlas con un lenguaje más sencillo y hacer un pequeño resumen de aquella información para ofrecérsela a la gente, porque no teníamos la capacidad de reportear, de andar en la calle.

Retransmitíamos todos los días de seis a ocho de la noche, y en esas dos horas teníamos espacios segmentados. Había uno para niños y niñas, y lo que hacíamos era leer un cuento o poner algunas canciones infantiles. Y teníamos un espacio de entrevistas, un espacio de saludos y un espacio de avisos sociales de la misma comunidad. Por ejemplo, tal día hay reunión general de la comunidad o Pastoral Social invita a esto; eran actividades meramente de la comunidad. En ese espacio teníamos también un segmento para las noticias que funcionaba como la columna vertebral, pues lo más importante era informar a la comunidad de lo que pasaba en el país. José Luis también hacía una conexión con la radio exterior de España y, de esa manera, teníamos conocimiento de algunas cosas que ocurrían en el mundo. Era realmente interesante, y no sé cómo lograba realizar esa conexión, ese enlace. Hacía maravillas con el pequeño y rudimentario equipo que tenía.

Así que ya no estábamos con las tres bocinas; allá llegábamos a las casas. Teníamos unos transistores que funcionaban con energía, pero se activaban con cuerda. No sé cuánto duraban al darle cuerda.

La verdad es que se ha hecho un gran esfuerzo en las radios comunitarias. Allí se hace de todo y han dado exclusivas importantes, muchas. ¿Quiere ejemplos? En las situaciones difíciles, como los terremotos, ha habido muchas. Ahorita, por ejemplo, hay una noticia que vamos a dar: en un laboratorio han desaparecido las larvas de camarón por un mal manejo que tuvo la persona asignada a ese trabajo. Lo sabemos porque somos amigos de muchos pescadores y de mucha gente que tiene estanques de camarón. El Gobierno no lo ha contado y otros medios no lo han publicado. Eso lo tenemos en primicia. Hemos dado como cien primicias de cosas que ocurren en las comunidades rurales, muchas relacionadas con el saqueo de recursos naturales como el agua.

Nosotros construimos la pata de cielo con las comunidades. Acompañamos lo que pasa en el antes, el durante y el después de las cosas. Ahorita, en la comunidad donde nació la radio, están construyendo una casa para las mujeres, donde acuden para formarse, recrearse, crear planes de trabajo en función de las exigencias y el respeto a los derechos de las mujeres. Esa es la noticia. Nosotros estamos desde que se colocó la primera piedra: ya se puede hacer la segunda entrega para ver cómo va avanzando la obra. Y luego, cuando la casa se inaugure y esté funcionando, también estaremos presentes. Ese es el compromiso. Y es bien difícil, porque trasladarse a las comunidades cuatro veces no es fácil para la radio. Hemos tratado de responder con mucha programación a todos los públicos: a los niños y niñas, a las juventudes, a los ancianos, y, por supuesto, a las mujeres.

Tenemos bien definidos los ejes transversales, los ejes temáticos. Y entre los más principales están los derechos humanos. ¿Qué hace una radio, un medio de comunicación, si no empodera a la gente, si no exige la garantía de los derechos humanos? Esa es la parte medular de todo.

Somos once trabajadores y hay varios colaboradores. Son ya más profesionales. Digamos que, de 15 años para acá, la gente que ha ido entrando a la radio ya es gente que tiene noveno grado, que tiene bachillerato y alguno, incluso, carrera universitaria.

Hubo un momento en que pasé a ser jefa de mercadeo. Bueno, tengo que decirle que a mí no me gusta esa palabra, prefiero «coordinadora». La radio fue para mí como una ventana para ver el mundo. Veía que tocaba techo a cada rato, era una responsabilidad enorme. Decía: Tengo que prepararme para esto. De esto otro tampoco sé nada. Había que irse formando porque no bastaba con escribir sencillo y preciso para la gente. ¿Qué iba a escribir si no tenía el conocimiento? Había que formarse. Por eso, a veces siento que todo el tiempo me he estado formando. Hoy por hoy estoy en un diplomado en la UCA —la Universidad Centroamericana— sobre Derechos Humanos, transparencia y gobernabilidad. Pero, bueno, siento la necesidad de estar formada, porque a veces digo: «Si este tema no lo entiende mi mamá, mucha gente no lo está entendiendo». Es así de claro.

José Luis siguió en la radio, pero después incluso hizo más cosas. También estuvo de dentista, porque a través de un proyecto tuvo que aprender lo básico de doctor. Iba a sacar los dientes y a poner rellenos a miembros de la comunidad, y algunos estaban realmente muy lejos. Daba charlas a la gente sobre cómo cuidarse los dientes. ¡José Luis hizo tantas cosas en la comunidad! Él también lideró la producción de manera orgánica, amigable con la tierra. También era un consejero, un psicólogo, y nos impulsaba. Un buen líder. Nos juntaba a las juventudes y nos animaba a seguir adelante.

Recuerdo que, a veces, los niños o los adolescentes no somos tan conscientes de lo que hacemos. Una vez le dije: «¡Si me pone a leer este cuento cinco veces más me voy de esta radio!». Y se marchó. Mi papá me dijo más tarde: «Si tú no maduras, yo te voy a hacer que madures, porque la radio es muy importante para la comunidad y ustedes tienen que meterse a fondo». ¡José Luis le contó a mi papá! Me sentí muy avergonzada. «¿Por qué hizo eso?», le pregunté. «¡Porque ustedes a veces me sacan de quicio!», me respondió. Ay... eso no se me olvida. Éramos muy niños, y él nos ayudaba tanto... ¡Hizo tanto! Se entregó por completo como voluntario.

Su legado está más vivo que nunca. Hoy, a pesar de tantas radios, emisoras y televisiones, la gente sigue conectándose a Radio Izcanal. Sigue vertebrando la comunidad. Recuerdo una encuesta que hizo la UCA hace tres años, donde se mostraba claramente que, dentro de nuestra zona de cobertura —incluso compitiendo con el acceso a internet—, Radio Izcanal estaba a la par de una emisora de alcance nacional. Ese dato me sirve muchísimo para acercarme a la gente. Cuando hablo con posibles anunciantes, les digo que nosotros estamos entre las preferencias de la gente. Me preocupa, eso sí, la conexión con las nuevas generaciones, con quienes ahora tienen unos 30 años.

José Luis murió. Tuvo cáncer. Le dijimos que fuera a España a tratárselo —dicen que la sanidad en España es buena, ¿verdad?—. Tenía hermanos allí. Pero no quiso. No se movió de la comunidad, se quedó con nosotros, con mi hermana. Y al final murió. No se imagina la de gente que acudió al funeral. La noticia corrió de boca en boca y, por supuesto, se contó en la radio. En su radio. Llegaron personas de todo tipo de lugares. Algunas vivían a muchos, muchos kilómetros de distancia, y llegaban caminando. Personas muy humildes que llevaban flores. Parecía una peregrinación. Había personas a las que él había ayudado mucho, no se imagina. Hacía todo por las personas. Les había enseñado a leer, a trabajar, a usar algunas herramientas, había formado a sus hijos, los había llevado en la moto cuando se los encontraba por los caminos. Aquella moto la donaron a la comunidad, y él era la única persona que sabía conducirla, así que la usaba para llevar cosas que le pedían de un lado a otro, y también para llevar a la gente. Mire cómo era que, sin ser nada religioso, se llevaba muy bien con el cura. Se respetaban mucho, eran muy amigos. Porque así era él. La radio fue su gran proyecto y fue fundamental para la comunidad. Pero él ayudó en todo. ¡Cómo lloraba la gente en su funeral! No se imagina.

Cuéntelo, por favor. Que se sepa. José Luis se llamaba José Luis Gavira González y era de San Roque, en Cádiz. Dicen que es un pueblo muy arquitectónico. Yo no lo conozco. ¿Usted ha estado?

ROSA HILDA RIVAS,
periodista en Radio Izcanal. El Salvador

## Me gané el derecho a hablar con Pepita la Pistolera

Cuando comenzaba mi carrera en el oficio, asesinaron al único periodista que fue asesinado en democracia en Argentina: el fotógrafo José Luis Cabezas. Lo mandó matar un empresario mafioso, a través de un grupo de policías y delincuentes, por haberle tomado una foto y haberla hecho pública. Un día, en la redacción me avisaron de que había un auto en la puerta y que tenía que ir a un pueblo a 300 kilómetros a buscar unos documentos a un juzgado. No volví más a mi casa.

Tuve que pedirle a alguien que sacara a mi gato de mi departamento. También tuve que comprarme ropa, claro, porque la cobertura duró cuatro meses y medio.

Estaba allí completamente solo porque *Página 12*, donde yo trabajaba, era un diario pobre. No tenía plata para mandar a más periodistas y correr con los gastos. Mientras, *Clarín* y *La Nación*, que eran los dos grandes periódicos argentinos, tenían equipos de tres personas con tres fotógrafos. Recuerdo que, en aquel entonces —hablamos de 1996—, tenían *notebooks*, algo absolutamente extraordinario, y teléfonos celulares, unos aparatos gigantescos que pesaban como dos kilos, para comunicarse con sus jefes. Yo tenía que hacerlo todo solo y tenía poca experiencia, porque apenas estaba empezando.

Las fuentes oficiales filtraban información errónea a los medios hegemónicos, que publicaban sin contrastar, una y otra vez, generando primicias falsas de forma constante. Todo eran intereses. Mientras, yo debía buscar la verdad y conocer a los rufianes de baja estofa que habían sido acusados falsamente del crimen.

Finalmente, pude entrevistar a una mujer emblemática de la delincuencia argentina que se llamaba Margarita Di Tullio, conocida como Pepita la Pistolera. Ella tenía todas las claves. Estaba en prisión, y tras todo el tiempo que había estado indagando, ganándome la confianza de su gente, pude reunirme con ella cuando recuperó la libertad. Pasamos toda una noche juntos, esquivando al resto de los periodistas que la buscaban como si fuera una diva de Hollywood. Obtuve muchísima información y quedó en evidencia la trampa inventada por la policía y los poderosos publicada por los medios más prestigiosos. Yo me gané el derecho a hablar con ella y a obtener la información realmente buena, por haber insistido durante tantos meses en una verdad que todo el mundo despreciaba. Eso me permitió escribir el primer gran perfil narrativo de mi vida y marcó mi carrera para siempre.

Martín Caparrós,* el editor de *Página 12,* recibió la primera versión del texto y me dijo: «Está bien, pero lo tienes que volver a escribir todo porque tú puedes hacer algo mucho mejor. Andate a tu casa y quedate allí el tiempo que necesites». Y pasé encerrado con ese texto diez días hasta que consideré que estaba terminado.

Ese reportaje ha sido publicado en cinco antologías, se estudia en las universidades y todavía se comparte cada vez que se sabe algo nuevo del personaje. Se le dedicó una película hace tiempo. Murió hace años, sí. Es el primer texto del que yo me sentí orgulloso.

En algún libro se titula «La vida de Pepita la pistolera», pero el título original fue «Papi, a ese pibe yo le gano». Ella se había forjado como una mujer poderosa, porque su padre perverso, al sentirla tan fuerte, la había criado como un varón y la llevaba a las plazas a buscar enemigos entre los chicos de su edad para pelear en luchas callejeras. Entonces, cuando ella detectaba un varón al que le podía ganar, le decía a su padre: «Papi, a ese pibe yo le gano». Aquel texto que me pidió mejorar Martín Caparrós lo cambió todo.

Tengo muy claro quiénes han sido mis maestros, quiénes me han mostrado con su ejemplo el tipo de camino que podía seguir: Tomás Eloy Martínez, que siempre está en la frontera entre el periodismo y la literatura; el propio Martín Caparrós, en su modo de defender el periodismo como literatura; Mónica González,** en su extraordinario trabajo con la ética y la investigación perio-

* Martín Caparrós interviene en las pp. 418-422.

** Mónica González interviene en las pp. 67-74.

dística, o María Teresa Ronderos,* en su búsqueda que no cesa para contar los pliegues más oscuros de Colombia. En los periódicos en los que he estado he tenido decenas de maestros y he sido, además, un subalterno muy soberbio en muchos sentidos, pero muy humilde a la hora de callarme la boca y escuchar a los que sabían y aceptar las marcaciones, las correcciones y los consejos.

CRISTIAN ALARCÓN,<br>fundador y director de la revista *Anfibia*.<br>Chile-Argentina

* María Teresa Ronderos interviene en las pp. 209-214 y es citada de nuevo en la p. 430.

# EL COMPROMISO

Mónica González (Chile)

Cristian Pizarro (Chile)

Jineth Bedoya (Colombia)

Carlos Dada (El Salvador)

José Gabriel Mujika (España)

Josemi Santamaría (España)

Lindsey Hilsum (Reino Unido)

Oksana Brovko (Ucrania)

Mikel Ayestaran (España)

*Periodistas que convierten sus vidas en un servicio público, cuyo trabajo está iluminado por un sentido del deber que trasciende. Tenían clara su misión, pero otras veces se han topado con ella sin haberla buscado. Son profesionales convencidos de que su lugar está donde ocurren las cosas, y que su presencia puede ayudar a cambiarlas. La mayoría de las veces, a costa de grandes sacrificios personales.*

## Me decían que la historia del golpe no era necesaria

Me convertí en periodista de investigación durante la dictadura. Trabajaba en Economía y cubría temas de mercado negro hasta el 11 de septiembre de 1973, el día del golpe de Estado en Chile. Fue muy duro. No había comida. La gran burguesía de este país acaparó la comida para apretar por el hambre. Fue tremendo. Yo estaba reporteando, denunciando la situación, cuando fueron a por mí. Tomaron mi cartera y se dieron cuenta de que era periodista. Un tipo me pegó. En ese momento estaba embarazada. Eran criminales.

En aquel entonces trabajaba para el diario *El Siglo*, del Partido Comunista, donde trabajaba la primera generación que llegó a la universidad. Eran todos viejos, sabios, muy cultos. Aquel partido comunista era otro partido. Otra historia. Tenía gran raigambre popular y gran vocación. Era un frente muy culto.

Cuando vino el golpe, como te decía, me convertí en periodista de investigación. Voy a resumir, pero había que salvar vidas. Lo primero era salvar vidas porque detenían a la gente. En las noches «los chupaban»: desaparecían y no quedaba rastro. Muchos no volvían a aparecer, pero había que descubrir dónde estaban. Y a eso me dediqué durante muchísimo tiempo. Hasta que me tuve que ir por persecución. Tenía dos hijas de cinco y tres años. Nos fuimos a París. Allí viven mis hijas a día de hoy. Yo era muy jovencita, apenas tenía 23 años.

En París trabajé como obrera de una imprenta, pero seguí haciendo periodismo de investigación. Estaba implicada en un proyecto colectivo en el que, a través de ondas radiales, entregábamos nombres de gente que caía presa, sedes secretas de tortura, de exterminio, nombres de exterminadores... Era solo para salvar vidas.

Un día leí un libro que me abrió los ojos: *La orquesta roja*, de Gilles Perrault. Cuenta la historia de las redes de espías que combatían a los nazis en Europa. Tuve la suerte de conocer una noche a Leopold Trepper, el gran creador de estas redes, cuando vino a Francia. En la conversación me preguntó quién era yo y se interesó por mi trayectoria. Al despedirnos, me dijo: «No te quedes aquí en París. No dejes que te aturdan las Galerías Lafayette. Andate a tu país». Yo ya pensaba en volver, y esa frase fue el empujón que necesitaba.

El resumen es este. El fascismo es un movimiento silencioso, solapado, con personajes que alimentan la máquina. Esa máquina lleva preparándose mucho tiempo para cuando estalla la guerra. Yo quise contar cómo se preparó esa máquina en Chile, porque creía que era la mejor manera de prevenir su regreso. Y a eso me he dedicado.

Volví a Chile en 1978, en plena dictadura. Pensaba que ya no era periodista, pero que podía investigar en secreto. Mi primer reportaje fue «La Casa de Lo Curro».

Fue en diciembre de 1983. Estaba cocinando cuando escuché, de fondo en la televisión, a un tipo que anunciaba que, debido a la terrible crisis económica que atravesaba el país, quedaba anulado el proyecto de la Casa de los Presidentes, la residencia de lujo que se estaba construyendo Pinochet. Pensé que era una mentira. La voz me resultaba familiar. Hablaba el mismo que había dirigido la cadena de radio de los golpistas el 11 de septiembre. Aquel día, esa cadena tomó el control de casi todas las emisoras, salvo tres, por las cuales el presidente Allende lanzó su último discurso, antes de que fueran bombardeadas una a una. Pero Allende alcanzó a pronunciar sus últimas palabras. El caso es que aquel hombre mintió ese día de forma descarada y temeraria. Entonces decía que se paralizaban las obras, y no me lo creí.

Al día siguiente me puse una falda *hippie* y me solté el pelo. Tomé un bus y me fui a Lo Curro, una zona de Santiago que estaba casi vacía en aquel momento y que hoy es territorio de la gran burguesía. Me paseé por ese lugar desocupado con un librito en la mano. Y me bastó una hora de estar sentada en la cuneta para darme cuenta de que la construcción de aquella residencia no solo no se había detenido, sino que se había acelerado. Entonces me dije: «Aquí hay obreros trabajando que viven muy lejos. Toman por lo menos una hora y media de tráfico para volver a casa. Me iré con ellos y a ver qué información puedo obtener». Ese fue mi razonamiento. Y así lo hice: me fui con ellos todos los días. Entrevisté a uno y a otro hasta que reuní la descripción de la casa completa. Aquella historia terminó siendo un escándalo nacional.

Nunca entré en la casa. Nadie me cree, pero nunca puse un pie dentro. Solo relaté las descripciones de los trabajadores. Tuve la suerte de que llegó una camioneta con el logo de la tienda más elegante de Chile. Así que fui y me vestí —muy *ad hoc*, como señora pituca ('pija')— a preguntar si ellos hacían cosas en Lo Curro, porque estaba pensando construir una casa allí. Me confesaron en privado que sí, que le habían vendido una lámpara carísima a la señora de Pinochet para colocarla en el baño. Yo no podía creer algunos de los detalles. Aquello iba a ser un palacio muy ostentoso, de un lujo obsceno.

La gente se reía mucho con aquel reportaje, porque en las descripciones se detallaba cómo el dictador había mandado instalar espejos de suelo a techo frente al wáter. Nadie en la vida quiere verse cagando —o defecando, si quieres que sea más fina—. Aquello provocaba mucha risa. Y entonces me di cuenta de algo: descubrí que la gente, cuando se ríe del dictador, pierde el miedo. Y eso es fundamental. Por eso creo que es muy importante escribir textos serios, sí, pero también jocosos.

El reportaje se publicó en enero en la revista *Cauce*. Vendíamos poco más de mil ejemplares. Era una publicación abierta al público, pero nadie le daba pelota. Salía cada semana, y a veces nos cerraban o nos perseguían. Pero ahí seguíamos nosotros. Me convertí en el agente inmobiliario de Pinochet. También se vendían fotocopias, porque muchos no se atrevían a comprar la revista en el quiosco.

La casa estaba lista y no se pudo cambiar. Quedó como el monumento al derroche. Hoy en día es un club militar que sirve para matrimonios. Y mucha gente todavía va al baño a ver si es verdad esto de los espejos y la lámpara de cristal antiguo. Yo no he ido nunca.

Dos meses después publiqué los detalles de otra casa que se hizo Pinochet, y publiqué otras cosas de los seguros y de su yerno, que hoy en día es el hombre más rico de Chile, el dueño de la segunda empresa más importante, Soquimich, la gran empresa del litio. Se hizo con esa industria en la dictadura. Publiqué todos sus negocios. Ellos nos perseguían, sí. Bueno, fui presa dos veces en una cárcel de hombres. Ya lo sabes y conoces lo que me pasó, pero no quiero resaltarlo ni darle importancia.

La solidaridad era impresionante y me quedo con eso. No era como hoy en día, cuando los colegas de México, Guatemala o El Salvador arriesgan su vida todos los días y no tienen esa solidaridad mundial. Las cosas han cambiado. En mi época notaba el apoyo de otros países, de otros colegas.

Hubo represión, hubo violencia. Ocurrieron cosas brutales. No solo a mí, no solo a las que estábamos detenidas en esas cárceles —de las que ni siquiera quiero acordarme—. Pero estábamos profundamente unidos. Había mucho compañerismo, había convicción de que íbamos a lograr resultados, que íbamos a defender la vida y que íbamos a lograr la libertad. Y así lo hicimos. Ese fue un periodismo glorioso, porque no había ego, no había competencia. Se trabajaba mucho.

Mi libro *La conjura* nació del deseo de descifrar cómo funciona la máquina de muerte. Pero la máquina de muerte no se puede comprender sin hablar de los malos. No creo en la historia contada desde un solo ángulo. Primero, no creo en la división simplista entre bonitos y malditos. Las historias tienen de todo, porque así es el ser humano. Ninguna gran investigación se puede hacer sin el testimonio de quienes fueron victimarios: los asesinos, los torturadores. Hablen de buen grado o no. Porque hay gente que lo hace por miedo —me encontré varios casos— o por cobardía. La cobardía es algo muy fuerte. Los periodistas deberíamos ser más astutos y escribir más sobre la cobardía, porque detona grandes acontecimientos internacionales y nacionales.

Me propuse descubrir esa máquina de muerte, revelarla, y para eso necesitaba la historia de los golpistas. Hay que ser honesto: quienes dirigieron el golpe fueron mucho más valientes que Pinochet y sus secuaces. Pinochet se sumó apenas 48 horas antes. No lo digo yo, lo confirman todos mis entrevistados, que eran golpistas y que tuvieron que perseguirlo durante todo el fin de semana previo para que se uniera al golpe. Para mí fue un placer confirmar con todo detalle aquello, porque una cosa es que tú digas que fue un cobarde, que se subió al carro a última hora, pero poder probarlo con lujo de detalles —a qué hora llegan los dirigentes del golpe a hablar con él y que él les cierra la puerta, a qué hora insisten y a qué hora finalmente accede— es otra cosa muy distinta. Esto revela por qué Pinochet se convierte después del golpe en el asesino más cruel: tiene que demostrar a los verdaderos dueños del golpe que no es un cobarde. Y para eso, contó con la ayuda de Manuel Contreras, el jefe de la Policía política. Ese sí que fue un gran, gran cobarde, pero en toda su dimensión: un hombre enfermo.

Me propuse ese objetivo y fui ganándome la confianza de varios de los artífices del golpe. Muchos me advertían que esa historia ya se había contado, que todo se sabía, pero yo no les hice caso. Seguía adelante.

Mi meta era conseguir las agendas de los generales. Este material es muy importante, porque los generales anotan todo. Y te diré que en esas agendas incluso muestran que son curiosos. Les gustan los rumores: quién dice esto, quién lo otro, quién es desleal, quién no... Fui obteniendo agendas y conseguí una realmente muy importante: la del comandante en jefe de la Fuerza Aérea, el general Gustavo Leigh, dueño absoluto del golpe. Leigh fue quien bombardeó el Palacio de la Moneda, y Pinochet le sacó del poder después, en 1978, porque le tenía unos celos terribles. Sin embargo, me faltaba la otra agenda clave para desentrañar todo: la del general Sergio Arellano, el dueño del golpe en el Ejército. Y ¿sabes qué? Él mismo me la entregó. Me dio sus memorias. Eso fue un aporte fundamental para poder escribir *La conjura.*

También fueron fundamentales las memorias del general Guillermo Pickering, un hombre maravilloso que renunció junto con el general Prats al segundo puesto del Ejército cuando, pocos días antes, el 22 de agosto de 1973, comprendieron que el golpe de Estado era inevitable. Sus memorias eran... Creo que me las lloré. Mostraban con claridad lo que estaba ocurriendo, cómo se iba gestando esa máquina de guerra a la que me refería antes.

Me encarcelaron en la prisión de San Miguel —una cárcel de hombres— por el reportaje sobre la casa de Lo Curro y por la entrevista que le hice al general Leigh, donde afirmaba que no habían hecho el golpe de Estado para apropiarse de riquezas. Me da mucha pena, porque el general Pickering se estaba vistiendo para ir a verme a la cárcel y le dio un ataque al corazón. Nunca volví a verlo, porque falleció. Hay hombres a los que este país les debe mucho. Pero, como sufrimos de amnesia y hacemos mal las cosas, después vuelven los fascistas a cometer las mismas bestialidades que han hecho en algún momento.

Presentaron una querella de la Ley de Seguridad Interior del Estado, alegando que yo era un peligro para la sociedad. Mira qué estupidez. No el general Leigh, al que acababan de echar del Ejército, sino yo. Me pedían entregar las cintas y grabaciones, pero en aquella entrevista de cuatro horas estaba la parte más sabrosa sobre el golpe de Estado: Leigh me contaba cómo Pinochet se arrancó, cómo se involucró finalmente. No podía entregar ese material. Además, le había prometido a él que solo publicaría ese contenido con su autorización. Finalmente me mandaron presa por publicar la entrevista, centrada en sus críticas a las casas de Pinochet y que el golpe no se hizo para servir al enriquecimiento ilícito de los poderosos, sino para terminar con la corrupción. Leigh hizo un ataque furioso. Lo habían echado del Ejército, pero no lo tomaron preso a él, sino a mí.

*La conjura* está hecha con ellos: con Allende, con sus ministros, con sus asesores y con su capa intelectual, formada por exguerrilleros. Eso fue un gran descubrimiento. Conocí a Gloria Gaitán, la hija del gran líder colombiano Jorge Eliécer Gaitán, que era su gurú. Nadie sabía hasta entonces que era su amante y que había salido de Chile embarazada de Allende. Mi gran pregunta era si ese hijo había vivido o no. El libro se basa en más de 180 entrevistas. Hay archivos desclasificados y están las conversaciones que mantuve con los protagonistas, tanto con los que pelearon con armas contra el golpe como con los propios golpistas. Y, por supuesto, también están los verdaderos responsables.

Tardé muchos años en escribir el libro. Porque no podía dedicarme solo a ello. Tenía que vivir. Cuando conseguí la agenda de Arellano, era corresponsal de *Clarín* y además trabajaba como subdirectora en una revista que se llamaba *Cosas*. Era como el *¡Hola!*, con la diferencia de que, además de relatar las peripecias de las figuras de la farándula, nos dedicábamos a contar historias políticas. Publicamos reportajes que hicieron historia en su momento.

Terminé el libro a principios de 2001. Escribía hasta muy tarde, y en la mañana lo primero que hacía era comprobar que no se me hubiera colado algo mío. Esa comprobación era muy importante para mí. Yo no quería estar en ese libro. Ese libro era lo que pasó, la versión objetiva de lo que pasó con el golpe de Estado; no podía estar ahí. Si algo se me había pasado, entonces lo volaba de inmediato. Y por eso creo que estoy tan contenta. No aparezco en el libro, nada de lo que me ocurrió está en él.

Está feo que yo lo diga, pero uno de los deberes de los periodistas es ser confiable. Y ser confiable no significa hacerse amigo de la fuente. Ser confiable es respetar el *off the record*, es no añadir una sola palabra a lo que te haya dicho tu mayor enemigo. No se le inventan hechos, no se le agregan culpas, no se le denosta impunemente. A lo largo de mi carrera, me he ganado esa confianza justamente por eso: nunca le he inventado a un torturador nada que no sean los muertos que tiene que cargar. Ninguno más. Ellos me llaman por eso mismo, porque sabían de mi hacer. Se corría la voz. Leigh le contó a otro, Arellano le contó a otro, y así.

La acogida que tuvo *La conjura* cuando se publicó en 2001 fue impresionante. Aunque debo decir que lo más emocionante ha venido después. En cada presentación se forman largas filas y siempre hay jóvenes que me piden que se lo dedique a su padre. Me dicen: «A ver si ahora mi papá se va a decidir a contarnos lo que vivió, porque no quiere hablar de eso». O padres que me dicen: «Es para mis tres hijos. Para que sepan de dónde venimos y por qué». Mis ojos se llenan de tristeza algunas veces. Tengo que hacer un esfuerzo, porque, mira, ayer, en esa feria del libro, llegó una señora bien modesta y me regaló esta pulsera. Es bien bonita. Venía con *La conjura* para que se la firmara. Me dijo: «Es para mis hijos, para mis nietos, para mi familia. Tienen que saber lo que nos pasó». Tardé más de 15 años en escribirlo y hace ocho años añadí 170 páginas porque me llegó más información.

Te voy a contar un truco. En mi trabajo como periodista, cada vez que tenía que hacer una entrevista a alguien, siempre le preguntaba: «¿Cómo vivió usted el golpe de Estado? ¿Qué hizo ese día? ¿Dónde estaba?». Todos se reían, porque la entrevista no tenía que ver con aquello, pero yo me fui guardando las respuestas. Y aquello se convirtió en un tesoro. Creo que esa es una clave de cómo afrontar un libro de largo aliento.

El año que me dediqué por completo a escribirlo renuncié a todo. No iba a ninguna parte, no hacía vida social... Me encerré. La reacción de mis amigos durante aquel año fue: «Mónica, déjalo ya, no vale la pena». Pero, después de aquel año, cuando lo leyeron, todo cambió: «¡Mónica, este libro es increíble! ¿Cómo lo hiciste?», preguntaban.

Me dieron el Premio Nacional de Periodismo de Chile recientemente, sí. ¿Te llamó la atención el apoyo? Casi 20.000 personas firmaron la solicitud. Algo así no había pasado nunca, pero lo cierto es que, si no hubiese sido por ese respaldo masivo, probablemente no me lo habrían concedido. Trato de no pensar mucho en ese apoyo, porque uno nunca debe creerse demasiado el cuento. Es peligroso, ¿verdad? Lo que sí tengo claro es que el buen periodismo paga, el periodismo que se debe a la sociedad vale la pena. De hecho, obtuve el Premio María Moors Cabot por *La conjura*.

Mónica González,
presidenta del Consejo Rector de la Fundación Gabo

## Pinochet se justificaba diciendo que estaba en una guerra

Existe un debate acerca de si se debe entrevistar a determinadas personas, como un dictador o un terrorista. Mi postura es que toda persona tiene algo que decir y el derecho a hacerlo. También depende mucho del punto de vista de la entrevista, algo muy afincado en el periódico *El Mercurio*. No solo importan las respuestas, que son clave, sino también las preguntas; es decir, importas tú como periodista. Para evaluar una entrevista, para medir su valor, la tienes que mirar en los dos frentes. Si el periodista no pregunta todo lo que hay que preguntar —pongamos por caso, al líder de Hamás, a Pinochet, a Perón o a Franco—, entonces la entrevista cojea y participa de una maniobra que no se parece al periodismo auténtico. Lo que importa, por tanto, es el cuestionario. Hay que preguntar lo que *El Mercurio* y los lectores de *El Mercurio* quieren saber sobre el personaje. Ese fue el esfuerzo que hicimos.

Recuerda que Pinochet había sido dictador durante 17 años. Después había dejado la presidencia, pero se había mantenido como comandante en jefe del Ejército desde 1990 hasta 1997. A finales de 1997 entregó el mando del Ejército y, por derecho constitucional —una Constitución escrita por él y su gente—, tenía la opción de ser senador «a la italiana»: es decir, senador vitalicio o senador designado, como se le llamaba en Chile. De manera inexplicable e inesperada, termina su mandato en el Ejército en 1997 y opta por ser senador, algo que casi nadie creía que realmente fuera a suceder. Quedó la pelotera en el Senado, porque su entrada fue muy controvertida.

En la mitad de su primer año de senador —octubre de 1998— viaja a Londres para revisarse un problema de columna del que adolecía. El médico que lo vio allá le dijo que la única opción era operar. Sale bien de la operación y, en ese momento, el juez español Baltasar Garzón imparte esta orden de captura internacional. Detienen entonces a Pinochet en Londres. Esto se transformó en el hito político más importante del país desde el retorno a la democracia. Modificó el escenario. Gobernaba Eduardo Frei, gobernante de la Concertación, y se produjo un conflicto delicado: un ciudadano chileno que, además, era senador de la República, constitucionalmente respaldado, era detenido por la justicia de un país extranjero mientras se encontraba retenido en un tercer país, el Reino Unido. Así se configuró un triángulo de conflicto entre Chile, España (o Garzón) y el Gobierno británico.

Se arma un quilombo, y el Gobierno de Chile, a pesar de ser de un signo político contrario al de Pinochet, inicia una ofensiva diplomática para traer a Pinochet de regreso a Chile. Frei, el canciller de entonces, los ministros, el embajador, todos estimaban —creo que de forma correcta— que se estaba vulnerando la soberanía chilena. Es decir, si había delitos —que los había— atribuibles a Pinochet, la justicia encargada de procesarlos debía ser la chilena y no la inglesa ni la española. Se instala ese debate en Chile. Algunos ministros de izquierda, que eran parte del Gobierno, no compartían esta mirada, pero frente a este dilema tenían que operar más como Gobierno, como Estado, que como representantes de un sector ideológico contrario a Pinochet.

Entonces, bueno, todos los medios enviaron corresponsales y se armó un circo. Londres pasó a ser una plaza más de la cobertura periodística chilena. Hubo periodistas que pasaron un año instalados allí. Todos empezamos una carrera silenciosa por conseguir una exclusiva. Pinochet era la gran pieza. No hubo ni uno que no lo intentara, digamos.

Carlos Scherer era el director de *El Mercurio* de Valparaíso y yo era su lugarteniente, para que me entiendas. Hoy estamos en *El Mercurio*, en Santiago, pero en ese momento estábamos en aquel diario regional, filial del periódico nacional. Era líder en una provincia, pero no competíamos en aquella liga donde se aspiraba a conseguir una entrevista con Pinochet. Si él hablaba, lo haría para *El Mercurio* de Santiago, *La Tercera* o a un canal de televisión, no para un diario de provincias.

Con todo, teníamos una ventaja oculta. Conocíamos a un asesor de Pinochet en los años de la dictadura, que lo había seguido acompañando en sus años en el Ejército y en el Senado. El núcleo de asesores de Pinochet, por razones obvias, se fue reduciendo. Pero este asesor, que era un sobreviviente de la época dictatorial, seguía a su lado cuando era senador. Entonces le aproximamos y le explicamos que queríamos hacerle una entrevista. Él iba a Londres una vez por mes, pasaba dos semanas allá y volvía después. El canal era muy expedito, sabíamos que el mensaje iba a llegar. Además, teníamos un argumento importante: Pinochet nació en Valparaíso y pasó allí sus años escolares. Le dijimos: «Mira, Pinochet nació en Valparaíso, sus padres son de ahí, estudió en un colegio local antes de irse a la Escuela Militar en Valparaíso, sus primeras novias son de ahí... Es decir, hay una vida de él en Valparaíso. Que hable a través de este periódico, que fue el periódico de su infancia y su juventud familiar». Le gustó la idea.

Pinochet, entre muchas características que podrían ser objeto de otra conversación, era un hombre al que siempre le gustaba sorprender y salirse de lo esperado. Este asesor le inspiraba mucha confianza. Con nosotros, el asesor mantenía una relación periodística transparente, confiaba en nuestro trabajo y sabía que actuaríamos con corrección. No le íbamos a salir con ninguna maldad inesperada. No nos pidió cuestionario previo.

Cuando volvió de uno de estos viajes de Londres, nos dijo: «Miren, le pareció interesante y está disponible». No pasaron más de tres semanas, a lo sumo, y este hombre nos avisa de que ya tiene día, hora, fecha y lugar. Sería en la casa donde Pinochet estaba retenido, un domicilio arrendado a las afueras de Londres, a unos 40 o 50 minutos en tren, en Virginia Waters. Era un barrio residencial de clase media acomodada, y la casa, aunque era pequeña, era la típica inglesa, con un gran antejardín y un buen jardín posterior.

Carlos se me acercó y me dijo: «Mira, anda tú, que yo no puedo». Algo le pasó, porque en origen íbamos los dos y de repente no pudo. Y el asesor famoso del que te hablo tampoco pudo viajar porque enfermó. Así que fui solo. Solo de verdad. Ni con mi jefe, que era Carlos, ni con el asesor, que era la llave para poder acceder.

Ya en Londres, desde el hotel, contacté con el asistente militar que Pinochet tenía allá. Me recogió en la estación de tren y me llevó en auto hasta la casa, que estaba custodiada por los cuatro costados por policías de Scotland Yard. Entré en el *living* —el comedor y el *living,* juntos no eran más grandes que estos dos cuartos [la entrevista tiene lugar en una sala de unos 25 metros cuadrados, dividida en dos espacios]—. Había una puerta que conducía a un despacho chiquito con un escritorio, y otra que daba a la cocina. Arriba había tres dormitorios que no vi. Era una casa pequeña, con dos baños en los extremos. Eso era todo. Pero salías a una terraza muy bonita con un jardín amplio, aunque a él no lo dejaban salir para evitar las fotos.

Estuve ese rato recorriendo la casa. Y entonces llegó.

Yo no lo conocía personalmente. Le había visto en alguna ceremonia, pero nunca había estado con él cara a cara. Fue amable: «Hola, ¿cómo está? —me dijo, y enseguida aludió al asesor—. No pudo venir. Se nos enfermó. Es un tipo de salud muy delicada —me dijo—, cada vez que viene para acá se resfría», añadió, con unas bromas sobre el tiempo de Inglaterra. De repente bajó la voz, de manera notoria, y me dijo: «Mire, estamos con problemas. No voy a poder dar la entrevista. Mis abogados me la han desaconsejado. Lo supe esta mañana y ya no podía detener su viaje, así que no me queda más que darle una explicación y pedirle disculpas. Esto puede tener consecuencias procesales», se excusó. «Efectivamente, estamos en un problema —respondí—. Permítame al menos describir en un artículo el lugar donde usted está», le pedí. Muy poca gente había entrado. Ningún periodista. Solo recibía visitas de Chile y de allá, entre ellas Margaret Thatcher. Me dijo: «Cuente lo que quiera de acá, pero no ponga nada que venga de mi boca. Hágalo como si fuera un relato suyo».

Llegó la hora del almuerzo y me preguntó: «¿Quiere almorzar, ya que está acá?». Entonces almorcé con él y con su señora. La conversación se nos fue de las manos, porque ya habíamos agotado todos los temas posibles, y entonces empezamos a hablar de Valparaíso. Me lo quería ganar. Ya sabes que mi familia es de allá. Mi abuela materna tiene de apellido Pinochet, aunque no son parientes. Entonces, le solté en broma: «Nosotros somos parientes. Mi abuela se apellida Pinochet». Y aquí me sorprendió: «Su abuela es la Olguita. Es hermana de Carlos y de Víctor, compañero mío en el colegio. Cada vez que voy a Viña me encuentro a su abuela en misa». Entonces se produjo una cosa interesante. Al terminar el almuerzo me dijo: «Estoy muy cansado y voy a subir a dormir un ratito, pero no se vaya, quédese, tomamos una taza de té y después se va».

Me quedé con la señora, que no fue a dormir. Me ofreció café. Me hablaba del nieto, de su hija... Yo escuchaba, tomaba algunas notas, le preguntaba cosas, y a eso de las tres o cuatro de la tarde baja él de nuevo, impecablemente peinado, y tomamos juntos la taza de té.

Cuando me despedía, me dijo: «Mire, tengo un compromiso porque usted ha venido, apenas pueda lo voy a llamar para que vuelva y hacemos la entrevista». El pensamiento mío fue: «Este caballero ha mentido toda su vida y mentirme a mí le sale gratis». Me acuerdo de la sensación que tuve en la estación de tren, cuando me dejó el auto. Estaba muy desilusionado y frustrado. Fue interesante haber estado con él y fue periodísticamente atractivo, pero yo quería la entrevista, y no tenía ninguna confianza en que fuera a concretarse.

Pues bien, un mes después me llaman para decirme que tenía la entrevista, que las condiciones se habían despejado. Lo recuerdo perfectamente. Fue un lunes después del almuerzo, como a las cuatro de la tarde. El mismo asistente militar me dijo: «Este caballero lo espera a usted el miércoles, en Virginia Watters, a las cuatro». Tenía que ir a casa, hacer la maleta y salir rápido al aeropuerto. Le respondí: «Adelante, pero esta vez vamos juntos. No hago de nuevo el viaje solo porque, por lo menos, sea testigo si ocurre un imprevisto». Y vino conmigo. Y también Carlos, el director. El martes a primera hora llegamos al hotel en Londres, nos duchamos, nos cambiamos, dejamos las cosas y fuimos en tren hacia allá.

Y esta vez, todo fluyó. Llegamos, le presenté al director y comenzó la entrevista.

Nos sentamos en la sala, él en la cabecera, y nosotros uno al lado del otro. Habíamos revisado y ajustado bastante el cuestionario, porque habían pasado cosas en ese tiempo. Comenzó entonces una entrevista que no tuvo interrupciones. Contestó absolutamente todo. Todo. Hablamos de su situación procesal y de la maniobra con la que lo habían detenido. Hablamos también de la dictadura y de todos los temas vinculados a los derechos humanos. Se refirió a la lucha que él había entendido encabezar contra el marxismo al dar el golpe de Estado a Allende. Allende también era de Valparaíso. Se conocían de jóvenes y tenían una pequeña diferencia de edad, pero habían asistido al mismo colegio. Por eso hablaba de Allende no como un extraño, ni como de alguien distante o de otra región, sino como de una persona a la que había conocido. Sabía detalles de su vida: «Estuvo de novio con esta chica, le pasó aquello». Conocía su historia personal.

«Usted no sabe cómo era la situación. Estábamos en una guerra —se justificaba—. No sabe la cantidad de atentados que desbaratamos y la de células terroristas que desarticulamos. Nunca nos perdonaron lo que hicimos, porque hicimos algo que solo Chile hizo.» Ese era el tono, para que me entiendas la línea discursiva: «Nosotros hicimos 20 años antes la caída del muro de Berlín. El socialismo real en Chile acabó en 1973, y esto nunca nos lo perdonaron», decía Pinochet. Se comparaba con Argentina. Decía que en Argentina hubo muchísimos más muertos, pero que, sin embargo, él era el diablo. «Y además —comentaba— fuimos una dictadura exitosa económicamente hablando. Y entregamos el poder voluntariamente. ¿Qué dictador de la región hizo algo así?», planteaba.

Se justificaba constantemente. Tenía una línea argumental muy marcada, pero nosotros le replicábamos. Le recordábamos los excesos, los abusos, los crímenes. Y él ahí deslindaba la responsabilidad, diría que de forma muy maquiavélica, atribuyéndola a los servicios de inteligencia. Afirmaba que se le habían escapado de las manos. La única responsabilidad que asumía era no haber controlado adecuadamente a esos generales.

Había dado otras entrevistas antes, muy controladas. Era el mismo Pinochet de siempre. Cazurro. Rápido. Estaba lleno de estratagemas discursivas y además tenía una concepción épica de lo realizado. Cuando entrevistas a alguien que cree sinceramente que ha contribuido a cambiar el curso de la historia, es difícil entrarle porque el tipo no está psicológicamente predispuesto a aceptar críticas, objeciones, o que le señalen errores o abusos. No. Según su versión, lo que se hizo fue decisivo, y si no se hubiese hecho, el país habría terminado en una situación mucho peor. Ese era su relato. Pinochet era un militar, y cuando un militar se convence de que está en guerra, entra en una lógica distinta. Nosotros le decíamos: «En todo caso, sería guerra en condiciones muy desiguales, porque había un ejército regular chileno, fuerzas armadas completas, contra grupos terroristas aislados». Y se enfurecía. Entrabas en una dinámica de ese tipo.

Cuando terminamos, repetimos el mismo ritual del primer viaje: subió a dormir, bajó de vuelta en la tarde, retomamos la conversación y cerramos la entrevista. Corrimos al Hotel Sheraton, donde nos alojábamos. Me encerré en la habitación con Carlos y empezamos a transcribir todo y a armarlo bien. Teníamos una periodista en Valparaíso que iba recibiendo el material y nos iba ayudando a compactarlo. Finalmente, despachamos esa entrevista a las tres o las cuatro de la tarde de un viernes. Lo recuerdo bien. La entrevista estaba lista para publicarse el domingo. El sábado la mandamos y nos fuimos al aeropuerto. Tomamos el avión y llegamos a Santiago con la entrevista publicada aquel mismo día, claro. Al bajar del avión, en el aeropuerto, vimos un ejemplar del diario con el titular: «Entrevista exclusiva de *El Mercurio* de Valparaíso a Pinochet». La primera pregunta que cualquier lector se haría era: «¿Por qué ese periódico tiene esa entrevista?».

CRISTIAN PIZARRO,
subdirector de *El Mercurio*. Chile

## Prefiero quedarme y que me maten a marcharme

Llevo casi treinta años ejerciendo el periodismo. Mi inclinación por investigar nació precisamente en esa cuadra donde vivía cuando era muy joven. Allí había una casa que funcionaba como expendio de distribución de drogas. Un día, la policía llegó a hacer un allanamiento y se desató una gran balacera con cinco muertos. También se incautó una gran cantidad de drogas. Ese día creo que sentí una conexión profunda con la investigación, con el periodismo y con esos temas en particular. Agradezco a la vida no haber estudiado agronomía, porque mi abuelo, a quien asesinaron, siempre soñó con que uno de sus hijos estudiara esa carrera para encargarse de su hacienda. Ni mi padre ni mi tía quisieron hacerlo, y en su funeral yo le prometí que lo intentaría. Me presenté a la universidad y, afortunadamente, no aprobé ninguno de los exámenes. Parecía que estaba destinada a estudiar periodismo.

Cuando empiezas en el periodismo, suele ocurrir que tienes una idea muy romántica de lo que significa ejercer este oficio. Pero cuando terminas los estudios y te enfrentas realmente a contar la historia de otras personas, es entonces cuando comprendes la dimensión de ser ese instrumento de comunicación. Siempre me incliné por los temas judiciales.

Colombia enfrenta un conflicto armado de más de seis décadas. Una parte de ese conflicto quedó en gran medida subsanada con el proceso de paz con la guerrilla de las FARC, pero hoy en día enfrentamos otra guerrilla: unas mafias de narcotráfico muy poderosas. Este país es, lamentablemente, el principal exportador mundial de cocaína de primera calidad.

Mi primer contacto con la realidad judicial fue en 1996, en una de las cárceles más peligrosas del mundo: La Modelo. Allí, el hacinamiento alcanzaba un 600 %. Los internos tenían que dormir literalmente de pie, en condiciones extremadamente difíciles. Pero, además, esta prisión era el epicentro de toda la criminalidad en Colombia. La cárcel estaba dividida en dos alas: en una, el paramilitarismo, grupos de extrema derecha organizados y delincuentes; en la otra, las guerrillas y personas condenadas por delitos de extrema izquierda.

Al comenzar a entrar y documentar el mundo de la cárcel, lo primero que noté fue que los propios internos eran quienes la custodiaban. Por fuera había una guardia de seguridad, pero dentro, la seguridad la garantizaban ellos mismos, armados con fusiles AK-47 y R-15. Era absurdo que quienes cumplían penas fueran también quienes tenían el control y la seguridad. Empecé a investigar cómo llegaban esas armas allí. ¿Cómo era posible que, en el corazón de la capital de Colombia, un centro de reclusión moviera granadas de fragmentación, municiones de ametralladoras, fusiles AK-47 y AR-15?

Investigué y descubrí que quienes introducían las armas eran la propia policía. Había un gran cártel organizado. El ejército robaba las armas oficiales, las vendía a la policía, y esta, a su vez, las comercializaba con los grupos ilegales que estaban dentro de la cárcel, con paramilitares y guerrilleros por igual. Fue una investigación de dos años, durante los cuales empecé a buscar fuentes y a tratar de entender cómo funcionaba ese tráfico de armamento.

Y me encontré con que no solo se trataba del armamento, sino también de los secuestrados.

Colombia vivió un periodo muy difícil, de diez años, en el que el secuestro fue uno de los delitos que sostuvo económicamente a los grupos armados ilegales. La guerrilla se valía del secuestro para financiarse, y quienes llevaban a cabo los secuestros eran miembros de la policía. Policías vestidos con el uniforme oficial realizaban retenes en distintas ciudades de Colombia y luego vendían a los secuestrados a la guerrilla. Así que era una multinacional del crimen perfectamente organizada. Yo tenía muy bien identificado cómo se movía cada uno de estos engranajes, pero no sabía quién era la cabeza de todo este entramado, de toda esta red criminal.

Fue justo en ese punto cuando quien estaba al mando de la red creyó que yo lo había identificado. Y ordenó mi asesinato. Era el año 2006. Un año antes ya habían comenzado a amenazarme. Me hicieron un atentado en 1999, en el que casi matan a mi madre, que me salvó la vida. Hubo muchas presiones, pero yo sentía que tenía que llegar al punto definitivo para establecer quién era la cabeza de esta red.

El 27 de abril del año 2000 ocurrió una masacre dentro de la cárcel: asesinaron a 42 internos, ejecutados con tiros de gracia. Logré conseguir un permiso para entrar en la prisión, haciéndome pasar por esposa de uno de los internos. Documenté lo ocurrido y comencé a publicar una serie de reportajes entre el 10 y el 20 de mayo del año 2000. Empecé a contar lo que ya tenía documentado: cómo había armas de largo alcance dentro de la cárcel, cómo ingresaban municiones y cómo allí funcionaba la oficina más grande de gestión del narcotráfico a nivel nacional, pero también del paramilitarismo en Colombia.

Tras esas publicaciones, las amenazas se volvieron más constantes. Empezaron a llamarme a mi teléfono móvil. «Te vas a morir. ¿Qué quieres hacer? Aprovecha, porque es lo último.» Creo que, a veces, los periodistas estamos tan sumergidos en la misma violencia que cubrimos que no le damos la dimensión ni la proporción a lo que está ocurriendo, a lo que estamos enfrentando. En ese momento, yo trabajaba en el periódico *El Espectador* y creímos que era simplemente una amenaza sin mayor peso, destinada a frenar las publicaciones.

Llegó el 24 de mayo del año 2000. Ese día, dejaron fotocopias de mis publicaciones dentro de mi casillero de correspondencia en el periódico. Habían resaltado las partes donde yo mencionaba a las personas involucradas en toda la red de corrupción, especialmente donde hablaba de la policía. Inmediatamente, el director del periódico llamó al director de la policía y le dijo: «Esto es un poco más grave porque las amenazas han llegado al corazón de la redacción». Y la recomendación de la policía fue: «Si tienen la oportunidad de ir a la cárcel y hablar con los paramilitares que presuntamente están enviando las amenazas, háganlo». Yo, como periodista, también creí que intentar contactar con quienes enviaban las amenazas para entablar una comunicación era lo correcto.

Esa noche del 24 de mayo recibí una llamada en mi móvil al salir de la redacción. Un hombre se identificó y me dijo: «Soy Ramiro, el jefe de seguridad de El Panadero». *El Panadero* era un jefe paramilitar muy temido en Colombia, responsable de muchas masacres. «Él quiere hablar con usted sobre sus publicaciones», me comentó. Y yo le respondí: «Me parece perfecto, porque me gustaría entrevistarlo, pero necesito tener todas las garantías de seguridad». Él contestó: «Tenemos todo arreglado. La esperamos mañana a las diez en la cárcel. Nosotros mismos tramitamos el permiso con el director. Lleve un fotógrafo».

Esa noche, que yo describo como la víspera de mi muerte, me senté con mi editor. Hablamos de qué le iba a decir al paramilitar en la entrevista. Al día siguiente, como todos los días, me arreglé, salí de casa y me despedí de mi madre. Pero creo que eso del presentimiento sobre lo que va a ocurrir es cierto, porque cuando mi mamá me dio el beso sentí algo muy intenso. Ella me dice que tuvo la sensación de que no me volvería a ver, que experimentó una emoción muy fuerte en el pecho.

Salí de casa, llegué al periódico y coordinamos con el fotógrafo. Salimos en un carro del diario y fuimos cuatro personas: el conductor, mi editor —que decidió acompañarme—, el fotógrafo y yo. Llegamos hasta la cárcel. Siempre había una calle despejada para los carros de prensa frente a la entrada, pero ese día no había dónde parquear. La calle estaba totalmente llena de vehículos, igual que las dos cuadras siguientes. Era imposible estacionar cerca de la entrada y más tarde supimos por qué. Fui con mi editor y me anuncié. Dije: «Tengo una entrevista con el señor Jaimes», que es el apellido del Panadero. El guardia me pidió que esperara la autorización. A los diez minutos anunció que todo estaba listo y preguntó por el fotógrafo, que se había quedado en el carro. Entonces mi jefe dijo: «No te preocupes, quédate aquí en la puerta. Yo voy por el fotógrafo».

A partir de ahí todo ocurrió en fracciones de segundo. Él se fue y yo me quedé en la puerta. Una mujer se acercó por mi lado derecho. Estaba fumando. Me dijo: «Usted es la periodista de *El Espectador*, Jineth Bedoya». «Sí, yo soy. Estoy esperando el ingreso», respondí. Desde ese momento, ya no tuve control sobre mi cuerpo. Un hombre llegó por mi lado izquierdo, me abrazó, me puso una pistola nueve milímetros en la cintura y me dijo: «Mire al piso o mato a su amigo. ¡Mire al piso! No levante la mirada, mire al piso». Intentaba soltarme, pero mi cuerpo no respondía. Empezamos a caminar. Hay algo extraordinario en la mente humana: grabé cada baldosa de ese trayecto, desde la puerta de la cárcel hasta el lugar al que me llevó el hombre. Tengo grabado el andén. Tengo grabada la calle. Cada centímetro de ese recorrido.

Caminamos una cuadra y media. Llegamos a una bodega y entramos. Empezó algo que siempre digo que fue mi descenso al infierno. Allí me amordazaron. Me hacían muchas preguntas. Me decían que la prensa era el gran mal de la sociedad; que los periodistas éramos una mierda; que si se pudiera acabar con todos, el mundo sería mejor. Una ráfaga de insultos y descalificaciones. Me subieron a un carro y comenzó un largo trayecto. Me sacaron de la ciudad.

Sentía muchas ganas de vomitar y les pedí que pararan. La respuesta fue ponerme una cinta adhesiva en la boca. Sentía que me iba a ahogar con mi propio vómito y no entendía qué estaba pasando.

Transcurrieron algunas horas. Llegamos a un lugar que hoy ya está identificado: era una hacienda de entrenamiento de paramilitares, situada a tres horas de Bogotá. Y allí comenzó otra parte, la que yo defino como mi muerte simbólica. He intentado muchas veces reencontrarme con ese momento, para poder hablarlo y entenderlo en otras personas cuando escribo sobre la guerra y la violencia. Fue un momento muy difícil. De tortura. Varias horas de tortura física donde también pones tu cuerpo a prueba, pones a prueba tu capacidad de soportar el dolor y tus creencias. Yo le hablaba a Dios y le decía: «¿Por qué me haces esto?». Siempre tuve una pistola nueve milímetros en la cabeza. Sabían que emocionalmente me tenían controlada, porque cargaban la pistola, yo oía cómo la cargaban y me la ponían. Creía que ya era el último momento. Que por fin me iban a disparar.

Pero, en vez de dispararme, llegó el momento más atroz: la violación masiva.

Cada vez que, en los últimos años, veo noticias sobre violaciones colectivas y escucho comentarios de la gente sobre las víctimas —del tipo: «¿Por qué estaba ahí? ¿Quién la mandó? ¿Qué hacía una mujer tan tarde en la calle?»— o frases como: «¿Por qué una mujer va a una cárcel de hombres?» —algo que me dijeron muchas veces—, revivo ese instante. Ese momento en el que la humillación es absoluta, en el que el dolor físico es insoportable, en el que el alma y el espíritu empiezan a morir.

Después de la violación de todos esos hombres, una queda despojada de sí misma.

Obviamente, ya no quería seguir viviendo. Les supliqué que me mataran. Pero no lo hicieron. Uno de ellos me dijo: «Mi cara se te va a quedar grabada toda la vida. Esto es lo que te mereces».

Pasaron muchos años hasta que pude hacerle entender a ese hombre —aunque no sé dónde está—, pero sobre todo para hacerme entender a mí misma, que ya no iba a cargar con su cara, y que si cargaba con su cara era para entender que tenía una misión y que todo ese dolor tenía que procesarlo de otra manera.

Mientras tanto, en Bogotá, se había iniciado un operativo pocas horas después del secuestro. Ya sabían que me habían raptado.

Mi compañero, mi editor —esa es la otra parte desgarradora de esta historia—, volvió a la entrada de la cárcel a buscar a su periodista. Pero ya no estaba. Marcó mi teléfono. No contesté. No sabía qué había sido de mí. Después de cinco horas decidió alertar a la Fiscalía. Hicieron un rastreo del celular y localizaron la señal. Se inició un operativo de rescate y, cuando los secuestradores supieron que el ejército venía, me abandonaron. Me dejaron medio muerta en una carretera.

Allí empieza la tercera parte de la historia: mi insistencia en sobrevivir, a pesar de desear estar muerta. Estaba completamente desnuda, atada de manos y pies, en una carretera desierta. En algún momento, de algún lugar, apareció un taxi. Como pude, me arrodillé. Tenía la boca tapada. El conductor se bajó, me descubrió la boca. Yo no podía reaccionar. Me subió al vehículo y me llevó a un puesto de policía. Luego vinieron horas muy difíciles de asimilar. Avisaron a toda la redacción de que estaba viva, pero en condiciones críticas. Avisaron a mi madre. Imagine eso.

También vino todo el proceso de Medicina Legal. Y lo resalto, porque quienes hemos sido víctimas de violencia sexual muchas veces volvemos a ser violentadas. La violación no ocurre solo en el momento del acto: se repite en el examen médico, en el testimonio ante la Fiscalía, en la obligación de contar la historia una y otra vez, en la exposición pública, en la estigmatización, en la carga brutal que queda. Pasé varios días internada. No podía caminar. Estaba llena de hematomas. Era una situación devastadora.

Mientras yo estaba en la clínica, el periódico organizó mi exilio a Alemania. El director llegó y me dijo: «Ya está todo listo. Estamos preparando tus maletas. El médico dice que en dos días puedes subirte a un avión». Yo solo lo escuchaba. Cuando salió, sentí dos miedos muy profundos. El primero, tener que huir de mi país sin haber hecho nada malo. Porque yo lo vivía así: no sentía que me exiliaba, sino que escapaba como si fuera culpable. Y el segundo temor, aún mayor, era imaginar mi vida lejos de la redacción. No podía concebirla sin escribir, sin ese contacto vital con lo que más amaba.

Tomé una decisión de vida que me ha costado mucho. Por un lado, la celebro y la volvería a tomar. Por otro, marcó para siempre mi vida personal, porque mi familia no la comprendió. Hablé con mi madre y le dije: «Si tú quieres irte, yo te voy a apoyar para que te sientas segura. Pero mi decisión es quedarme en Colombia. No me voy al exilio. Prefiero que me maten aquí de un disparo en la cabeza a morirme en Berlín de tristeza, sin ser lo que soy: periodista».

Mi madre lo entendió y decidió quedarse conmigo. El resto de mi familia no. Hace 22 años que no hablo con mi padre, y diez que no hablo con mi hermana. Pero fue mi decisión. Y hoy comprendo para qué fue.

El día que volví a la redacción fue un momento de reconexión. Sentí que volvía a respirar. Al entrar, me encontré con una fila interminable de colegas, periodistas, fotógrafos, gente de la imprenta, todos haciendo un pasillo, esperándome. Fue como una procesión hermosa. Recibí el abrazo de cada uno de ellos hasta sentarme en mi escritorio.

Los siguientes 15 días fueron muy difíciles. No lograba conectar. No podía escribir. Cuando lo intentaba, las manos me temblaban, las palabras no salían. Y, sin embargo, quería escribir sobre lo mismo: sobre secuestros, sobre guerra, sobre extorsiones, sobre narcotráfico. Mi editor —que también sufría en silencio por todo lo que había pasado— me dijo: «Tienes que enfrentarte a una prueba de fuego. Solo así sabrás si de verdad quieres quedarte en el periodismo o si te vas de Colombia».

La prueba de fuego fue cubrir un combate.

Ocurrió veinte días después. Aunque me habían dado una incapacidad de tres meses, regresé antes a la redacción. Se trataba de un enfrentamiento entre paramilitares y guerrilleros en el norte del país. Caminaba con dificultad. Fue especialmente duro porque los paramilitares me habían rapado el cabello, así que también era enfrentarme a lo que quedaba de Jineth: las cicatrices físicas, la ausencia de pelo, el cuerpo vulnerado.

Me arriesgué y dije: «Voy a ir». Pero al salir de la redacción descubrí que ningún fotógrafo quería acompañarme. Así que tomé mi propia cámara y me fui sola. Fue un momento decisivo: atar el miedo, mirarlo de frente, y preguntarme si era capaz, si iba a quedar marcada de por vida por ese trauma.

Creo que en ese viaje fue la primera vez que volví a encontrarme conmigo misma. Pasé tres meses fuera de casa, durmiendo en campamentos guerrilleros o en trincheras del ejército, escribiendo sobre el conflicto armado. Quise entender por qué como sociedad no somos capaces de resolver los conflictos, y eso me llevó a comenzar a estudiar sobre el tema. Comprendí también que muchas veces los periodistas, en el afán de denunciar o impactar, terminamos restándole peso a lo realmente importante: la esencia de lo humano.

Llegó un momento en que fue necesario hablar de lo que me había ocurrido. Cuando emprendí ese viaje, sola, sin fotógrafo, tomé una decisión: no era una víctima. Era una periodista que había pasado por un hecho doloroso, sí, pero me centraría en el oficio. Sepulté el dolor. Lo escondí.

Pero en 2009, cuando el conflicto armado en Colombia alcanzó un punto crítico, la ONG británica Oxfam Internacional decidió realizar el primer informe sobre el impacto de la violencia sexual en el país. Ellos conocían mi historia. Su director me dijo:

«Queremos llevar este informe al mundo. Mostrar que la violencia sexual no ocurre solo en África, en Sierra Leona o en Kosovo. También ocurre en Colombia. Y necesitamos un testimonio. Queremos que tú seas la voz».

Mi respuesta fue dura. Le dije: «Esa no es mi tarea. Yo soy periodista. No quiero hablar. No quiero contar nada».

Pero insistió durante seis meses. Me llamaba, me dejaba mensajes: «Si tú no hablas, ¿quién lo va a hacer?».

Hoy le agradezco su perseverancia. Ahora somos grandes amigos. Llegó un punto en que entendí que, efectivamente, yo podía visibilizar lo que estaban viviendo miles de mujeres. Y que si nadie lo contaba, el silencio seguiría siendo cómplice. Entonces decidí hacerlo público.

Lo hice en tu país, en España. El 9 de septiembre de 2009, Oxfam organizó un evento para hablar de cómo la guerra en Colombia también se libraba sobre los cuerpos de las mujeres. Ese día di testimonio. Fue un momento durísimo, tanto en lo profesional como en lo personal. Porque una cosa es seguir ejerciendo el periodismo, y otra muy distinta es convertirse en la noticia.

Ese ha sido uno de los grandes costos que he pagado. Al hablar públicamente, me convertí en noticia. Empecé a aparecer en todos los medios. Mi voz comenzó a pesar más que mi trabajo. Yo intentaba frenar eso.

Tuve que encontrar una forma de no abandonar el periodismo, pero tampoco permitir que el activismo arrasara con lo que me había devuelto la vida. Empecé a combinar ambos caminos: el periodismo y el activismo. Y entendí que, a través de la investigación, la denuncia, y el poner temas tan silenciados y estigmatizados como la violencia sexual sobre la mesa, había también una vía para empezar a sanar.

Allí comenzó una nueva etapa: dura, difícil, pero también profundamente transformadora, porque me llevó a recorrer muchos lugares del mundo para comprender el impacto de la violencia sexual y, al mismo tiempo, para luchar por la justicia.

Decidimos llevar mi caso a instancias internacionales porque en Colombia el expediente desapareció. Todo lo que habíamos documentado en los primeros años ante la Fiscalía se esfumó. Los investigadores fueron amenazados y tuvieron que exiliarse en Canadá. Tres testigos fueron asesinados. A otro testigo clave, quien conocía en detalle cómo había sido el secuestro, lo enloquecieron a propósito: en la cárcel le suministraron medicamentos psiquiátricos hasta declararlo inimputable, de modo que su testimonio quedó invalidado.

La persecución contra mí se intensificó. Interceptaron todos mis teléfonos, me amenazaban constantemente. Tenía que cambiar de casa cada tres meses. Mi madre jamás me dejó sola. Nunca. Y juntas comenzamos a buscar justicia, a golpear puertas en el ámbito internacional. No puedo contar cuántas veces viajé al Parlamento Europeo, al británico, al Congreso de Estados Unidos, a distintas ONG internacionales, denunciando que en Colombia existía violencia sexual, que los expedientes desaparecían y que se alimentaba la impunidad. Daba la cara. No me rendí. Y en ese camino, logramos que la Comisión Interamericana de Derechos Humanos —el organismo que vela por los derechos humanos en toda América— admitiera el caso.

La justicia colombiana me obligó a narrar mi violación doce veces. Doce. La última, la más dolorosa, fue ante mis propios agresores. Tuve que contarles a ellos cómo me violaron. Interpusimos todos los recursos legales posibles, pero ninguno fue admitido. Me sometí a ese proceso porque creí que era parte del camino hacia la justicia.

Mientras tanto, empecé a documentar los casos de otras mujeres. Lo más conmovedor fue ver cómo, al escucharme, muchas de ellas —algunas que me veían en televisión o leían mis artículos en un gran periódico— decidieron hablar también. Aunque yo sí sentí vergüenza al hablar públicamente de la violación, el hecho de no esconderme se convirtió en una puerta abierta para que otras comenzaran a contar sus historias. Así empezó a documentarse la barbarie de la violencia sexual.

Mi caso tuvo múltiples caídas en medio del conflicto armado, pero en 2019 fue finalmente admitido por la Corte Interamericana de Derechos Humanos. Hay casos que tardan hasta cuarenta años en llegar a ese tribunal. El mío llevaba doce años esperando. Iniciamos el proceso internacional, y justo entonces llegó la pandemia. Finalmente, en marzo de 2021, se celebró el juicio.

Y ahí recibí la estocada final del Estado colombiano: cuando comenzó el juicio, el Estado se retiró del tribunal. Alegó que los magistrados eran demasiado proclives a proteger a la víctima, y que eso les restaba garantías. Imagínese. Una mujer que había sido violentada de todas las formas posibles, y el problema, supuestamente, era que el tribunal quería protegerla. Era un caso de lesa humanidad, pero esa fue la justificación para abandonar el proceso. Me destruyó de nuevo. El juicio se llevó a cabo sin la presencia del Estado colombiano y yo caí en una depresión muy profunda.

La depresión fue tan grave que me generó un trauma en la columna. Pasé un mes sin poder caminar. No pudieron operarme, porque la lesión estaba en un punto demasiado delicado. Estaba completamente paralizada. Tenía que encontrar una forma de seguir adelante. Y, otra vez, la respuesta fue el periodismo.

Logré reconectarme el 18 de octubre de 2021. Ese día, la Corte Interamericana de Derechos Humanos condenó al Estado colombiano por el crimen cometido contra mí. Pero, además, aceptó mi solicitud de que la reparación no fuera individual, ni para mí ni para mi madre, sino colectiva: pedí que se reparara a todas las mujeres víctimas de violencia sexual.

Y en un fallo histórico para nuestro continente y para las mujeres periodistas del mundo, la Corte no solo condenó al Estado colombiano, sino que ordenó la creación del primer centro de memoria exclusivo para la violencia sexual en el mundo. También ordenó la creación de un centro de investigación para mujeres periodistas de Colombia, de la región y del mundo, para que tengan las herramientas necesarias para ejercer su labor, herramientas que yo no tuve.

La Corte también obligó al Estado colombiano a establecer una cátedra obligatoria para todos los funcionarios públicos, donde se les enseñe qué es la violencia sexual. Además, dictó la realización de un programa transmedia, en todos los formatos y para todas las edades, que deberá transmitirse en los medios públicos, para capacitar y orientar sobre cómo prevenir las violencias de género.

Y un capítulo especialmente importante: ordenó la creación de una base de datos sobre la violencia diferenciada que sufren las mujeres periodistas. Porque algo que siempre alegué durante el juicio es que a las mujeres que hacemos periodismo se nos trata distinto, solo por ser mujeres. Si yo hubiera sido Pedro Pérez y no Jineth Bedoya, a Pedro Pérez le habrían dado un tiro en la cabeza. A Jineth Bedoya la violaron.

Eso es lo que ocurre con las violencias en general cuando hablamos de hombres y mujeres. No quiero decir que los hombres no sufran violencia sexual. Pero, definitivamente, la carga de violencia y persecución que enfrentan las mujeres en el ámbito del periodismo o en cualquier otro ámbito siempre va a ser diferente.

Quiero dejarte esta reflexión. Para tus lectores. Para quienes trabajan contigo. Es algo que aprendí el día en que pasé de ser periodista a convertirme en noticia. Cuando vi mi cara en las primeras páginas de los periódicos entendí que, cada vez que tomamos una grabadora, cada vez que nos sentamos frente al ordenador a escribir, lo primero que deberíamos hacer es ponernos en los zapatos de la persona que tenemos enfrente.

Yo solía cubrir la guerra con rapidez. Llegaba, sacaba la grabadora y la ponía delante de la mujer a la que acababan de matar a sus cinco hijos, del soldado que había perdido una pierna, del guerrillero que acababa de ser bombardeado. Necesitaba ese testimonio, porque eso era lo que me pedían en la redacción. Me movía como un autómata.

A mí me hicieron lo mismo. Mis colegas, antes de preguntarme si necesitaba ropa, si quería hablar con mi madre, si necesitaba algo, me dijeron: «Jineth, ¿puedes darnos ya una declaración?, tenemos que cerrar el artículo». Sentí un profundo asco de ese periodismo que, hasta ese momento, yo también había practicado. Y me prometí que iba a intentar darle un giro a lo que hasta ese momento había hecho con mi vida de periodista.

El resumen de todo esto es que aquel fatídico 25 de mayo se transformó en un día nacional. El presidente Juan Manuel Santos, Nobel de la Paz, lo declaró el Día Nacional de las Víctimas de Violencia Sexual. Pude convertir una fecha trágica, que me pesaba y me dolía en lo más hondo, en una jornada para dignificar a miles de personas: mujeres, hombres, niñas, niños.

Gracias a ese camino, llegué hasta la Casa Blanca. Michelle Obama compartió conmigo el protocolo que impulsó desde el Pentágono para prevenir la violencia sexual dentro del Ejército, la Policía y otras fuerzas de seguridad. Con ese documento en la mano, regresé a Colombia, me senté con la cúpula militar y logré que lo adoptáramos aquí también.

Ese recorrido me permitió encontrarme con mujeres de otros rincones del mundo —Ruanda, Canadá, el Congo, Sierra Leona— que no hablan mi idioma, que no tienen mi color de piel, pero que han vivido lo mismo. Mujeres que también necesitan que alguien, en algún lugar, cuente sus historias, les ponga un nombre, un rostro. Esa, para mí, es la verdadera esencia del periodismo.

Y te confieso algo: incluso después de haber logrado una sentencia histórica en la Corte Interamericana, hay días en los que pesa el dolor de la impunidad. Días en los que me cuesta seguir. Días en los que pienso en abandonar todo. Pero 2024 me demostró que esta lucha ha valido la pena, aun con el viento en contra.

En enero decidí volver, después de veinticuatro años, a la cárcel La Modelo de Bogotá, donde me secuestraron. Con el apoyo del ministro de Justicia, logré intervenir el pasillo central con una obra de arte: un mural enorme para la memoria de mi país. Me costó nuevas amenazas. Una semana antes de la inauguración, asesinaron al director de la cárcel. Fue devastador.

Pero, aun así, con perseverancia, conseguimos sacar adelante la Ley 2358 de 2024, que crea el Fondo «No Es Hora De Callar para las Mujeres Periodistas Colombianas». Una política pública única en el hemisferio, que defiende la libertad de expresión y apoya el periodismo con enfoque de género.

Del periodismo hay que estar enamorada para poder vivirlo. Para enfrentarlo, a veces, hay que estar un poco loca. Y sí, yo siento que estoy un poco loca por seguir viviendo en Colombia, escoltada, con miedo, pero también con el alma profundamente arraigada aquí. Porque parte de lo que me mantiene viva, lo que me permite respirar, está en esta tierra. Y por eso creo que hay que amar el periodismo. Esto no se puede hacer por azar o por inercia. Hay que sentirlo. Porque, sí, puede regalar momentos de gran satisfacción, pero también puede ponerte de frente con el abismo, como me pasó a mí.

Y claro, muchas veces he querido volver el reloj a las 10:00 de la mañana del 25 de mayo del año 2000. Pero eso no tiene vuelta atrás. Y, aunque suene duro, no me arrepiento ni un solo segundo de haber ido a esa cárcel. Porque fue ese acto, ese regreso, el que permitió que miles de mujeres pudieran empezar a hablar. Ponerle palabras al horror. Y eso me ha dado la posibilidad de ser una voz en el mundo —como me ha reconocido Naciones Unidas— y también de comprender, en toda su magnitud, lo que significa ser periodista.

JINETH BEDOYA,
subdirectora de *El Tiempo*. Colombia

## Cualquiera nos puede matar

Nuestra conclusión es que cada vez resulta más difícil seguir manteniendo *El Faro* en El Salvador. Todos los empleados del periódico contamos con medidas cautelares de la Comisión Interamericana de Derechos Humanos. Son públicas. Nos encontramos en una situación de claro riesgo para nuestra vida y para el ejercicio libre de nuestra profesión. Se han consignado amenazas con coche bomba contra el medio, amenazas de muerte contra nosotros, controles, campañas de deslegitimación, criminalización de nuestro trabajo, persecución de nuestras fuentes informativas... Nos han seguido incluso con drones.

Un día vi entrar un dron por la ventana de mi apartamento. Es un ventanal que da al volcán de San Salvador, muy hermoso, y me gusta mirarlo mientras escribo. De repente, vi entrar un dron. Estuvo un momento y salió.

También intervinieron nuestros teléfonos con el sistema *Pegasus*, en más de doscientas ocasiones. Ya se sabe que solo puede ser contratado por Gobiernos. Los momentos de mayor intensidad en la activación de *Pegasus* coincidieron con nuestras revelaciones sobre el pacto que Bukele hizo con las pandillas y con escándalos de corrupción. Estaban tratando de entender no solo qué queríamos publicar, sino también con quién hablábamos y qué información nos estaban dando. Cuando hicimos público lo de *Pegasus*, lo acompañamos con un editorial titulado «A nuestras fuentes». Nuestra primera obligación era ponerlas al tanto de la situación. Hicimos todo lo posible por protegerlas, porque un agente del Gobierno podía tener información sobre ellas. Y luego, por supuesto, fue muy difícil lograr que alguna fuente volviera a hablar con nosotros. Nos obligó a diseñar nuevos mecanismos de comunicación. La labor se ha complicado muchísimo.

Conseguimos que la gente confíe en nosotros de dos maneras. La primera, siendo absolutamente honestos y hablando de frente, dejando claro que no se trata de una relación de amistad. La segunda, mediante el compromiso de guardar su identidad y protegerles. Ese es el acuerdo. Si uno cumple, la fuente mantiene la confianza.

Cuando localicé a Álvaro Rafael Saravia, uno de los militares que participó en el asesinato de monseñor Romero, tardé muchísimo en conseguir que me dejara escribir una sola palabra. Me reuní con él muchas veces. Fue muy complicado por el alcohol, la situación en sí, el lugar en que se encontraba... No quise engañarlo. No podía hacerle creer que era su amiga o su secretaria y que iba a poner todo exactamente como él lo dijera, cuando no iba a ser así. Parte de ganarse la confianza de las fuentes es eso. Cuando él vio que yo hacía lo que le decía que iba a hacer, admitió la grabadora y, después de otras visitas, incluso permitió que llevara una cámara y un fotógrafo.

Ser periodista en este rincón tan peligroso del mundo nos obligó a todos a diseñar un espacio de procesos, no solo para protegernos, sino para publicar historias con el mayor rigor posible. En El Salvador en particular, pero también en Centroamérica en general. Con la excepción de Costa Rica y, en parte, Nicaragua, no existe una tradición periodística. Nos tocó, básicamente, a base de prueba y error y mucha reflexión interna en el periódico.

Tenemos protocolos de seguridad muy claros para realizar coberturas.

A veces es emocionalmente muy desgastante, porque chocas con el horror y la miseria humana cada vez que sales a la calle a hacer reportajes. Y somos una redacción a la que le gusta mucho caminar, ver las cosas con sus propios ojos. Nos toca ver una violencia que no termina de adquirir sentido, por más que se lo busquemos en cada cobertura.

Es muy complicado, sobre todo porque nos enfrentamos a un régimen que cuenta con un gran apoyo popular. Bukele es el presidente con mayor respaldo en toda América Latina. Sus campañas contra nosotros han sido efectivas. Eso hace cada vez más difícil ejercer el periodismo.

El único paso que faltaba para que El Salvador se convirtiera en una dictadura era la reelección inconstitucional. Hemos confundido mucho la democracia con el voto, y se nos olvida que la democracia es, por encima de todo, un sistema de pesos y contrapesos. Cuando ya no hay contrapesos, no es una democracia.

El principio de justicia en El Salvador está absolutamente tergiversado. Todo el mundo es culpable hasta que se demuestre lo contrario, si acaso hay espacio para que se demuestre. Bajo el régimen de excepción, la policía puede detener sin orden judicial, por mera sospecha. La población carcelaria se ha duplicado en unas cárceles que ya sufrían un hacinamiento que violaba todas las convenciones internacionales. Las violaciones a los derechos humanos son abundantes.

La gente le apoya porque, durante estas tres décadas de democracia que tuvimos en El Salvador, el Estado no tuvo presencia en sus vidas. Su vida no solo no mejoró, sino que además sus comunidades fueron tomadas por bandas criminales que les pusieron una pistola en la cabeza. La democracia, para ellos, es una cuestión absolutamente abstracta; en su vida no significa nada. Y Bukele, que sigue perfectamente el manual del populismo, encuentra un enemigo común anterior a él y lo destruye con el aplauso de la población. Para mí, eso es absolutamente natural.

No sé si me siento más amenazado por el Gobierno, por las pandillas o por la policía. Se le olvidan los narcotraficantes...

Mire: Mauricio Funes fue el primer presidente de izquierdas de El Salvador y también el primero que hizo un pacto oculto con las pandillas. Cuando lo destapamos, la Mara Salvatrucha y el Barrio 18 —cuya enemistad es responsable de buena parte de las muertes en El Salvador— publicaron un comunicado conjunto, algo insólito. Tenía diez puntos y, en resumen, pedían a la sociedad una nueva oportunidad. Pero el primer punto me amenazaba de muerte, y el tercero amenazaba a *El Faro*. Eso fue un gran problema, porque abría la puerta a que cualquiera pudiera matarnos con la certeza de que la culpa recaería en las pandillas.

No creo que estas condiciones tan extremas nos hayan impulsado. Lo que más nos ha hecho crecer ha sido la constante y obsesiva reflexión sobre el oficio periodístico. Somos muy autocríticos. Tenemos una reunión semanal en la que despedazamos nuestras publicaciones. Es una reunión muy horizontal, donde todos tienen la obligación de asumir una actitud crítica ante todo lo que publicamos.

Hace años sacamos una investigación que demostraba que en la Policía Nacional había grupos de exterminio que detenían a presuntos pandilleros y, en lugar de presentarlos ante la autoridad, les pegaban un tiro en la cabeza. La reacción de muchísima gente fue insultarnos y amenazarnos. Es perfectamente natural. Es muy difícil esperar que la gente que vive en comunidades acosadas por las pandillas lo entienda. Pero cuando la autoridad encargada de velar por el Estado de derecho es la que lo viola, entonces ya estamos en la ley de la selva. No podemos hacer nuestro trabajo en función de las emociones de la gente, incluso cuando detesten lo que publicamos. Nuestro trabajo no es un concurso de popularidad.

Nuestro periodismo es original. Nos gustaba la investigación periodística y la crónica, y terminamos haciendo una combinación de ambas. Para eso ha sido fundamental la Fundación Gabo,* nuestra casa: un espacio de formación, de encuentro y de complicidades. Ha sido clave en el desarrollo del periodismo narrativo en América Latina. Y también el Congreso Latinoamerica-

* Jaime Abello, director general de la Fundación Gabo, interviene en las pp. 438-444.

no de Periodismo de Investigación, que nos permitió conocer otras experiencias y mejorar nuestros métodos.

Híjole, esa es una pregunta tremenda. A ver... cuando llevas tanto tiempo resistiendo, el periodismo acaba por darle sentido a tu vida. He dado clases también. Fui profesor en la Universidad de Yale y fue una experiencia muy interesante, pero no es a lo que quiero dedicarme. Necesito encerrarme de vez en cuando en bibliotecas, sí, pero después necesito salir y empezar a caminar. La calle es una parte vital de mi profesión. Y creo que también lo es para todo el equipo de *El Faro*. Mi única virtud ha sido saber rodearme de periodistas muy talentosos. Esto es lo que le da sentido a nuestras vidas. Probablemente no sabemos hacer otra cosa.

¿Para qué sirve el periodismo? *El Faro* cumple ahora 25 años. Después de todo este tiempo te das cuenta de que el país no está mejor. ¿Para qué sirve lo que hacemos? La pregunta surge casi de manera natural en estas situaciones límite. Esto ha sido una parte muy complicada del proceso. Al final encontramos respuestas, pero la pregunta permanece. Nosotros hacemos periodismo a partir de una premisa muy sencilla: asumir una posición crítica ante el poder. Eso es así de fácil. Yo creo que eso es ser periodista. También he de incluir a la ciudadanía en un ejercicio semejante, porque la democracia requiere de ciudadanos críticos. Pues bien, más de 25 años después, no solo no lo hemos logrado, sino que hay una ciudadanía aún menos crítica que antes. Tenemos, eso sí, muchos lectores que nos han acompañado. Son muchos y muy fieles. No es poca cosa.

Carlos Dada,
director de *El Faro*.* El Salvador

## Los periodistas no podían creer lo que había pasado

El año 1995 marcó una nueva fase en la historia de ETA. En enero asesinaron a Gregorio Ordóñez; en abril intentaron matar a

* Mónica González, Defensora del lector de *El Faro*, aparece en las pp. 67-74.

José María Aznar, entonces líder del Partido Popular y futuro presidente del Gobierno; y en agosto quisieron acabar con el rey en Mallorca con un fusil de mira telescópica. Todas estas acciones estuvieron precedidas por una ponencia que sirvió como puente con el mundo civil de Batasuna, una organización compuesta por personas de ambos mundos. A finales de 1994 se aprobó la ponencia de la socialización del sufrimiento. Esta estrategia se contextualiza tras el golpe que recibió ETA en Bidart, en marzo de 1992, que dejó a la organización descabezada durante casi dos años. Para resurgir, decidieron abrir el abanico de opciones.

Decidieron así atacar a concejales de base y a otros colectivos como jueces, profesores, universitarios y periodistas. A todo aquel que se destacara por estar en contra de sus principios ideológicos. El asesinato de Gregorio Ordóñez inicia esa estrategia...

Todo empezó con mi nombramiento como director. Me propusieron la dirección del periódico el 21 de septiembre de 1995. Llegué al periódico a las cuatro de la tarde en moto y salí en coche con dos escoltas. Antes había trabajado en periódicos de Estados Unidos, México, y también estuve en *La Vanguardia*,* *ABC*** y en *Sud Ouest*, el periódico del suroeste de Francia.

Desde entonces viví en una situación de riesgo personal hasta marzo de 2001. Fuentes policiales confirmaban que estaba en el punto de mira desde el minuto uno.

En mi caso concreto, la situación se agravó con una llamada que recibí en marzo de 2001 del Departamento de Interior del Gobierno Vasco, pocos días después de que la Ertzaintza detuviera al comando Gaua. Ese comando había recopilado información sobre mí durante seis meses, desde septiembre de 2000. Había asesinado a una mujer en Hernani el 12 de marzo de 2001, haciendo estallar un coche bomba. La policía los detuvo mientras usaban una cabina telefónica para reivindicar el atentado. Encontraron la documentación en un piso de San Sebastián y, por razones de seguridad, me indicaron que debía cambiar de domicilio en 24 horas. Salí de casa con mi familia ese mismo día.

* El actual director de *La Vanguardia*, Jordi Juan, aparece en las pp. 355-356.

** Julián Quirós, director de *ABC*, aparece en las pp. 44-48.

Nos trasladamos a un piso seguro cerca de una comisaría de San Sebastián. Permanecimos allí desde principios de marzo hasta mediados de julio. El comando merodeaba cerca de nuestra vivienda: sabían cuándo se abrían o cerraban persianas. Era grave, especialmente considerando que semanas antes una pareja de periodistas sufrió un atentado similar, a apenas 500 metros de mi casa.

Ese mismo día salí del despacho del consejero Javier Balza. En el camino a San Sebastián, llamé a José Bergareche, quien me sugirió pasar por Bilbao antes de seguir. Al llegar a su despacho, José propuso trasladarme a Madrid para encontrarme acomodo profesional en el grupo y evitar riesgos. Le agradecí la oferta, pero había decidido que mi familia se mudaría a Madrid y yo permanecería al frente del diario al menos un año más. Al cabo de ese tiempo, evaluaríamos la situación y decidiríamos los próximos pasos. Me preguntó si estaba seguro, a lo que respondí que estaba dispuesto a intentarlo. Le mencioné también la dificultad de encontrar un nuevo director para el diario dadas las circunstancias, y le propuse intentarlo por un año o el tiempo que fuera posible. Finalmente, accedió a mi propuesta.

Nuestra decisión fue esperar a que los niños terminaran el colegio en el nuevo piso franco. Tras acabar el curso, hicimos la mudanza a Madrid. Estaría con ellos durante el mes de vacaciones en 2001 y luego volvería a San Sebastián para reincorporarme a la dirección del periódico, viviendo en una especie de clandestinidad. Al principio, viví en casa de mi hermana, luego con mis suegros y después en casa de mi madre. Más tarde volví a nuestro piso anterior, con la condición de ser discreto: no abría las persianas y entraba por el garaje para que nadie supiera que estaba allí. Al mediodía no solía volver a casa, sino que me quedaba en el periódico para mantener la seguridad. Viví así durante los tres años siguientes, hasta el verano de 2004.

En junio de 2004 me dijeron que José Luis Rodríguez Zapatero, presidente del Gobierno, había recibido una carta de ETA proponiendo abrir un proceso de conversaciones. Parecía que iba en serio. Esto influyó en mi decisión de volver definitivamente a San Sebastián en septiembre, tras tres años y medio fuera. El nivel de amenaza ya no era tan intenso como durante el bienio negro de 2000-2001.

Hicimos la mudanza de vuelta en septiembre de 2004 y, el 4 de octubre de ese año, la policía francesa y española asestó un duro golpe a ETA, superior incluso al de 1992. Detuvieron a importantes figuras, entre ellos el jefe de ETA, Mikel Antza, y su pareja, Soledad Iparraguirre, *Anboto*, y descubrieron varios zulos con armamento, incluidos dos misiles. Desde esa operación, la capacidad de ETA se redujo significativamente. Aunque la banda continuó de alguna forma hasta 2011, el contexto cambió notablemente. Mantuve escolta hasta marzo de 2013, debido a mi alta calificación de seguridad por el Departamento de Interior del Gobierno Vasco. Si bien ahora es fácil ver que el anuncio de ETA en octubre de 2011 fue su fin, en aquel momento aún quedaban dudas sobre la posible existencia de facciones disidentes.

En este recorrido, quiero añadir un par de apuntes más personales.

Un mes antes de ser informado de la existencia de un comando con información sobre mí, Fernando Berridi y yo recibimos una llamada del Departamento de Interior. Tuvimos que ir a Vitoria, donde nos informaron de que habían desarticulado otro comando en Guipúzcoa. Este grupo había volado el centro de menores de Zumárraga y planificaba volar el edificio de *El Diario Vasco* con 100 kilos de explosivos en mochilas, tras secuestrar a un repartidor que recogía periódicos. Esto fue un mes antes de mi aviso personal.

Cuando Javier Balza, el consejero de Interior, me llamó nuevamente para ir a Vitoria, pensé que sería para discutir sobre lo que Fernando y yo habíamos conocido un mes antes. Sin embargo, esta segunda llamada era específicamente sobre mi caso. Esto ocurrió en marzo de 2001.

Y el 23 de mayo de ese año asesinaron a Santiago Oleaga. Ese día, después de dejar a mis hijos en el colegio, mi mujer y yo nos dirigíamos en coche a Madrid para matricular a los tres chavales para el próximo curso escolar. Mientras conducía cerca de Andoain, a unos 20 kilómetros de San Sebastián, recibí una llamada en mi móvil de Javier Bardají, quien era el director editorial de Vocento. Me preguntó si estaba bien. Acababa de oír en la radio que habían matado a un director de *El Diario Vasco*. Al colgar, me llamó inmediatamente Fernando Berridi. Fue una conversación de treinta segundos. Entonces me dirigí al periódico, mientras

Fernando iba al lugar del atentado. Al periódico comenzó a llegar gente, incluso José Bergareche, que llegó desde Bilbao. Organizamos una reunión improvisada en el salón de actos con todos los trabajadores del periódico. José intentó hablar, pero no pudo continuar porque estaba llorando y en estado de *shock*, así que tomé el relevo. Yo soy un poco más frío. Intenté mantener la calma y dije: «Quiero deciros dos cosas. Primero, algunos de vosotros ya sabéis lo que me ocurrió hace dos meses. Estoy aquí y seguiré adelante. Segundo, os pido que me acompañéis en este empeño, empezando por hoy. Bajemos y trabajemos al máximo para lograr sacar un buen periódico mañana». Ahí quedó la reunión. Todos nos pusimos a trabajar.

Recuerdo claramente una llamada temprana de Ángel Arnedo, director de *El Correo*. Me ofreció hacerse cargo del periódico al día siguiente para aliviar nuestra carga. Le agradecí en el alma su apoyo, que me dijera eso en un día como ese, en aquella circunstancia. Le dije, sin embargo, que si no éramos capaces de sacar el periódico al día siguiente, dudaría de nuestra capacidad para seguir haciéndolo. Debíamos superar esta situación por nosotros mismos.

Las caras que vi el día del asesinato en el periódico y la interpretación que hago de ellas permanecen claras en mi memoria. Era una mezcla de preocupación, miedo, incertidumbre y estupefacción. Los periodistas no podían creer lo que había pasado. Recuerdo que muchos acudieron al periódico por iniciativa propia. La gente reaccionó rápidamente. Bajamos las escaleras de la redacción y todos se sentaron en sus lugares y no pararon en todo el día. La respuesta fue inmediata. Todos entendimos que había algo importante en juego: la supervivencia del periódico, la dignidad de quienes trabajaban aquí y la necesidad de no rendirnos. Hicimos lo que sabíamos hacer mejor: producir buenas páginas, crónicas, entrevistas y buenos comentarios.

Hicimos una reflexión. Recuerdo dos cosas en esa línea. Primero, había que clarificar que se habían atrevido a matar a Santi, el director financiero. Ahora todos estábamos en la diana. No solo los miembros del comité de dirección —Santi no llevaba escolta—, sino cualquier trabajador podía ser víctima de un ataque. Me correspondió hacer un trabajo importante para transmitir que aquí podría tocarle a cualquiera. A pesar de esto, confiaba en que, después del asesinato de Santi, sería difícil que ETA quisiera volver a atacar a alguien del diario, y menos a una persona que no tuviera un perfil significativo. Debíamos tener esperanza, pero también prepararnos.

Vinieron profesionales de seguridad al periódico y dieron un curso básico en el salón de actos. Intenté transmitir tranquilidad. También hablé con todos en la redacción, insistiendo en que el miedo es libre y que, si alguien se sentía inseguro, debía comunicármelo. La respuesta fue alentadora: nadie expresó su deseo de darse de baja o de abandonar su puesto. El compromiso que capté en ese momento me dio mucha fuerza para continuar.

En aquel momento llegué a creer que ya nos habían golpeado con tanta fuerza que la situación podría cambiar, pero en 2003, Ángel Acebes, ministro de Interior del Gobierno español, me llamó y me informó de que habían encontrado documentación en Francia en la que aparecía de nuevo como objetivo. Más adelante, desarticularon otro comando terrorista en San Sebastián. También tenía documentación sobre mí, pero parece que era antigua y que no la habían renovado.

En mis conversaciones con la viuda de Gregorio Ordóñez y con otras víctimas en general en Guipúzcoa, me han comentado que *El Diario Vasco* siempre fue un faro en momentos de gran oscuridad, durante la etapa más violenta de ETA. Ahora se cuestiona el sentido del periodismo, se mezclan ideas y se generan dudas. A pesar del peligro y la angustia, seguir haciendo el periódico y defender las libertades en Euskadi nos dio fuerza y generó una cohesión muy significativa entre los periodistas de *El Diario Vasco*.

Hice lo que creo que me tocaba hacer. Intentaba transmitir confianza y seguridad, aunque es verdad que hubo días en que no estaba tan seguro. La desesperanza era abrumadora; no veía el final de ETA por ninguna parte. Cuando se rompió el proceso de conversaciones con el Gobierno de Zapatero por el atentado en la terminal 4 del aeropuerto Barajas-Adolfo Suárez ya no sabías qué iba a pasar. Con el paso del tiempo es fácil ver las cosas con perspectiva, pero en aquellos años te preguntabas si alguna vez acabaría el terrorismo.

En todo caso, a pesar de que los años pasaban, nunca me sentí agotado en el cargo; había dos grandes fuerzas que me movían. La primera, la rebeldía que sentí desde el primer momento en que me dijeron que iban a por mí. Pensaba: «Si me voy, les estaré haciendo el juego. Soy vasco y no les voy a facilitar la vida». Esa fue una motivación constante. La segunda fue la convicción de que, en Guipúzcoa, *El Diario Vasco* siempre fue una primera línea de defensa para una sociedad con miedo y una sensación paralizante de inseguridad. El diario tenía la responsabilidad social de liberarse de ese miedo y ser la primera línea de la manifestación de la sociedad. Siempre creí en esa misión. La sociedad guipuzcoana estaba desbordada por el miedo. Pensé que *El Diario Vasco* debía ser la voz de esa sociedad en su resistencia. Esa misión fue mi motor y mi sostén.

Recuerdo perfectamente el día en que ETA anunció el fin de la violencia. Una semana antes, me reuní en persona con Iñigo Urkullu, entonces líder del PNV, en su despacho. Patxi López era lehendakari en ese momento, pero el PNV participaba activamente en los trabajos previos al comunicado.

Días antes, un lunes, se celebró en San Sebastián la Conferencia de Aiete, un encuentro internacional por la paz con la presencia de varios líderes internacionales, entre ellos Kofi Annan, exsecretario general de la ONU, y una ex primera ministra sueca. Aquella conferencia se organizó para ofrecer a ETA una salida. La comunidad internacional esperaba un comunicado anunciando el fin definitivo de la violencia. Estaba preparado, pero no sabíamos cuándo llegaría.

El sábado dejé preparado el número del domingo, en el que sugería que la Conferencia de Aiete era la oportunidad clave para un cambio definitivo.

Cuando finalmente se produjo el anuncio, cerré la puerta de mi despacho y me quedé sentado, solo, durante tres o cuatro minutos, reflexionando. Conservo la memoria de aquel momento con total nitidez. Hice un repaso vertiginoso de todos los años vividos como director: los momentos con mis hijos, con mi mujer, con mis padres, con mi madre... Fue un repaso emocional y fugaz, pero muy intenso. Luego me levanté, abrí la puerta del despacho y llamé a Alberto Artigas, el subdirector, para que se uniera. Teníamos un plan elaborado desde la semana anterior, por si ese momento llegaba. Lo afinamos y lo lanzamos.

A partir de ahí recordé a muchas personas: Gregorio Ordóñez, Juan Mari Jáuregui... amigos y víctimas. Pensé en ellos y en todo lo que había sucedido. Esa noche, llamé a la viuda de Santi, Amaia, y le di un abrazo virtual por teléfono. Fue una noche cargada de emociones contrapuestas: alegría y alivio, pero también tristeza y recuerdo.

José Gabriel Mujika,
exdirector de *El Diario Vasco*

## Los periodistas necesitaban protección

ETA declaró la socialización del sufrimiento. Hasta ese momento, los periodistas habían sido testigos y habían sufrido enormemente porque compartían el sufrimiento de la gente con la que estaban. Existía una situación de denuncia muy clave. A los periodistas de *El Correo* les llamaban fascistas y muchas cosas más. Sin embargo, en el fondo no te sentías víctima ni potencialmente objetivo de ellos. Hasta que, en el contexto de una ponencia de Batasuna, un sábado por la noche, se plantea la socialización del sufrimiento. Es decir, no solo iban a atacar a militares y policías, que era lo fundamental hasta entonces, sino que también iban a atacar a la sociedad civil. Comenzaron por los políticos; aunque todo es relativo, porque ya habían matado a políticos mucho antes. También los comandos autónomos e incluso periodistas habían sido víctimas, como aquel periodista asesinado en los jardines de San Sebastián. Este periodista había estado involucrado en negociaciones entre ETA y otras partes.

En este contexto se produce el asesinato de Gregorio Ordóñez, un político del PP extraordinariamente popular que tenía aspiraciones de gobernar en San Sebastián, con un respaldo político muy importante. ETA, al hacerlo, provoca una convulsión política y social significativa. Es entonces cuando nosotros tenemos acceso a un documento de KAS, la *Koordinadora Abertzale Sozialista*, el núcleo más duro de todo el conglomerado civil de ETA, que plantea abiertamente en 1995 la conveniencia de atentar contra periodistas. Considera que los medios de comunicación son un instrumento fundamental de la represión contra lo que llaman el Movimiento de Liberación Nacional Vasco. Los periodistas somos vistos como cómplices de esa represión contra todo lo que representa el movimiento radical en ese momento. Esto provoca una sorpresa por una parte y también una sacudida en el mundo de la prensa vasca.

De hecho, se producen movilizaciones de periodistas en torno a la escultura del *Peine del Viento* de Chillida, donde todos los medios, excepto aquellos ligados a la izquierda abertzale, se manifestaron.

Nos movilizamos contra esta amenaza, plenamente conscientes de que no se trataba de una broma. Esto iba en serio.

Todo esto viene acompañado de un trabajo de concienciación por parte de la izquierda abertzale, el entorno de Batasuna, en contra de los medios de comunicación y sus periodistas, lo que cambia el panorama. Hasta entonces, los periodistas habíamos sufrido presiones y amenazas veladas, situaciones de extrema tensión durante las ruedas de prensa y actos de la izquierda abertzale, ligada a ETA. A partir de ahí éramos conscientes de que nos ponían en el punto de mira, lo que transformaba nuestra posición de testigos a protagonistas de la situación.

Esto no solo implica un cambio en la percepción, sino que también comienzan los atentados contra periodistas, algunos mortales, otros con paquetes bomba o ataques a sus domicilios. La situación se transforma de tal manera que, en 1995 y 1996 y en los años siguientes, se da la gran paradoja de que los periodistas asisten a las ruedas de prensa con escolta, mientras que los miembros del Gobierno vasco no van escoltados. Esto ocurre porque los periodistas, aunque no son responsables de la situación, necesitan protección debido al peligro que enfrentan. Todos somos conscientes de que nuestra vida corre peligro.

La amenaza ya no se limita a los dueños de los medios de comunicación, sino que se generaliza. Fue muy complicado gestionarlo. Significaba asumir que toda la plantilla, cerca de 300 personas, estaba amenazada y debía tomar medidas de precaución. Parte de la redacción y algunos periodistas estaban involucrados en la información política y terrorista. Tenían cierta conciencia de que en cualquier momento podría ocurrir algo. Pero el resto, incluidos los elementos relacionados con el marketing, la publicidad, la información local, cultural y deportiva, debían ser informados también de que estaban amenazados.

De hecho, se produce un acontecimiento insólito. A los pocos días de que esto ocurriera, empezamos a pensar en cómo responder. Una de las respuestas dadas por las autoridades policiales fue ofrecer cursos de formación para tomar medidas de precaución.

Es decir, los periodistas y el personal del periódico tenían que revisar debajo de los coches todas las mañanas y cambiar sus recorridos, porque era realmente imposible dotar de escoltas a todos. Esta fue una situación difícil de gestionar, además de la amenaza personal contra el medio y las condiciones de trabajo en medio de presiones extremas, en un ambiente muy duro. Ser periodista en *El Correo* representaba un acto de valentía en un entorno dominado y controlado por la izquierda abertzale. Podemos hablar de pueblos enteros donde la situación era así.

En 1995 era redactor jefe de Política. La situación era tan tremenda que, en ocasiones, ni siquiera éramos conscientes de lo que ocurría. La sucesión de atentados, secuestros y operaciones policiales era tal que estábamos inmersos en una dinámica de la que a veces no éramos conscientes. La sección de Política estaba casi totalmente dedicada a todo lo relacionado con la violencia de ETA y empezamos a trabajar sobre las víctimas, un asunto que anteriormente no se había abordado tanto.

Hubo muchísimos episodios de ataques contra *El Correo.* Recuerdo la bomba que puso ETA en casa de los padres del redactor jefe de Política en 1999. También cuando entró un grupo radical en la delegación del periódico en Barakaldo. Otro día, un domingo, lanzaron cócteles molotov contra la sede de *El Correo.* También pusieron una bomba con cinco kilos de explosivo contra la rotativa en 2008. Aparte, un grupo de radicales atacó la sede de *El Correo* en Las Arenas, aunque el artefacto no llegó a estallar. Mucho antes, en 1978, mataron a Javier de Ybarra, presidente de *El Correo.* Ya habían lanzado ataques en los años setenta. Hubo muchísimos episodios.

La muerte de Santiago Oleaga, en *El Diario Vasco,* tuvo un impacto tremendo para nosotros. No era contra *El Correo,* sino contra *El Diario Vasco,* pero somos periódicos hermanos. Pertenecemos al mismo grupo editorial. El impacto fue enorme, ya que él no era un periodista, sino un gestor, lo que hizo que se sintiera todavía más. Esto confirmaba que podían venir a por cualquiera en cualquier momento. Había una preocupación constante por cada una de las 300 personas que trabajábamos en el periódico. Podía ser un gestor, un profesional de marketing, un periodista o los empleados de la rotativa, que podían sufrir la explosión de una bomba sin aviso. No había ni siquiera un señalamiento específico.

Desde la prensa de la izquierda abertzale se señalaba a periodistas en concreto por sus informaciones y comentarios. Esto ya correspondía a la socialización del sufrimiento: todos estaban amenazados y podían ser víctimas del terrorismo.

Nos metimos en una dinámica donde la advertencia informativa era tal que a veces no nos daba tiempo a pensar en lo que podía pasarnos. Sin embargo, es cierto que hubo actitudes diversas. La mayoría de la gente reaccionó avanzando sin plantearse ningún cambio, aunque algunos sintieron la necesidad de dar un paso atrás y alejarse de la primera línea.

La verdad es que la gente se comportó de manera extraordinaria. Dieron la cara de una manera increíble y, en los peores momentos, estaban ahí. Eso quiere decir que no solo escribían, sino que debían ir a actos organizados por esta gente. Hacían auténticos aquelarres en los que se insultaba, amenazaba y escupía a los periodistas. Ahí estaban nuestros periodistas. Es un logro que nunca se ha valorado. Tampoco se valora del todo la posición de fuerza y de resistencia que tuvo la prensa vasca. No toda la prensa vasca, pero *El Correo* y *El Diario Vasco* tuvieron una actitud de una firmeza increíble.

JOSEMI SANTAMARÍA,
exdirector de *El Correo*

## Es tremendo descubrir lo que hacen los seres humanos en circunstancias extremas

La primera vez que estuve en una situación en la que se estaba gestando una guerra fue en El Salvador, en 1979. Tenía 20 años. Vivía en Guatemala y trabajaba como voluntaria para la ONG Oxfam. Fui a El Salvador para conocer los proyectos de Oxfam. Allí contemplé la terrible pobreza que había. Fue la primera vez que sentí el impacto de la guerra.

Fue justo antes de que oficialmente se convirtiera en una guerra. Ya había gente desapareciendo. Pero fue antes del asesinato de monseñor Romero* y antes de que se produjeran masacres generalizadas. La guerra me impactó de verdad. Y en ese momento

* Carlos Dada, director de *El Faro*, se refiere a este crimen en la p. 94.

pensé: «¿Dónde puedo ser voluntaria?». Era imposible la situación de los pobres que conocí. Vivían en las circunstancias más terribles, con tasas de mortalidad muy altas y una tierra agotada: su capacidad para cultivar o ganarse la vida de manera efectiva era casi nula. No había salida para estas personas. No era sorprendente que la ideología marxista de las guerrillas que comenzaban entonces, en esa fase inicial de la guerra, les atrajera tanto. Porque no tenían esperanzas bajo el sistema, tal y como estaba.

Quería ayudar. No era médica, ni enfermera, ni experta en agricultura. Así que me quedó bastante claro que no era útil en lo más mínimo. Básicamente, todo lo que podía hacer era leer, escribir y hacer preguntas en algunos idiomas. Así que sería mejor ser periodista, porque me resultaba fácil preguntar a la gente y averiguar lo que estaba pasando. No era difícil y tenía las habilidades para hacerlo. Así fue como empezó todo.

Así empecé como periodista.

Me sentía enfadada. Asustada, no. No me asusté lo más mínimo. No había ninguna amenaza para mí. Me enfadé por la injusticia que supuso, y sentí con mucha fuerza ese enfado. Tenía 20 años, una edad en la que descubres cosas por primera vez y crees que nadie más las conoce. Por supuesto, la gente sabe, pero no sabes lo que sabe. Así que tenía un deseo ardiente de asegurarme de que todos los demás supieran lo que estaba pasando. Nunca se me ocurrió que otras personas ya estuvieran al tanto.

Hay dos motivos por los que me atrae la guerra. Nos guste o no, es una experiencia humana extrema y muy importante. Es tremendo descubrir lo que hacen los seres humanos en circunstancias extremas, porque sacan lo mejor y lo peor de las personas, y eso me atrae mucho. Así que eso es lo primero. Y lo segundo es que es importante para la Historia. Y me gusta estar donde ocurre la Historia.

También creo que exponer lo que realmente está sucediendo sirve para contrarrestar la versión de los hechos que dan los Gobiernos y los caudillos. Es muy importante tratar de mostrar lo que realmente sucede.

No conozco las motivaciones de otras personas. Creo que los jóvenes suelen estar muy interesados en la guerra por sí misma. Esa es la razón por la que, a veces, son los peores corresponsales. Se entusiasman mucho con la guerra en sí, se aprenden el armamento y ese tipo de cosas. Esa puede ser una motivación diferente. Cada uno tiene su propia motivación. Algunas personas solo están intentando escapar de un mal matrimonio.

En mi caso, me considero una soldado de infantería. En 1994, mi carrera periodística había caído en picado. Vivía en Kigali, en Ruanda, donde trabajaba como humanitaria para el Fondo de las Naciones Unidas para la Infancia. Resulta que estaba allí cuando comenzó el genocidio. Fue hace ya 30 años, el 6 de abril, cuando el avión que transportaba a los presidentes de Ruanda y Burundi fue derribado sobre Kigali. Lo vi, lo escuché y vi el resplandor en el horizonte.

Era la única corresponsal que hablaba inglés allí. Había un par de belgas, autónomos, pero no podían salir de sus casas, mientras que yo sí. Salí de mi casa y denuncié lo que vi. Vi a todos aquellos hombres con los ojos rojos, con machetes y botellas de cerveza. Hicieron barricadas en los caminos. Vi los cuerpos. Sabía que era un asesinato en masa. No sabía que era un genocidio porque no se puede saber con exactitud cuando estás dentro.

En esa primera semana estuve bien. Los primeros días fui la única persona que informó para la BBC. Con todo, mis trabajos no fueron buenos. Eran incompletos. Me dijeron que no estaba a la altura de la tarea ni del momento histórico que estaba presenciando. Pero hice todo lo que pude y fui testigo directo de aquello. Me parece que eso es muy importante. Y sí hice algo importante: describí lo que vi lo mejor que pude y divulgué esa información. Ya sabes, si miro hacia atrás, por supuesto, puedo pensar en cómo podría haberlo hecho mejor. Pero sigo pensando que ser ese testigo ocular en ese momento de la Historia tenía su propio valor.

Que no haya periodistas en una guerra tiene muchas consecuencias. Si tomamos como ejemplo la última guerra en Etiopía, la que libró el Gobierno de Abiy Ahmed Ali con las fuerzas de Tigray, casi no hubo periodismo. Hubo algunos periodistas etíopes muy valientes que sí expusieron lo ocurrido, en particular los delitos sexuales. Pero, básicamente, el hecho de que no hubiera informes internacionales —y apenas nacionales— significaba que el Gobierno tenía las manos libres y no había ninguna presión para frenar a los soldados que estaban cometiendo esos abusos. Tampoco se presionó a los Gobiernos que prestaban ayuda a Etiopía para que dejaran de hacerlo si continuaban esos actos. Eso es lo que ocurre si no se informa sobre la guerra.

Muchas veces la información no cambia el curso de la guerra, pero sí es importante que al menos exista. Que las decisiones se tomen con toda la información en la mano y que cada cual asuma su responsabilidad. Sé que existe el argumento de que en Bosnia el presidente norteamericano Bill Clinton descubrió, a través de los periódicos y la televisión, lo que realmente sucedía allí. Aseguran que eso fue lo que hizo que interviniera e impulsara el Acuerdo de Dayton. Puedes ver ese caso como un ejemplo en el que la información marcó una gran diferencia. Pero creo que todo lo que se puede decir realmente es que la luz es mejor que la oscuridad y la información es mejor que la ignorancia.

Una estrategia muy simple para silenciar zonas consiste en negar las visas a los periodistas. A no ser que seas un principiante, sin artículos publicados en internet ni tu foto, es muy fácil que te nieguen la entrada a un país. En los viejos tiempos podías ir a Zimbabue sin despertar sospechas. Podías incluso fingir no ser periodista. Pero ahora el método es muy simple: comprueban quién eres, qué tipo de noticias haces, para qué medio trabajas, y simplemente no te dan permiso para entrar. Eso lo hemos visto, sin duda, en Etiopía, en Sudán, en Arabia Saudí y en Irán. Simplemente no te dan una visa. Y el mensaje que envían es bastante claro: «Mantengamos lejos a los periodistas». Siempre ha sido así.

Pero los periodistas siempre encontramos la manera, ¿no crees? En Rusia, aunque nos sorprenda, hay ejemplos de periodistas que no muestran lo que quiere el Gobierno. Lo hacen de forma indirecta, con historias que tienen mucho significado entre líneas. Son muy sutiles. Van al límite, pero preservan su criterio y su dignidad profesional. Eso está pasando. En todas las situaciones existe el peligro de que eso ocurra.

Si alguna vez te encuentras en una guerra en la que es difícil moverse —como suele ser el caso—, dependes de permisos y, en el fondo, estás bajo cierto control. Pero hay que encontrar siempre la manera. Me ha pasado en la guerra en Ucrania. Cuando los ucranianos ganaban y les iba bien, era mucho más probable que te llevaran a la primera línea que cuando no estaban ganando. Querían mostrarte dónde vencían, y la tentación era ir y contar esa versión. Además, si ibas a la primera línea donde estaban perdiendo, las probabilidades de que te mataran eran mucho mayores. Pero siempre puedes encontrar la manera de mostrar lo que el Gobierno quiere evitar.

En el caso de Ucrania, el Gobierno quería que viera las grandes imágenes, pero no la muerte de sus soldados. Así que encontramos una forma de evitarlo, que consistía en ir a los cementerios y encontrar las tumbas de los soldados y sus nombres, y luego ir a buscar a sus familias. Pudimos informar sobre esa historia que al Gobierno le interesaba ocultar. Solo teníamos que encontrar una forma diferente de hacerlo.

Lindsey Hilsum,<br>editora de Internacional de Channel 4 News.<br>Reino Unido

## La gente en Ucrania necesita los periódicos más que nunca

Antes de la invasión hacíamos lo mismo que las asociaciones profesionales de otros países. Pero luego tuvimos que modificar por completo nuestra actividad, porque la prioridad pasó a ser proteger la libertad de prensa en el país. Trabajamos intensamente con periódicos regionales y locales, tanto impresos como digitales. Intentamos ayudarlos a sobrevivir durante la guerra. La seguridad es lo primero para nosotros, y por eso procuramos asistir a los medios locales del Dombás, de la región de Lugansk, para que pudieran trasladarse a lugares más seguros y seguir ejerciendo su labor en otras partes de Ucrania.

Fue increíblemente angustiante, porque había muchos medios que necesitaban apoyo inmediato. Algunos fueron ocupados por los rusos. Ayudamos a sus periodistas a salir cuanto antes de los territorios ocupados junto con sus familias. Porque si eres una persona vinculada a los medios en un territorio ocupado, puedes ser arrestado o asesinado. No puedes quedarte en esas zonas. Por lo tanto, las cuestiones de seguridad son siempre la prioridad número uno para nosotros. Intento mantener a salvo a todos los medios de comunicación. Actualmente hay unas 100 cabeceras activas en Ucrania. Les proporcionamos material de protección, como chalecos antibalas, botiquines de primeros auxilios y torniquetes para detener hemorragias. También distribuimos teléfonos móviles y cuadernos para periodistas, porque la mayoría perdió su equipo en las redacciones, como ocurrió en las regiones de Zaporiyia, Jersón o Chernígov.

Desde el primer momento comprendimos que teníamos por delante un gran desafío económico, ya que la situación cambió radicalmente con la guerra. Las suscripciones a los periódicos impresos se redujeron, porque mucha gente emigró fuera de Ucrania o se desplazó dentro del país. Hemos migrado a unos siete millones de personas desde los territorios de primera línea o zonas ocupadas. El mercado publicitario también está completamente en declive, y esto tiene otra derivada: la debilidad económica vuelve a los medios más vulnerables. Es un terreno propicio para que los políticos ejerzan influencia sobre algunos de ellos, o para que los oligarcas los compren a bajo precio. Por eso es fundamental para nosotros encontrar socios y donantes que puedan brindar apoyo financiero a los medios regionales, para que puedan seguir produciendo contenido independiente y de calidad. En ese sentido, hemos tenido bastante éxito.

La guerra se vuelve cada vez más dura, no solo en lo físico, sino también en lo psicológico. Mucha gente está traumatizada. Muchos periodistas sufren traumas, no solo físicos, sino también emocionales. Si vives esas circunstancias —si entrevistas a víctimas, si tu edificio se ha derrumbado, si te ves obligado a mudarte o pierdes a alguien cercano—, es muy duro.

Hay muchas historias terribles en Ucrania. Queremos darles a los periodistas la oportunidad de no vivir permanentemente en el trauma. Por eso viajan tanto. Participan en conferencias internacionales como esta,* a viajes de estudio, de recuperación. Solo para salir del país y pasar un tiempo en una ciudad rural tranquila, y también para hablar con colegas, adquirir nuevas experiencias, ver nuevos modelos y luego volver frescas y motivadas para implementar nuevos conocimientos. Vimos que este tipo de apoyo es realmente muy útil y que tiene un resultado muy bueno. Lamentablemente, no podemos ofrecer viajes al extranjero a hombres porque está prohibido que salgan de Ucra-

* La entrevista tuvo lugar durante el Congreso de WAN-IFRA en Copenhague, celebrado en mayo de 2024.

nia. Por eso viajan tantas periodistas y editoras al extranjero en estas giras de recuperación. Desde el punto de vista psicológico, es muy útil.

Siempre tenemos el desafío de tomar decisiones en tiempo récord. Demasiadas decisiones, demasiado importantes, tomadas con demasiada rapidez. De repente, sabes que hay un ataque inminente con misiles y debes decidir qué hacer. ¿Llamar a tu camarógrafo para que lo cubra? ¿Ir a recoger a tus hijos a la escuela? ¿Refugiarte en el sótano? Siempre es un desafío. Esta seguridad —financiera y psicológica— es muy importante.

Antes de la invasión total también teníamos grandes problemas con los periódicos. La tendencia en todo el mundo es que el negocio de los periódicos decae porque la circulación impresa disminuye. Teníamos las mismas tendencias, pero empezó la invasión y todo empeoró. Los rusos intentaron bloquear todos los canales de información en los territorios ocupados y cerraron el acceso. Bloquearon internet y la televisión, así que era crucial para nosotros seguir imprimiendo periódicos y distribuirlos incluso en las regiones de primera línea. Desafortunadamente, la mayor parte del papel que comprábamos antes de la invasión procedía de Rusia y Bielorrusia. Fue un gran desafío encontrar papel en algún lugar de Europa y construir la logística necesaria para enviar papel verde desde Europa a Ucrania y, luego, entregarlo a las rotativas para imprimir los periódicos de primera línea.

Soy especialista financiera y abogada, y soy la jefa de la Asociación de Medios Regionales. En este momento, puedo organizar la logística para entregar con camiones papel procedente de Ámsterdam o de Bélgica, y arreglármelas ya en Ucrania para darle el corte que necesitamos. Tengo los teléfonos móviles de los conductores que pueden hacer eso; sé todo sobre cómo tramitar las fronteras.

Nací en la región de Zaporiyia. En este momento, alrededor del 60 % de la región está ocupada. Nací en una pequeña ciudad. Está destruida en un 99 %. Antes vivían allí 18.000 personas y ahora solo quedan 800, básicamente en los sótanos. A cada segundo trabajamos junto con los militares para entregar este periódico a esas 800 personas. No tenemos electricidad, no tenemos agua, no tenemos internet, pero esta es la única manera de estar conectados con Ucrania. Es algo muy importante. El director que está haciendo eso es muy valiente.

La gente en Ucrania necesita los periódicos más que nunca. Absolutamente. Ahora nos damos cuenta de lo importante que es el periodismo.

Ofrecemos información muy práctica. Escribimos rutas de evacuación, publicamos la lista de lugares con agua limpia, los sitios donde poder cargar tu teléfono móvil. Es información que ayuda a sobrevivir, necesaria para la sociedad local a la que servimos. No hablamos solo de noticias, sino de dónde se puede obtener asistencia médica.

Los periódicos que no están en zona de guerra atraviesan económicamente la misma situación. Las suscripciones disminuyen porque las personas emigran no solo desde la primera línea, sino también desde la parte occidental de Ucrania. Son medios impresos que ya no llegan. Lo digital no está en el mismo nivel, es diferente.

Nuestros medios digitales no son de pago. Se basan en publicidad. Tenemos algunos ingresos pasivos, como los anuncios programáticos, pero eso no basta, especialmente para los medios locales con audiencias pequeñas.

En la guerra han muerto muchos periodistas, decenas, pero muchos de ellos no estaban ejerciendo como tales, sino que murieron en sus casas durante bombardeos o porque fueron al Ejército como soldados. Porque los periodistas también se movilizaron para el Ejército. Según los informes, ha habido diez periodistas asesinados por trabajar como periodistas.

Antes de la invasión total, teníamos reuniones donde debatíamos qué hacer y creamos determinados planes, como la manera de evacuar a un equipo informativo o cómo obtener electricidad. Luego empezó la guerra y, psicológicamente, lo destruyó todo. Fueron dos semanas de sentimientos horribles. Lo que fue realmente útil para nosotros es que lo hiciéramos todos juntos. Estábamos en una asociación. Nos conocemos. Sabemos dónde vive cada uno, conocemos los nombres de las esposas, de los maridos y de los hijos, porque trabajamos juntos durante años. Esta red profesional ucraniana fue muy útil.

Una de las primeras tareas que tuve fue la de ayudar a mi gente a trasladarse por las zonas más conflictivas. Necesitaban viajar a zonas de guerra o encontrar rutas de evacuación para salir de ellas. Había situaciones muy diferentes según los momentos. La verdad es que fue fácil, porque hablaba con colegas de diferentes zonas del país. «Por favor, un par de periodistas llegarán a tu ciudad y necesitan quedarse allí por la noche para partir por la mañana. ¿Podrías encargarte de ellos?» Y después igual le pedías que él migrara y que se marchara de la primera línea, y le buscabas otra zona en otro lugar. Al principio de la guerra esto era muy poderoso. Sentías que ayudabas de forma muy importante, no solo a nivel profesional, sino a nivel humano. A muchos les importaba mucho sentir que compartían la comida con colegas a los que les unían tantas cosas y se sentían arropados por ellos en circunstancias muy complicadas. Estar juntos ha sido clave.

Oksana Brovko,<br>CEO de la Asociación de Prensa Regional<br>de Ucrania

## Se quitó el chaleco y el casco y me los dio

Fue durante la guerra civil siria. Nos conducía un Mercedes 300 negro. Aparcó en medio de lo que había sido una plaza. Había sacos terreros en el suelo que impedían avanzar. Recuerdo que llovía y hacía un frío tremendo. Nada más poner el pie fuera del coche, sonó el primer disparo. Lejano. «*Yala, yala*», nos urgió el conductor. Era un tipo veterano y no parecía perder la compostura. Pero, vamos, que saliéramos a toda leche. Seguí a Richard y a Tim. Aquello era el apocalipsis. No quería ni mirar. Había pasado ya un año desde el comienzo de las protestas contra el presidente Bashar al Assad, y la violencia había estallado en la periferia de Damasco, pero nadie sabía muy bien qué estaba ocurriendo, y queríamos verlo, claro. Los opositores denunciaban masacres y el régimen las negaba.

Ante nosotros se abrían —me acuerdo perfectamente— edificios altos, carcomidos por las balas, destrozados por la artillería, pasto de las llamas. Nos perdimos por callejuelas guiados por vecinos que salían de la nada y nos pedían que los acompañáramos.

Los disparos sonaban cada vez más cerca. No se podía parar. Íbamos en fila de a uno y volábamos de portal en portal. La gente nos suplicaba que entráramos. Que viéramos. Y yo no quería mirar, pero estaban allí: cuerpos y más cuerpos metidos bajo las escaleras. Los portales eran morgues donde los vecinos de Saqba, a las afueras de Damasco, enterraban a sus muertos de forma temporal hasta poder llevarlos al cementerio. El Ejército había prohibido los funerales públicos porque todos terminaban en protestas contra el Gobierno.

Había francotiradores y era imposible volver a la calle. Teníamos que avanzar de edificio en edificio por los butrones abiertos en sus paredes. Pasamos por el interior de las viviendas. Los niños nos miraban sin tener muy claro qué pintábamos allí unos extranjeros. Richard quería parar. Tenía que tomar notas. Lo hizo en un minuto. Pero un minuto eterno. Al final se vio la luz y corrimos hasta el último gran boquete en una pared que desembocaba en una escuela. Allí nos esperaba lo peor: una fosa común con siete cuerpos de milicianos del Ejército Libre Sirio, con claros signos de tortura. No sabía cómo enfrentarme a esa escena con la cámara. Tenía ganas de vomitar, pero me contuve.

«No hay heridos, solo muertos», dijo Mohamed, el guía improvisado que nos había llevado hasta ese lugar. Nos explicó que la situación había sido de guerra abierta los cuatro días anteriores. Recuerdo cómo nos mostró uno de los cuerpos: estaba maniatado y sin los dos ojos. Luego, otro, con la cara quemada y una gran herida en el cuello. «No hubo piedad», decía, antes de volver a cubrir los cadáveres. Nos contó que había fosas comunes como esa por toda la localidad, que los vecinos enterraban a los caídos en patios traseros, sótanos o huertos. Tan solo en ese patio de colegio había, según él, más de una veintena de muertos. Tim se acercó a la fosa y se fijó en las manos moradas de uno de los cadáveres. Esa es su fotografía de la escena. Ni una más. Un joven encaramado al muro de la escuela nos gritó para que nos diéramos prisa.

Se había corrido la voz sobre la presencia de prensa extranjera en la zona. Mohamed desapareció entre las calles, mientras nosotros tratábamos de seguir el mismo camino que nos había llevado hasta la escuela. Un joven llamado Karim nos siguió y nos pidió que paráramos un segundo. Quería hablar, pero a solas. Tenía el rostro tapado por una capucha. Estaba muy confuso. Maldecía y agradecía a la vez la existencia del Ejército Libre Sirio. «Todo esto es culpa de ellos —decía—. El precio por la libertad es muy alto, pero dijeron que nos protegerían y ahora han desaparecido. Apenas tenían armas, ¿qué pensaban?», se preguntaba. Estaba aterrorizado.

Éramos conscientes de que, en la Siria actual, se pasaba de un sofisticado restaurante en el centro de Damasco a una zona de guerra en apenas unos minutos de taxi. Tras pasar por los mismos portales, llegamos de nuevo a la plaza y nuestro coche estaba al fondo, detrás de la barricada de sacos terreros. Frente a la mezquita se veían pintadas contra el régimen que habían sido tachadas. La pintura negra sobre las letras rojas originales aún estaba fresca. Como las operaciones militares, el borrado de grafitis servía para apagar temporalmente los incendios revolucionarios. Para llegar al coche, había que abandonar la protección de los edificios y correr.

Richard iba el primero. Yo cerraba el trío. Cuando estábamos en mitad de la plaza, sonó el primer mortero. El conductor permaneció impasible dentro del Mercedes. Podría haberse largado, pero no lo hizo. Nos hacía gestos con las manos para que nos diéramos prisa. Llegamos al coche. Retumbó un segundo mortero y le siguieron varias ráfagas de ametralladora. Richard y Tim fueron directos al maletero y sacaron sus chalecos y cascos. El tiroteo ya era serio. El conductor arrancó el motor, y Tim, bien pertrechado, se sentó en el asiento delantero con su cámara. Richard se percató de que yo no tenía protección y, sin dudarlo un segundo, se quitó el chaleco y el casco y me los dio. «No me van a servir porque me quedan unos meses, pero si me pasa algo nunca se lo cuentes a mi mujer», me dijo al oído. Me ató el velcro del chaleco antibalas. Subimos al coche y salimos por mitad de la calle principal, convertida en una especie de tierra de nadie entre las fuerzas del régimen y las de la oposición.

El conductor supo sacarnos de allí. Recorrimos calles muertas, desiertas bajo el sonido permanente de explosiones y balas. Tuvo la sangre fría de reducir la velocidad al acercarnos al puesto de control del Ejército. Era la única salida de Saqba. Los soldados registraban cada vehículo. Les extrañaba ver a extranjeros, pero estaban tan ocupados con las operaciones que no nos pusieron problemas, ni nos pidieron permisos del Ministerio de Información. «¡La culpa de todo es de Catar y Arabia Saudí, quieren destrozar Siria, pero no podrán con nosotros! Por favor, contad la verdad, lo que veis con vuestros ojos, no lo que dictan nuestros enemigos», nos dijo en voz alta un militar antes de permitirnos seguir nuestro camino de regreso a Damasco. Asentimos con la cabeza. Una vez en la autopista, volvimos a respirar. Abracé a Richard, un gigantón al que la maldita enfermedad había dejado calvo. También le había dado una tregua para poder ser testigo de la guerra en Siria, y la aprovechaba al límite.

Nunca se me olvidará esa mañana en Saqba, que me abrió los ojos sobre el conflicto sirio y me sirvió de lección. Las palabras de Richard Beeston mientras me ataba el chaleco me siguen resonando al oído. Su nombre, su cara y su pausa me vienen a la cabeza cada vez que alguien me pregunta —como haces tú ahora— si merece la pena jugársela en esta profesión. Este oficio que se ha convertido en mi forma de vida desde 2005. Entonces decidí subirme a este bote con destino incierto. En mi casa no había tradición alguna, ni siquiera en el mundo del viaje, un paso previo que para mí supuso una auténtica universidad y al que aspiro volver algún día, a esa forma de viajar con tiempo y sin las prisas de los cierres que imponen los medios o la inmediatez de las redes sociales.

Salimos vivos de Saqba y lo celebro cada día, seguro de que la esposa de Richard no tiene nada que reprocharle. Tenía cincuenta años cuando le conocí: medio siglo de periodismo de trinchera desde que dio sus primeros pasos como reportero en *The Daily Star*, el diario libanés en lengua inglesa, durante la guerra civil. Allí empezó su idilio con la región, que culminó con su fichaje por *The Times*, para quien cubrió el bombardeo de Halabja por parte del régimen de Sadam Husein en 1988. Su testimonio sirvió para certificar el uso de armas químicas contra la población kurda por parte de Sadam Husein. También cubrió las dos guerras del Golfo, Chechenia... y, desde 2008, era jefe de Internacional. Pero un jefe que se manchaba los zapatos. Yo repaso con orgullo los correos que nos cruzamos desde esa mañana del 30 de enero de 2012 en Saqba hasta que, un año más tarde, el cáncer le sacó para siempre de la trinchera. Luchó por la vida y por la verdad hasta el último día, y su trabajo y ejemplo siguen muy vivos.

MIKEL AYESTARAN,<br>corresponsal de Vocento en Oriente Medio

# EL SENTIDO

Mónica García Prieto (España)

Gustavo Villarrubia (España)

Lyse Doucet (Canadá)

Catalina Gómez (Colombia)

Olatz Barriuso (España)

Arantxa González Egaña (España)

Lourdes Pérez (España)

Anna Surinyach (España)

Mónica Ceberio (España)

Jesús Trelis (España)

*Siempre surge la pregunta: ¿merece la pena? Una profesión a menudo idealizada que se da continuamente de bruces con la realidad. ¿Por qué se asume el riesgo? ¿A qué obedece tanto sacrificio? ¿Compensa el esfuerzo? ¿Tiene realmente sentido lo que hacemos?*

## Tardé tres meses en hacer público el secuestro

Javier Espinosa, mi pareja, es corresponsal de guerra, igual que lo fue Julio Fuentes, asesinado en Afganistán. Con personas que atraviesan experiencias tan extremas acabas compartiendo una misma visión, una idea común. Hay una sinergia muy fuerte, una comprensión profunda. Se comparte una motivación. Una implicación intensa con causas poderosas.

Cuando secuestraron a Javier, mi primera decisión fue quedarme en el Líbano hasta que todo se resolviera. Primero, porque no quería sacar a mis hijos de su zona de confort: su colegio, sus amigos, su parque... No quería que sufrieran más. Y segundo, porque podía actuar desde el Líbano, pero no desde España. Ambos teníamos establecidos protocolos de seguridad, sobre todo en Siria e Irak, porque ya habían comenzado los secuestros de extranjeros, y los dos estuvimos cerca de ser capturados. Así que, cuando había una entrada o una salida del país, intentábamos comunicarnos. Él me mandó un mensaje desde un puente que funcionaba como cruce de referencia geográfica. Yo calculaba el tiempo que le quedaba para cruzar la frontera. Faltaba media hora, pero dos horas después se hizo el silencio. No recibía sus mensajes. Comprendí que algo había pasado y activé la red de contactos y amistades. Tres o cuatro horas más tarde, nos informaron de que un control del ISIS había arrestado a varios extranjeros. Ya era evidente.

Una semana antes, Enric Hernández, director de *El Periódico de Catalunya*, me había llamado porque no conseguían contactar con Marc Marginedas, que es amigo mío desde los tiempos en Rusia. Fui yo quien logró localizarlo.

El secuestro fue una carrera contrarreloj. Y duró seis meses. Es extremadamente difícil tomar decisiones. Hay que sopesar cada paso, cada riesgo, cada posible beneficio. Tardé tres meses en hacer público lo ocurrido porque durante ese tiempo estuve en contacto con actores que influyen en el ISIS y también con gente del propio grupo, hasta que entendí que no querían negociar conmigo. Querían un rescate y punto. Entonces pensé que la situación me iba a superar. Para cualquier secuestrador, el tiempo es un arma: te desgasta emocionalmente. Cuanto más vulnerable te vuelves, mejor para ellos. Sabía que estaban jugando conmigo. Hubo muchas entrevistas, muchos viajes, mucha frustración. Varios amigos sirios arriesgaron su vida por ir a preguntar por él. Uno fue brutalmente torturado. Otro murió un par de días después. Es una situación terriblemente compleja.

A Javier y a Ricardo García Vilanova, el fotógrafo, los secuestraron mientras viajaban con una milicia que, presuntamente, los protegía. Cuando me llamó el jefe de esa milicia, perdí los nervios: «¿Les habéis vendido vosotros? ¿Os pagaron por protegerlos?». Era todo muy confuso. Perdí toda mi respetabilidad como periodista y me convertí en la mujer de un secuestrado, pero con todos los recursos de una reportera y una capacidad de trabajo que ni siquiera tenía un servicio de inteligencia extranjero en Siria.

Fui a Turquía con tres amigos iraquíes. En ese momento se celebraba una reunión clandestina de grupos salafistas, iraquíes y sirios dispuestos a unirse para combatir. Me presenté allí para pedirles ayuda.

Siria, como dictadura, era el régimen. Y el régimen lo sabía todo. Yo, sin embargo, había viajado muchas veces al país, antes y durante la revolución. De hecho, el régimen me acabó prohibiendo la entrada. Tenía muchas fuentes que podían ayudarme y creé una red de contactos: familiares de otros secuestrados, activistas, amigos de mis propios traductores... Todos atentos para detectar la llegada de dos extranjeros. Porque eran dos: Ricardo y Javier. Difundí sus fotografías por todas partes. Se les reconocía fácilmente. Así pude seguirles la pista, con una semana de retraso. Sabía que estaban vivos. Hubo un momento en que los grupos de la oposición siria se hartaron del Estado Islámico y lo consideraron el enemigo a batir, incluso por encima del régimen. Se empezaba a formar una coalición armada contra ellos, y mi temor era que, en algún asalto, acabaran ejecutados.

Hablé con Madrid y con los servicios de inteligencia. Quería colaborar y no cometer errores. Un día después comenzó la ofensiva contra el Estado Islámico. Los expulsaron de Raqqa. Sabía que Javier y Ricardo estaban por esa zona en el momento del ataque. También habían pasado por Alepo, que fue bombardeada. Fue muy duro.

El 31 de diciembre estaba sola en casa, en Beirut. Encontré un correo en la bandeja de *spam*. Tenía dos días de antigüedad. Al leerlo, supe por el tono que era auténtico. Ya había recibido otros, de oportunistas que solo buscaban dinero, pero este era real. Se notaba. Se sentía.

Respondí aquel mensaje. Tardaron meses en volver a dar señales de vida. Tiempo suficiente para que me consumiera la preocupación. Si te soy sincera, sufrí una crisis periodística. Pensé en dejarlo. Sentía que había perdido mi identidad profesional, que me había implicado como una víctima más. No podía presentarme como reportera. Tenía acceso a fuentes muy relevantes, que ni siquiera los servicios secretos conocían. Conocía a jefes salafistas. Pero ya no iba como periodista. Cuando terminó el secuestro, sentí una liberación tremenda a nivel personal. Pero, como reportera, supe que ya no podía seguir allí. Necesitaba cambiar de lugar. Estaba agotada de Oriente Medio. Decidimos marcharnos porque comprendí que no podría volver a ejercer desde allí.

Javier no puede evitarlo. Le mueve demasiado la pasión por su trabajo. Yo les prometí a mis hijos que no volvería. Durante el secuestro fueron muy conscientes de lo que sucedía. Eran pequeños, pero hacían preguntas, y no quise ocultarles la verdad. Mi hijo, que tendría nueve o diez años, de pronto empezó a rechazar cualquier foto de su padre. Un mes antes de la liberación, estaba desesperado. En una negociación de este tipo hay un periodo de enorme actividad, de tres o cuatro semanas, hasta que todo se detiene de golpe y ya no puedes hacer nada más que esperar. Durante semanas no hice nada. No debía hacer nada. Y mi hijo me dijo: «¿Qué pasa? ¿Ya no quieres buscar a papá? ¿Lo has abandonado?». «No. No te lo puedo contar, pero papá va a volver. Te lo prometo.» «No quiero que volváis nunca más», respondió. Y fue entonces cuando dejé de acudir a conflictos.

Esa es la gran pregunta: por qué una se ha dedicado a esto. Cuando mataron a José Couso, recuerdo a un reportero que, ante esa misma pregunta, respondió: «Para que me quieran más». Hay quien confunde las cosas. También hay quien lo hace para ser testigo de la Historia. O simplemente para que se hable de él. El periodismo de guerra influye mucho. Pero también hay quien lo hace por verdadera curiosidad, por entender qué ha pasado realmente, y porque hay que contribuir a que los historiadores tengan un material concreto con el que escribir —o reescribir— lo ocurrido. Para mí eso es muy importante: documentarlo, y que alguien pueda actuar.

Durante treinta años me he dedicado a un oficio que creí que iba a cambiar el mundo. Consistía en luchar contra la censura. Existen leyes de guerra, tratados, convenciones que regulan. Yo pensaba que, desde mi primera gran guerra hasta hoy, las cosas iban a mejorar. Que habría menos impunidad. Que los criminales temerían ser juzgados. Y he descubierto que no. La impunidad es rampante. Así que, en cierto modo, todo mi trabajo de servicio público, toda mi inquietud, se han visto frustrados. Pero es cierto que muchas de mis coberturas han tenido un impacto positivo sobre el terreno. Y con eso me quedo.

Tribunales de Naciones Unidas me han contactado tres o cuatro veces para colaborar en distintas investigaciones, como en Siria o con el ISIS. Lo digo para explicar que parte de nuestro trabajo también es un servicio público. Una labor social que busca que haya cada vez menos impunidad. Fui la única periodista que logró entrar en una situación extremadamente complicada. Médicos Sin Fronteras me pidió ayuda para evaluar necesidades y montar un hospital de campaña. Me dieron vídeos, y les expliqué cómo entrar en la zona.

Lo que estamos viendo hoy sobre el terreno —la postura de Israel, lo que ocurre en Rusia y Ucrania— desmonta completamente mi argumento. ¿Por qué lo hago? Porque siempre creí que iba a contribuir a construir un mundo mejor... y me temo que eso está fuera de mis manos. De las manos de todos. Yo lo he intentado. Y lo sigo intentando.

Como te decía antes, empecé con la guerra de Chiapas en 1994. Un año después me fui con Julio Fuentes a una corresponsalía en

Roma durante dos años, y otros cuatro a Moscú. Luego volvimos a la redacción en Madrid, aunque estalló la guerra de Afganistán y Julio fue para allá. Y ocurrió lo que ocurrió en ese trayecto entre Kandahar y Kabul: lo mataron. Fue una emboscada.* Pedí al periódico ir personalmente a encargarme de la repatriación del cadáver. Para mí era muy importante cerrar una herida abierta en torno a aquel periodo. ¿Cómo explicártelo? No quería quedarme con una mala impresión de mi profesión, ni del país. Me urgía desvincular el lugar donde ocurrió todo, su pueblo, su gente, del horror que se vivió en aquel contexto de guerra.

Después de aquella repatriación, el director de *El Mundo*, Pedro J. Ramírez, me preguntó qué quería hacer. Yo entonces llevaba un año en la redacción de Madrid. Le respondí que quería viajar. Necesitaba evadirme de mí misma, poner distancia con ese entorno. ¿Dónde conocí a Julio? En una manifestación en Madrid contra la guerra de Bosnia, contra Milošević, frente a la embajada serbia.

En aquel momento había una plaza libre en Jerusalén. Teníamos allí a un periodista judío israelí, Rami Wurgaft, que no podía moverse por el mundo árabe. Era la alternativa perfecta: yo cubriría el mundo árabe mientras Rami se quedaba en Jerusalén. Así fue como empecé a adentrarme en esa región. De hecho, tres meses después de la muerte de Julio, cubrí la cumbre de la Liga Árabe en Beirut. Y también la muerte de Rafiq Hariri, ex primer ministro del Líbano, en un atentado. Estuve como corresponsal volante en Oriente Medio hasta la guerra de Irak. Hacíamos rotaciones entre tres compañeros; nos turnábamos cada tres meses.

En 2005, con la muerte de Arafat, viajé a Ramala y Jerusalén para cubrirlo junto con Javier Espinosa, que por entonces se convirtió en mi pareja. Al director no le gustaban las relaciones entre periodistas, así que pedí una excedencia. Ya nunca volví a incorporarme. Seguí un tiempo como colaboradora, pero luego lo dejé del todo.

Estuve alrededor de quince años. Me afinqué en Jerusalén. En ese momento, entre 2003 y 2006, estábamos en plena invasión de Irak. Recuerda la muerte del jeque Ahmed Yassin, fundador de Hamás... Había una actividad frenética. Javier y yo nos

* Gustavo Villarrubia se refiere a este crimen en las pp. 133-134.

repartíamos el trabajo: uno iba a un frente y el otro a otro. Irak, Jerusalén, Damasco... En 2006 me quedé embarazada. De hecho, mientras me hacían un chequeo en un hospital de Jerusalén, Hezbolá secuestró a cuatro soldados israelíes y estalló otra guerra en el Líbano. Javier se fue a Beirut y yo, a la frontera norte de Israel. Así, cada uno cubrimos un lado de la frontera. La guerra duró mes y medio. Después se instaló allí un contingente español de 1.100 soldados. Propusimos entonces trasladar la corresponsalía a Beirut, para estar cerca de ellos. Mi primer hijo nació en Jerusalén y la pequeña en Beirut.

He vivido un año en Roma, dos en Moscú, cuatro en Jerusalén, otros dos en Beirut... De ahí fuimos a Bangkok, donde estuve tres años, y otros tres en China. Cubría Corea del Norte. No escribía sobre China en sí, sino sobre Asia-Pacífico: las Coreas, Japón, Australia, Nueva Zelanda, etcétera. También publiqué una serie de reportajes, tras viajar por el Tíbet, Xinjiang y Hong Kong, sobre las guerras de expansión chinas, un contexto muy poco conocido aquí, pero que me llevó tres años entender. Al Tíbet, por ejemplo, fui como turista, porque está prohibido entrar como periodista.

Todo lo hago por curiosidad. Quiero saber, quiero entender. Y siempre he sentido el impulso de contarlo. Al menos, que no digan que no lo sabían. Esa es mi frase: que nadie pueda decir nunca: «Yo es que no sabía. Yo no me enteré». Joder, lo documentamos. Nos esforzamos. Por supuesto que te enteraste. Me marcó mucho el periodo de entreguerras en Europa, cuando Estados Unidos no actuaba en Europa. Existía la duda razonable sobre la existencia de los campos de concentración. Me afectaba cómo lo cubrió la prensa en ese momento. Había dudas. Era otra época y ahora tenemos retransmisiones en *streaming* de infinidad de acontecimientos, pero sigue siendo muy importante estar ahí. Que no haya dudas. Para mí hay una necesidad de que los demás puedan decir: «Yo lo sabía».

Es verdad que a menudo se sabe, pero no se puede parar. La frustración es extrema; el sentimiento de impotencia, enorme. También de impunidad. A veces tengo la sensación de que todo esto no ha servido para nada. Que han sido treinta años de mi vida para nada. Porque no hemos construido un mundo mejor. Israel acaba de subvertir el orden legal internacional y no pasa nada. Sé que tengo un impacto, y esa es una deuda para con mis hijos. Ellos van a tener una vida peor que la que tuve yo, cuando de lo que se trataba era de que la tuvieran mejor.

Hasta el punto de que he aparcado un poco las coberturas y me estoy formando con la idea de colaborar con tribunales internacionales en la recolección de pruebas. Es decir, si viajo —y ya estoy pensando en algún viaje— hacerlo no como periodista, sino como voluntaria. Puedo ayudar en hospitales, por ejemplo. Conozco a muchos doctores que ahora están trabajando en Líbano, en Gaza. Puedo ir, ayudar, y recoger evidencias que luego puedan sustentar acusaciones ante los tribunales.

Lo que más me frustra es que esto no vaya a mejor, sino a peor.

Al final, es lo mismo que hacemos en el periodismo, solo que bajo anonimato. No tengo problema con eso. Como periodista, lo que yo quería era ver lo que sucedía para entenderlo. Me daba igual si el trabajo llevaba mi firma o no; eso era un plus que antes ofrecía el periodismo, pero que hoy ya no importa tanto, porque todo está muy difuminado. Hay demasiados medios. Ya no tiene relevancia.

También es cierto que sigo dando clases de periodismo, y sí, creo en la formación. Formo parte de la Junta Académica de un máster de la Universidad de Alcalá de Henares con RTVE, y soy profesora en un curso. Luego tengo mi propio taller con Javier Espinosa —mi pareja— sobre periodismo de guerra, donde intentamos formar a la gente en métodos de actuación, en antropología del conflicto. Yo me he formado mucho. Hago muchos cursos alternativos, en universidades norteamericanas, *online*, para intentar comprender mejor por qué terminamos matándonos en las guerras. Por qué los crímenes de guerra. El genocidio no es algo reciente; es tan antiguo como el ser humano. Me he formado con ese afán de entenderlo y ahora intento transmitirlo a estudiantes, para que tengan herramientas que a mí me costó treinta años conseguir.

¿Compensa? Sí. Desde el momento en que un tribunal me llama para que declare, compensa. Por ejemplo, tras la muerte de Marie Colvin, la reportera de *The Sunday Times* asesinada por el régimen sirio. Yo había grabado pruebas del asesinato porque un activista me dijo que algún día llevaríamos ese crimen a La Haya. Eso me compensa. Mi trabajo contribuyó a que se abriera una investigación. En ocasiones me han hecho saber desde tribunales internacionales que leían mis artículos y que los tendrían en cuenta. Que no caían en saco roto.

Todo sería mucho peor si no estuviéramos allí. Los crímenes serían el triple de numerosos, el triple de violentos. La presencia del periodista disuade, sobre todo cuando trabajas no con ejércitos, sino con milicias o pequeños grupos armados, más intimidados a la hora de cometer crímenes de guerra. Por eso, para mí, hoy más que nunca, todo sería mucho peor si no estuviéramos allí para ser testigos y los demás no pudieran saberlo ni actuar en consecuencia.

MÓNICA GARCÍA PRIETO,
periodista española

## Un hombre nos dijo que habían matado a unos extranjeros

En esa época yo trabajaba para un diario portugués y fui a hacer un reportaje a la India sobre el 30 aniversario de la independencia de Goa, que había sido una colonia de Portugal. La India me cautivó y me quedé allí. Me inscribí en el Club de Corresponsales de Nueva Delhi y empecé a trabajar como *freelance* para varios medios. Un corresponsal mexicano de CNN, Rodolfo Bermejo, que procuraba no salir de Nueva Delhi —donde él vivía—, me empezó a pasar trabajos. Cubría sobre todo la guerra en el norte de Pakistán e India.

El 11 de septiembre de 2001, el día del ataque a las Torres Gemelas, estaba en Calcuta. Se estaba preparando la beatificación de la madre Teresa. Me llamaron desde Atlanta para pedirme si podía volar a Afganistán, así que cogí desde Calcuta un vuelo a Islamabad. Fue el último vuelo que se hizo en este periodo, porque el espacio aéreo entre India y Pakistán se cerró poco después. Al esperar al embarque, tuve mucho miedo. Todos los pasajeros eran hombres y tenían pinta de radicales. Todos árabes, todos barbudos, con turbantes. Mientras esperamos para subir, me entero de que era gente que iba a luchar contra los estadounidenses y que iban a alistarse con Bin Laden. Tuve una sensación horrorosa, pero una persona, ya en el vuelo, me dijo: «Tranquilo, este es el avión más seguro que hay en este momento».

Salí de Calcuta, mientras que el equipo de CNN International partió antes desde Nueva Delhi. Íbamos a encontrarnos en Islamabad, pero cuando aterricé me enteré de que habían hecho regresar a todo el equipo de aquel vuelo porque eran todos indios. A mí no me pusieron problemas, pero no podía cubrir la información para CNN International: yo trabajaba para el servicio en español. Me quedé en Islamabad con todos los aparatos —las cámaras, los trípodes, todo—, pero sin operador. Habían cerrado el espacio aéreo.

Estuve en Islamabad unos dos meses. Cruzábamos la frontera por la parte de Peshawar, pero no podíamos llegar a Kabul porque estaba en manos de los talibanes. Ya en noviembre entró el primer equipo de periodistas a Kabul. Todos los que estábamos en Pakistán empezamos a organizar un convoy de unos setenta u ochenta vehículos para irnos juntos, por protección. Quedamos el 19 de noviembre a las ocho de la mañana para salir de Peshawar en dirección a Kabul. Al cruzar al lado afgano, los aldeanos te pedían un sello para entrar. Era una autorización que había que conseguir en el consulado de Afganistán en Pakistán, y yo no la tenía. No pude entrar. Me tuve que volver con el coche, y el convoy se fue. Imagina la rabia y la frustración. Y luego, las cosas de la vida: fue lo mejor que me pudo haber pasado.

Ese día había conocido a Julio Fuentes por casualidad. Marco, un corresponsal de TF2 Italia que ya estaba en Kabul, al que llamábamos «El Príncipe», me había contactado. Su novia, Maria Grazia Cutuli, iba a viajar en ese convoy. Ella era la corresponsal de *Corriere della Sera* y Marco, que era buen amigo, me preguntó si sabía con quién iba a viajar, si iba con personas experimentadas, de confianza, si los conocíamos. Quería quedarse tranquilo. Así que pregunté con quién iba a viajar y me enteré de que estaba en el coche de Julio Fuentes, a quien conocía de nombre, no personalmente. Era la mejor persona con la que podía estar. Era un periodista muy conocido, con mucha experiencia en guerras, y contaba con muy buena reputación. Ahí fue cuando le conocí. Estuvimos hablando. Le di el número del teléfono satelital que tenía Marco por si necesitaba cualquier cosa. En esas circunstancias, cuanta más gente tuviera los contactos necesarios, mejor.

El caso es que el convoy sale y yo me vuelvo. Fui a una oficina a resolver el tema de la documentación. Tardaría unas tres horas, así que cuando crucé la frontera serían ya las once de la mañana. A diferencia de ir en un convoy, salí solo. Iba con un chófer afgano y con Jamal, un chico de 17 años cuyo padre era el librero de Kabul. ¿Conoces el libro? El padre era el librero que lo protagoniza, dueño de la única librería que existía en la ciudad. Tenía buena relación con él y me preguntó si podía llevar a su hijo. El chaval hablaba perfectamente urdu y dari, también los leía perfectamente, y además hablaba inglés muy bien, así que era también perfecto para mí. Me servía de traductor.

Recorrimos Afganistán con el coche durante un par de horas en dirección a Kabul. Prácticamente íbamos solos. De repente vino un coche en dirección contraria que nos hacía señales. Al acercarse, nos pidió que frenáramos. El conductor de aquel vehículo se puso a hablar con mi chófer. Yo no entendía nada de lo que decía, pero, lógicamente, se captaban muchas cosas. Estaba muy agitado, preocupado, y le decía que se volviera, que no siguiera por la carretera. Se marchó a toda velocidad, y el chófer me contó que aquel señor decía que habían matado a unos periodistas más adelante y que no siguiéramos porque el grupo de los talibanes estaba en la carretera. Me pareció raro. Bajé del coche con el teléfono satelital y llamé a la encargada de los corresponsales en ese momento en Atlanta, curiosamente una catalana, Àngels Font. Le conté todo. Ella me dijo que no sabía nada. Nadie sabía nada. Había pasado hacía muy poco y no había corrido la noticia. Hablé con Marco y tampoco sabía nada.

Seguimos el viaje. Más adelante, otro coche que venía en dirección contraria nos dijo lo mismo: que habían matado a unos extranjeros y que tuviéramos cuidado, que más adelante había un grupo armado. Segunda vez. Ahí ya sentí que podía ser verdad, pero seguimos avanzando porque no tenía muchas opciones. El señor afgano que conducía el vehículo y el chico tenían que llegar a Kabul y el coche no era mío. Podía bajarme y quedarme solo, pero estaba claro que ellos no iban a volver a Pakistán por mí. Así que seguimos avanzando.

Un poco más adelante, en un camino que salía de la carretera, nada más dar la vuelta, apareció un control. Era un grupo de talibanes armados con Kalashnikov. Paramos el vehículo.

Miraron hacia adentro y me vieron sentado en el asiento de atrás. E inmediatamente empezaron a gritar. No entendía nada.

Los tipos abrieron el coche y me instaban a salir. El chófer y el chico joven, que iba de copiloto en la parte delantera, protestaban y se pusieron a gritar acaloradamente. Iba asimilando en segundos lo que estaba pasando. Era la confirmación de que todo era verdad. Y me dije: «Si es verdad que han matado periodistas, estos son los asesinos». Pensé en coger la cámara de fotos que tenía al lado, pero todo fue tan rápido que me bajaron por la fuerza a punta de fusil. No entendía nada de lo que decían. Gritaban. De repente, el chico joven se puso a hablar con ellos y ellos empezaron a bajar poco a poco la voz. Empezaron a calmarse. Y al final me dijo: «¡Métete en el auto ya!». Subí al coche, arrancamos y nos fuimos.

Nada más salir les preguntaba: «¿Qué ha pasado? ¿Qué ha pasado?». Pero los dos estaban en estado de *shock*. No me hablaban. No se hablaban. ¡Nadie hablaba en el auto!

Seguimos sin pronunciar una sola palabra. No te puedo explicar la sensación. Y cuando seguimos un poco más adelante, cuando el camino tomaba cierta altura, el chófer señaló una zona y dijo: «Ahí abajo están los extranjeros muertos». Paró el coche y vimos unos cuerpos a la vuelta de un camino, un poquito más abajo de la carretera. No pude identificar a nadie ni hacer nada. Simplemente vimos que los cuerpos estaban juntos. Después supe que los habían agrupado porque los habían asesinado en sitios diferentes.

Parece ser que todo empezó cuando Maria Grazia bajó del vehículo y los talibanes empezaron a lapidarla, a tirarle piedras. Julio Fuentes intervino para ayudarla y le dispararon a bocajarro. A los otros dos, un afgano y un australiano que trabajaban para Reuters, los persiguieron y los mataron más lejos. Pero ya vi que los habían arrastrado porque estaban los cuerpos juntos.

Fue terrible. Ver aquellos cuerpos ahí tirados... No era posible reconocer ninguno de ellos... Estábamos lejos y no era posible bajar.

Acabábamos de salvar la vida de milagro. No sabíamos si los asesinados eran periodistas o no. No veíamos cámaras ni ningún tipo de aparato, y tampoco pudimos bajar para comprobar la documentación. Si lo pienso ahora... Unas horas antes estaban vivos. Era increíble. ¡Habían pasado unas horas nada más! Se había organizado un convoy por seguridad y no había ninguna alerta de que pudiera haber algún comando talibán en el camino. Supuestamente, era una ruta segura.

Seguimos avanzando con el coche y, en cuanto pudimos, en una zona despejada que parecía segura, detuvimos el vehículo. Salí para hablar por el teléfono satelital y llamé a Atlanta para contarles lo que habíamos visto. Ellos tenían ya algo de información. Había trascendido que habían atacado a un convoy de periodistas, pero nadie sabía si habían matado a alguien o no. Después supe que el convoy que despedí en la frontera marchó finalmente a Jalalabad, que estaba de camino a Kabul, y que después de llegar a esa ciudad muchos periodistas decidieron quedarse allí. Algunos sí salieron de Jalalabad hacia Kabul, pero formaban ya un convoy pequeño. El ataque dividió aquel convoy y algunos coches siguieron adelante, mientras que otros se dieron la vuelta y regresaron a Jalalabad.

Unos kilómetros más adelante me llamaron por teléfono y me dijeron que había varios periodistas desaparecidos. Entonces me hablaron de Julio Fuentes, de Maria Grazia Cutuli y del periodista afgano y el australiano. Podían ser las personas a las que habían atacado.

Marco me estaba esperando en Kabul, en el hotel principal. Serían las seis o siete de la tarde. Estaba, lógicamente, muy preocupado. Yo todavía me aferraba a la esperanza de que los cuerpos que vi no fueran ellos. Fueron horas de gran nerviosismo. Cuando empecé a despejarme y a pensar un poco, vi la situación muy negra.

Vino un equipo afgano de la Cruz Roja a hablar conmigo. Iban a buscar los cuerpos y necesitaban que les indicara exactamente dónde estaban. Con un mapa del lugar y con la ayuda del chófer marcamos el lugar exacto en el que habíamos visto los cuerpos, y salieron para allí. Calculé que iban a tardar unas dos horas y media. Los caminos eran muy malos. Contactaron con nosotros casi a medianoche. Habían localizado el lugar y traían los cuerpos de vuelta.

Ya habíamos sabido antes todo porque un chófer afgano vio lo que pasó y lo había contado.

Había oído hablar mucho de Julio Fuentes y resulta que le conocí el día de su muerte. Es tremendo. Y encima no salí con ellos por pura casualidad. Lo he pensado tantas veces...

GUSTAVO VILLARRUBIA,
periodista español

## Hacemos preguntas que otros dejaron de hacer

Nunca olvidaré el momento en el que me encontré con Wahida Faizi.* Había una aglomeración de gente en el pasillo que conducía a las puertas del aeródromo de Kabul, con combatientes talibanes blandiendo sus armas mientras intentaban controlar a la multitud que trataba desesperadamente de avanzar. Wahida y yo nos vimos entre el tumulto. Ella estaba cerca del muro y vino hacia mí. La reconocí. Ya nos conocíamos de antes. Fue tan emotivo... Y ella estaba tan angustiada... Las dos lloramos. Fui con ella, ayudándola a abrirse paso entre la multitud para llegar a la siguiente puerta y decirle a un combatiente que la dejara pasar. Transcurrió un tiempo, pero finalmente consiguieron la autorización y pudo pasar. Todavía me emociona ver nuestra conversación en las imágenes de televisión.

Mi primera guerra fue a mediados de los años ochenta, en Yamena, la capital de Chad, cuando las fuerzas chadianas, apoyadas por Francia, luchaban contra los rebeldes apoyados por Libia en el desierto del norte. Yo trabajaba como *freelance* para la BBC en Costa de Marfil. Eran tiempos de teletipos ruidosos y líneas telefónicas defectuosas. Recuerdo que intentaba aprender de los veteranos corresponsales de guerra, mirando por encima de sus grandes hombros. Acabé quedándome. Eran días anteriores a internet en los que los corresponsales no se sentían constantemente solicitados. Así que, cuando los chadianos consiguieron una importante victoria en el norte, yo era el único periodista extranjero en Yamena.

Pero esa guerra aún estaba lejos. La primera vez que estuve bajo fuego, algo que nunca se olvida, fue en 1990, cuando conducía un convoy en Afganistán con rebeldes muyahidines apoyados por Occidente. Fuimos bombardeados por un avión de guerra del Gobierno soviético. Estaba asustada, con los nervios a flor de piel. Entonces nuestro convoy se averió en medio de una fría noche de invierno en la campiña afgana y acabamos caminando bajo la luz de la luna llena, una experiencia extrañamente hermosa. Cuando llegamos al campamento rebelde, escondido en un valle, protegido por rocas, una fortaleza natural, me di cuenta de que había aprendido mucho sobre cómo luchan los rebeldes contra enemi-

* Wahida Faizi relata este mismo episodio en la p. 54.

gos formidables. He estado con jóvenes colegas angustiados durante las últimas guerras, incluida la de Ucrania, y les he asegurado que no pasa nada por estar realmente asustado cuando se es testigo de la guerra de cerca por primera vez.

No pienso en ello como «cubrir la guerra». Lo veo como quedarme con una historia que es más que una historia. Trata de extraños que se convierten en amigos, y de un país que se convierte en un lugar que se siente como un hogar. También existe ese sentimiento de responsabilidad, de conexión, de seguir volviendo, de seguir la vida de las personas y los lugares. Fortalece y enriquece el periodismo al consolidar los contactos y profundizar en el conocimiento. El periodismo consiste en aprovechar nuestros puntos fuertes. Pero también veo el valor de ir a sitios nuevos por primera vez. Hacemos preguntas que otros que llevan allí mucho tiempo dejaron de hacer.

La mayoría de los periodistas desearían que sus historias sirvieran para cambiar una situación terrible, aliviar un sufrimiento doloroso, poner fin a una violencia atroz. Cuando las situaciones no cambian, puede surgir la frustración, cuando no ira, dos emociones que hay que mantener a raya al informar. A veces me duelen los líderes políticos y militares corruptos y egoístas. Creo que nunca me replanteo la importancia del periodismo, pero a veces me pregunto cómo podemos contar estas historias de otra manera para que la gente no se aleje, para que las personas influyentes tomen nota. Me parece necesario que la sociedad comprenda la importancia de este oficio. Es un pilar fundamental de la democracia. Cuando se ataca al periodismo, se socavan también los valores que defendemos: la rendición de cuentas de los poderosos, la denuncia de las injusticias y la lucha contra las desigualdades.

Siempre digo que nada ha cambiado y todo ha cambiado en el periodismo. Los deslumbrantes cambios tecnológicos han transformado nuestra forma de informar y el modo en que la gente accede o no a las noticias. Pero los fundamentos —el quién, qué, cuándo, dónde, por qué— siguen en pie. Incluso los hechos son objeto de ataques sin precedentes. En la lucha por el periodismo, por nuestra necesidad de estar sobre el terreno, en el calor y el polvo, en el frío y la oscuridad, estamos luchando por la verdad y la confianza.

En septiembre de 2002, los miembros de mi equipo y yo éramos los únicos periodistas que acompañábamos al líder afgano Hamid Karzai cuando viajó a Kandahar para asistir a la boda de su hermanastro. Se convirtió en un intento de asesinato que filmamos de principio a fin. En un principio, el presidente Karzai pensó que fueron los guardaespaldas estadounidenses quienes le salvaron. Pero cuando vio nuestra película la mañana siguiente, antes de hacer un anuncio, se dio cuenta de que había sido un joven afgano el que le había salvado la vida. Cambió la narrativa. También nos dijeron que las agencias de seguridad utilizaban nuestra película para mostrar cómo no proteger a un presidente, ya que se habían cometido muchos errores.

También trabajé muy duro para acceder a las zonas sitiadas de Siria en plena guerra civil. Era muy importante entrar para tratar de transmitir la enormidad del sufrimiento mientras el Gobierno infligía la táctica medieval «rendirse o morir de hambre» a comunidades enteras. Nuestra visita a la sitiada Yarmuk, en las afueras de la capital, Damasco, fue uno de los momentos más espeluznantes para mi equipo: la profundidad de la destrucción y la desesperación eran asombrosas. En Yarmuk no llegaba ni un trozo de pan; la gente sobrevivía a base de hierbajos hervidos. Matar de hambre a la población civil en tiempos de conflicto es un crimen de guerra. Nuestros informes fueron mencionados por el enviado de la ONU en sus informes al Consejo de Seguridad.

Trágicamente, los crímenes de guerra se cometen a escala industrial en todo el mundo. Pero nunca debemos aceptarlos como parte «normal» de la guerra. La única manera de hacerlo es seguir contando estas historias, por difícil que sea.

LYSE DOUCET,<br>corresponsal internacional y presentadora<br>de la BBC. Reino Unido

## Prometí que iba a seguir yendo al frente de batalla

Como periodista, nunca cubrí el conflicto en Colombia. De hecho, no me atraía la idea de cubrir conflictos. Me gustaba cubrir

Oriente Medio, comprender a todos esos actores, las dinámicas, cómo se vivía, cómo era la sociedad y, obviamente, la política. Por eso me interesaba tanto Irán. Me parecía —y me sigue pareciendo— que es imposible entender Oriente Medio sin entender Irán. Es un actor principal, especialmente después de 1979. Por eso me apasionaba tanto, y por eso, cuando me imaginaba como corresponsal, me veía en Oriente Medio y no en otro lugar.

Irán ya me interesaba como lectora de periódicos. Cuando cursé mi maestría en España sobre Comunicación y Relaciones Internacionales, le dediqué una monografía. Quería ir por la necesidad de entender. Ya había viajado a Irán una vez como turista y me fascinó, aunque aquella vez odié Teherán. Me dije que nunca podría vivir allí, y mira por dónde, ahí acabé.

Fui movida por la curiosidad. Me gusta ver directamente las cosas para entenderlas y, además, siempre he pensado que el mundo no lo pueden contar solamente unos cuantos. Si ustedes lo llaman el sur global, yo lo llamo el norte global. Porque desde el norte se cuenta lo que pasa desde una mirada muy diferente a la nuestra. Por más que yo lea *The New York Times*, los periódicos británicos o los españoles, no tienen la misma perspectiva que yo. Ya no es una cuestión de ideología, sino de experiencias. Por eso me gusta ir a los sitios para entenderlos y contarlos.

Cuando fui a Irán, todo lo que creía saber se desmoronó. Todo quedó en cuestión. Empecé a conocer esos grises, esos matices que en países como Irán son tan extensos. Fue apasionante. Un choque cultural durísimo, sobre todo si no tienes un medio que te respalde económicamente, aunque luego se fue dando.

Terminé cubriendo conflictos porque Oriente Medio te conduce a eso, pero al principio no era así. Llegué en 2007 y lo primero que empecé a cubrir fue el Movimiento Verde en Irán. En 2012 comenzó la guerra en Siria y fue entonces cuando realmente empecé a cubrir guerras.

Cuando llegué por primera vez, era *freelance*. Hacía trabajos básicamente para la revista *Semana*, donde había trabajado en Colombia. Ese primer año viví de mis ahorros.

Me apasionaba la voluntad de explicarlo. Al principio lo hice y lo disfruté mucho en un blog de *Semana*. Era la época de los blogs, ya sabes. Me permitía contar cosas que un reportaje no podía. Además, la revista no me iba a publicar un gran reportaje sobre

Irán cada semana, teniendo como tenía cuatro o cinco páginas sobre internacional.

Me siento más cómoda en el formato escrito que en televisión, es verdad. El formato escrito permite el matiz. Sin embargo, en televisión no te dan 30 segundos más para ese matiz. Con los años he descubierto que la televisión tiene su belleza. Los reportajes que hacemos de dos minutos o dos minutos y medio en France 24 tienen la ventaja de poder mostrar la realidad, no solo de contarla. Además, tienen mucha más difusión y alcance que lo que escribo. Por eso combino ambos formatos. Te hacen llegar lo más lejos posible. Para una crónica en el periódico, al fin y al cabo, puedes quedarte en segunda línea y hablar con la gente. Llegas a la entrada de un pueblo destruido y recoges testimonios. En cambio, con la televisión hay que entrar. Eso me parece apasionante.

Llegué a Ucrania cuando empezó la invasión, a finales de febrero de 2022. Los primeros días devoré absolutamente todo. No me despegué de la televisión y leí muchísimo. Siempre pensé que esa no era mi guerra, que no era mi campo. No era mi lugar del mundo. Pero en France 24 necesitaban apoyo. Se requerían dos equipos para permanecer durante 24 horas allí, y llegamos a un acuerdo. Dije con toda sinceridad y honestidad que había seguido las noticias como cualquier lectora, pero que no conocía en profundidad la historia. Lo que podía aportar era mi mirada, encontrarme con los desplazados, con las víctimas, mostrar las destrucciones y contar su historia. Obviamente, la experiencia de conflictos me ha enseñado algunas cosas, como a quién llamar o cómo resolver problemas para agilizar coberturas. Esa experiencia suma mucho con los años, pero no es cuestión de ser mejor o peor periodista; es simplemente saber hacerlo, es el oficio.

La de Ucrania es una guerra completamente diferente a la que yo había cubierto. Esta es una guerra convencional, con ejércitos. Ya no eran grupos insurgentes, formados por gente que toma las armas. En Siria, gente como tú y como yo cogió las armas y fue a pelear. Aquí había una gran diferencia; tal vez podía entender cómo funcionaba una guerra. Fue apasionante ir metiéndome en brigadas, batallones, soldados. Ha sido apasionante, pero también la guerra más dolorosa de cubrir en muchos sentidos. Nunca había vivido en otro país por tanto tiempo. A Irak o a Siria iba dos semanas, tres semanas, y luego volvía a Teherán. Aquí en Kiev paso mucho tiempo. El primer año iba un mes y volvía un mes, hacíamos turnos. Pero desde febrero de 2023 tengo ya un apartamento en Kiev y últimamente paso mucho más tiempo en Ucrania.

No me gusta el término corresponsal de guerra. Te encasilla, como si el trabajo consistiera solo en ir al frente. Pero he terminado siéndolo. No es una posición que se disfrute, pero me apasiona. El otro día mi jefe me pidió que hiciera una historia sobre la tradición de pintar huevos de Pascua en Ucrania. Fui feliz a hacer ese trabajo porque me parece parte de la cultura, de las tradiciones, de entender ese país. Lo hago igual de encantada que cuando me toca ir al frente para hacer una historia sobre las movilizaciones de tropas. Me parece muy apasionante lo que pasa cuando los países se ponen al límite, como está pasando ahora en Ucrania, o como pasa en Irak y en Irán también.

Tú también te pones al límite muchas veces. Hay muchos conflictos a nivel personal, porque a veces olvidas incluso tu vida personal. De repente te metes en una dinámica de contar, de vivir lo que sucede en estos países, de querer entenderlo, de tratar de narrarlo en toda su complejidad. A veces me pregunto cuánto de mí he dejado atrás, cuánto de mi vida, de lo que hubiera podido hacer. Porque, claro, los años van pasando y, obviamente, se dejan muchas cosas atrás. Al mismo tiempo, no se puede echar el tiempo atrás ni es momento de arrepentirse. He disfrutado enormemente y pienso que he tenido la gran ventaja y el gran orgullo de hacer lo que me gusta y que me han permitido hacerlo. Porque una cosa es que a uno le guste esto y otra es poder hacerlo. Conozco mucha gente que no ha podido hacerlo porque no tiene los medios, porque esto es costoso y no hay un medio que lo respalde. Yo, afortunadamente, con el tiempo conseguí medios que me han respaldado y apoyado, y puedo ejercer este oficio de manera decente, con un buen presupuesto y un salario digno, y lo puedo hacer con dignidad, algo que muchos periodistas hoy en día, tristemente, especialmente en castellano, no pueden.

Pero sí es verdad que hay un costo personal enorme. Y esta guerra, como te digo, me ha dejado muchos dolores. Ya lo sabes. El ataque.

Fue en la pizzería Ria, en Kramatorsk. Era un lugar donde había estado muchas veces porque había pasado mucho tiempo en el Dombás, en el frente. Allí fui a cenar con Héctor Abad, con

Sergio Jaramillo, excomisionado de Paz, y con Victoria Amelina. Sergio había creado *Aguanta Ucrania* y decidió venir a contarlo.

En el momento en que iban a cerrar el restaurante, nos cayó un misil. Victoria estaba aquí, a mi lado [señala con la mano]. Y le cayó a este lado no sé qué, una barra o algo, y entonces quedó inconsciente por el golpe. La sacamos inconsciente y la llevamos al hospital en una ambulancia. Yo siempre veía las ambulancias venir del frente del Dombás hacia mí y nunca pensé que yo iba a ir en esa ambulancia con una amiga muriéndose atrás. Nos dijeron que no sabían si sobreviviría. No estaban convencidos de que llegara viva al hospital. Vivimos diferentes crisis dentro de la ambulancia. De repente había que parar y cambiarle el oxígeno. No puedes imaginarlo. Fue horrible. Fue realmente súper doloroso. En ese momento me dije: «No soy periodista, no soy nada. Soy una persona y aquí lo importante es lo que yo estoy sintiendo y lo que está sintiendo Victoria. Vamos a salvarla. Y ya está».

Pero no se salvó.

Ahí te das cuenta de muchas cosas. Para empezar, una guerra no es solo el frente de batalla. Puedes estar en cualquier parte y esto te puede pasar. Fui consciente de la fragilidad de la vida, de que podemos morir en cualquier momento. Y también me golpeó muy fuerte en el sentido de hacerme preguntas: ¿Por qué se murió?, ¿por qué no me morí yo? Sé que es una pregunta que no se debe hacer, pero es imposible no hacérsela.

Me prometí a mí misma que seguiría haciendo mi trabajo, yendo al frente de batalla y a lugares difíciles. Sentía que tenía que hacerlo. Me puse una presión enorme. A las dos o tres semanas volví al frente con el mismo *fixer* que estaba cuando sucedió lo que te acabo de contar. Afortunadamente nos acompañaba Luis de Vega, de *El País*. Al pobre le tocó ver cómo estábamos los dos. Fue el peor reportaje que he hecho en mi vida.

He sido muy exigente conmigo. No sé si el cuerpo me lo cobrará en algún momento. Soy más sensible. Me afectan más las historias.

Quizás sea demasiado ambicioso pensar que una pueda cambiar algo, pero por lo menos sabes que aportas un poco de honestidad y dignidad a la información que llega a la gente. Primero, no podemos dejar que el mundo nos lo cuenten solo dos o tres, y siempre con unas lentes especiales. Segundo, tampoco puede ser que dirijan la opinión sobre la guerra ciertas personas con muchos intereses creados en el conflicto. Hoy en día, como siempre ha sucedido, nuestro trabajo sigue siendo extremadamente importante. Creo que hay una misión de contar lo que pasa. Mi responsabilidad como periodista —y me encanta hacerlo— es estar ahí para poner una cámara y que la gente al menos vea cómo es esto, enfocar mi cámara con otro ángulo y a otras personas para poder mostrar una realidad más amplia.

Y también creo sinceramente que, como soy lectora y me gusta la historia, el trabajo periodístico es un trabajo histórico. Es un trabajo para que los libros del futuro tengan material para contar lo que pasó.

CATALINA GÓMEZ,<br>
corresponsal en español para France 24.<br>
Irán y Ucrania

## La derrota de ETA tuvo mucho que ver con contar lo que estaba pasando

Siempre recuerdo cómo fue para mí llegar a la sección de Política de *El Correo.* En aquella época todo se centraba en ETA. Había más temas, pero a mí, que acababa de llegar, no me encargaban las crónicas políticas ni el seguimiento de los partidos políticos. Pasé de hacer reportajes sobre asuntos que me encantaban, relacionados con Cultura o Sociedad, a cubrir atentados terroristas. Era una vida tremenda para una chica de 23 o 24 años, que prácticamente acababa de salir de la Facultad y que todavía no tenía mucha experiencia. A veces había dos o tres atentados en un intervalo de 48 horas. Recuerdo que me echaba a la calle, igual que cuando me había tocado cubrir algún suceso, como un asesinato o alguna historia.

Creo que fue Paco Beltrán, el subdirector, quien me propuso pasar a Política. Yo estaba en Reportajes, haciendo temas ambiciosos y entrevistas a gente muy interesante. Para una periodista tan joven era una gran responsabilidad. Me hicieron fija cuando Íñigo Domínguez se marchó de corresponsal a Roma. Iba a cubrir su puesto para encargarme de temas medioambientales, pero ETA puso una bomba en el centro de menores de Zumárraga y me dijeron: «No, lo hemos pensado mejor, vuelve a Política». Creo que eso marcó un poco mi destino. Habría podido hacer otras cosas. Pero, realmente, cuando estás tanto tiempo en esto y empiezas de una manera tan marcada no es fácil. Me he quedado aquí hasta hoy.

En aquella época, cuando empecé a cubrir todo lo que tenía que ver con ETA, estaba un poco agobiada, pero realmente no me daba tiempo a pensarlo. Lo que te cuento son *flashes* que tengo en la cabeza. Pasaba todo tan deprisa, había tantos muertos, tanto dolor y tantos reportajes con víctimas. Porque hacía muchos reportajes de ir a hablar con los familiares de las víctimas de ETA. Eso te mete en una rueda. No eres muy consciente de todo el horror que hay alrededor ni de lo que tú estás escribiendo. Eres consciente de que lo tienes que contar porque es algo que debe saberse y porque tienes que rebelarte cívicamente contra esa barbarie. Yo era muy joven, pero tenía en la cabeza que aquello no debía estar pasando y que debíamos contarlo.

Me acuerdo muy bien de cuando ETA puso en la diana a los periodistas de manera oficial.* Atentaron contra una periodista de Antena 3 y su marido, Aurora Intxausti y Juan Palomo. Entonces se hizo oficial que ETA iba por los periodistas y que los tenía a todos en la diana.

Recuerdo dos cosas que me marcaron mucho. Una es una comida con toda la dirección del periódico en la sección de Política de aquel entonces, en la que yo era de lejos la más joven. Creo que entonces estaba también Lourdes Pérez. Íbamos juntas muchas veces. Éramos dos mujeres jóvenes y muchas veces entre las dos asumíamos toda la carga. Me acuerdo de un montón de atentados en manifestaciones de las que salías corriendo porque allí la cosa se ponía fea. Siempre iba con Lourdes, eso también tiene su relevancia. Fue un peso que llevamos, porque había otra gente en la sección que se ocupaba más de la vertiente política. Y me acuerdo de esa comida con toda la dirección, en el restaurante Rogelio, el antiguo, en Bilbao, en la que nos convocaron para reconfortarnos y trasladarnos el arrope del periódico, pero también para poner las cosas bastante

* Josemi Santamaría se refiere a este acontecimiento en la p. 105, y José Gabriel Mujika en la p. 98.

negras. Yo me acuerdo de que la gente no estaba bien. La situación estaba muy negra, ETA nos había puesto en la diana a todos y vi a mis compañeros mal. Porque hubo gente que lo pasó muy mal. Gente que salió en los papeles como objetivo. Eso les afectó a su vida familiar y a su salud mental. En aquel entonces no se hablaba tanto de eso, pero estaba presente. Cuando eres más joven, como era mi caso, también eres un poco más inconsciente. Pero, reflexionando, me doy cuenta de que esa experiencia te marca.

Y luego otro recuerdo que tengo muy grabado es cuando vino la Ertzaintza a darnos un cursillo de autoprotección. Básicamente, teníamos que cambiar de ruta a diario, mirar debajo del coche y todo eso. No sé si entonces todavía tenía coche, creo que estaba en ello, sacándome el carné de conducir. Fue impactante, porque casi te estás sacando el carné y ya te están diciendo que tienes que mirar debajo del coche.

Sonaba el teléfono a cualquier hora. Desde entonces tengo la costumbre de tenerlo siempre con sonido, algo que me ha costado alguna discusión. Desde entonces tengo esa inquietud, de que el teléfono tiene que estar siempre con sonido para escucharlo, porque en aquella época había un atentado y salías para allá.

No llevé nunca la cuenta, pero habré cubierto decenas de atentados. Hay algunos que se me han quedado muy grabados: el atentado de López de Lacalle y la famosa foto del paraguas; el de Jesús María Pedrosa en Durango, también lo tengo grabado; y el de José Ramón Recalde, que sobrevivió. Hice guardia en el hospital.

El atentado de José Luis López de Lacalle se me quedó grabado por la imagen del paraguas. Creo que me acuerdo mucho porque, fíjate, te enterabas de que había habido un atentado, pero no sabías quién era la víctima. Te enterabas sobre la marcha. Él era periodista. Un hombre que escribía. En ese momento, te impacta más, porque realmente ves la dimensión del sufrimiento. Siempre recuerdo las cintas de precinto que ponía la Ertzaintza en el lugar de los atentados. Esa es la imagen que más me viene a la cabeza. Te acercabas para ver qué había pasado y, en aquel momento, había un paraguas abierto tirado en la calle. Ese recuerdo se asienta en tu memoria, porque se convirtió en una imagen muy simbólica. Para mí fue impresionante. Esa experiencia en el terreno me permitió ser consciente de que, en un segundo, a esa persona que estaba haciendo su vida normal, que iba resguardado con un paraguas porque llovía y que iba cargado con libros, lo habían matado unos hombres. Los libros y los papeles quedaron dispersos por el suelo, el paraguas cayó abierto y quedó así, sin que nadie lo cerrara.

Esa experiencia en los lugares de atentados te brinda una perspectiva única, te hace muy consciente de muchas cosas que me han servido después para escribir y madurar. Tener bagaje y saber lo que ha sucedido es fundamental para ser un buen periodista.

Recuerdo que ir a cubrir los actos de la izquierda abertzale, que en aquel momento tendría el nombre de Batasuna, era una actividad de riesgo. Era como meterte en una cueva oscura en la que te pedían tu nombre y apellidos y gente que no conocías te hacía fotos por la calle. Cualquier periodista joven que vaya hoy a cubrir actos en Euskadi no puede imaginar lo que era eso. Era más propio de alguna dictadura oscura que de un país normal, y la atmósfera en esos actos era opresiva y oscura. Preguntaban de dónde venías, de qué medio eras, y veías a esa gente haciendo fotos. No me acuerdo de nomenclaturas específicas, pero había un entorno hostil que te hacía sentir vulnerable. Me acuerdo de que una vez tuve que ir a la Audiencia Nacional a declarar como testigo en un juicio contra Arnaldo Otegi, el líder de la izquierda abertzale, por una rueda de prensa que había dado en el hotel Abando en Bilbao. Le investigaban por amenazas a la Guardia Civil. Era curioso, por ir a una rueda de prensa te encontrabas en un juicio. Teníamos que declarar sobre lo que habíamos escrito, que no era más que la transcripción de lo que había dicho Otegi. Se trabajaba en un clima completamente anormal, pero que en ese momento era cotidiano. Era habitual que en determinados ambientes hostiles te dijeran que estabas allí por tu propia cuenta y que no podían garantizar tu seguridad. Era duro. Era territorio hostil.

Por supuesto que ha merecido la pena. Hemos vivido y contado la derrota de ETA y yo creo que tuvo mucho que ver con el hecho de contar lo que estaba pasando. Despertó a la gente. He pensado que lo que ocurrió con Miguel Ángel Blanco fue el momento en que la sociedad despertó, y eso no hubiera sido posible sin la constante información que dábamos sobre lo que hacía ETA. Tengo la sensación de que, aunque quizás sacrifiqué un poco mi juventud, ha valido la pena. Creo que la historia de lo que ha pasado en este país, y la historia de ETA, está interrelacionada con la toma de conciencia de la sociedad de que había que levantarse contra eso. Incluso hoy el hecho de que podamos vivir y respirar en este país tiene que ver con lo que ocurrió y lo que pudimos contar en aquel entonces.

Creo que una generación de periodistas vascos fue fundamental. No nos dejamos amedrentar, y aunque no éramos plenamente conscientes de ello, sabíamos que era lo que había que hacer. Lo contamos. Me siento orgullosa de formar parte de esa generación que no se quedó callada y que fue capaz de alzar la voz y de hacer un periodismo en el que llamábamos a las cosas por su nombre. Era fundamental para nosotros llamar a los etarras por lo que eran: asesinos, pistoleros, no militantes de una organización. Esa labor de dar voz a las víctimas fue esencial. En aquellos momentos, no solo se les daba voz, se les dignificaba. El haberles puesto cara, nombres, apellidos y darles espacio fue crucial.

OLATZ BARRIUSO,
periodista de *El Correo*

## Era imprescindible dar voz a las víctimas

El día en que mataron a Santi [Santiago Oleaga]* estaba de baja porque estaba embarazada de Leire. No lo viví trabajando. No estaba en la redacción. Fue todo muy duro. Era un compañero. Estaba en casa esa mañana y escuché la noticia en la radio. Decían que había habido un atentado de ETA. Hablaban de un directivo, pero no lo decían muy claro. Todos pensábamos que podía haber sido un compañero de *El Diario Vasco.* En aquellos momentos éramos objetivos. Podía pasar. Al final, nos enteramos de que la víctima era Santi. Fue terrible. Y era justo el día antes de que naciera Leire, mi hija.

Mi marido trabaja en una televisión e iba a cubrir la concentración de protesta por el asesinato. Yo le dije que me iba al hospital. Salía de cuentas ese día; el agobio que tenía era horrible. Subí al hospital, me pusieron la oxitocina y ahí nació Leire.

* Josemi Santamaría se refiere a ese crimen en la p. 106, y José Gabriel Mujika en la p. 101.

Imagínate la situación en el hospital. Los médicos, los enfermeros, toda la gente que había por allí empezaron a saber que yo trabajaba en *El Diario Vasco* porque me llegaban flores que me enviaban los compañeros del periódico. Entonces, entraba la ginecóloga en la habitación para darme su pésame. Después, entraba más gente. Todo el mundo me decía cosas y yo no hacía más que llorar. Imagínate, recién parida, con las hormonas revueltas y con ese disgusto que llevaba. Fue todo muy terrible. Menuda mezcla de sentimientos.

Recuerdo la llamada de José Gabriel [Mujika]. Los dos llorábamos por teléfono. Muy terrible todo. Me llamó para felicitarme y dijimos: «Fíjate, una vida nueva y otra que acaba de irse, ¿no?». Hablábamos así [llora]. Que la vida era así de caprichosa. Al final, a Santi se lo habían llevado de esa manera tan horrible y yo estaba celebrando la llegada de mi segunda hija. Una situación muy difícil. Tenía una alegría enorme y, a la vez, sentía una tristeza terrible y la impotencia de no poder compartir con mis compañeros lo que estaba pasando. Por eso leí de arriba abajo los periódicos de esos días. No me dejé ni una sola línea. Había artículos para enmarcar, como algunos de Alberto Surio que, bueno, ya sabes cómo escribe. Me acuerdo de eso. Mucha gente escribió cosas muy bonitas y diría, entre comillas, que eran muy sentidas. Estaban muy bien escritas, con mucho pesar y mucho dolor. Que te pase algo tan cerca...

Santi era el director financiero y trabajaba en otra planta, pero solía venir por la redacción porque le gustaba mucho la actualidad. Venía siempre por la sección de Política. Le gustaba comentar las noticias. Era una buena persona.

En *El Diario Vasco* he cumplido ya 33 años. En 1992 entré de prácticas y luego me contrataron. Empecé a cubrir los temas de terrorismo cuando asesinaron a Manuel Zamarreño, el concejal del Partido Popular en Rentería. Fue el 25 de junio de 1998. A partir de ahí nos tocó todo lo que te puedas imaginar.

Cuando sonaba el teléfono de la redacción sobre las siete u ocho de la tarde, sabíamos que algo malo había pasado. Eso nos pasó muy a menudo. Había atentados a última hora de la tarde, o por la noche, como el de José Luis Caso, y otros muy de mañana, como el de Ramón Díaz, un cocinero civil que trabajaba en el cuartel de Loyola, que fue a las 8:15 de la mañana. ETA le puso una bomba en su coche. Me acuerdo que me encontré en Loyola con Borja Olaizola, ahora jubilado, que era una de las firmas principales en aquel tiempo y escribía como los ángeles. Ya le conoces. Borja estaba en el lugar del atentado con un cuaderno de su hija pequeña, que fue lo primero que encontró porque salió pitando cuando se enteró. Así, una de tantas.

Muchas veces nos tocaba salir a toda prisa sin saber ni a quién habían matado y nos encontrábamos en el escenario del atentado. A Froilán Elespe, por ejemplo, lo mataron a mediodía. Me pilló comiendo unos macarrones en casa. Mi hijo mayor tenía dos años, así que lo dejé con mi madre, que vivía cerca, y me marché. Me encontré en la rotonda de Lasarte con todos los compañeros de la sección de Política. Fui a ver quién era Froilán. Al llegar, empecé a llamar a los timbres. Nos dijeron más o menos dónde podía estar su casa y llamé puerta a puerta para preguntar. Sabíamos que era un concejal socialista, teniente de alcalde, pero no sabíamos mucho más. Acabé en la casa de la vecina de al lado, en la cocina, con Josu, el hijo de Froilán, que estaba roto en el balcón, y su secretaria. Aquello fue dos meses antes del asesinato de Santi, así que yo ya tenía una buena tripa del embarazo de Leire. Me acuerdo. Ahí entré y acabamos llorando todos. Te puedes imaginar. Luego nos fuimos todos los compañeros al periódico a escribir, cada uno con su parcela. Otra víctima más. Así era.

No sé cuántas entrevistas a víctimas habré escrito. He hecho tantas... cientos, pero nunca las hemos contado. Algunas veces no eran entrevistas puras, sino reportajes. Pero la mayoría son entrevistas. Sobre todo en los últimos quince años. Cuando ETA estaba muy activa, había tanto miedo en la sociedad que algunas víctimas no recibían el apoyo necesario. Se sentían muy solas. Era imprescindible darles voz porque hubo un momento en que parecía que molestaban y se les apartaba. Se les invisibilizaba. No a propósito, pero era así. Algunas también eran muy reacias a hablar porque tenían miedo, sobre todo las anónimas. Las víctimas de personas conocidas públicamente tenían más apoyo. Otras eran anónimas y tenían que salir corriendo. Se marchaban del País Vasco. Pasados muchos años, algunas sí acceden a hablar, otras no quieren, y algunas están molestas porque consideran que nunca se les ha hecho caso. Habían salido corriendo después del funeral, como se ha dicho muchas veces.

Con el asesinato de Gregorio Ordóñez, el candidato del Partido Popular a la alcaldía de San Sebastián, en 1995, la atención se empezó a centrar en los familiares. Yo entonces no cubría atentados, pero recuerdo que compañeros míos hablaron con su viuda. Con el atentado de Manuel Zamarreño ya me tocó a mí. Empezaron a hacerse entrevistas con víctimas, aunque eran más modestas, digamos. Antes los atentados, tristemente, los cubríamos de una manera casi rutinaria: una página o dos. Con estos atentados más relevantes, por la trascendencia del asesinado, empezó a ampliarse la cobertura de manera exponencial. No es que esas víctimas fueran más importantes que otras, pero sí tenían más proyección pública y su asesinato mayor repercusión.

A partir de esos atentados empezamos a dedicar muchas páginas a cualquier atentado, ya fuera en el País Vasco, en Sevilla o en Madrid. Eran tiempos nuevos, de un periodismo diferente, y contábamos con más medios. Compartíamos temas con *El Correo*, que a veces tenía más disponibilidad para enviar a alguien a Madrid o donde fuera. Muchas veces iba Lourdes Pérez.

También había otra valoración de lo que significaba todo esto y nos acercábamos más a las familias de las víctimas. Ya era obligado intentar hacer una entrevista a las víctimas, o sea, a la familia, ya fuera la viuda, el hermano, los hijos o el padre del asesinado. Esos años empezó la apuesta grande por dar voz a las víctimas. Se mostraban sus vidas, sus biografías. Imagina la cobertura cuando mataron a Miguel Ángel Blanco.

En el momento en que se produce el cese definitivo de ETA, me encargan la cobertura de las víctimas con la intención, no ya de contar lo que pasaba, sino de construir la memoria de todo lo que había pasado. Amaia Chico y Elisa López también cubrían este tema; en un momento me encargan a mí que me ocupe del tema de las víctimas en profundidad. Eso significa ponerte a buscar fechas, buscar aniversarios y empezar a llamar a la gente. También hicimos reportajes con mucha ambición. Recuerdo uno en el que juntamos en el periódico a varias viudas de asesinados para que compartieran juntas su historia y contaran su momento de dolor.

¿Qué pasa a partir del asesinato? Tu marido ya no está. Los primeros días tras el asesinato estás rodeada de familiares y amigos, pero llega un momento en que desaparecen porque la vida continúa y cada uno vuelve a sus quehaceres. Una decía que el momento más duro es cuando cerraba la puerta de su dormitorio y se quedaba sola. En tu dormitorio, sin tu pareja, sin todo el amor de tu vida. Ahí es cuando te das cuenta de qué es lo que realmente ha pasado. Todas coincidían.

Cuando hago las entrevistas, trato de cuidar a esas personas. Lo primero es que cuando ellas se niegan a algo, ese «no» es sagrado. No se puede forzar nada con estas personas. Es lo que ellas quieran. Siempre les doy todas las facilidades. Hay veces que no quieren una entrevista porque no se sienten con fuerzas y les doy la opción, por ejemplo, de mandar algo escrito si quieren. En alguna ocasión lo hemos hecho así. Hay gente a la que hacer una entrevista le supone demasiado dolor y no lo pueden hacer. Otros no quieren que salga su foto. Bueno, hay muchas variedades.

Me siento muy cercana a ellas porque, al final, te metes tanto en la historia que la sientes de una manera muy especial. Ellas tienen una generosidad inmensa. Cuentan cosas tan íntimas que algunas no las incluyo. Sirven para que la gente conozca lo duro que ha sido todo esto y que hay que conocer la verdad a través de ellas. Ellas tienen la verdad de lo que sufrieron, de lo que les pasó y de lo que han tenido que soportar en su vida posterior. Todo eso se tiene que saber. Hago de intermediaria para que sus testimonios lleguen a cuantas más personas mejor, y creo que es una labor que no se debería dejar de hacer.

Amaia Guridi, la viuda de Santi Oleaga, nos decía en la entrevista que le hicimos en Madrid que hay gente que le dice: «Bueno, Amaia, ya vale de salir en los medios». Y ella respondía: «¿Cómo que ya vale? Yo tengo que seguir contando. No puedo dejar de contar lo que hemos vivido». Las nuevas generaciones tienen que saber, y no solo las nuevas, sino generaciones más maduras que han cerrado los ojos a esto y empiezan a abrirlos ahora. No sé si algunos de los que justificaban aquellos asesinatos cambiarán de manera de pensar, pero si al menos uno de cada cien lo hiciera, merecería la pena.

Creo que este trabajo es necesario. Forma parte de la historia de este país que es la que hemos vivido, muchos de cerca y otros un poco de refilón. Me siento una afortunada por tener de primera mano sus testimonios, aunque sean duros y muchas veces me hagan llorar. He llorado mucho también con las víctimas.

Mi hija volvió enfadada a casa el otro día, en la Tamborrada, porque había escuchado a chavales gritar: «Gora ETA». Tiene 18 años y me preguntaba: «¿No saben lo que dicen?». Pues no lo saben porque en sus casas nadie se lo ha contado y porque a esas edades aún no leen el periódico. Muchos colegios tampoco les han explicado la historia del terrorismo. Hay una serie de vídeos que se hicieron para este fin, pero no se han emitido en todos los colegios.

En segundo de Bachillerato un profesor les mandó hacer un trabajo sobre un personaje conocido para que lo expusieran en clase y a ella se le ocurrió hacerlo sobre Miguel Ángel Blanco. No nos consultó ni a su padre ni a mí. Hizo el trabajo ella sola. Lo expuso en clase y nos dijo que sus compañeros se quedaron todos con la boca abierta porque no tenían ni idea de lo que estaba contando. Nadie les había contado nunca semejante cosa. El profesor le dio la enhorabuena. Eso es un ejemplo cercano que te puedo contar. Ya conoces el empeño que tiene David [Taberna]* con el documental sobre los 30 años del asesinato de Gregorio Ordóñez.

ARANTXA GONZÁLEZ EGAÑA,
periodista de *El Diario Vasco*. España

## Creía que el llanto me haría menos rigurosa

La vida es una sucesión de pérdidas, pero también de hallazgos. Pasada la cincuentena, con tres décadas de ejercicio de un oficio que para mí es una duradera historia de amor —decepciones incluidas—, sé que yo no sería ni la mujer ni la ciudadana ni la periodista que soy sin la larga y obligada convivencia con el terrorismo de ETA y otras violencias vinculadas a él. Y sé también que la mochila de mis años de plomo me acompañará para siempre. Porque no puede ser de otra forma, y porque no quiero que sea de otra forma. Me resisto a transitar de la guerra a la paz en mi pequeña patria vasca como si nada hubiera pasado, todos víctimas de una suerte de mal sueño. Como si tuviéramos que olvidar por prescripción médica, porque ya se sabe que no hay nada más incómodo que alguien que llora y clama a destiempo; y nada más

* David Taberna, director de *El Diario Vasco*, interviene en las pp. 363-366.

extemporáneo para los indiferentes que el recordatorio de que hubo víctimas y verdugos, aunque estos hayan tratado eternamente de convencernos de que mataban por nuestro bien. El de los vascos.

Pero también sé, a estas alturas de la película —y además me esfuerzo en pretenderlo—, que esa mochila que me ha hecho ser una mujer, una ciudadana y una periodista distinta a la que pude ser —ni mejor ni peor, solo distinta— no voy a descargarla en nadie. Que estoy trabajando para no resultar tóxica para la generación de mi sobrina y de tu hija, que comparten nombre y casi edad, y que tendrán la suerte, si no lo estropeamos, de vivir en un país sin la sombra de la violencia como ciudadanas plenamente libres. Por eso me horroriza la violencia: porque cuando te roza resulta ya inolvidable y, a veces, insuperable.

Yo nunca quise ser otra cosa que lo que soy, aunque esto de la vocación tenga más trampas que un campo de minas. En mi octavo cumpleaños pedí de regalo a mis padres una máquina de escribir, que aún conservo y que me ha acompañado en cada mudanza vital. Para mí, el periodismo es una manera de contemplar el mundo, de estar en él; la baldosa donde coloco los pies, miro alrededor y a veces me sorprendo, que es lo que más me gusta del oficio. Eso y contar historias, escribirlas, jugar con las palabras, descubrir mientras tecleo lo que quieren decirme. Por supuesto, fiel al tópico, me atrajeron desde niña las corresponsales de guerra. Supongo que acabé siéndolo en versión doméstica, aunque no tengo una respuesta nítida sobre cómo terminé cubriendo la información sobre ETA.

Informé de mi primer atentado siendo becaria en una cadena de radio y de mi primer asesinato, el del policía nacional Modesto Rico, destrozado por una bomba en su coche, en *El Correo*, también mientras hacía prácticas. No sé cómo, pero en aquel tiempo entrevisté a su viuda, Nuria Imaña. Años después rescaté su testimonio para un libro sobre el décimo aniversario del final de la violencia etarra y sentí una profunda vergüenza al releerlo. Podría escudarme en que era muy joven, inexperta, y en que el modo aséptico en que nos aproximábamos entonces a las víctimas era la moneda común en la prensa. Pero, en verdad, no teníamos excusa. No había nada en aquel texto que relatara quién era aquella mujer a la que una mañana de invierno le habían reventado al amor de su vida. Quedé con ella para rescatar aquella historia, una de tantas, que estaban por escribir. Por escribir bien. Me contó que los terroristas no solo le arrebataron a su marido. También su deseo de ser madre, porque nunca quiso serlo con ningún otro hombre que no fuera Modesto.

Lo cuento y tengo que refrenar las lágrimas, como siempre que las víctimas, todas y cada una de las muchas con las que el oficio me ha permitido hablar, me han relatado lo que a mí más me importa, lo que creo que hay que recuperar y conservar a toda costa en la memoria colectiva de este pasado nuestro tan tenebroso. Son las pequeñas cosas, las que dan color y sentido a la vida; el beso perdido porque el asesinado ya no podrá darlo más, las Navidades que pasan a tener una silla siempre vacía, los cumpleaños ya sin celebración, los modestos anhelos que no se podrán imaginar ni tratar de cumplir junto a quien más se quiere... Antes me he expresado de manera incompleta. Yo tampoco sería la misma mujer, la misma ciudadana y la misma periodista sin la revelación de las víctimas, de todas esas viudas, hermanas, hijas... que sostuvieron nuestra dignidad cuando estábamos a punto de perderla.

Es tentador mirar por el retrovisor y componer un relato más o menos complaciente de dónde estuvo una cuando fue llamada a filas; a las del periodismo genuino y a las de la propia vida. No hay nada heroico, ni siquiera romántico, en mi historia. Caí del lado de los buenos, pero crecí en un entorno —hija de humildes emigrantes castellanos en un barrio obrero de Bilbao con una notable presencia social de quienes daban cobertura al terrorismo— en el que la confusión moral reinante me podía haber arrastrado a defender la causa equivocada. Perdí amigos y afectos en el camino; la violencia abre siempre una distancia, un abismo, en la convivencia. Y a ratos, cuando no lo espero —aunque a veces lo busque—, me asaltan todas aquellas veces en que no estuve a la altura, en las que callé u omití, en las que, yo también, pude mirar hacia otro lado.

No tuve miedo, si te refieres a temer que ETA atentara contra mí. Lo digo y caigo en la cuenta de lo espeluznante que resulta siquiera pensar en ello; lo que todos y cada uno de los días de su vida rumiaban los amenazados, preguntándose si ese amanecer sería el último. Mi mochila del deber también carga con la obligación de contarle a las generaciones futuras, sin toxicidad, odio ni rabia, ese método de tortura sistemático y prolongado que consiste en obligar a un ser humano a sobrevivir con escolta bajo amenaza —los dos— de pena de muerte. Sí tuve miedo, un miedo muy físico, a no salir entera de algunas manifestaciones y de ciertos funerales de etarras. Y lo tuve por los míos, aunque jamás me sugirieron colgar el bolígrafo.

No hace tanto, mi hermana pequeña me contó lo que yo, aparentemente tan bien informada, desconocía: que mi padre miraba de vez en cuando los bajos del coche familiar en el que me llevaba a todas partes —algunos atentados incluidos— porque yo no tenía entonces carné de conducir.

No me permití el miedo —soy, por naturaleza, más temeraria que temerosa— y tampoco el duelo por el destrozo material y moral del que escribía casi a diario. Ese duelo que lleva ahora algún tiempo conmigo, cuando el final del terror ha asentado lo vivido, los recuerdos y la sensación de irrealidad sobre cómo fue posible y, sobre todo, cómo lo toleramos. Y remueve, mucho, hablar de ello.

Tampoco me permití llorar mientras redactaba todas las informaciones que tecleé sobre el secuestro y asesinato de Miguel Ángel Blanco. Me autoimpuse no hacerlo, en aquellos días en que, por primera vez, todo un país —menos los asesinos y sus cómplices— lloraba por la amenaza de muerte sobre uno de los suyos. Me obligué a detener las lágrimas en la garganta y solo cuando todo terminó dejé rienda suelta a la congoja. Creía, ingenua de mí —era aún una veinteañera—, que el llanto me haría menos rigurosa en mis crónicas, menos creíble, menos objetiva. Como si una pudiera encapsular el periodismo cuando asiste a la atrocidad a su alrededor. Pero esto, también, lo aprendí mucho más tarde.

Tengo una memoria aún a prueba de bombas —perdón por la ironía—. Creo poder acordarme de todos y cada uno de los asesinatos que me tocó cubrir. Un día me puse a hacer recuento. Paré al pasar de veinte. Me pareció casi obsceno. Y supuso para mí un desgarro infinito.

Una posdata para terminar. Me emociona que me hayas hecho compartir estas páginas con personas a las que admiro, porque son un ejemplo de cómo el periodismo, si no puede cambiar el mundo, sí puede contribuir decisivamente a discernirlo. A discernir el bien, con todos sus grises, y el mal con todas sus oscuridades. Hablamos muchas veces —con Olatz Barriuso y Arantza González Egaña— de lo que significaba la violencia para la sociedad a la que nos dirigíamos. Pero apenas hablamos de lo que el contacto cotidiano con esa violencia nos estaba haciendo a nosotras. De todas aquellas ocasiones en las que lloramos hacia dentro.

LOURDES PÉREZ,<br>subdirectora de la agencia Colpisa. España

## Todas las historias que escojo tienen una intención

¿Por qué me interesan tanto las migraciones? Por la época que nos ha tocado vivir y también por el país en el que estamos. Siempre he querido vincularme a la defensa de los derechos humanos. Hay un primer viaje que es Melilla. Todos hemos visto la valla. Cuando trabajaba en Médicos Sin Fronteras se incrementaron los proyectos vinculados a los movimientos de población, y fue algo natural. Siempre me han interesado los proyectos de largo recorrido, y me he ido encontrando en la especialización. Sigo vinculada a los movimientos de población, pero siempre lo he hecho desde el punto de vista de la víctima, es decir, de la persona que huye o que sufre el proceso. Ahora estoy tratando de cambiar la perspectiva y centrarme en los victimarios. Tratar de ver quiénes son los responsables, por ejemplo, de las muertes en el mar. Hemos pecado mucho —yo la primera— en contar las historias desde el punto de vista de las víctimas, y quizás deberíamos dejarlas tranquilas para centrarnos en contar las historias desde la parte alta de la cadena. Mi reto es lograr que esto tenga recorrido visual. Soy periodista, pero necesito el lenguaje visual.

*Mar de luto* nació antes de que supiese que quería hacerlo, un poco como todos los proyectos de este tipo. Cuando estaba vinculada a Médicos Sin Fronteras, trabajé en barcos de rescate. Pude ver que en 2015 encontrar una patera con muertos abría periódicos e informativos de televisión. Interesaba a todo el mundo. Recuerdo en concreto la historia de un chico que se llamaba Hamlet, que murió en el *Dignity*, el barco de Médicos Sin Fronteras. Salió en muchas portadas y nos entrevistaron mil veces. Pero lo que en 2015 generaba un gran interés informativo, en 2017 se había normalizado por completo. Aquel año hubo un rescate de Open Arms y surgió la historia de Sara, una niña a la que el Mediterráneo dejó huérfana. Había salido de Libia en patera con su madre y su hermano, y en mitad de la noche el hermano se empezó a quemar con un fuego. La madre quiso meterlo en el agua para calmar la quemadura, pero se le resbaló, cayó al mar y se hundió. Hubo una riña muy fuerte en la patera y murieron doce personas, entre ellas la madre de Sara. Cuando rescatamos la patera había doce cuerpos. Esa foto ya no le importó a nadie.

Agus, mi pareja, y yo nos dijimos: «Hay que contar bien la historia de Sara». Y quisimos comprobar, por ejemplo, si su hermano, que estaba en el fondo del mar, figuraba en las estadísticas de desaparecidos. Resulta que no encontramos a ningún niño de doce años. Entonces empezamos a preguntarnos: ¿quién cuenta los muertos?, ¿cómo se están contando?, ¿quién está investigando cuánta gente viaja en las pateras? Así que en 2017 empecé a pensar que había que hacer un proyecto vinculado a los desaparecidos.

El otro punto de inflexión fue en 2018, cuando España se convirtió en el principal puerto de entrada a la Unión Europea por las rutas del Estrecho y del mar de Alborán, porque Matteo Salvini había cerrado los puertos de Italia. Ahí vi cómo se utilizaba a la prensa y a los fotógrafos de manera absolutamente política. De repente se dejaban hacer todas las fotos. Dejaban entrar a cuatrocientas personas en el puerto, se hacían repartos de comida de cualquier manera, y se generaron muchísimas imágenes de caos absoluto que luego se usaron mucho. Entre otros, las utilizaba Santiago Abascal, el líder de Vox, para decir que nos estaban invadiendo. Y todo el mundo vio con buenos ojos después que Pedro Sánchez pactara con Marruecos no sé cuántos millones de euros porque había que frenar la inmigración. Me sentí muy utilizada. Y ahí dije: «Se acabó».

Le di una vuelta total al trabajo. Tenía claro que quería centrarme en los desaparecidos, pero me resultaba muy difícil hacer visible algo que ya no existe. Es muy complicado. Hasta que hice clic. Me di cuenta de que las personas buscan a sus familiares con fotografías de sus álbumes, de sus archivos, y empecé a encontrar pistas de cómo podía enfocar el tema. Surgió esa idea de retratar las fotos de esas personas en el fondo del mar. Tuve que aprender a bucear. Desde ahí, hasta que encontré la manera de sumergir los retratos y obtener las imágenes con la fuerza que necesitaba el trabajo, pasaron tres años más.

El reto de *Mar de luto* era hacer visibles todas estas muertes que Europa invisibiliza. Investigué qué imágenes usaban los familiares para buscar a los desaparecidos. Suelen ser imágenes donde se les ve bien, en una situación cómoda. Muchas veces son selfis. No se ve a una persona en un proceso migratorio, en una frontera o en una patera, que es como solemos contar a estas personas. No. Es una imagen que la familia ha elegido. Sumergí esas fotos en las aguas donde desaparecieron. No en el punto exacto, porque no lo conocemos, pero si habían desaparecido en el Mediterráneo, sumergía sus retratos en aguas del Mediterráneo; si en la Ruta Atlántica, en el Atlántico, etc. Esto es ser riguroso. Necesitaba que fuera así. Lo que pretende es hacer visible esa desaparición. Es una excusa perfecta para poner sobre la mesa todo lo que rodea a estas desapariciones: la falta de voluntad de los Estados para reconocer esas muertes, de dar explicaciones a los familiares y la ausencia de un compromiso con la verdad, la justicia y la reparación que tanto reclamamos para nuestros propios desaparecidos. Para eso sirve el proyecto. Para visibilizar esto y abrir ese debate.

Antes de *Mar de luto* ya había hecho un cortometraje donde se cuentan los procesos migratorios a partir de las fotos que guardan las familias de las personas que participan en él. Era una forma de cambiar la narrativa, de mostrar otro tipo de imágenes. Son las fotos que la familia ha escogido para buscar a su ser querido porque no tienen noticias de él, y las mueven por redes sociales. No existe un organismo ni un registro oficial. Empieza a haber registros en algunos países de origen. Por ejemplo, los hay en los ayuntamientos de Senegal, porque mucha gente que sale en la misma patera suele ser de la misma ciudad o región, y por eso tratan de registrarlo. Pero no existen estos archivos en Europa.

Sé que he entrado en otro terreno. He pasado del fotoperiodismo a la fotografía documental, con mayor carga simbólica. Silvia Omedes, que dirige la fundación Photographic Social Vision de Barcelona, la primera vez que vio este proyecto me dijo: «Has cruzado la línea. Y cruzarla es peligroso, porque es muy difícil volver». No digo que el fotoperiodismo no tenga sentido —evidentemente lo tiene, y más ahora—, ya que en pleno apogeo de la inteligencia artificial cobrará aún más valor estar presente en los lugares donde ocurren las cosas. Pero el lenguaje del fotoperiodismo es limitante, o más bien, muy limitante. Muchas veces he sentido que me encorsetaba. Por ejemplo, ¿cómo puedes retratar las estructuras de poder desde el fotoperiodismo? ¿Haciendo fotos de reuniones o de pasillos? ¿Y el tema de los desaparecidos? Eso no quiere decir que esos temas no merezcan la pena. Lo que ocurre es que muchas historias complejas quedan fuera del fotoperiodismo o del periodismo clásico porque son muy difíciles de contar.

Mi conclusión es que la repetición constante de una misma manera de narrar, durante tantos años, responde a que todos usamos las mismas fórmulas. Romper con esas premisas con las que me formé ha implicado buscar nuevos lenguajes dentro de la fotografía documental para intentar contar historias vinculadas a la realidad. Son historias verídicas, y si tengo que volver a sumergirme bajo el mar, lo haré.

Creo que, en nuestra generación, y seguramente también en las anteriores, hemos estado muy encasillados en la idea de que no se puede intervenir en la escena. Y pienso que, si decides jugar a eso, debes mantenerte ahí. Pero también creo que, para contar ciertas historias, hay que ser creativo. Para mí, un referente en ese sentido es Laia Abril, Premio Nacional de Fotografía. Es muy joven. Investiga muchísimo más que la mayoría de fotoperiodistas que conozco, pero interviene en las imágenes. Las construye, crea metáforas visuales, pero cuenta hechos reales. Tiene un proyecto que se llama *Un aborto.* Intervino en la mitad de las fotos, pero lo hizo creando metáforas visuales, y para mí logra contar el problema del aborto en el mundo de una manera muchísimo más sincera que ir a El Salvador y fotografiar a una chica en una cárcel con la que has hablado diez minutos.

Mi educación fue muy importante, y ahora estoy abriendo la mente mientras trabajo por necesidad, tratando de encontrar una nueva forma. Cuando doy clases, veo en la gente joven otra manera de abordar los temas; también los veo poco rigurosos, y eso es un problema. Porque una cosa es buscar nuevos lenguajes y otra muy distinta es dejar de ser riguroso.

En este momento, cuando elijo qué historia contar, necesito razones para hacerlo. Contrastar, investigar, hablar con las fuentes desde la máxima honestidad es fundamental. Pero soy muy consciente de que todas las historias que decido contar durante diez años responden a una intención. Y en el caso de los desaparecidos, esa intención es clarísima. Vi el problema y busqué la forma de poner el debate sobre la mesa. Sé que mi trabajo no va a cambiar la política europea, pero está bien que se genere debate, que la gente sepa lo que está ocurriendo. En *5W* también es así: cuando haces periodismo de largo recorrido, cuando sigues una historia durante una década, hay motivos de peso para escoger esa historia y no otra. Detrás del largo recorrido hay una intención. Otra cosa, por supuesto, es que busques voces críticas o que contrasten con tu mensaje. Eso está claro.

ANNA SURINYACH,
cofundadora de *5W*. España

## Me despertaba muchas veces de madrugada

Cuando asumes un cargo de tanta responsabilidad como la dirección adjunta de *El País,* te cae una losa encima brutal. A lo largo de los veinte años, aproximadamente, que llevo trabajando, he visto gente que lleva este trabajo con mucha ligereza y gente que lo lleva con mucha gravedad. Yo siempre he sido de los segundos. Me parece que, además de proporcionar herramientas para entender el mundo, cada cosa que escribes afecta a muchísima gente. Cada información que elaboras incide en la vida de las personas, por ejemplo, en su reputación. Hay que ser muy escrupuloso y responsable con eso. Cuando empezaba como redactora, muchas veces me despertaba de madrugada, sobre las tres, porque me surgía de repente un temor, una duda: «¿He puesto esta palabra mal? ¿Seguro que este dato es correcto?». Han pasado veinte años y me sigue pasando cada vez que escribo.

Al final, este es un oficio necesariamente imperfecto, sobre todo si escribes en el día. Puedes ser todo lo riguroso y honesto que quieras, pero es casi inevitable que de vez en cuando se cometa algún error. Hay muchas cosas que no se saben hasta el día siguiente. En ese sentido, creo que, si haces bien tu trabajo, debes sentir siempre una enorme responsabilidad. Básicamente he sido redactora, redactora jefa o directora adjunta, y he tenido pesadillas en todas y cada una de mis etapas.

Cuando nuestra vida giraba en torno al papel, siempre me preguntaba, durante esos despertares, si estaba a tiempo de cambiar el artículo para la última edición o no. Ya como directora adjunta empecé en 2018 con internet. A tope. De repente, tienes todo un universo que hay que gestionar. Teníamos que seguir haciendo cambios porque, como tú bien sabes, el problema de internet es que es la transformación eterna, que nunca acaba: la información 24 horas. El problema que tienes cuando abordas algo así es que no hay nada finito. Todo está en permanente evolución. Las noticias no paran. Puedes estar corrigiendo y perfeccionando trabajos continuamente. El periódico de papel tenía algo que era, de alguna manera, tranquilizador: era un producto finito. Acababa. La gente tenía una serie de horas de trabajo y se marchaba. Y la supervisión era mucho más fácil porque, por muy largo que fuera el periódico, en la época en la que eran largos, daba igual, porque el número de noticias era finito. Ahora no. Estamos publicando permanentemente. Depende de las épocas, pero publicamos entre doscientas y trescientas piezas al día. Una inmensidad sale de las secciones del periódico, pero también de las revistas, de los verticales... Controlarlo todo ahora mismo es tremendo. Tienes que elegir dónde pones tu foco de atención.

Hay veces que en las redacciones no se entiende bien, pero creo que es importante que haya equipos de dirección grandes para poder controlar todo este volumen de noticias. También tiene que estar todo muy bien orquestado y organizado para que no se escape nada. La responsabilidad que sientes con tantísimas noticias pululando por la portada, por internet, por las redes sociales y por todas partes, sabiendo, como sabes, que tú has podido controlar solo una parte limitada, genera muchísimo estrés, al menos a mí. Aunque haya habido otras personas. Este es un trabajo apasionante, pero es un trabajo de mucha responsabilidad. Creo que desde fuera se nos puede ver como si fuéramos frívolos y, en realidad, cualquier medio serio está obsesionado con que cada cosa que publica sea cierta y que cada una de las piezas haya seguido todos los mecanismos de control. Los controles están perfectamente estipulados. Tenemos un libro de estilo que se debe seguir, y creo que en cualquier medio la obsesión para que eso se cumpla es absoluta. Lo que pasa es que, claro, se cometen errores, y más bien pocos, porque forman parte de esta profesión.

Para *El País* es muy importante que las noticias estén bien escritas, que se garantice la excelencia en el estilo y en todo. Si hay una historia que podría haber sido de diez y es de ocho, sufres un poco, pero no tanto como cuando reparas en que a alguien se le ha olvidado contrastar la historia o llamar a uno de los afectados. O le ha llamado, pero no ha contestado a la primera y no se le ha dado la oportunidad de hacerlo. Cuando más sufres es cuando crees que el proceso no ha sido todo lo perfecto que debería haber sido. Y esto, lamentablemente, también pasa por lo que decíamos al principio: los periódicos se hacen rápido por su propia naturaleza, y hay veces que se pueden cometer algunos errores. Encima, estos errores son percibidos desde fuera muchas veces de una manera muy alejada de la realidad. Supongo que te habrá pasado a ti mil veces. Es decir, cuando de repente se ve en un error humano una conspiración increíble. Pues no. Es un error y punto. Muchas veces los errores van en cadena: el redactor comete un error, el que lo supervisa no supervisa correctamente, el supervisor del supervisor tampoco lo ve... y salta el error. Entonces te preguntas: «¿Cómo es posible que esto no se haya frenado en ningún momento del proceso?». Pues porque somos humanos y ya está.

La distribución genera también su propio proceso y tiene sus problemas, porque incluso si todas las noticias fueran perfectas pueden aparecer problemas, sobre todo en las redes sociales. Al final, la distribución es una parte fundamental para hacer llegar tus noticias. Y claro, tienes que ver cómo se está distribuyendo la información, de forma que no haya errores, que no haya una jerarquización inadecuada... Las redes sociales son un ecosistema en sí mismas y generan problemas muchísimas veces. Hay veces que no entiendes siquiera por qué hay un incendio en X, en Twitter, y puede ser por una frase sacada de contexto o interpretada de manera extraña, y se forma una bola de nieve sin fundamento. La tecnología, en general, es una herramienta fundamental, pero a veces da la sensación de que tienes un montón de bolas permanentemente en el aire sin saber cuál se te puede caer al suelo. Esto con los periódicos de papel no existía. Creo que los periodistas con mando en la redacción en los años noventa se iban a dormir con una sensación de control más clara que la que tenemos ahora nosotros.

Estuve cinco años con tres directores: Soledad Gallego-Díaz, Javier Moreno y Pepa Bueno. He tenido muy buena relación con los tres, pero con cada uno empiezas un proyecto desde cero, con un nivel de intensidad e implicación increíbles. Y entre medias, ocurrió la pandemia. Yo estaba al frente del diario el primer día que se hizo un periódico cien por cien en remoto, y creo que nunca en mi vida he sentido un estrés semejante. Porque *El País* siempre ha salido, y aquel día te venían dudas. No lo habíamos hecho nunca a distancia, y la sensación de no tener todo el control era horrible. Estaban todos los periodistas en casa, pero también todos los demás equipos, los de control de producción, por ejemplo. Ese día estábamos al frente Amaya Iribar, Antonio Jiménez Barca y yo, y recuerdo perfectamente la primera conversación que tuvimos: «*El País* nunca ha dejado de salir. Imagina si llega a pasar eso». Pero te sientes responsable de las personas que trabajan en la cabecera, y yo estaba convencida de que tener a todo el mundo en su casa era lo correcto. Aquello fue tremendo.

Fue una época de locura. Por si fuera poco, en mayo cambiamos el modelo de negocio de arriba abajo porque implantamos la suscripción digital de pago, con toda la responsabilidad añadida que eso implica. Estaba previsto hacerlo antes, pero se pospuso debido a la pandemia. Fueron dos años de locura. El proyecto de suscripción de pago probablemente se vivió de manera muy distinta en el equipo directivo que en la redacción. Yo era muy consciente de que eso tenía que funcionar o el periódico se iba al garete, mientras que un redactor confía en que todo va a salir bien de alguna manera.

Fue una época muy intensa, pero también tremendamente interesante. Estábamos confinados en casa y, claro, tenía conmigo a mis dos hijos pequeños, que a veces saltaban en el sofá mientras yo intentaba gestionar que todo el complejo engranaje que habíamos montado funcionara correctamente, con 300 personas trabajando desde sus hogares. Fue una situación tremenda. Mi nivel de agotamiento llegó a ser extremo. A mí llegaban todas las quejas y hacía de intermediaria en todo el proceso de producción a distancia. Cerraba cada día el periódico a las once de la noche. A pesar de todo, compensaba. Fue uno de esos momentos en los que eres plenamente consciente de que estás prestando un servicio público. A veces hay que esforzarse para recordar que el periodismo es fundamental para la ciudadanía y para el desarrollo de una sociedad plural y libre. Y en ese momento, esa conciencia estaba más viva que nunca.

Siempre he hablado con mi padre sobre periodismo y le he consultado muchos asuntos. Él fue director de *El País* entre 1993 y 2006. Sin embargo, cuando pasé a la dirección adjunta, solía decirme que podía ayudarme poco porque ya era un mundo que poco tenía que ver con el suyo. En su época, internet aún era otra cosa. Por supuesto, ya existía la página web, pero su impacto en la manera de ejercer el periodismo era mucho menor. Internet tiene aspectos positivos y también negativos. A él le parecía increíble la idea de trabajar sin cierre, sin límite horario. Cuando yo era pequeña, le veía entregado en cuerpo y alma al periódico; después le ha tocado a él verme a mí. Nuestra situación actual es muy distinta a la suya. Ahora manejamos horarios y urgencias que antes no se daban de la misma manera.

Te decía antes que trabajé con tres directores. Cuando Javier sustituyó a Sol, le dije que mi puesto estaba a su disposición. En el fondo, me habría gustado un cambio, aunque lo mantenía en secreto. Tenía cierto sentimiento de culpa con mi familia por la entrega tan grande y ese peso de responsabilidad que hace que te cueste relajarte, incluso fuera del trabajo. Javier no me cambió, y cuando Pepa le sustituyó en la dirección, le planteé lo mismo. Tampoco quiso.

Creo que si hubiera estado con el mismo director durante siete u ocho años, habría sido todo más sencillo porque no habría habido saltos tan bruscos. Habría tenido muchísimo trabajo y mucha presión, pero creo que la continuidad ayuda a consolidar la posición y a llevar mejor la responsabilidad. Para mí, esto siempre ha sido una cuestión de compromiso y responsabilidad. Este tipo de cargos en el periodismo absorben el cien por cien de tu vida y energía. Todavía me sorprende cuando alguien ajeno a este mundo piensa que quienes nos dedicamos a esto actuamos con frivolidad. Sin duda habrá periodistas frívolos, pero lo que yo conozco está muy lejos de esa realidad.

MÓNICA CEBERIO,*
periodista de *El País*. España

* Mónica Ceberio fue nombrada subdirectora de *El País* en junio de 2025 y volvió a ocupar un cargo de responsabilidad meses después de la entrevista.

## No te puedo describir la tensión

Empezó el 29 de octubre. El día anterior se había declarado la alerta roja, así que acudí al periódico a las seis y media de la mañana. Normalmente, estas alertas no suelen traducirse en nada grave, pero doce años atrás encallaron dos buques en El Saler. Con fenómenos así, todo es imprevisible. Por eso es tan cuestionable lo que ocurrió después, aunque no quiero desviarme. El caso es que fui temprano para impulsar la cobertura informativa desde primera hora. Podía pasar algo y quería presionar un poco al equipo, ya sabes cómo soy.

Ese día, por cierto, en la ciudad de Valencia no llovía. Después de comer, sin embargo, llovía con intensidad fuera, en Utiel, y sí que empezaba a ser preocupante. Había imágenes muy llamativas. No era la primera vez que sucedía algo así. A las ocho y poco dejé cerrada la primera portada del periódico y me fui a casa. En Valencia seguía sin llover, no pasaba nada y teníamos margen. Parecía que el problema se limitaba a Utiel. Pero poco antes de las nueve me avisaron de que había personas atrapadas en Alfafar, ya en el extrarradio. Estaba cenando con mi mujer y le dije que volvía al periódico. Llegué a la redacción sobre las nueve y media.

Sabíamos que había gente atrapada y teníamos la obligación de informar en tiempo real. Activamos una cobertura en directo en la web. No sabíamos exactamente qué ocurría, no había información oficial y era imposible acceder a muchas zonas, pero nos mantuvimos activos toda la noche, atendiendo llamadas de lectores y familiares. Conmigo estaban Antonio Badillo, Héctor Esteban y Andoni Torres, y Arturo Checa desde su casa. A las 2.45 de la madrugada publicamos que la famosa alerta enviada por la Generalitat a los móviles a las ocho de la tarde se había emitido cuando ya había personas atrapadas y, posiblemente, víctimas. Fuimos los primeros en denunciarlo. Horas más tarde se sumaron otros medios. Ya sabíamos que dos guardias civiles estaban desaparecidos y las imágenes que circulaban en redes eran terribles. Ese directo se mantuvo durante cuarenta horas seguidas.

Todo se descontroló de forma increíble en muy poco tiempo. Las tormentas fuertes se produjeron lejos, pero hubo una riada que llegó a Chiva, donde un barranco actuaba como presa natural, y en otras zonas ocurrió algo similar. Algunas personas veían cómo el agua entraba en sus portales sin entender nada, porque no había llovido allí. Ahí fallaron los cálculos de la Confederación. Durante ese tramo de tiempo hubo un vacío informativo. A partir de las siete y pico de la tarde, la gente se desplazaba con normalidad a centros comerciales de Alfafar, como Ikea, a pesar de la alerta roja, porque no llovía. Todos tenemos parte de responsabilidad, pero nadie era consciente de que iba a producirse un desbordamiento que atraparía a tantas personas.

Fue una situación tremenda. Estaba tan alterado al salir de casa que no me di cuenta de que llevaba el pijama puesto. Era ropa cómoda, no llamaba la atención, pero ni siquiera pensé en cambiarme. Lo recuerdo ahora y me cuesta creerlo, pero esos momentos se viven así.

Todo fue pura vocación de servicio, que es la esencia de *Las Provincias.* Conoces el manifiesto fundacional: lo llevo grabado en mi ADN periodístico. Si podíamos ayudar a una sola persona con la información que publicábamos, ya merecía la pena. Entre las cuatro y las cinco de la madrugada tuvimos picos de más de mil personas conectadas a nuestro directo. Eso es insólito. Publicamos muchísima información. Éramos los únicos que estábamos ahí. Cuando despertaron los medios nacionales, se hicieron eco de nuestra denuncia sobre la alerta tardía. A raíz de esa información —que con el tiempo fue clave en el cese de la consejera de Emergencias—, recibí las primeras presiones.

Esa madrugada hubo personas que no pudieron volver a casa y durmieron en el periódico.

A primera hora, sobre las seis de la mañana, empezamos a planificar la cobertura del día. Entonces redefinimos por completo la organización de la redacción: teníamos que intentar cubrir una catástrofe de dimensiones que ni siquiera alcanzábamos a imaginar y acceder a zonas completamente inaccesibles. La primera misión del periódico, de los periodistas, fue actuar como notarios sobre el terreno de lo que estaba ocurriendo, porque, como bien sabes, la Administración estuvo en *shock* durante 24 o 48 horas. Recuerdo el titular de nuestro editorial: «Sociedad movilizada, Administración bloqueada», que expresaba con precisión lo que vivíamos. La Administración seguía desaparecida mientras la sociedad civil y los periodistas ya estábamos allí. Los militares no aparecieron hasta 48 horas después.

Tienes que entender que aquella mañana del día 30 reinaba una incertidumbre total. Lo que marcó ese día fue la escalada en el número de víctimas y desaparecidos: nadie podía hacer un balance claro. El primer objetivo fue llegar a los lugares afectados, muchos solo accesibles a pie, y empezar a dimensionar la magnitud de la tragedia. No se sabía nada. Movilizamos a unos veinticinco periodistas. Y sí, las escenas que encontraron fueron devastadoras. La gente, al ver por primera vez a los fotógrafos o a los redactores, sentía una necesidad urgente de contar lo que les había pasado. Estaban incomunicados, sin móviles, sin tiendas abiertas. Fuimos los primeros en llegar a muchos sitios. En algunos casos, nuestros periodistas fueron literalmente las primeras personas en aparecer. Para muchos fue como ver la luz. Tenían una necesidad inmensa de narrar lo que habían vivido: pérdidas de familiares, casas destruidas, desaparecidos. No estaban ni la Policía ni el Ejército. Y nosotros estábamos allí.

El primer grito de ayuda tuvo que hacerse a través de los periodistas, que parecían casi salvadores. Nuestro papel trascendía el oficio. Te puedes imaginar el drama. Estos periodistas, rodeados de gente impotente, llorando, que esa noche había visto pasar cadáveres bajo sus casas sin poder hacer nada. Habían visto a personas atrapadas en los coches, gritando mientras se los llevaba el agua, y tampoco podían hacer nada; o veían de lejos cómo la riada arrastraba a dos vecinos y sabían que iban a morir. Los primeros testimonios eran aterradores.

La redacción hizo un esfuerzo increíble. El primer día tuvimos un serio percance. El periódico del 29 al 30 se imprimió con un gran trabajo detrás, pero nunca llegó a los quioscos porque se cortó el acceso a Valencia y a los pueblos. Pero el ritmo era tan trepidante que no hubo tiempo para lamentarlo. La demanda de información era bestial. Necesitábamos saber qué había pasado exactamente, por qué no se había podido detectar que todo esto iba a ocurrir y contarlo de una forma clara y visual. Y, además, ofrecer mucha información de servicio: qué debían hacer los afectados y qué no, cómo se podía ayudar... Había toda una amalgama. Esa misma noche estuvimos en los primeros polideportivos que se convirtieron en centros de acogida. Había personas que, tras perder el coche, deambulaban por la autopista. Publicamos una gran cantidad de información de servicio. Nos apoyamos también mucho en los periodistas de la redacción central de Vocento en Madrid y en la agencia Colpisa.

Aquel día entré a las seis y media de la mañana y no volví a casa hasta las diez y media de la noche del día siguiente. Trabajé 38 horas seguidas. Fue todo tan trágico...

A la mañana siguiente regresé a la redacción a las siete, con una fotografía de los primeros voluntarios. Aquella noche estaba destrozado, pero no podía dormir. A las cinco y media de la madrugada, noche cerrada, salí a correr porque necesitaba soltar tensión. Con todo lo que tenía en la cabeza, te puedes imaginar. Necesitaba equilibrarme, pero me sentía fatal. A las seis vi a los primeros voluntarios que salían de forma espontánea. Es de las cosas que más me han impactado. Era una noche húmeda, muy típica de Valencia. En mitad de la penumbra, vi a gente saliendo de sus casas y dirigiéndose hacia las rotondas del bulevar que conecta con los pueblos del sur. Iban con cubos y escobas. Vi salir a familias enteras: el padre, la madre y dos chavales adolescentes, todos equipados con botas. Hice cuatro fotos, volví a casa, me duché y regresé al periódico. Fuimos los primeros en publicar una fotografía de los voluntarios y en contar el relato de esas personas que, de forma espontánea, estaban acudiendo a las zonas afectadas. Es una foto histórica. Fue el germen de lo que, 24 horas después, se convirtió en el gran colapso de voluntarios que empezaron a acudir de forma mimética. Ahí ya publicamos esas imágenes tan impactantes de lo que ahora se llama la Pasarela de la Esperanza.

El periódico del día 31 fue monográfico. Desaparecieron todas las secciones. Los sesenta periodistas de *Las Provincias* estuvieron prácticamente volcados en la DANA, salvo contadas excepciones. Fue un momento histórico. El mismo día 30 publicamos el luto en la portada de la web, y el periódico impreso del 31 incorporó ese mismo luto en la cabecera, que mantuvimos durante un mes entero. No había secciones habituales, sino una única sección donde relatábamos los hechos, hacíamos grandes crónicas y luego historias humanas o información de servicio, como las ayudas para los afectados. Además, estaba la cobertura de la bronca política, con la que también hemos tenido que lidiar. El punto de vista que ha marcado nuestra cobertura ha sido el de las víctimas. Les hemos dedicado cientos de artículos.

El episodio con los reyes, el presidente de la Generalitat y el presidente del Gobierno en Paiporta fue absolutamente crítico. No te puedo describir la tensión que sentí. Llegué a pensar que íbamos a tener una tragedia. No sé por qué no pasó nada. Los reyes supieron afrontar muy bien la situación, y salieron con un nivel de empatía impresionante hacia las víctimas. Han sabido mantenerse a su lado durante todo ese tiempo, algo que la clase política no ha conseguido. El vídeo que publicamos es el mejor testimonio de lo que ocurrió allí. Me lo envió una conocida; lo había grabado un chico en la zona. Tuvimos esa suerte. Se ve la agresión al rey, la agresión a la reina, cómo Pedro Sánchez se va y cómo lo persiguen para agredirle. Cuando se va en el coche, le rompen las lunas traseras. Se ve que eran vecinos. Qué tensión había. Fueron unos días de altísima intensidad.

Un mes después retiramos el luto de la cabecera. Necesitábamos hacerlo por salud mental. Estábamos absolutamente destrozados, con vaivenes emocionales enormes. En las dos primeras semanas publicamos 1.800 piezas en la web, incluido un directo prácticamente ininterrumpido; 800 páginas dedicadas a la DANA en la edición impresa, y 100 artículos de opinión. Imagina todo lo que vino después. Una cosa que nos dejó la pandemia es la posibilidad de trabajar desde casa, para bien y para mal. Hemos mantenido esto vivo todo el tiempo, pero he procurado dosificar fuerzas en la redacción. Eso ha sido clave. La magnitud de la tragedia podía devorarnos por completo. El refuerzo de los ocho periodistas que nos mandasteis desde el grupo fue un soplo de aire.

Es un orgullo inmenso, para la profesión y para este periódico, que la gente se haya entregado de esa forma. Hay un componente territorial muy fuerte, de cercanía. Está el componente vocacional, periodístico, que se mezcla con el territorial y con el hecho de que también somos víctimas. Los periodistas han mostrado un compromiso tremendo con el periódico, con la ciudad, con la sociedad. Estábamos contando nuestra vida. Lo que nos estaba pasando a nosotros, a nuestros vecinos. Como bien sabes, hay compañeros que se vieron afectados por la DANA. Pero, además, *Las Provincias* es una institución en nuestra ciudad. Si alguien tenía que contar esto como nadie, teníamos que ser nosotros.

La respuesta de los lectores ha sido espectacular. Muchos periodistas me han dicho lo orgullosos que están del trabajo que se ha hecho este mes. Y cuando van a los sitios, la gente, al saber dónde trabajan, reconoce el esfuerzo y agradece el compromiso. Eso compensa, en parte, este esfuerzo descomunal.

Nunca habíamos vivido unas Navidades como las de este año. Para muchos fue un reencuentro con sus familias. Así fue. Yo pude estar realmente con la mía estas Navidades. Antes no había podido desconectar. Fue un trabajo de una intensidad increíble. Sin parar. Me di cuenta de que habíamos pasado mes y medio absolutamente entregados. Había descuidado a mi familia y, por fin, en estas fechas, pude dedicar tiempo a los míos. Perdona que me emocione diciéndotelo, pero es verdad. No había podido estar con ellos. Porque aunque estés en casa, en realidad, no estás. Ha sido una etapa absorbente. Entiendo que haya habido periodistas que necesiten hablar con psicólogos. La gente necesita sacar lo vivido, liberar la tensión.

Jesús Trelis,
director de *Las Provincias.* Valencia

# PERIODISMO Y DEMOCRACIA

Adam Michnik (Polonia)

Nacho Cardero (España)

Einar Hålien (Noruega)

Joaquín Manso (España)

Zaffar Abbas (Pakistán)

Kim Thandar (Birmania)

Nyein Nyein Naing (Birmania)

Carlos F. Chamorro (Nicaragua)

María Teresa Ronderos (Colombia)

*Periodismo y democracia son conceptos inseparables. Los ataques a los medios, tan recurrentes y normalizados en los últimos tiempos, constituyen una señal inequívoca de que vivimos en tiempos de oscuridad. El cuestionamiento de la libertad de prensa es el primer golpe a la libertad de expresión de la ciudadanía. El periodismo se basa en hechos, examina al poder, invita a la reflexión, genera espíritu crítico y favorece la discusión política. ¿Por qué hay interés en que se olvide?*

## Es demasiado fácil debilitar una democracia

No creo que la concesión del Premio Princesa de Asturias fuera una manera de apoyar a mi periódico, *Gazeta Wyborcza*, en un momento político complicado. Lo interpreto en una clave más amplia. Creo que se trata de un premio otorgado a toda una formación democrática surgida en nuestra parte de Europa, que primero luchó por la libertad y más tarde se dedicó a consolidarla. *Gazeta Wyborcza* es un símbolo que representa a toda una generación de intelectuales europeos, como el ruso Sájarov o el checo Havel.

Los medios independientes en Polonia afrontan el riesgo de convivir con un Gobierno antieuropeo —como ocurre con una cuarta parte de la sociedad polaca— y, al mismo tiempo, el peligro de que la prensa quede atrapada en una lógica puramente mercantil, como si fuera una mercancía más, cuando en realidad los medios tienen una misión esencial: defender la verdad, que es mucho más importante. Además, existe una ofensiva significativa de noticias falsas en internet, destinada a destruir la credibilidad de los medios independientes, a los que se acusa de ser espías rusos, alemanes o incluso criminales. El objetivo es desviar el debate público hacia esos temas.

Mi periódico afronta un sinfín de demandas judiciales por parte del Gobierno, pero todavía hay muchos jueces que son jueces de verdad, y solemos ganar los juicios. Nuestra única obligación es defender la verdad y la libertad. Tenemos una larga experiencia en resistir los ataques de la dictadura. En años anteriores se nos había acusado de ser agentes extranjeros o trotskistas. Ahora inventan otras acusaciones.

Es demasiado fácil debilitar una democracia. Eso es completamente cierto. Se ve incluso en democracias consolidadas, como el Reino Unido, con lo que ocurrió con el Brexit, o en España, con este dramático conflicto con las élites catalanas que pretenden desmembrar el país. Estas tendencias de destrucción de la UE cuentan con el apoyo claro de la Rusia de Putin. Al igual que Rusia apoya otras acciones.

Además de populista y autoritario, Putin articula una retórica conservadora y, a la vez, una retórica de izquierda anticolonial. Sus rasgos más característicos son el ansia de poder y el imperialismo. Es un fenómeno complejo, aún sin definición precisa. Al Gobierno de Stalin, muchos de sus contemporáneos lo calificaban de bonapartismo o cesarismo. Creo que es mejor esperar un poco y dejar que sean los historiadores quienes estudien el fenómeno.

Sé que algunos directores defienden que la labor de sus periódicos consiste simplemente en contar lo que sucede, y me parece perfecto. Pero yo entiendo el periodismo como un compromiso activo con la sociedad. Me exijo mucho más.

Cuando escribí aquel artículo en el que reclamaba la separación de poderes en Polonia, tenía más valor que cabeza. Era el año 1989. El artículo desencadenó una serie de movimientos y propició la formación del primer Gobierno democrático. Creía que había que decirlo en voz alta, que la gente debía leerlo. La verdad es que confiaba en que el texto iba a motivar el cambio. Siempre he tenido visión de megalómano. De hecho, creo que cada vez que escribes tienes que hacerlo con una megalomanía manifiesta. Si no creyera que puedo cambiar el mundo con lo que escribo, no escribiría nada.

Las maternidades de Polonia cambiaron en los años noventa, tras una campaña en la que el periódico dio voz a las mujeres. Fue muy importante porque, por primera vez, un gran medio habló a favor de los derechos de las mujeres. La cultura polaca siempre ha sido muy patriarcal, y se demostró que una sola gota puede hacer un agujero. Ya han pasado muchos años desde aquello, pero el conflicto en torno a los derechos de la mujer no ha cesado.

Quiero pensar que nuestro diario empuja al lector a ser muy crítico. Aunque también sé que tenemos muchos lectores que no nos soportan. Polonia es un país muy polarizado. Cuando alguien se me acerca en la calle, nunca sé si quiere estrecharme la mano o pegarme un puñetazo. Muchos no nos soportan, pero nos leen porque nos necesitan. Nuestro periodismo es interesante e incita a la reflexión. Otros medios publican lo que sus lectores quieren leer, pero son muy aburridos. Hemos tenido problemas con todos los Gobiernos. Pero ese es el papel de los medios. Y esta es mi vida. No estamos aquí para aplaudir.

Decir que me admiran me parece excesivo. Pero que me odian, está claro. Con todo, no tengo protección especial. A estas alturas ya... Creo en mi suerte. Hay que creer en algo.

Yo no fundé *Gazeta Wyborcza* en solitario. Fue un trabajo de equipo. Se nos unía muchísima gente: periodistas que trabajaban en ediciones clandestinas, pero también quienes venían de revistas para invidentes, de la prensa agrícola... En aquellos tiempos, la gente hacía lo que podía para poder ejercer el periodismo.

Internet facilita el periodismo porque amplía la zona de libertad. Pero también lo dificulta porque abre la puerta a toda la brutalidad y vulgaridad, como las campañas de desinformación.

Nunca quise ser político. Fui diputado de manera temporal en 1989. Eran las primeras elecciones y se trataba de desmontar el comunismo. En una guerra no importa si eres carpintero, obrero, zapatero o arquitecto. Te pones las botas y defiendes: vas a la guerra. Digamos que me tocó participar porque era lo que había que hacer, pero sabía desde el principio que sería por poco tiempo. El periodismo es otra cosa.

El lema del periódico, «No hay libertad sin solidaridad», sigue siendo vigente, en cierto sentido. En 1989 significaba que no habría libertad en Polonia hasta que Solidaridad, el sindicato de Lech Walesa, fuera legalizado. Hoy significa que debemos ser solidarios entre nosotros en la lucha contra el abuso de poder. En Polonia existe un gen muy fuerte de desobediencia frente al autoritarismo.

No he pensado en retirarme. Quiero seguir porque creo que nuestro periódico aún tiene una misión que cumplir. Cuando vea que me he quedado obsoleto, será otra cosa... Creo que Dios está contento porque es mejor ser mal director que mal político. He elegido un mal menor.

ADAM MICHNIK,
director de *Gazeta Wyborcza*. Polonia

## La reacción del presidente implicaba que se veía amenazado

Me enteré del mensaje del presidente Sánchez cuando iba en un taxi. Durante el trayecto, estaba mirando el móvil y, de repente, me llegó una notificación de X (Twitter) con el mensaje del presidente del Gobierno, Pedro Sánchez. Lo abrí y me pareció tan sorprendente que no me lo creí. Pensé que era un mensaje falso, que habían hackeado su cuenta o algo así. Es que, vamos a ver... El presidente del Gobierno se tomaba cinco días de reflexión para decidir si continuaba o no en el cargo. Nunca había pasado algo así. Era muy fuerte. No lo podía creer. Nos costó asimilar que pudiera ser verdad.

Al llegar a la redacción esa misma tarde, organizamos una reunión. Las reacciones fueron de asombro, incluso de desconcierto. Recibí un mensaje de Carlos Alsina: «La que habéis liado, ¿no?», me decía. Efectivamente, a raíz de las informaciones de *El Confidencial* sobre las actuaciones de la mujer del presidente del Gobierno, se había originado una crisis institucional —en este caso, gubernamental— como jamás hubiéramos imaginado. Se planteaba la posibilidad de que un presidente del Gobierno pudiera presentar su dimisión a raíz de nuestras informaciones.

Nosotros empezamos a publicar informaciones sobre este caso —si no recuerdo mal— en marzo, que es cuando saltó el tema de la trama Koldo a todos los medios. Era una trama que estábamos siguiendo de forma paralela, logramos engarzarla y sacamos las informaciones sobre Begoña Gómez, la mujer del presidente del Gobierno. Lo primero que publicamos fueron las reuniones que Begoña Gómez había mantenido con el consejero delegado de Globalia, una empresa que recibió 475 millones de euros del Gobierno en concepto de rescate financiero tras la pandemia y que había sido financiadora del Africa Center, una iniciativa del Instituto de Empresa que precisamente dirigía Begoña Gómez. Esas informaciones salieron, creo, en marzo. Después publicamos la siguiente investigación en abril: la carta de apoyo de Begoña Gómez al empresario Barrabés para concursar en contratos públicos dependientes del Ministerio de Economía y, después, del Ministerio de Transición Tecnológica. En mayo ya publicamos el tema del máster de la Complutense. Recuerda que ella obtuvo la dirección del máster sin ser siquiera licenciada, lo que no había ocurrido nunca. Esto fue en marzo, abril y mayo: cada mes, una investigación.

El anuncio del presidente del Gobierno se produjo después de lo de Barrabés, pero no creo que fuera por esa información concreta. Creo que el detonante, la espoleta —estoy casi convencido de ello—, fue la apertura de una causa judicial contra su mujer por el juez Peinado en los juzgados de Plaza de Castilla. El hecho de que, de repente, se hiciera público el caso y pudiera alcanzar una dimensión enorme. Nosotros lo hicimos público también porque, además, yo estaba citado como testigo de esa causa.

Lo primero que se pensaba en la redacción era que, lógicamente, el presidente del Gobierno había reaccionado de forma exagerada a las informaciones. Lo segundo, que si reaccionaba de esa manera era porque realmente algo estaba pasando. Es decir, se veía realmente amenazado. En el fondo, daba mucho más peso a nuestra información: habíamos tocado la parte sistémica del Gobierno. Habían ocurrido muchas cosas antes, y nunca se había reaccionado de esa manera. Esa reacción implicaba que había algo más detrás. Teníamos que seguir investigando porque realmente habíamos tocado la tecla. Era una forma de reafirmar lo que estábamos haciendo. Y, en tercer lugar, la gente se planteaba la posibilidad real —aunque parecía totalmente inverosímil— de que Pedro Sánchez pudiera dejar la Presidencia del Gobierno.

Lógicamente, empezamos a trabajar sobre el tema. Ahí ya no se trataba tanto de avanzar en la investigación —que siempre la llevamos en paralelo—, sino de entender qué estaba ocurriendo en esos cinco días dentro del Gobierno y cuál podría ser el resultado final. Ya sabes que siempre se especuló con que esos días de reflexión fueran un montaje, una forma de lograr que el Gobierno saliera reforzado. Estimo que ocurrió todo lo contrario. Ese tuit de Pedro Sánchez hizo que toda la prensa internacional se hiciera eco de las informaciones de *El Confidencial*, y se unieron en los titulares internacionales las palabras «Begoña Gómez» y «corrupción». La imagen, tanto de puertas para adentro como de puertas para afuera, fue que el presidente del Gobierno, a través de su mujer, se veía realmente amenazado por las investigaciones que habíamos hecho.

Es verdad que él nunca se refirió directamente a *El Confidencial* como pseudomedio ni como máquina del fango. Pero puedes establecer una relación causa-efecto. Es decir, resulta que *El Confidencial* está sacando informaciones, y él habla de bulos, desinformación y máquina del fango. Puedes entender que se está refiriendo a ti —que es lo que yo entendía—, aunque nunca tuvieron la valentía de poner nombres y apellidos. Si realmente somos máquinas de fango y estamos desinformando, habrá que explicar cuáles son las informaciones a las que se refiere para poder establecer un debate y defendernos. Pero en este caso no se nos mencionó directamente ni se dijo cuáles eran los bulos. Se creó un argumentario que se fue propagando por mensajes de WhatsApp, donde se hablaba de desinformación y de bulos. Fue un argumentario que, desgraciadamente, fue comprado por mucha gente, incluso por algunos colegas de profesión a los que no quiero mencionar. No hubo un pensamiento crítico. ¿A qué se refería como desinformación?

Si algo tengo claro es que todo lo que hemos ido publicando es de interés general, porque se refiere a fondos públicos. No hay nada más importante que saber adónde van los impuestos, cómo se gestiona tu dinero, los recursos públicos. Además, estaba implicada la esposa del presidente, lo cual ya era relevante por sí mismo. Y, por si fuera poco, estas informaciones eran veraces. Todas —absolutamente todas— venían acompañadas de documentos, pruebas y testimonios. Incluso había evidencias físicas perfectamente contrastables. Por eso yo quería que me mencionaran directamente y que me señalaran qué parte era supuestamente desinformación.

Me dolió bastante que muchos compañeros asumieran sin reparos el argumentario del Gobierno, sin ser capaces de explicar a qué medios ni a qué desinformaciones concretas se refería el Ejecutivo.

Desde que comenzamos a publicar, recibimos presiones para que dejáramos de difundir más información al respecto. La campaña de presión duró poco, pero luego se produjo el anuncio del presidente del Gobierno, tras aquellos cinco días de reflexión. Todos estábamos pendientes de si dimitiría o no. Dijo que continuaría como presidente —como muchos esperaban— y anunció, en esa misma intervención, que iba a liderar un plan de regeneración democrática. Y vimos que ese anuncio respondía, en realidad, a una estrategia para controlar el sector mediático y, básicamente, silenciarnos, ¿no? Me pareció gravísimo, porque lo que se estaba promoviendo, en el fondo, era un tipo de censura. Era, desde luego, muy grave.

La mejor ley de prensa es la que no existe. Creo que deben ser los propios medios los que se autorregulen y velen, mediante sus distintos códigos éticos y deontológicos, por que la actividad periodística y la labor de sus profesionales estén a la altura del proyecto y de sus lectores. Comprendo también la existencia de una Ley Europea de Medios, porque es cierto que hay intereses ocultos, por parte de potencias extranjeras, para influir y desestabilizar países mediante la desinformación, los bulos, etcétera. Entiendo que esa presión sobre las democracias liberales existe y que Europa corre ciertos riesgos, como quedó demostrado en Estados Unidos con Cambridge Analytica.*

Comprendo que haya que hacer algo. No me gusta, pero lo comprendo. Acepto la ley. Sin embargo, el mensaje de Pedro Sánchez se centra en las obligaciones de los medios de comunicación, y muy poco en sus derechos, cuando esta norma está concebida, básicamente, para proteger los derechos de la prensa: para defendernos de las presiones políticas y de las presiones empresariales. Esta ley ha sido utilizada por el Gobierno como excusa para intentar introducir medidas que nada tienen que ver con la normativa europea y que son disposiciones espurias, con una clara intencionalidad política. Se ha convertido en el pretexto para intervenir, de hecho, en los medios de comunicación. Y eso sí que es grave. Si tú haces esto cuando estás en el poder, nadie impedirá que quien venga después lo haga igual de mal o incluso peor. Porque habrás abierto una caja de Pandora para los medios y, sobre todo, para el país.

A raíz de nuestras investigaciones, la publicidad institucional y de las empresas públicas en *El Confidencial* ha sido prácticamente inexistente. No quiero hablar de cantidades —permíteme que sea discreto—, pero sí puedo hablar de porcentajes. De 2022 a 2023, la publicidad de la Administración central y de las empresas públi-

* Carole Cadwalladr, la periodista que destapó el caso Cambridge Analytica, interviene en las pp. 293-299.

cas dependientes de ella cayó un 50% respecto al ejercicio anterior, y en este 2024, respecto a 2022, ha caído un 95%. Es decir, la publicidad de la Administración central es, hoy, inexistente. Lógicamente, nosotros consideramos que esta situación es completamente injusta, porque *El Confidencial* no ha cambiado nada en este tiempo. Mantenemos nuestras audiencias. Se nos mide —o eso dicen— con criterios distintos que desconocemos. Se emplean argumentos relativos a medios europeos y a la transparencia para encubrir, en realidad, una cacicada como esta.

Soy consciente de que esto también les ocurre a otros medios. No somos los únicos. Muchos compañeros me han contado que atraviesan una tesitura muy parecida. También sabemos que se ha presionado a empresas. Pero muchas nos han apoyado. Y luego están los lectores.

NACHO CARDERO,
director de *El Confidencial*

## Hay mucho por lo que preocuparse

Tendemos a dar por sentado que los medios de comunicación tenemos un papel realmente importante que desempeñar en favor de la democracia, pero creo que no hemos reflexionado tanto sobre cómo podría haber cambiado este rol a lo largo de los años. Por eso quise elaborar el informe «Editorial media as defenders of democracies». Cuando empecé a analizar los hechos, las cifras y los detalles me pareció necesario hacer una llamada de atención, tanto entre los políticos de Europa como entre los propios líderes de los medios y los propietarios. Necesitamos despertar. El clima parece tranquilo y no debería serlo. Lamento decirlo, pero hay mucho por lo que preocuparse. La influencia de los medios editoriales es menor en los últimos quince años de lo que solía ser y, al mismo tiempo, las fuerzas contrarias, las fuerzas antiliberales que arrastran a la sociedad y a las personas a áreas políticas donde la democracia no es tan valorada, se han vuelto más poderosas.

Cuando los medios reciben menos recursos, su posición se debilita, y, de manera concatenada, se debilitan también las fuerzas que apuestan por la democracia. Hay una competencia por la influencia. Es muy importante generar un debate público sobre esto, porque los medios de comunicación serios tienen un papel muy importante que desempeñar: logran recordar la importancia que tiene que las personas participen en la sociedad. Es posible fortalecer esa función. Sin embargo, se necesitan muchos recursos y mucha concentración en este asunto para hacerlo. Queríamos que este informe[1] actuara como un servicio de despertador. Queríamos fomentar la discusión política, que se estudien medidas concretas para fortalecer los medios editoriales en Europa y recuperar parte de la influencia que solíamos tener. Esa fue la razón básica por la que nos dedicamos a este trabajo.

Si nos fijamos en los países con las democracias que funcionan mejor, tienden a tener grandes medios de comunicación, muy desarrollados. En cierto modo, hay un enlace, pero no hay una causalidad directa, porque una gran parte de los jóvenes no lee los medios editoriales tradicionales. Esa es la situación. Al menos, en teoría, puedes tener medios de comunicación muy fuertes, muy potentes, pero con muy poca influencia, dado que mucha gente no quiere leerlos, no los encuentran relevantes. Uno de los expertos más críticos que entrevisté para el informe me respondió que, cuando Orbán llegó al poder en Hungría, los medios de comunicación húngaros no eran especialmente débiles. Orbán y sus aliados pudieron movilizar un movimiento en la sociedad que lo llevó a ganar las elecciones hacia un lado antiliberal de la política. A veces puedes encontrar la causalidad, a veces no, y tienes que entender esto.

Creo que hay que considerar dos tipos diferentes de poder al mismo tiempo. Si hay mucha frustración, por ejemplo, hay personas que se sienten excluidas. Estados Unidos, con Donald Trump, es el ejemplo obvio. Si muchas personas están enojadas por su propia situación —ya sea debido a la economía, la seguridad, el trabajo o problemas sociales—, es más fácil movilizarlas a favor de ideas antiliberales. Y, además de eso, cuando este gran grupo de personas asocia los medios de comunicación establecidos con la élite de la sociedad, pierde la confianza en ellos. Si pierdes la confianza y tienes toda esta ira, es bastante fácil para algunos políticos leer la situación y avanzar en su dirección. Eso no es bueno para la democracia. Así que son muchos poderes diferentes los que actúan al mismo tiempo. Creo que esa es la parte interesante de esto: entender cómo funcionan estas diferentes partes. Porque gran parte tiene que ver con problemas sociales, otra con la cultura, otra con la política y, finalmente, con la estrategia de comunicación: cómo se desarrolla esto y quién ganará en esta lucha por llamar la atención.

Solemos hablar de las redes sociales como fuente de información. En mi opinión, las redes sociales son un canal de información. No tiene sentido ni significado para mí decir que los jóvenes prefieren las redes sociales: ¿qué significa eso?, ¿qué tipo de información sobre la sociedad obtienen de las redes sociales? Si solo hablas de las redes sociales como una especie de fuente, no entiendes lo que significa. No son la fuente, porque no producen ningún contenido por sí mismas. El papel de Facebook es difundir información de otros. Así que creo que tenemos que entender, en un nivel mucho más profundo, qué es lo que hace que los medios tradicionales resulten atractivos y poco atractivos.

Hemos estado trabajando en esto a través de diferentes proyectos en los últimos dos años. Hay una iniciativa para entender el uso de los *voyeurs*, los mirones: los que no consumen noticias. ¿Por qué prefieren no utilizar los medios ordinarios? Tenemos que entenderlo para mejorar. Es muy importante para nosotros comprender por qué algunas personas no usan nuestro contenido, ya que es la única forma de tener un buen punto de partida para mejorar. Mi conclusión es que gran parte de esto tiene que ver con la relevancia. Si crees que el contenido es irrelevante para ti, entonces eliges no usarlo. Uno de los mayores desafíos tiene que ver con la relevancia.

Elon Musk y Zuckerberg han intentado crear la impresión de que cualquier forma de moderación es un ataque a la libertad de expresión, y eso es, por supuesto, absolutamente descabellado. Si no hay reglas ni marcos para proteger a las personas, también se destruirá la libertad de expresión. No puedes tener la libertad de hacer lo que quieras, porque eso equivale a dar armas de fuego a los niños, y eso no es bueno desde mi punto de vista. Ha sido una forma muy extraña de crear esta narración: resulta que dicen que están ocupados con la libertad de expresión y, por eso, quieren saltarse la verificación de datos. Creo que es una locura absoluta, y saben que es una locura.

Los políticos tienen una gran responsabilidad en todo esto. El informe denuncia el comportamiento de políticos que declinan hacer entrevistas a periodistas o que no responden preguntas. Si te pones en el lugar de un asesor de comunicación profesional y tu objetivo es llegar a todas las personas a las que quieres contactar con la menor fricción posible y con la menor cantidad de preguntas críticas, una buena decisión puede ser usar a los *influencers*. Pero si tienes algún tipo de responsabilidad social y ves las diferentes partes de la sociedad y el papel que pueden desempeñar los medios para que la democracia funcione, y para que las personas piensen por sí mismas y participen en el debate sobre la sociedad y su desarrollo, entonces creo que todos los políticos serios deberían tener la obligación de atender a la prensa tradicional. Es una responsabilidad para un político reconocer y hablar de manera positiva sobre la función de los medios editoriales libres. Creo que es una responsabilidad estar ahí para los medios de comunicación y responder a sus preguntas. Es algo que pertenece a los valores fundamentales de la sociedad, y esos valores no pueden estar sometidos a cálculos de beneficio político. Los necesitamos en una sociedad civilizada.

Es muy importante saber escuchar a la audiencia. Ya sé que no es fácil, y no estoy seguro de tener todas las respuestas a esto. Estoy de acuerdo contigo en que se trata de diferentes niveles de escucha. Puedes escuchar necesidades a las que vale la pena dar seguimiento. Si la situación es que personas de zonas socioculturales difíciles, por ejemplo, o algunos jóvenes, se sienten excluidos, merece la pena investigar eso y tratar de entender por qué. ¿Por qué te sientes excluido? ¿Cuál es tu opinión? ¿Cuáles son tus opciones? ¿Cómo se ven estas preocupaciones y qué crees que se podría hacer para abordarlas y hacer algo al respecto? Son preguntas importantes que debemos escuchar.

Tenemos en los medios una tendencia a sobreestimar nuestro conocimiento sobre las personas. Recuerdo que, hace muchos años, hicimos un informe en Noruega sobre conocimientos básicos de la sociedad, como el funcionamiento de las instituciones. Por ejemplo, se preguntaba la diferencia entre el Parlamento y el Gobierno. Resulta que mucha gente no tenía ni idea. Esto sorprendió a muchos periodistas y editores, porque creían que el conocimiento básico sobre la sociedad estaba en un nivel mucho más alto. Así que creo que tenemos que ser un poco autocríticos. Tenemos que entender por qué una parte muy importante del público no quiere utilizar nuestros servicios. Lo primero de todo es querer entenderlo. Tenemos que mostrar respeto por sus puntos de vista y preocupaciones, y tratar de entender cómo podemos resultar relevantes, si no para todas, al menos para algunas de esas personas.

Una de las partes más interesantes de este trabajo ha sido mostrar nuevas iniciativas editoriales tanto en zonas rurales como urbanas. Deberíamos animar a los jóvenes e idealistas a crear estas cosas, sobre todo en zonas que ya constituyen desiertos informativos en Europa. Hay áreas que han quedado en blanco, y eso es preocupante para la democracia. Deberían probarse allí proyectos periodísticos adaptados al entorno.

EINAR HÅLIEN,
editor y asesor de políticas públicas
del grupo Schibsted Media. Noruega

## Hay una tendencia hacia el autoritarismo

El ciudadano ha adquirido una percepción de empoderamiento individual tan intensa gracias a las nuevas tecnologías que le hace creer que los intermediarios ya no son necesarios. Y nosotros somos uno de los intermediarios por naturaleza. Somos quienes aplicamos el filtro para distinguir lo verdadero de lo falso. Antes teníamos una función de interlocución mucho más amplia; es decir, éramos el ágora pública. También en nuestras páginas se desarrollaban los debates, y eso es un monopolio que también hemos perdido. Incluso en nuestras páginas había anuncios clasificados y, cuando alguien quería vender un piso, necesariamente tenía que pasar por nosotros. Nuestra función de intermediación ha dejado de ser tan amplia, así que hemos perdido valor. Además, se ha multiplicado muchísimo la oferta porque internet tiende al infinito. Ahora bien, nuestra función más esencial, que es la de verificación, nos sigue correspondiendo naturalmente a nosotros. Y, sin embargo, una parte de los ciudadanos tiene la percepción de que ya no somos necesarios.

Una de las frases que más ha repetido Elon Musk es: «Ahora el medio eres tú». No necesitas que un medio de comunicación aplique un tamiz especializado, que es el que te ayuda a distinguir la verdad de la mentira. La directora de *The Guardian* decía que la misión del periodismo es utilizar nuestra claridad e imaginación para generar esperanza. Pero, claro, los extremismos crecen ante la falta de esperanza, ante la falta de comprensión del mundo cambiante que nos rodea, de la aceleración de la historia. Y es verdad: hay que utilizar nuestra claridad, por lo tanto, nuestra especialización, nuestra capacidad para acceder a múltiples fuentes expertas, para aplicar el tamiz que distingue la verdad de la mentira. Nuestra imaginación, en el sentido de talento creativo, nuestra capacidad para adaptarnos a la sociedad del cambio, a las nuevas preocupaciones sociales y a las nuevas formas de contarlo, para generar esperanza en el sentido de producir conocimiento para el ciudadano, de las herramientas que necesita para adaptarse a esa sociedad cambiante. Denunciar las injusticias, pero también contarnos los progresos. Buena parte de la pulsión de poder viene a lomos de este cambio cultural.

La percepción que tiene el ciudadano, gracias a las nuevas tecnologías, de que hemos dejado de ser necesarios responde a una vocación expansiva de poder. Elon Musk es un caso muy claro. Lo que hace es utilizar ese poder para incrementarlo aún más a través de la aplicación de algoritmos opacos. Falsifica el verdadero desarrollo del debate público hacia donde le interesa. Es un combate que nosotros tenemos que librar, porque pone en juego muchos de los valores con los que nos hemos gobernado y que, hasta ahora, han demostrado que son la garantía de la libertad y del progreso. Tenemos que pelear por defender ante la sociedad civil a la que nos dirigimos que ese papel de mediación que tenemos los medios de comunicación sea insustituible. Contar con una escala de valores es muy difícilmente sustituible y ofrece un tesoro para la sociedad a la que se dirige, que está en el mismo fundamento de la democracia.

No se puede vivir de espaldas a las redes sociales. Cuando hablas con periodistas en países como Cuba o Irán, en los que el poder político ha desactivado a la sociedad civil, las redes sociales juegan un papel relevante. Juegan un papel de creación de redes interconectadas en las que la información puede fluir verdaderamente de manera libre y, por lo tanto, sortear la censura. En el caso de los países occidentales, las redes sociales tienen un papel de empoderamiento ciudadano. Nosotros mismos lo vivimos en el nivel de exigencia reputacional o de transparencia al que estamos sometidos, que es mucho mayor que el que teníamos hace veinte o veinticinco años, cuando un error podía pasar casi desapercibido. Ahora, en cambio, sí que tenemos una verdadera obligación de no desviarnos de lo que es nuestra misión fundacional, que es distinguir la verdad de la mentira; entre otros motivos, porque estamos sometidos a una fiscalización muy exigente en las redes sociales y constituye una atmósfera coactiva. Constituye muchas veces una distorsión de nuestra propia libertad. Es verdad que es así, pero esas otras consecuencias también están ahí y no operan solo respecto del periodismo, sino también de las compañías.

Las redes sociales no ordenan ni jerarquizan la información conforme a una escala de valores, como hacemos los medios de comunicación. A las redes se les aplica un algoritmo con un fundamento que desconocemos y que está orientado necesariamente al interés de quien las gestiona, en este caso, la disrupción y la desestabilización de las democracias. Desde el mismo día en que Mark Zuckerberg cambió de bando, te metes en Instagram y notas que, de repente, está lleno de basura.

En cada salto evolutivo hay una tecnología que moldea la conciencia de sus protagonistas. Hubo un salto evolutivo a principios del siglo XX con el teléfono, el avión o la radio, y ahora mismo hay un salto evolutivo que está determinado por las nuevas tecnologías de la información. El iPhone te permite estar informado en cualquier momento, en cualquier lugar, pero, sobre todo, de manera infinita, porque no hay una relación causal entre el comienzo de la información y el final. Esto refuerza la convicción inconsciente de empoderamiento individual: de que los intermediarios han dejado de ser necesarios. Esto moldea, efectivamente, una cultura del poder que es distinta. Ten en cuenta que esto avanza en paralelo a la crisis financiera de 2008, que provocó una desconfianza generalizada prácticamente en todos los estratos hacia el funcionamiento de las instituciones mediadoras, instituciones que ahora llamamos del mundo de ayer. Hay un mundo anterior a 2008 y ya veremos si no hay un mundo anterior a 2025, a la toma de posesión de Trump. Eso lo iremos viendo.

En 2008 se inoculó una desconfianza generalizada hacia el funcionamiento de las instituciones mediadoras, que abarca desde la prensa y los bancos hasta el Poder Judicial. Y, si me apuras, incluso hacia los Gobiernos o los Parlamentos. El poder se ha ido configurando de tal manera que sortea esa desconfianza, la cual, por sí sola, se proyecta como capaz de trascender esos mediadores. Los grandes poderes actuales son *anti-establishment* y te dicen: «Yo por mí mismo soy capaz de trascender esa mediación y de dar al ciudadano aquello que necesita». En general, la demanda al ciudadano tiende a ser más pragmática. ¿Por qué? Porque las nuevas tecnologías también lo han acostumbrado al bienestar individual. Yo puedo pedir comida en cualquier momento y no necesito ponerme a cocinar. Hay una orientación hacia un individualismo radical, muy intenso. Por eso existe una tendencia —una evolución de la cultura del poder hacia el autoritarismo— a presentarse como alguien que trasciende esos poderes mediadores.

La cultura política ha evolucionado ante el poder político y ha perdido algo que para los medios es nuestra razón de ser: el propósito, el sistema de valores, la luz que nos guía. Por eso cada vez hay más liderazgos cuyo objetivo es el poder por el poder.

Porque, en efecto, se trata del poder por el poder. Los dos grandes partidos en España no son capaces de ponerse de acuerdo respecto al modelo de sociedad ni a la idea de España. El partido que ejerce el poder —ahora el Partido Socialista, aunque ya veríamos qué sucedería si lo ejerciera el Partido Popular— amolda su proyecto exclusivamente a sus necesidades de poder, sin que exista un propósito o sistema de valores que le ponga un límite. Porque entiende que es capaz de decirle al ciudadano: «Mira, soy capaz de darte lo que necesitas sin ajustarme a un propósito». Todo esto está relacionado con un cambio cultural propiciado por el fracaso de las instituciones mediadoras en la crisis de 2008 y el avance paralelo de una tecnología que crea en el ciudadano la conciencia de que no necesita esas instituciones mediadoras.

Por supuesto, ha habido un contagio de los movimientos iliberales a los partidos clásicos. No hay nadie que pueda sustraerse a esa querencia, aunque tiene un límite. Quiero decir que el ciudadano te está pidiendo bienestar y, a lo largo de los siglos, hemos aprendido desde Adam Smith que no hay bienestar individual sin estabilidad política ni seguridad jurídica. Ese es un límite que impone el liberalismo. Donald Trump puede creer que puede hacer lo que quiera, pero si se le va la mano con las medidas antiinmigración, tendrá un problema con la inflación y, dentro de dos años, unas elecciones. Necesitas estabilidad política y seguridad jurídica, y para que eso suceda, las soluciones deben seguir funcionando de manera razonable, aunque se alimente la impresión de que no es así. En Italia, Giorgia Meloni lo ha entendido muy bien. Ella crea la apariencia de ser *anti-establishment*, pero no lo es. Funciona conforme a los parámetros propios, en muchos casos, los del mundo de ayer. Culturalmente dice otra cosa; políticamente, afirma que debe echar a los inmigrantes, pero en la realidad ha regularizado 450.000. ¿Por qué? Porque, si no, la industria carece de mano de obra y se dispara la inflación. Por tanto, es una cuestión cultural que nos coloca ante una encrucijada, pero es una cuestión que, si se observa con atención, tiene límites, y eso nos ofrece esperanza.

Estoy de acuerdo contigo. La percepción sobre lo que es realmente importante y lo que no empieza a desvirtuarse. Y volvemos al tema de las redes sociales, dominadas por algoritmos que no controlamos y propiedad de actores geopolíticos con intereses concretos. Si se distorsiona el control de la conversación pública, se pueden alterar las prioridades de los ciudadanos y crearse percepciones distorsionadas respecto a la realidad. Esto nos hace más necesarios, pero también nos coloca en una situación de debilidad si la sociedad civil a la que nos dirigimos —que debería estar muy interesada en una conversación pública equilibrada— no es consciente del papel que jugamos. Mi principal preocupación está en ese punto. Porque no tengo duda de que somos capaces de desempeñar un determinado papel, pero a veces dudo que podamos hacernos acreedores de la importancia que nos concede el espacio de sociedad civil al que nos dirigimos.

JOAQUÍN MANSO,
director de *El Mundo*

## Los periodistas son atacados por todos los bandos

Sucedió en 1991. Uno de los grupos militantes que controlaba prácticamente toda la ciudad de Karachi y gran parte de la provincia llegó al poder. Era un partido, parte de un movimiento, que había sido acusado de múltiples delitos por motivos étnicos. Controlaban Karachi y, mientras lo hacían, perseguían a otros grupos militantes. Eran muy conscientes del poder de los medios de comunicación, por lo que solían atacarlos, presionaban a los editores y exigían que determinados actos de violencia —incluso asesinatos— se silenciaran, que no se denunciaran.

En ese momento trabajaba para una revista paquistaní y, al mismo tiempo, también informaba como corresponsal para la BBC. Siempre denunciaba la violencia en mis informaciones. En el punto álgido, continué con mis denuncias. Un reportaje concreto desencadenó su indignación. Ese día me enviaron mensajes repetidamente.

Una mañana, cuando mi padre estaba fuera y mi esposa en la universidad, enviaron a unas dieciséis personas a mi apartamento en Karachi. Esperaban que estuviera solo. Pero estaba con dos hermanos: uno muy enfermo y el otro lo cuidaba. Cuando me atacaron, pedí que no los tocaran, pero mi hermano trató de protegerme, así que también lo golpearon con gran violencia. Le rompieron la cabeza. Luego se centraron en mí. No paraban de golpearme. Al protegerme, noté que uno de los tipos tenía un arma en la mano, cubierta con un pañuelo. Y mientras cinco o seis hombres me golpeaban, pensé: «Oh, Dios mío, este es el final de esta historia». Pero ese hombre no iba a disparar. Cogió la pistola del costado de la batería, me agarró la cabeza y me golpeó con ella. Era una Glock. Me abrieron la cabeza. Otra persona cogió un vaso, lo rompió y llenó todo de fragmentos de cristal.

Estuve mucho tiempo en el hospital. Hicieron un escaneo de mi cabeza para sacar las piezas de cristal con pinzas —imagina la situación—. Entendí después que lo más probable es que sus instrucciones no fueran matarme, sino darme una lección y mandarme una advertencia.

En Karachi lograron reprimir la protesta. Sin embargo, en todo el país hubo manifestaciones de periodistas que salieron a las calles para condenar e incluso impedir la entrada de los diputados de ese partido al Parlamento. Y se sorprendieron, porque no habían imaginado que podría originarse una protesta tan grande solo por un ataque a un periodista. Ese fue el primer mensaje de que Karachi no era Pakistán. Si tocaban a los periodistas, también habría protestas fuera, y tendrían que rendirse. Fue un incidente terrible. Mi familia estaba deprimida, pero el tipo de apoyo que recibimos de la sociedad civil y de la comunidad periodística nos ayudó muchísimo.

Un par de años después, la BBC me ofreció un trabajo en Islamabad como uno de sus dos corresponsales. Así que, en 1995, otro grupo militante religioso hizo una manifestación frente a la oficina. No les había gustado nuestra cobertura. De repente irrumpieron en la oficina e incendiaron la parte delantera. Mi colega Daniel, cuya familia se alojaba en ese momento en el piso superior de la casa, recibió la mayoría de las palizas. Pude llegar al piso de los vecinos y llamé a la policía. Pero, cuando esta llegó, todo había sido destruido.

En aquel contexto, había una causa mucho mayor contra ese grupo militante, y el primer ministro de entonces ordenó una campaña de represión en todo el país. Muchos de sus líderes fueron arrestados en ese momento.

Pero eso es lo que es Pakistán, Fernando. Y ahora se ha vuelto mucho más violento. Los peligros siempre han estado ahí mientras informaba sobre organizaciones militantes, mientras informaba sobre el Ejército o mientras informaba sobre el Gobierno. Si uno es honesto como periodista y se esfuerza al máximo —ya se trate de los militares, los grupos militantes o el Gobierno—, el miedo a ser blanco de ataques siempre permanece.

Sufrí un caso bastante excepcional que realmente explica cómo se hacen las cosas aquí y cómo varios grupos interesados intentan controlar los medios de comunicación. Esto fue en 2016. Había diferencias entre el Gobierno del primer ministro Nawaz Sharif y las autoridades militares de la época. Las diferencias se referían principalmente a cómo controlar la creciente ola de grupos militantes en Pakistán.

El primer ministro convocó una reunión con altos oficiales militares, funcionarios de inteligencia y miembros del gobierno civil. Los funcionarios civiles dijeron en la reunión que, cada vez que perseguían a grupos militantes o arrestaban a personas, alguien de la agencia de inteligencia se acercaba y les decía: «Esta persona está vinculada a nosotros». Los funcionarios de inteligencia militar primero lo negaron, pero luego lo reconocieron, y se llegó a un acuerdo: un comité debería decidir estas liberaciones.

Nuestros reporteros obtuvieron esta información tras una investigación. Publicamos la historia en la portada del periódico. Nuestra posición era que se trataba de una reunión entre el área de seguridad y el Gobierno, y que había una decisión sobre cómo gestionar la militancia en el país, un tema realmente muy preocupante. Pakistán es un país con graves problemas que tienen este origen. Era un tema de interés público. La gente tenía derecho a saberlo.

Pero los militares se enfurecieron. Pidieron al Gobierno que tomara medidas contra *Dawn*, así que hubo una serie de campañas despiadadas. Primero usaron a los *trolls* de las redes sociales contra nosotros. Se publicaban mis fotografías en redes sociales. Publicaron también fotografías de los dueños del periódico e incluso sus números de teléfono. Y luego usaron parte de los canales de televisión contra *Dawn*. Las autoridades empezaron también a bloquear la distribución de nuestro periódico.

Fue una campaña sostenida para destruir este periódico que, recuerda, fue fundado en 1941 por Muhammad Ali Jinnah, el fundador de Pakistán, antes incluso de que existiera este país, que nació en 1947. Trabajaban para destruirlo.

La campaña se mantuvo durante mucho tiempo. Seguimos firmes en nuestros editoriales, pese a múltiples presiones. El Gobierno incluyó a una de nuestras reporteras en una lista de personas a las que se les prohibía salir del país. Se creó un tribunal de investigación de alto nivel, compuesto por miembros de los principales organismos de inteligencia militar y civil, así como por una agencia federal de investigación. Querían indagar en el asunto y tratar de averiguar cómo *Dawn* había conseguido la información. En público sostenían que la historia era falsa y, al mismo tiempo, querían conocer el origen de los datos.

Fui el primero en comparecer ante el tribunal. Fueron unas tres horas de interrogatorio con el objetivo de identificar la fuente. Luego llamaron a uno de nuestros reporteros y lo interrogaron. Le pidieron que entregara su portátil y su teléfono móvil. El periodista contestó: «No puedo hacerlo sin el permiso del editor». Yo no quería que lo hiciera, pero mis abogados dijeron: «Escucha, te has negado verbalmente a revelar la fuente, lo cual es tu derecho. Pero las agencias gubernamentales también pueden, por ley, confiscar tus dispositivos. ¿Cómo vas a negarte?». Sin embargo, mi preocupación no era solo la filtración de esta historia. Mi problema era una cuestión fundamental: no quería sentar un precedente.

La investigación se prolongó durante meses. No lograron descubrir la fuente de la historia. Sin embargo, tres altos cargos fueron sancionados y, por motivos éticos, se tomaron medidas en contra del organismo que había sido creado y que nosotros habíamos denunciado. Y ese fue el final. El informe del tribunal de investigación nunca se hizo público, pese a nuestras reiteradas peticiones. Sus hallazgos jamás se dieron a conocer. Se demostró, una vez más, que nuestra historia era cien por cien correcta.

Este es un país muy complejo. Es un país en el que los periodistas y el periodismo son atacados no por un bando, sino por todos. Hay áreas sobre las que los militantes no quieren que se informe y algunos campos que las fuerzas de seguridad desean preservar. El Gobierno retiene, en ocasiones, a periodistas honestos solo por investigar sus actividades.

Pese a todo, el periodismo ha continuado. Todavía hay mucha gente que sigue haciendo un buen trabajo periodístico. Es gente valiente, comprometida con su país, con el futuro de la sociedad, que cree en la libertad y en la responsabilidad. Y siguen trabajando, a pesar de que en los años que llevo ejerciendo esta profesión han asesinado a un gran número de periodistas y, paradójicamente, hasta ahora no se ha resuelto ni un solo caso.

Nuestra posición como defensores de la seguridad de los periodistas es que, independientemente de que estos informadores hayan sido asesinados por grupos militantes, por las fuerzas de seguridad, por el Gobierno o por quien sea, la responsabilidad principal de llevar a los culpables ante la justicia recae en las autoridades gubernamentales. Pero hasta ahora no lo han hecho.

Creo que la cultura de la impunidad en los crímenes contra periodistas florece aquí. Al mismo tiempo, el nuevo desafío al que nos enfrentamos —como en muchos otros países— es el de las noticias falsas y la propaganda negativa contra los periodistas. En las redes sociales se descubre que tanto las autoridades como los grupos militantes difaman a los periodistas mediante campañas sostenidas. Los partidos políticos tienen sus propios fraudes y algunas organizaciones trabajan para que las fuerzas de seguridad defiendan su causa, no la del país.

Y cuando un medio investiga irregularidades, no les gusta. Intentan usar las plataformas de redes sociales para perseguir a los periodistas a gran escala, y eso resulta realmente amenazante. Cada vez es más difícil separar la realidad de la ficción cuando las campañas son tan sofisticadas en redes sociales. Ese es, en este momento, nuestro mayor desafío: cómo hacer frente o contrarrestar esta amenaza.

Zaffar Abbas,
director de *Dawn*. Pakistán

## Arrestaron y torturaron a periodistas

Lo primero que hicieron los militares en el golpe de Estado fue intentar controlar la información tanto dentro como fuera del país. Tan pronto como tomaron el poder, anunciaron a trece de los veinte principales medios de comunicación que se les revocaba la licencia de publicación. Algunos cerraron de inmediato para proteger la seguridad de sus trabajadores, mientras que otros optaron por huir del país. La mayor parte de los medios de comunicación de Birmania se encuentra hoy en el exilio, sobre todo en Tailandia.

La mayoría de los profesionales tuvimos que abandonar el país debido al peligro que corría nuestra vida. Literalmente, arrestaron, torturaron e interrogaron a los periodistas para conocer su trabajo, saber cómo lo llevaban a cabo, qué tipo de información manejaban y hacia dónde se dirigía.

Yo no era periodista estrictamente, pero trabajaba vinculada a los medios. Siempre me había desempeñado en el área comercial y de marketing, pero ahora soy una periodista más. Trabajé en *Frontier Myanmar*, que tiene una voz muy fuerte ante la comunidad internacional. Está en inglés, ofrece reportajes de calidad y contiene análisis en profundidad, temas de investigación, etc. Ocho meses después del golpe, se filtró un listado que manejaban los militares con nombres de periodistas que debían ser arrestados, y el mío aparecía allí. Crearon una comisión que podía implicar a cualquier ciudadano que hubiera publicado comentarios en redes sociales que no les gustaran: críticas o, simplemente, menciones a temas que querían silenciar. Nadie podía defenderse. Podían arrestar a quien quisieran.

Hui y me escondí. Esperaba la oportunidad de abandonar el país. Pero se cancelaron todos los vuelos debido a un pico de contagios por la covid. No había vuelos internacionales. Tuve que esperar meses. La primera semana de octubre, el Gobierno tailandés anunció que abriría la visa de turista y daría la bienvenida al viajero internacional. Esa fue mi primera oportunidad, y la aproveché. Solicité la visa en la embajada de Tailandia y me las arreglé para comprobar la base de datos del ministerio y ver si era o no seguro salir del país en avión. Al final, pude consultar tres bases de datos, pero solo tenía un cincuenta por ciento de certeza. Podrían haberme detenido en el aeropuerto, pero tuve que arriesgarme, porque la ventana de tiempo era muy pequeña. Y dos días después de dejar el país, hubo un control militar y detuvieron a mucha gente en el aeropuerto. Fue tremendo.

Tuve mucha suerte de poder salir. La mayoría de los periodistas que huyeron del país cruzaron la frontera por tierra, caminando por la selva durante diez días y diez noches. En la selva. Y residen ilegalmente en Tailandia o en otros países. Las autoridades a veces arrestan a inmigrantes ilegales, pero, en el fondo, están arrestando a cientos de periodistas. En fin. Me las arreglé para salir del país. Esa es mi versión corta. Hay otra versión de la misma historia, mi historia, que dura seis años. Se puede imaginar.

Ahora mismo, hay unos diez medios centrados en Birmania que están organizados desde Tailandia. Uno tiene su sede en Noruega, aunque opere desde una ubicación diferente. Ningún medio independiente puede establecerse en Birmania. Tenemos que confiar principalmente en el periodista ciudadano. Como los ciudadanos tienen acceso a los medios a través de internet, eso también ha acelerado la transformación de los medios impresos hacia el soporte digital.

Lo que impulsa a nuestros periodistas es la convicción de que el periodismo puede promover cambios políticos en Birmania, a pesar del riesgo que ello implica para su vida. Al dar a conocer lo que está ocurriendo y promover la conciencia internacional, se refuerza la presión sobre los militares y también se influye en la forma en que la comunidad internacional actúa al respecto. Es muy, muy importante. Definitivamente, puede cambiar el país.

El Ejército arresta a periodistas, editores y busca desmantelar la industria de los medios. Este panorama se debe a que tienen miedo del poder de los periodistas, de nuestra capacidad para revelar lo que realmente están haciendo y que no quieren que se conozca. Y también, ya sabes, crear conciencia de este problema desde el extranjero, influir en medios internacionales y destacar lo que realmente está yendo mal.

Los periodistas defienden con firmeza que la verdadera voz proviene de las personas, no de las fuentes del Ejército, y eso es lo que asusta a los militares. Esa es la razón por la que el periodismo es tan importante. Y también, esa es la razón por la que están intentando arrestarnos. Siguen deteniendo a periodistas incluidos en sus listas negras. Yo figuro en ellas. Han torturado a algunos compañeros para advertirnos al resto de que no sigamos haciendo nuestro trabajo. Que eso es lo que nos puede pasar. La razón es el poder del periodismo. Le tienen miedo.

También están muy preocupados por las redes sociales. La población tiene acceso a ellas a través de conexiones VPN. Desde el inicio del golpe, han intentado, por un lado, promover grupos de control para supervisar los mensajes que se difunden y tratar de silenciarlos si los consideran contrarios a sus intereses, y, por el otro, establecer un equipo especializado en distribuir noticias falsas. Por ejemplo, trataron de encubrir un ataque aéreo sobre un campamento de personas desplazadas, con cientos de personas, incluidos niños, ancianos, mujeres embarazadas...

Están utilizando las redes sociales para silenciar este tipo de hechos y lograr que deje de importar a la gente. Pero claro que importa. Hay una guerra en las redes sociales. Antes de 2014 resultaba muy difícil conectarse a internet en Birmania. Tenías que ir a la tienda, renderizar la conexión, pagar en función del uso de datos... Era muy arcaico. A partir de ese año, el país comenzó a desarrollarse y se abrió a la inversión internacional. Dos compañías internacionales de telecomunicaciones invirtieron en el país, y aquello supuso un salto cualitativo. Ahí es donde internet saltó de la nada al *smartphone*. Todo el mundo se conectó sin haber tenido una educación previa, sin una alfabetización digital adecuada. Y la conexión se dio a través del teléfono y, básicamente, de Facebook, donde se conectaban con amigos y familiares. Por eso el Ejército se enfoca en controlar Facebook y utiliza a personas influyentes en esta red social. La mayor parte de la población piensa que Facebook es internet, no sabe cómo ir a

Google ni cómo navegar por la red. No saben cómo comprobar los datos ni cómo verificar si lo que les cuentan en Facebook es cierto o no.

Kim Thandar,
directora de WAN-IFRA para el sudeste asiático.
Birmania-Tailandia

## Nuestros periodistas trabajan de manera encubierta

El día del golpe de Estado todo sucedió muy temprano, alrededor de las tres de la madrugada. La gente sospechaba que podría producirse un golpe, pero yo mantenía cierto optimismo. Ese día, 1 de febrero, recibí una llamada de un reportero a primera hora, y después varias más de otros periodistas. Me informaban de los arrestos que se estaban llevando a cabo. Poco después, supimos de la detención de Aung San Suu Kyi. Efectivamente, el golpe de Estado se estaba consumando. Sin embargo, a primera hora de la mañana, el Ejército lo negó en una comparecencia desde la televisión nacional. Todos los medios de comunicación se sintieron defraudados.

En Birmania, los medios podían escribir con libertad sobre la administración y la política, pero no se les permitía criticar nunca al Ejército. Aun así, nuestros medios denunciaron el golpe de Estado. Ese día informamos libremente sobre los militares, con críticas y denuncias que habrían sido impensables en el pasado. Durante dos o tres semanas después del golpe, la mayoría de nuestros medios de comunicación siguieron gozando de libertad para publicar lo que considerábamos importante. Nadie podía controlar aún la situación.

Después, comenzaron a intentarlo. Empezaron a enviar cartas de advertencia a los medios. Se quejaban de la redacción que empleábamos, de los términos utilizados —como la propia expresión «golpe de Estado»—, y nos indicaban los que debíamos usar en su lugar. Si persistíamos, amenazaban con emprender acciones legales. Recibimos varios avisos, pero decidimos ignorarlos y mantener nuestra línea editorial. Nos mantuvimos firmes: no respondíamos ante los militares, sino ante nuestro compromiso con un periodismo independiente.

No tardaron mucho. Detuvieron por completo nuestra actividad. No solo cerraron el periódico diario y nuestra revista semanal, sino que clausuraron todas nuestras publicaciones digitales. Revocaron los permisos de nuestra organización y los de otras aliadas. Nos vimos obligados a tomar decisiones de gran calado, en un contexto de presión extrema para los periodistas.

Seven Days, nuestra organización, era una de las principales empresas de medios de Birmania. Decidimos crear una nueva versión de los medios en formato digital para poder seguir informando sobre lo que estaba ocurriendo. Para hacerlo, optamos por huir del país, ya que corríamos un gran riesgo, y establecernos en Tailandia. Podría contarte cómo nos organizamos, pero no quiero que lo publiques. La gente está sufriendo mucho. Hay vidas en juego. De hecho, algunas personas ya no están con nosotros.

Debíamos registrarnos en el Ministerio de Información, controlado por el Ejército. No podía salir de mi casa. Mi familia estaba conmigo, y la situación era muy difícil. Estábamos radicados en Birmania y trabajábamos de forma clandestina, pero después de seis meses comprendimos que era imposible continuar y que no podíamos garantizar la supervivencia del equipo. No podíamos hablar con ninguna organización ni con nadie. Era demasiado peligroso. Cuando arrestaron a un grupo de periodistas, decidimos huir. Me encargo del proceso editorial, pero no necesito estar sobre el terreno. Soy la directora gerente.

Antes de marcharnos, queríamos comprobar las conexiones y los registros en los aeropuertos. Había formas de hacerlo, aunque implicaban el pago de dinero. Verificamos que no aparecían ni mi nombre ni el de mi pareja en los registros del aeropuerto, porque habíamos utilizado otros nombres —algunos de personas fallecidas— en las licencias vinculadas a nuestros medios. La nueva organización se había fundado en secreto. No figurábamos en ninguna lista. Queríamos asegurarnos, y cuando lo confirmamos, supimos que era seguro marcharse.

Quería salir del país porque deseaba seguir ejerciendo mi profesión. Todos los periodistas están muy interesados en cómo informar de forma activa y donar para promover el acceso a la información entre la población de todo el país. Los militares han cortado internet en varias ocasiones y han provocado auténticos apagones. ¿Cortarán también la electricidad? Además, quieren obtener información sobre personas vinculadas a medios independientes.

Durante varias noches no pude dormir. A pesar de tener un visado tailandés y los billetes emitidos, no estaba segura de poder irme. Mi marido también ocupa un cargo relevante en nuestra organización periodística, así que nuestra preocupación era grande. Tengo dos hijos, que en aquel momento eran muy pequeños. No quería que pasaran por lo mismo que viví en mi infancia, cuando tenía cinco o seis años. Mi padre era político. Lo arrestaban constantemente. Tenía que huir con frecuencia y esconderse. Fue una situación tremenda. Esos recuerdos me llenaban de rabia. Si te preocupa tu familia, lo mejor es marcharte. Si nos arrestaban, mis hijos podían ser conducidos a un centro de integración. Por eso decidimos irnos.

El día que nos marchábamos no había mucha gente en el aeropuerto, porque apenas había vuelos. Habían pasado unos meses desde el golpe. Los militares habían aprobado la lista de pasajeros del avión una semana antes, ya que las compañías debían remitirla al Ministerio de Exteriores. Pero nunca te sientes segura en una situación así.

Desafortunadamente, los nombres de mis hijos son muy especiales, poco frecuentes. Tras un primer control de seguridad, llegamos al mostrador de inmigración. Allí estaba un oficial de policía y, de repente, gritó el nombre de mi hijo, que estaba corriendo por el pasillo. Me puse a temblar. Recuerdo que no controlaba mis rodillas: temblaban. «Oh, nos tienen», pensé. Mi esposo estaba impactado. No dijo ni una palabra. Había militares al fondo. Pero el niño siguió corriendo y no lo pararon. En realidad, sabemos que ese oficial gritó su nombre, quizás porque es un nombre especial, pero en verdad no conocemos el motivo. El caso es que no detuvieron al niño. No respondieron en absoluto. Y, al pasar, nos miraron de forma muy extraña. No quisimos mirarlos, pero era como sentir que teníamos un sí. Ahora nos reímos cuando hablamos de esta historia.

Tan pronto como aterrizamos en Tailandia, mis hijos se pusieron muy contentos. Eran muy pequeños, pero sabían que estábamos en peligro. Mi hijo mayor me preguntó: «Mamá, ¿ahora nos olvidamos ya del ejército?». Y le dije que sí, que por supuesto. Fue muy emotivo.

Los fundadores y los líderes de nuestra organización están radicados en el exilio, en Tailandia, al igual que algunos periodistas. Pero entre el 70 y el 75 % de los miembros de nuestro equipo, en su mayoría reporteros, permanecen dentro de Birmania. Trabajan desde diferentes partes del país, no solo en la capital. Desde el golpe de Estado ya no tenemos oficina: todos trabajan de forma remota. No pueden decir que son periodistas, no. La situación es muy peligrosa. No pueden identificarse como periodistas, así que trabajan de manera encubierta. Preparan informaciones y denuncian hechos, pero tienen limitaciones para difundir estos hechos libremente, por el temor a ser identificados. A veces toman fotos o vídeos, pero es muy arriesgado. Desaconsejamos hacerlo. A veces recibimos material gráfico directamente de los ciudadanos, mientras que las noticias son siempre de nuestros periodistas, que no usan su nombre real e inventan el de las fuentes de sus noticias. Ten en cuenta que la población de Birmania no puede hablar con los medios de comunicación, especialmente con los medios independientes. Si hablas con ellos, o incluso si mantienes una conexión con las páginas web de estos medios independientes, los militares pueden acusarte. Es muy difícil para los periodistas plantear incluso preguntas a la gente o contrastar información.

La mayor motivación para nuestros periodistas procede de su audiencia. A pesar de que sus artículos no aparecen firmados por ellos, si la historia ha tenido impacto sienten que su compromiso merece la pena. Pueden ver el compromiso y el efecto de su historia. También se motivan al conocer la situación en el país sobre el terreno. Conocen el sufrimiento de la gente y sienten que son muy importantes para dar voz a las personas, a las víctimas. Sienten que desempeñan un papel muy importante en el país, en una situación muy, muy arriesgada. Ese tipo de cosas son las que les motivan a continuar con su profesión.

Nuestro sitio web fue bloqueado, así que creamos un sitio web espejo para nuestra audiencia. También deben usar una VPN para acceder a nuestro Facebook o YouTube. Es una vía muy segura, porque la ubicación real no aparece en ninguna parte. Así, puedes estar usando internet desde Birmania, pero mostrar una ubicación de Tailandia y acceder a contenido bloqueado en Birmania.

La gente usa la televisión y también las plataformas de redes sociales más conocidas. Antes del golpe, la gente no estaba acostumbrada a Telegram. Pero ahora ha crecido muchísimo, y los militares también lo usan para emitir su propaganda y generar desinformación. Allí han señalado a los medios y a los periodistas, e incluso dan la dirección de su domicilio. Apareció mi nombre y la casa donde vivía. Si te das cuenta, es mejor correr, porque significa que tarde o temprano te arrestarán.

Los primeros seis meses trabajamos como voluntarios. No pedimos ningún tipo de apoyo financiero. No tenemos experiencia en financiación ni en subvenciones para la prensa. Cuando salimos del país, tuvimos la suerte de contar con una red muy buena. Y, por la reputación de nuestro grupo, recibimos mucho apoyo. Pero esta ayuda fue disminuyendo. Muchos medios no han podido sobrevivir. Para nosotros es un verdadero desafío, a pesar de que los periodistas se mantienen motivados y hacen su trabajo sobre el terreno, pese al riesgo.

No creo que el periodismo por sí solo pueda cambiar la situación en Birmania. Formamos parte de una cadena. La situación es bastante compleja. La mayoría de los periodistas, incluyéndome a mí, no tenemos ninguna experiencia en un conflicto como este. Sin embargo, los periodistas siguen luchando en su fuero interno. Están informando y haciendo su trabajo, y estoy segura de que creen que van a ser parte del cambio del país.

NYEIN NYEIN NAING,
directora adjunta de 7Days News. Birmania

## La Policía asaltó nuestra redacción

Aprendí periodismo haciéndolo. No fui a una escuela. Aprendí periodismo reporteando en 1978 y 1979, y, después del triunfo de la Revolución, ya no regresé al diario *La Prensa*, que era el periódico de mi familia, en el que yo había trabajado. Por el compromiso político que había adquirido con el proceso de derrocamiento de la dictadura, me quedé en el Frente Sandinista y terminé participando en la creación de un nuevo diario, que se llamó *Barricada* y que fue el periódico del Frente Sandinista de Liberación Nacional.

En 1980 me nombraron director de esa publicación, y la dirigí durante catorce años. Era un periódico político, de un movimiento político, y, por lo tanto, tenía restricciones y ataduras: era a la vez un medio de propaganda y de movilización. También aspiraba a ser un medio periodístico, aunque, en realidad, dados esos constreñimientos, el periodismo siempre salía perdiendo en ese esfuerzo.

El caso es que, en ese momento, yo tenía esa doble identidad como periodista y como político. Creía que era posible, desde dentro de ese movimiento, contribuir también al desarrollo de un periodismo en un país que atravesaba un proceso profundo de transformación. Cuando hago el balance de esa década, creo que, al final, el periodismo salió perdiendo, porque en Nicaragua se desembocó en una guerra: una guerra civil y una guerra de agresión externa, en la cual el periodismo se convirtió en eslabón de los mecanismos de propaganda y contrapropaganda. Perdimos autonomía. La guerra deshumaniza a la sociedad, y también ha deshumanizado al periodismo.

Cuando el Frente Sandinista perdió las elecciones en 1990 —irónicamente, quien las ganó fue mi madre, Violeta Barrios de Chamorro, la viuda de mi padre, que representaba a la oposición al Frente Sandinista—, en Nicaragua se abrió otra gran oportunidad de cambio: una oportunidad de transición democrática. A mí me correspondió, en ese momento, plantear la transformación de aquel periódico, que había sido un medio político y partidario, en un periódico de verdad; es decir, edificar su autonomía periodística y profesional para que pudiera sobrevivir. Forjar una relación de confianza y credibilidad con sus lectores, convertirse en un medio de fiscalización de todos los poderes y mantener autonomía, incluso del propio Frente Sandinista.

Cuatro años después, el proyecto fue abortado porque, precisamente, el Frente Sandinista declaró que los periodistas nos habíamos apropiado del periódico, que, según ellos, le pertenecía al partido. Por lo tanto, me expulsaron a mí y, posteriormente, a todos los periodistas.

Ahí terminó mi aventura por intentar encontrar una manera de compatibilizar el periodismo con la militancia política. Así que decidí iniciar un nuevo camino en el periodismo independiente, desvinculado de todo grupo de poder y de cualquier partido político. Fue así como, en 1995 y 1996, fundé dos pequeños medios de comunicación en el contexto de la transición democrática en Nicaragua, un momento muy favorable para el surgimiento de nuevos medios profesionales.

Fundé *Confidencial*, inicialmente como una *newsletter* impresa dirigida a un sector de público influyente. Queríamos hacer periodismo investigativo para personas con poder de decisión en el país. Al mismo tiempo, lancé un programa dominical, un magazín televisivo llamado *Esta semana*, primero en horario diurno y más tarde por la noche, dirigido a un público amplio. Hacíamos reportajes, entrevistas, crónicas y también algo de periodismo de investigación.

Esos medios que fundé todavía existen hoy, aunque ahora en un formato netamente digital. La revista impresa ya no circula, porque fue clausurada físicamente por la dictadura de Ortega Murillo en 2021. Tampoco existe el programa de televisión original, porque estamos censurados en la televisión nacional, pero seguimos produciéndolo y difundiéndolo a través del canal de YouTube de *Confidencial*, que hoy tiene casi 500.000 suscriptores en Nicaragua y en distintas partes del mundo.

De modo que aquellos medios —llamémoslos tradicionales— han evolucionado a lo largo de veinticinco o treinta años hacia una plataforma digital, con una redacción multimedia en la que están integradas todas nuestras producciones, incluido nuestro trabajo en redes sociales.

Decía que inicié esa etapa de periodismo independiente en el año 1995, y la verdad es que a mí me correspondió fiscalizar a los poderes públicos y a los poderes privados en Nicaragua, incluido el Gobierno de mi madre, que terminó su mandato en el año 1996. Luego vino el Gobierno de Arnoldo Alemán, un presidente de centroderecha liberal que, finalmente, derivó en una trayectoria de corrupción y autoritarismo, y se convirtió eventualmente en un aliado de Daniel Ortega.

Después asumió el Gobierno Enrique Bolaños, antiguo vicepresidente de Arnoldo Alemán, un hombre íntegro, un conservador de orientación liberal, que intentó profundizar en Nicaragua la transición democrática y las reformas. Pero no lo consiguió, porque para entonces el peso político de Daniel Ortega como líder del Frente Sandinista y de la oposición era muy fuerte. Había conformado una alianza con el otro caudillo político, el expresidente Arnoldo Alemán, y prácticamente iniciaron un proceso de desmantelamiento de la transición democrática a través de las instituciones del Estado.

Se repartieron el control de la Contraloría, de la Procuraduría de Derechos Humanos, de la Corte Suprema de Justicia y del Parlamento. Establecieron un sistema bipartidista que, de alguna forma, permitió a Daniel Ortega regresar al poder en 2007. Ganó una elección en 2006 en primera vuelta con solamente el 38 % de los votos, gracias a un arreglo que redujo el porcentaje requerido para imponerse en primera vuelta, del 45 al 35 %.

Y ahí comienza otra historia en el periodismo que yo hago en Nicaragua. Siempre tuve tensiones, porque las investigaciones sobre corrupción del sector privado también provocaron reacciones de grupos económicos que nos retiraron la publicidad. Pero cuando Ortega regresó al poder, la situación fue distinta, porque ya no se trataba de una relación adversarial entre un gobierno que intenta imponer su agenda y unos medios que compiten por influir en la agenda pública del país. Ortega volvió con una agenda distinta. Para él, la prensa independiente es el enemigo. Y diez años antes que Bolsonaro y Donald Trump, Daniel Ortega ya decía: «Los medios de comunicación son el enemigo».

Al mismo tiempo, él estaba creando sus propios medios de comunicación familiares, dirigidos por sus hijos, como parte de su propia maquinaria mediática.

En 2007 publicamos la primera gran investigación sobre corrupción que señalaba directamente la responsabilidad de Ortega en la fusión del Estado con su partido, y en un gran trasiego de intereses en torno a la Corte Suprema de Justicia. Desde entonces, fuimos objeto de una campaña de ataques y linchamiento en los medios oficiales. Nunca llegaron a presentar una acusación judicial en mi contra, pero fue una campaña de intimidación violenta en la que incluso me acusaron de narcotraficante. Para mí, en ese momento, empezó otra etapa: preservar a cualquier costo nuestra capacidad de hacer periodismo independiente.

Y transcurrieron diez años. Entre 2007 y 2017 Ortega se consolidó en el poder y pervirtió los poderes del Estado. Se hizo con el control casi total de la Corte Suprema de Justicia y del poder electoral. El antiguo sistema bipartidista se convirtió en un monopolio absoluto. Cometió fraude electoral, y estableció una alianza con los grandes empresarios que le permitió gobernar durante diez años sin democracia ni transparencia, pero fomentando un régimen de economía privada que, incluso, durante un tiempo fue elogiado por sectores internacionales.

Nosotros investigábamos la corrupción y la denunciábamos con informaciones, pero el régimen simplemente las ignoraba. Tenía el control absoluto de la Contraloría, de la Policía, de la Corte Suprema de Justicia. El periodismo no tenía consecuencias, más allá de sembrar una audiencia y construir memoria.

Toda esa situación, de alguna manera, estalló de forma imprevista en abril de 2018, cuando el sistema parecía inexpugnable. Recordemos que Ortega fue elegido en 2006, se reeligió inconstitucionalmente en 2011 y nuevamente en 2016, cuando ya había establecido la reelección indefinida y designado como vicepresidenta a su esposa, Rosario Murillo. Ese sistema parecía destinado a eternizarse en el poder, como una especie de dinastía.

Pero en abril de 2018, como te contaba, estalló en Nicaragua una protesta nacional que se convirtió en una insurrección cívica que duró cien días. Un movimiento autoconvocado, inicialmente de estudiantes universitarios, al que luego se sumaron las universidades públicas, los movimientos barriales e incluso el movimiento campesino y el sector empresarial —anteriormente aliado del régimen—, se unieron en una gran protesta que exigía democratización, justicia y una reforma electoral para convocar a elecciones anticipadas.

Ese movimiento fue reprimido a sangre y fuego por la dictadura de Ortega y Murillo. Se produjeron más de trescientos cincuenta asesinatos, todos en la impunidad, miles de detenciones y decenas de miles de exiliados. Todo esto está documentado por la Comisión Interamericana de Derechos Humanos, que en 2018 realizó un extraordinario trabajo en Nicaragua.

Cuando el Gobierno sintió que su poder estaba amenazado por este gran movimiento político autoconvocado e insurreccional, concentró también sus ataques contra la prensa. Dejó de tolerar esos medios independientes que existieron durante una década, y se propuso eliminarlos. Ocurrió el asesinato del periodista Ángel Gaona, agresiones físicas contra reporteros, asaltos de grupos paramilitares a medios de comunicación —como fue el caso de Radio Darío—, imposición de censura televisiva y un bloqueo a la importación de papel y recursos de impresión para los periódicos.

Poco a poco se fue estableciendo un mecanismo de supresión no solo de la libertad de prensa y del derecho a informar, sino también de la libertad de expresión y de opinión. Todo este proceso tuvo su expresión definitiva en septiembre de 2018, cuando se impuso en Nicaragua un estado policial *de facto*. Es decir, no se suspendieron formalmente las garantías constitucionales: simplemente se eliminaron. Se prohibieron la libertad de reunión, de movilización, de prensa y de expresión. El país quedó bajo el control de un sistema policial y paramilitar.

La Policía asaltó la redacción de *Confidencial* el 13 de diciembre de 2018 a medianoche, cuando, afortunadamente, ya no quedaba ningún reportero. Robaron todos los equipos de televisión, las computadoras... Asaltaron también una empresa de mi esposa que estaba en el mismo inmueble.

Al día siguiente, fui a la televisión a hacer el inventario de los daños y a denunciar esta agresión, y la Policía regresó y ocupó militarmente, de forma indefinida, nuestra redacción. Una semana después se produjo el asalto a 100% Noticias, un canal de cable. Con la diferencia de que llegaron a las nueve de la noche, cuando mis colegas estaban transmitiendo en vivo, y detuvieron a Miguel Mora y a Lucía Pineda. Al día siguiente aparecieron vestidos con trajes de presidiario, acusados ante un juzgado por el supuesto delito de incitación al odio.

Esa escalada contra los medios de comunicación provocó que, a finales de diciembre, yo tomara la decisión de exiliarme en Costa Rica, cruzando la frontera por un punto ciego con mi esposa, para protegerme de una detención inminente. Tenía información de que estaba en la lista de periodistas que iban a capturar. Me fui a Costa Rica a reorganizar la manera de hacer periodismo. Sin embargo, la gran mayoría de mis colegas pudo quedarse en Nicaragua trabajando. Mientras ellos imponían la censura en la televisión, nosotros seguimos trabajando a través del canal de YouTube.

En 2019 hubo un segundo diálogo nacional, donde el régimen se comprometió a suspender el estado policial, aunque nunca lo hizo. Se comprometió también a liberar a la mayoría de los presos políticos, lo cual sí cumplió, pues dictó una supuesta ley de autoamnistía. Y entonces, en noviembre de aquel año, 2019, decidí regresar a Nicaragua. Dejé el exilio y, junto a un grupo de periodistas defensores de derechos humanos, reclamé la devolución de mi redacción, que seguía ocupada por la policía. Nunca devolvieron la redacción, pero el régimen permitió que yo regresara. No negocié nada con nadie y seguí haciendo periodismo.

Vino el año de la pandemia y, luego, en el año 2021, estaban programadas elecciones. El régimen decretó ilegalmente la confiscación de la redacción de *Confidencial*; es decir, de un día para otro, en esa redacción que estaba ocupada por la policía, apareció un rótulo que decía que era propiedad del Ministerio de Salud, y el Gobierno inauguró allí una clínica de maternidad, en mi redacción. Como cuando un narcotraficante quiere lavar un crimen, pues ellos inauguraron una clínica de maternidad, con unos grandes rótulos de Daniel Ortega y Rosario Murillo. Nosotros seguíamos haciendo periodismo y abrimos otra redacción en una oficina corporativa. Pero el 20 de mayo de 2021 asaltaron mi redacción por segunda vez. De nuevo robaron todos los equipos. Capturaron también a un productor audiovisual, quien estuvo preso siete horas. Yo escapé otra vez de una detención porque me alertaron de que estaba llegando la policía. Me fui a la radio a denunciar este hecho.

Seguimos trabajando en remoto. Habíamos aprendido durante la pandemia a producir televisión y a trabajar con cada persona desde cualquier punto. Pero entre mayo y junio de 2021 se inició la gran redada electoral desatada por el régimen Ortega Murillo para anular las elecciones de noviembre y, en cuestión de tres o cuatro semanas, capturaron a todos los precandidatos presidenciales de la oposición: entre ellos, a mi hermana Cristiana Chamorro, a Juan Sebastián Chamorro, a Medardo Mairena, a Miguel Mora, a Félix Maradiaga y también a Arturo Cruz. Y también capturaron a líderes políticos, a líderes cívicos, a líderes empresariales, a líderes universitarios. Más de sesenta personas fueron detenidas en dos semanas. Yo estaba esperando. Me enfrenté otra vez a ese dilema agónico de esperar a que me llevaran a la cárcel o volver a salir al exilio para preservar mi libertad y seguir haciendo periodismo.

Y, al final de cuentas, mi esposa y yo tuvimos que volver a hacerlo: otra vez salí por un punto ciego. Y agradezco eternamente al Estado costarricense su generosidad por haberme abierto nuevamente sus puertas y acogerme como refugiado. De nuevo pude reorganizarme y seguir haciendo periodismo desde Costa Rica. La diferencia, esta vez, fue que no solo yo era el blanco de la persecución, sino todos los periodistas, y en cuestión de cinco meses, toda mi redacción tuvo que salir al exilio. Pero no solo le ocurrió a la redacción de *Confidencial*, sino también a la de *La Prensa* y a la de otros medios de comunicación, hasta el punto de que, hoy por hoy, en Nicaragua no hay ningún medio de comunicación independiente operando. Los pocos que no son oficiales se autocensuran y han dejado de cubrir información pública.

Existe un gran aparato de medios oficiales y, al mismo tiempo, una criminalización de la libertad de opinión. Es decir, hay personas que están en la cárcel o han estado en la cárcel porque postearon una opinión en Facebook o en X, no porque cometieran absolutamente ningún delito. Más de doce periodistas en la cárcel que fueron excarcelados y desterrados, y hoy somos trece los periodistas que, además, fuimos despojados de nuestra nacionalidad. Porque el régimen, en el mes de febrero de 2023, nos declaró traidores a la patria o apátridas y nos despojó de todos nuestros derechos políticos. Primero a 222 expresos políticos, y después a 94 ciudadanos, entre los cuales figuramos estos 13 periodistas, directores de medios de comunicación a los que, además, nos confiscaron todos nuestros bienes.

Y, a pesar de eso, seguimos haciendo periodismo. Lo ejercemos desde Costa Rica, desde Estados Unidos, desde España, desde distintas partes del mundo para derrotar la censura que existe en Nicaragua después de anular las elecciones en 2021. Mucha gente pensó: «Ahora que Ortega se autoeligió, sin competencia política, va a abrir el sistema político, va a llamar a algún diálogo». Pero hizo todo lo contrario. Impuso un régimen totalitario. Y cuando digo totalitario, estoy hablando en sentido literal. Desataron una persecución implacable contra la Iglesia católica, imponiendo el espionaje en las parroquias, la prohibición de las procesiones religiosas, la detención y captura de sacerdotes y obispos y su destierro, hasta llegar a un punto en el cual expulsaron incluso al nuncio apostólico del Vaticano. Pero, además de eso, eliminaron 3.800 asociaciones y organizaciones no gubernamentales. Barrieron con toda la sociedad civil, con todo el espacio cívico existente en Nicaragua. No solo fueron ilegalizados los partidos políticos, sino también la Orden de la Madre Teresa de Calcuta, la operación Sonrisa para los niños con labio leporino, los gremios del sector privado... La Universidad Centroamericana de los jesuitas fue confiscada, el Instituto Centroamericano de Administración de Empresas, la sucursal de Harvard en Centroamérica... Prácticamente eliminaron la totalidad de la sociedad civil. Este es el estado en que se vive hoy en Nicaragua: de abuso, de total criminalización de la libertad de prensa y la libertad de expresión.

Prácticamente toda la información que nosotros publicamos está basada en fuentes a las que no se puede atribuir identidad, porque eso es un crimen en Nicaragua. Por lo tanto, son fuentes anónimas. Tenemos que hacer un doble y triple trabajo de chequeo para poder seguir produciendo información fiable. Yo resumiría el estado del periodismo en Nicaragua diciendo que está bajo una dictadura, la cual es además una dictadura totalitaria. La prensa en el exilio es la última reserva de libertad que existe en esa sociedad, y es importante que esto sea conocido y entendido por la comunidad internacional.

La idea que me impulsa a seguir es el deseo de contar la historia de cómo una dictadura totalitaria en Nicaragua puede ser transformada por un movimiento de resistencia cívica. Nosotros, como periodistas y también como ciudadanos, tenemos un compromiso con las víctimas de la represión. Hacemos periodismo para construir verdad y para construir justicia, porque, más temprano que tarde, los perpetradores de crímenes de lesa humanidad deberán rendir cuentas ante los tribunales internacionales de justicia.

Cuando ingresé al periodismo, creía que el periodismo podía generar un cambio político. Honestamente, ya no lo creo. El periodismo, por sí solo, no produce los cambios. Pero sí es imprescindible para que estos puedan darse. Son los actores políticos, los movimientos sociales y políticos quienes provocan esos cambios. Sin embargo, la información, la denuncia, la documentación de la corrupción, la corroboración de los abusos del Estado policial y el hecho de que la sociedad esté informada son fundamentales para que también pueda involucrarse activamente en ella.

Desde esa perspectiva, sí creo que el periodismo que estamos haciendo —aunque no tenga connotaciones partidarias ni vínculos con organizaciones políticas o poderes extranjeros— puede tener unas consecuencias políticas en un país donde han sido suprimidas todas las libertades.

Carlos F. Chamorro,
fundador y editor de *Confidencial*.
Nicaragua-Costa Rica

## El aporte del periodismo a Colombia es infinito

Una puede ser muy crítica a veces, pero creo que el periodismo ha contribuido enormemente a hacer justicia en Colombia. Esta es una sociedad profundamente injusta, que ha ido mejorando, pero que tiene muchos problemas de justicia básica. Es el periodismo el que ha investigado los casos más grandes de corrupción y de compra del poder político por parte de actores criminales. Tal es el caso del famoso *Proceso 8000*, en la época de Samper,* durante la campaña electoral del año 1994. Hubo un aporte a la campaña presidencial y a las campañas de los congresistas de millones de dólares provenientes del narcotráfico. ¿Quién descubre eso? María Cristina Caballero, de la revista *Cambio*. Ellos publicaron la primera historia: destaparon la trama, y varios congresistas terminaron procesados.

El otro gran caso, por supuesto, es el de la parapolítica. Primero fue un trabajo académico, pero fueron los medios los que empezaron a escarbar, una y otra vez. Más de sesenta congresistas acabaron procesados y condenados por haber colaborado con los paramilitares para ganar elecciones y cometer asesinatos. Las denuncias periodísticas terminaron en condenas de hasta cuarenta años para congresistas involucrados en masacres.

Otro papel fundamental que ha desempeñado el periodismo en Colombia ha sido la recuperación de la voz de la gente más pobre, la más humilde. De esas 800.000 o 900.000 familias campesinas que viven en el país y que no tenían cómo hacerse oír. Ahora existe internet, pero el periodismo despertó esta realidad. Colombia ha desplazado, según los datos más conservadores, a unos seis millones de personas. Personas expulsadas de sus tierras, las más

* Ernesto Samper fue presidente de Colombia entre 1994 y 1998.

humildes, las más pobres. Quienes hablaron por ellas, quienes contaron sus historias, fueron periodistas que muchas veces pagaron con su vida.

Tú sabes que en Colombia han asesinado a cientos de periodistas, casi siempre por denunciar a alguien que se apropiaba ilegalmente de tierras o que cometía abusos. Uno de los casos más dramáticos es el de una emisora de radio de Caquetá, la RAC. La guerrilla de las FARC mató a su director. Otra persona ocupó su lugar y también fue asesinada. Luego mataron al tercero y al cuarto... Al quinto le tocó exiliarse. Toda la plantilla fue eliminada, hasta que la emisora tuvo que cerrar y el medio quedó silenciado.

Colombia es un país con grandes medios regionales tradicionales. Algo parecido ocurre en España: ustedes, en Vocento, tienen periódicos regionales muy fuertes. En cada uno de esos medios colombianos hay una víctima de la violencia. Te recito de memoria: en *La Opinión* de Cúcuta asesinaron al director; *El Meridiano* de Córdoba recibió amenazas; en *El Pilón* de Valledupar mataron a una periodista y al jefe de redacción, una persona muy querida por todos. También asesinaron a uno de los columnistas más importantes de *El País* de Cali y a varios empleados de *El Colombiano* de Medellín. Podría seguir un buen rato. Fíjate que volaron el edificio de *Vanguardia Liberal*, en Bucaramanga. Destruyeron todas las instalaciones del periódico. En unos casos fue la guerrilla; en otros, el narcotráfico; en otros más, el paramilitarismo, a veces en combinación con el ejército. Son distintas mezclas. Es difícil encontrar otro país donde la prensa regional haya derramado tanta sangre por defender el periodismo, la independencia informativa, por denunciar lo que está mal.

El aporte del periodismo a Colombia es infinito, en cuanto a la cantidad de trabajo que los periodistas han realizado para desnudar los abusos de los criminales y destapar la corrupción. Sin periodismo, no sé qué habría hoy en Colombia.

Fíjate que, a pesar de la tragedia colombiana, de los miles de muertos y de todo lo ocurrido, Colombia nunca rompió su esquema democrático. Elegimos presidente desde mediados del siglo XX, cuando tuvimos al único dictador hasta hoy. Los procesos democráticos no se han interrumpido. Siempre hemos tenido elecciones. Se podrá decir que siempre gobernaron los mismos, vale; se puede hacer la crítica que se quiera, pero se ha mantenido un nivel de democracia en el que, al menos, los periodistas —aunque expuestos a todo tipo de riesgos— teníamos, como decimos en Colombia, derecho al pataleo. Podíamos denunciar. Lo mismo ocurría con las organizaciones civiles y con la justicia. Creo que el periodismo ayudó a sostener este sistema democrático, a pesar del desastre.

El periodismo es el único agente que produce información sobre la que no tiene un interés previo. Si tú y yo vamos a cubrir un tema, no nos importa si el resultado es positivo o negativo. No nos importa. Vamos a investigar qué pasa y por qué pasa lo que pasa. Esa es una mirada desde la disciplina periodística. Se logra mediante una metodología, una ética, una disciplina que se ha construido durante algo más de cien años.

La otra característica que hace del periodismo algo distinto es la postura que adopta frente a la sociedad. De alguna manera, siempre exige rendición de cuentas a quienes detentan el poder. Hoy vivimos en un mundo en el que unos pocos concentran muchísima información y, por ello, pueden generar riqueza. Mientras tanto, gran parte de la población no tiene ni idea de lo que ocurre con su dinero, y mucho menos con sus impuestos. El periodismo contribuye a equilibrar esa balanza: siempre obliga a los poderosos a rendir cuentas.

Y ese papel del periodismo no tiene que ver con el de los activistas, cuyas miradas están condicionadas por sus propios intereses. Esa combinación de desinterés y necesidad de democratizar la información es lo que convierte al periodismo en algo esencial para la democracia. ¿Qué sentido tiene hablar de democracia si la gente no sabe qué decisiones se están tomando realmente?

La gente suele tener una visión muy negativa del periodismo porque existe muy mal periodismo. En Colombia ha habido mucho periodismo manipulado por las fuentes. En la época de la guerra veías titulares y sabías que estaban dictados por un bando o por el otro. El ejército, por ejemplo, tenía toda una división dedicada a la producción de información falsa. Informaban de grandes triunfos y batallas, y nadie verificaba nada. Eso se publicaba porque era «estar del lado del Estado». Yo me metí en problemas personales cuando empecé a verificar esas historias. Comprobaba que eran falsas y me negaba a publicarlas. Entonces los militares comenzaron a decirme: «Usted debe estar con el enemigo porque no es patriota, ¿no?».

Por eso el periodismo es necesario: porque posee una estructura profesional, una práctica, una disciplina. Un periodista que ejerce su labor de forma rigurosa tiene que verificar y contrastar la verdad constantemente. Las evidencias son cada vez más exigentes. Hoy en día hay que contrastar el triple. El nivel del periodismo investigativo de hace unos años, cuando una fuente era suficiente, ya no se sostiene.

Tienes una vigilancia brutal sobre la calidad de tu trabajo: millones de personas revisan tu información y, si te equivocas, te crucifican.

El periodismo también cumple un papel difícil en la sociedad, porque a nadie le gusta que le cuestionen. Te pido que me cuentes algo y, apenas terminas, te digo que voy a consultarlo con otra persona para ver si tu versión es cierta. Hay quien no lo entiende. Se ofenden. Se enfurecen. «¿Por qué dudas de mí?» No es que dude: es que mi oficio consiste en contrastarlo todo. Tengo que construir verdades a partir de muchas fuentes.

Para *Guerras recicladas,* tuve que entrevistar a una importante cantidad de narcotraficantes y paramilitares, gente peligrosa. Lo primero que hacía apenas entraba a la reunión con cada uno de ellos era decirle: «Mire, yo le voy a pedir información. Usted me puede decir todo lo que quiera, pero su versión de los hechos no es la que va a aparecer en el libro, porque a mí me toca contrastarla con documentos, con jueces y con víctimas». Se lo decía de frente porque no quería ponerme en riesgo. Y después estos tipos respondían: «Pero si yo le digo lo que pasó, ¿para qué va a averiguar más?». Y resulta que en nuestro oficio toca hacer eso, así como al cura le toca confesar. Entonces se ponían nerviosos. Por eso el periodismo es muy difícil.

Este oficio no es fácil. No se comprende bien. Aunque es verdad que siempre, incluso en los momentos más duros, ha traído grandes satisfacciones.

Colombia sufría una epidemia de secuestros en 2001. Había un promedio de diez secuestros diarios. Imagina. Se volvió un gran negocio. Había intermediarios profesionales. También personas especializadas en secuestros que entregaban a los secuestrados a otros grupos. Por ejemplo, funcionaba entonces una banda que se llamaba Los Carlos, conformada por policías, militares y demás, que se dedicaban al secuestro. Una cosa espeluznante. Entonces resolví hacer una investigación muy grande en *Semana.*

Cuando recopilaba información sobre diferentes casos, me encontré con uno muy extraño. Se trataba de un secuestro cometido por paramilitares. Era raro, porque los paramilitares sí secuestraban gente, pero generalmente, cuando se la llevaban, la mataban. No hacían secuestros extorsivos. Ellos no necesitaban plata, así que no les interesaba extorsionar a nadie. Pero se llevaron a esta mujer. Una señora, digamos, de clase media alta de Valledupar, de esta ciudad del vallenato. Ya llevaba varios meses secuestrada. Me puse a investigar este tema y, finalmente, contacté con su hermana, que era jueza. Me contó que había sido un grupo numeroso de paramilitares. En un momento de la conversación, me dijo: «Lo único que pido para que tú pongas en tu artículo es que me devuelvan el cuerpo. Que me digan dónde está». Y yo, no sé si por alguna razón intuitiva o por otras personas con las que había hablado, le dije: «No creo que sea sano darla por muerta. Contemos la verdad y a ver qué pasa».

Porque, aparentemente, la acusación —que nunca se formalizó— se basaba en que ella era amiga de la guerrilla. Pero investigué, hablé con mucha gente que la conocía y, de toda la información que obtuve, que era mucha, lo único que se apreciaba era que se trataba de una señora ama de casa. Su marido era el que trabajaba. Ella nunca se metió con nada de política ni de nada. Vivía en su casa, como cualquier señora de clase media alta de una ciudad grande. Todo era normal. Se ocupaba de los chicos, se ocupaba de los colegios, iba a un club. Cualquier vida común y corriente. Nunca le vimos un comentario político. No tenía nada que ver con alguien que fuera susceptible de ser secuestrado por los paramilitares. Conté esa historia así, tal cual, en la revista.

El caso es que los paramilitares se la llevaron, seguramente por equivocación porque, bueno, al poquito tiempo de que se publicara la historia, unos días después, me llamó su hermana, la jueza, y me dijo: «¿Tú puedes creer que liberaron a mi hermana? Estaba viva y la liberaron por tu artículo».

Todavía tengo escalofríos cuando cuento esta historia.

Al parecer, fue un tema de faldas. Alguna mujer tenía celos de ella y la acusó de tener relaciones con la guerrilla. Los paramilitares casi la matan, pero no lo hicieron al final porque tenían dudas. Cuando vieron el reportaje en *Semana*, que les parecía una fuente confiable, la liberaron. ¿Lo puedes creer?

María Teresa Ronderos,
directora del Centro Iberoamericano de
Investigación Periodística. Colombia

# INTERNET Y LOS SUEÑOS ROTOS

Emilio García-Ruiz (Estados Unidos)

Joe Kahn (Estados Unidos)

Alan Rusbridger (Reino Unido)

María Moya (España)

Sindo Lafuente (España)

Nacho Escolar (España)

Carissa Véliz (México-Reino Unido)

Irene Lanzaco (España)

Bruno Patino (Francia)

*Los periodistas que trabajaron en los inicios de internet recibieron con gran ilusión la llegada de una revolución. Se abría un mundo lleno de posibilidades. También de grandes amenazas. Pero eso no lo sabían entonces. La desinformación, la manipulación, la polarización, los abusos de los algoritmos y los monopolios tecnológicos llegaron después.*

## Los dueños de los periódicos se equivocaron

La primera reacción en las redacciones de los Estados Unidos cuando empezó internet fue pensar que no iba a ser nada, que quizá era una forma de comunicación, de hablarse, pero no algo que pudiera hacer daño o cambiar el periodismo. ¿Cuándo empezó de verdad internet? ¿A dónde fue el dinero? A los deportes y a la información sobre la bolsa. Ahí es donde fue el dinero. Las inversiones enormes de las cadenas en deportes en internet fueron inmediatas. Todos los que éramos jefes de deportes en periódicos tradicionales dijimos: «Esto va a ser enorme». Se vio de inmediato. Perdí a mi primer periodista de internet en 1998. Esto fue quince años antes de que naciera *The Athletic.*

Lo que vimos de inmediato en internet fue la posibilidad de cubrir deportes en vivo. Esa fue la gran promesa. De repente, podías publicar los comentarios de tus periodistas durante una transmisión en directo. Creo que era el año 1999. El caso es que yo nunca he querido dejar pasar una oportunidad, así que obligué a mis periodistas en Minnesota a hacer comentarios en directo sobre los partidos del equipo.

Pero tuvimos un pequeño problema en esos días: la banda ancha prácticamente no existía. Internet funcionaba por línea telefónica. Mi periodista escribía, me mandaba la nota, yo la publicaba, y diez minutos después se podía leer en la web. Aquello no funcionaba. Lo hice porque era una oportunidad de hacer algo nuevo y distinto.

En la bolsa sucedió lo mismo. Si te acuerdas, de repente veías las variaciones en los precios al instante y podías comprar acciones inmediatamente. Era un gran cambio. Antes, tardabas uno o dos días en comprar acciones. Pero llegó la crisis de 2001 y la bolsa cayó repentinamente. Muchas de esas inversiones tan inmediatas parecieron, de pronto, una mala idea.

El deporte, en cambio, siguió y siguió. Cuatro o cinco años después de aquellos comienzos, fue significativo que los jefes de los periódicos se dieran cuenta de que el único cambio cultural en las redacciones se producía en la sección de Deportes. Así que empezaron a ascender a editores de Deportes y a trasladarlos a la redacción general. Hay casos de varios editores deportivos de aquella época que hoy dirigen periódicos en Estados Unidos, e incluso alguno se ha convertido en el editor principal del medio.

Recuerdo que ya en 2001 o 2002, en casi todas las redacciones había dos grupos separados. La gente del área digital batallaba contra la gente del papel. Y la gente de digital perdía todas las batallas, porque el poder en el periodismo, durante muchos años, estuvo del lado tradicional. La batalla no podía ser frontal: tenía que librarse en detalles mínimos. Fue una guerra de años y años, hecha de pequeñas cosas.

En *The Washington Post* estuve como editor de Deportes, pero me sacaron de allí y me mandaron a la redacción general porque el departamento de noticias locales estaba muy por detrás del resto. Luego pasé a ser el número dos de la redacción de toda el área digital y, años más tarde, asumí la dirección del área digital por debajo de Martin Baron.* Ya te sabes la historia. Ahora hablo con mucha gente que estuvo en estas batallas y se perdió tanto... Perdimos tantas veces... La tragedia es lo difícil que resulta cambiar la cultura. En 2003 o 2004 todo el mundo ya sabía que internet iba a ser algo grande. Lo difícil fue cambiar a cada periodista de forma individual. Ahí es donde perdimos tiempo.

Si vas a escribir esto en tu libro, también deberías contar que los dueños de los periódicos entendieron que tenían que hacer inversiones grandes en internet. Pero se equivocaron. Knight Ridder, una compañía enorme en Estados Unidos, decidió que había que comprar las puntocom de todas las ciudades del país, porque las noticias iban a ser regionales. Fue un planteamiento totalmen-

* Martin Baron, exdirector del *Washington Post*, interviene en las pp. 447-454.

te erróneo, porque internet, en vez de limitarse a una región, tuvo vocación global. Hay muchas historias de este tipo. Y también las hay sobre periódicos que pudieron haber comprado empresas como Google y no lo hicieron.

La gran historia es la de la familia Graham en 1996. Se dieron cuenta de lo que iba a ser internet y contrataron a un grupo de gente joven y a un gran equipo tecnológico. Los ubicaron en Virginia e hicieron una web completamente separada del periódico impreso. Sabían que, si no lo hacían así, la cosa no funcionaría. Entre 1997 y 2003 ganaron todos los premios. Pero donde no se fijó la familia Graham fue en el modelo financiero. Creyeron que, si dominabas Washington, todas las compañías vendrían a ti. Estuve en la reunión en la que se le presentó a Don Graham la posibilidad de que el *Post* pasara a ser una publicación nacional e internacional. Como había hecho antes *The New York Times*, ¿recuerdas? En ese momento, *The New York Times* tenía nueve millones de visitantes únicos al día, y el *Post*, siete. Don Graham dijo que no. Que controlar Washington era más importante. Y acuérdate de que Don Graham fue uno de los primeros inversores en Facebook y sabía lo que iba a ser internet. Sabía que tenía que invertir, pero se equivocó en cómo hacerlo. La familia Graham decidió en aquella reunión que el modelo del *Post*, de entonces en adelante, sería «For and About Washington».

Por eso me río mucho cuando hay gente que dice que lo más importante de una estrategia es que sea clara y fácil de entender para todos los empleados de la compañía. No, perdona, lo más importante de una estrategia es que sea la correcta. Porque aquella estrategia era muy fácil de entender.

Y ahí está la historia de internet. La mayoría de la gente dice: «Los periodistas no lo vieron. Fueron demasiado despacio». En parte puede ser, pero la verdad es que las compañías que hicieron inversiones muy fuertes —de muchos millones de dólares— se equivocaron. Invirtieron en proyectos que no resultaron importantes, y el modelo de negocio fue totalmente distinto del que esperaban. Mira, si tú en 1997 me hubieras dicho que lo importante de internet iban a ser las búsquedas, te habría dicho que estabas loco. ¿Qué ibas a buscar? No había nada que buscar. Ibas a tus cuatro sitios y ya está. E incluso ya existían buscadores, aunque funcionaban de otra manera. Esto ha sido complicado.

Cuando llegó Jeff Bezos, cambió aquella estrategia. Dijo que internet no era local y que el *Post* debía ser nacional e internacional.

Algún proyecto global que tú conoces bien funciona, pero esto no consiste solamente en tener una marca. Necesitas mucha madera para alimentar el fuego. La verdad es que, cuando Bezos cambió el modelo del *Post*, la audiencia que se conectaba desde Facebook representaba ya un 36% de la audiencia total. Al cambiar de modelo, entró mucha gente a través de esa manguera de Facebook. Ahora, en estos tiempos, ¿qué ha pasado? Las mangueras se han cortado y ya no hay forma fácil de alcanzar la escala enorme que tenías antes. Y sin eso, todo es mucho más difícil. Y ahora estamos en un momento muy complicado. Tú lo dijiste antes: hay gente muy inteligente, con un gran conocimiento digital, que no sabe qué hacer.

No va a haber diez redacciones enormes en los Estados Unidos que intenten hacer la cobertura de todo el mundo. Parece que va a haber solo una, y va a ser la de *The New York Times*. Increíblemente, eso es exactamente lo que le dijeron a Graham en 2002: «Solo va a ganar uno y tenemos que ser nosotros». Después llegó Bezos y repitió lo mismo: «Solo va a haber uno. Tenemos que hacer la pelea contra el *Times*». Bien. La guerra está acabada y la ha ganado el *Times*. Y lo que queda para los demás, si no tienes cadenas de televisión, es muy complicado. Ganar dinero va a ser muy difícil. *Los Angeles Times* también quiere ser global, pero tuvieron mil periodistas y ahora tienen menos de quinientos. En el *Post* llegamos a casi mil, y ahora están en unos setecientos, y van a querer tener menos. Si hay que ganar suficiente dinero para mantener una redacción de más de mil personas, solo va a haber dinero para una.

Lo que sí veo factible es que haya redacciones pequeñas con, digamos, 150 personas haciendo una cobertura precisa para determinadas partes del país, como San Francisco y esa zona. Eso, para mí, sigue siendo una posibilidad abierta; no lo veo como algo imposible. Pero tienes que hacer una cobertura muy precisa: lo que la gente necesita. Para mí, son tres cosas. Tienes que ser el periódico de referencia en el *breaking news* o las noticias de última hora. Tienes que ser también un periódico que plantee historias con experiencias impresionantes de vez en cuando, una o dos veces al mes. Se trata de hacer cosas que la gente vea y piense: «Esto es de verdad increíble. Me suscribo para ver estas historias». Y tienes que ser fuerte en noticias que ayuden a la gente a vivir mejor. Son esas tres cosas.

La gran tragedia de internet ha sido que las plataformas —con todo el dinero que han ganado y con todos los aspectos positivos que han tenido las redes sociales en nuestras vidas— han fallado trágicamente en la protección de los usuarios.

Cuando nos reunimos por primera vez con Facebook —no me acuerdo del año—, en la redacción del *Post* había editores veteranos con mucha experiencia en información internacional. Recuerdo que estos editores se sentaron con la gente de Facebook y les dijeron: «Sabéis lo que va a pasar con vuestro producto, ¿verdad? Hay Gobiernos que van a usarlo para cosas muy malas. Tenéis que prepararos para eso». En ese momento, había tanta confianza en las redes sociales que respondían: «No os preocupéis, nosotros haremos algoritmos para frenar ese tipo de usos. No tendremos el problema que tienen otros porque habrá formas de pararlo».

Tenían una gran confianza en que lo podían lograr. «Nosotros nunca tendremos editores para el contenido. El algoritmo servirá como editor», decían. ¿Y qué pasó? Los algoritmos no funcionaron, y hemos visto todas esas cosas que cuentas en el libro y que han sucedido en países como Filipinas. Quizá nosotros no gritamos lo suficientemente alto y tendríamos que haberlo hecho. Todo el mundo quería hablar solamente de lo positivo, y había muy pocas voces hablando de lo negativo: de las posibilidades que se abrían, de lo que harían China o Rusia con internet.

Por supuesto que hay aspectos positivos. Imagínate si me hubieras dicho en 1997 que iba a tener en la mano una máquina con la que podría hablar por videoconferencia con otra persona... Parecía imposible. La revolución que ha experimentado la comunicación de los seres humanos se va a estudiar en la historia. Y la mayoría de esta revolución es positiva. Lo que pasa es que el impacto que ha tenido sobre nosotros presenta muchos aspectos negativos. Acuérdate de aquel trabajo de Chiqui Esteban sobre el AR-15 que ganó el Pulitzer. Es increíble el nivel que pueden alcanzar nuestros trabajos ahora, en comparación con los que hacíamos en el pasado. Acuérdate de que hace no tanto solo teníamos papel, tinta y fotos en blanco y negro. Ofrecíamos un producto con noticias que llegaban catorce horas o incluso un día entero tarde.

La oportunidad para informar a nuestra audiencia nunca ha sido mejor; y cada día aparece algo nuevo que podemos hacer. De verdad, nunca hemos tenido más oportunidades. Lo que podemos hacer ahora con los datos, por ejemplo, abre posibilidades que antes eran impensables. En el *Chronicle*, hace poco, hicimos una investigación sobre la gestión de la alcaldesa de Oakland, en la bahía de San Francisco. Se trataba de unos contratos firmados con una empresa para fabricar pequeñas casas temporales para gente sin hogar. Ya sabes que todos los documentos son públicos, así que reclamamos información y nos entregaron archivos con 60.000 páginas de documentos. Imagina si tienes que invertir tiempo en leer 60.000 páginas. Es inviable. Pero tenemos a un profesional en el periódico que tiene un gran conocimiento de inteligencia artificial y nos dijo: «Dadme las páginas». Y en dos horas teníamos las 60.000 páginas divididas por temas, con la información más importante resaltada, y todo organizado de modo que resultaba increíblemente fácil de leer.

Y si piensas en más ventajas, ya ni hablemos de la pandemia. Si me hubieras dicho hace veinte años que iba a haber una pandemia mundial y que íbamos a poder seguir trabajando como si nada, con cierta normalidad, y que íbamos a poder hablar todos los días en remoto viéndonos las caras, también te habría dicho que estabas totalmente loco. Tenemos la oportunidad de hacer cosas increíbles que nunca antes pudimos hacer.

Este es, sin duda, el mejor momento para estar en el periodismo. Salvo el modelo financiero, todo lo demás hace que este sea un momento absolutamente histórico. Para mí no hay duda. Sabes que es más fácil que te critiquen, e incluso que te ataquen, y, pese a eso, es el mejor momento de nuestra historia para ser periodista. Es un trabajo increíblemente importante. Si volviera a tener veinte años, con toda la experiencia que tengo ahora y con toda la visión que tengo, querría volver a dedicarme a esto. Seguro.

EMILIO GARCÍA-RUIZ,
director del *San Francisco Chronicle*

## Había muchas más oportunidades para contar historias

Pasé muchos años trabajando para *The New York Times* y, anteriormente, para *The Wall Street Journal*, viviendo en el extranjero, principalmente en Asia. Durante años y años dejé de tener acceso diario a las ediciones impresas de estos periódicos. Me acostumbré a consumir contenido en digital y a informar también en ese formato, creo que tal vez un poco antes que algunas personas que seguían centradas únicamente en el producto impreso. Empecé entonces a desarrollar más ideas sobre cómo podría evolucionar nuestra narración digital: podría ser más rápida, más dinámica. Había muchas más oportunidades para contar historias en el espacio digital, y no las estábamos aprovechando.

Cuando me convertí en editor y tuve la oportunidad de probar algunas cosas aquí, ya existía un universo completamente nuevo de posibilidades para transformar la manera en que hacíamos nuestro periodismo, así como la forma en que nos relacionábamos con nuestros lectores o con nuestros espectadores. Así que me centré, junto con muchos otros colegas, en repensar el flujo de trabajo para atraer a más lectores mediante formatos diversos.

Las formas de contar historias que utilizamos están cambiando y evolucionando. Como parte de la experiencia digital de *The New York Times*, somos una organización de noticias primordialmente digital. Hemos estado transformando de manera continua nuestra forma de narrar, así como los tipos de medios que empleamos para dar vida a las historias. El abanico de periodistas que tenemos posee una experiencia mucho más amplia de lo que era habitual, ya sabes, en los tiempos del periódico impreso. Contamos con personas especializadas en todo tipo de relatos multimedia: con gráficos, imágenes, distintas aplicaciones de la fotografía. Hemos realizado una gran inversión en la narración en audio, y en cómo estas formas siguen evolucionando y se integran como parte de nuestras experiencias digitales. Es otra de nuestras grandes preocupaciones.

Esta era digital representa una nueva edad de oro para *The New York Times*. Me parece incluso más significativa que en el apogeo de los periódicos impresos. Esta idea de priorizar por completo la redacción digital funciona de tal modo que el periodismo de alta calidad —convincente, urgente, revelador— impulsa tanto el número de lectores como su compromiso. Y cuando conseguimos que estas personas regresen de forma recurrente a nuestra experiencia, tenemos la oportunidad de convertirlas en suscriptores. No estoy seguro de que funcionara así en la época del papel.

En los tiempos del impreso éramos principalmente una empresa de publicidad, aunque también de circulación: la gente pagaba por el producto físico. Pero la relación entre las piezas individuales de periodismo que hacíamos y el número de suscriptores que teníamos era siempre muy difícil de medir. Lo que sí resultaba fácil de cuantificar era la cantidad de publicidad vendida. Así que existía un enfoque mucho mayor en el departamento comercial, que se encargaba de vender anuncios, mientras que la redacción producía el periodismo que, en su mayoría, llenaba las páginas del periódico. Pero el dinero procedía, sobre todo, de los ingresos publicitarios.

Ahora, en cambio, tenemos una relación mucho más directa entre la producción de buen periodismo y la atracción de nuevos suscriptores. En ese sentido, creo que esta es una era dorada para la redacción de *The New York Times*, porque el periodismo que creamos impulsa directamente el negocio. Y, de este modo, la empresa tiene un incentivo claro para reinvertir de forma constante en la calidad de las noticias, con el objetivo de que esos lectores regresen una y otra vez y se planteen convertirse en suscriptores. Se ha producido un encuentro entre la estrategia empresarial y la estrategia editorial.

De todos modos, creo que cada empresa de medios de comunicación tendrá que desarrollar una estrategia específica adaptada a sus áreas de experiencia y a sus propios lectores. La idea de que exactamente lo que nosotros estamos haciendo pueda ser, ya sabes, copiado o implementado tal cual en otros lugares, parece improbable. Tenemos una estrategia nacional e incluso global para llegar a los lectores, y no creo que la mayoría de las empresas de noticias, música o medios de comunicación quieran intentar replicarla.

Creo que el enfoque general que estamos adoptando —crear un periodismo específicamente relevante para los lectores a los que intentas atraer, y reinvertir en la mejora de su calidad para conseguir que paguen por él— es el modelo que cada vez más empresas de medios están siguiendo, y algunas han tenido éxito con él. A nosotros nos ha llevado muchos años desarrollarlo y perfeccionarlo. No es como accionar un interruptor de luz: no se enciende de pronto y resuelve todos tus problemas. Se necesita mucho tiempo para construir algo así. Pero creo que este enfoque puede resultar valioso para otros.

JOE KAHN,
director de *The New York Times*

## El mundo parecía lleno de posibilidades

Recuerdo el lanzamiento de *The Guardian Unlimited*, la edición digital de *The Guardian*, como un momento embriagador y emocionante. Era como vivir el mejor momento de la imprenta. El mundo parecía increíblemente lleno de posibilidades. Cuestionábamos todo lo que hacíamos. Recuerdo que nos preguntamos qué era un periódico, que en ese momento no era más que una selección aleatoria de temas reunidos a toda prisa. No había una gran profundidad, porque un periódico tiene un espacio limitado y solo se publica una vez al día. Podías colgar el periódico en la web —como hicieron muchas empresas de medios—, pero eso implicaba malinterpretar la naturaleza del nuevo medio. Era, en realidad, una plataforma completamente distinta.

*The Guardian Unlimited* fue un intento de abordar ciertos temas con verdadera profundidad. Podíamos dedicarnos a la política, los medios de comunicación, el deporte o los negocios con toda la intensidad que quisiéramos. Podíamos colaborar con blogueros y con otras personas. No estábamos limitados al texto: podíamos incorporar vídeos en movimiento, visualizaciones de datos, audios. Podíamos, además, ser globales. Y no teníamos una fecha límite diaria, sino que publicábamos cuando lo considerábamos oportuno. Eso cambió radicalmente la forma de hacer periodismo.

Creo que fuimos la primera organización de noticias en comenzar con las coberturas en vivo, con periodistas que podían enlazar a otros sitios y actualizar la información en tiempo real. Podíamos aprovechar mucho más a los reporteros. Aquella experiencia fue extraordinariamente estimulante.

Internet se presentaba como una oportunidad para distribuir el café en todo el mundo prácticamente sin coste alguno. *The Guardian* siempre fue un periódico impreso de circulación bastante reducida. Vendíamos unos 400.000 ejemplares cuando me hice cargo de la publicación, alrededor del año 2000, y lo dejé siendo aún un periódico relativamente pequeño. Pero ahora su edición digital llega a 300 millones de personas cada mes. Así que, en términos de escala, alcance, influencia e importancia, *The Guardian* es hoy mucho más grande que en cualquier otro momento de su historia. Eso es formidable.

A pesar de esas cifras, pronto se hizo evidente que toda nuestra publicidad estaba en peligro. Algunos periodistas culpan a las grandes empresas tecnológicas, pero lo cierto es que simplemente lo hicieron mejor que nosotros. Salvo unas pocas organizaciones de noticias de élite, que han logrado construir un verdadero modelo de suscripción para compensar la pérdida de ingresos, el resto de los medios vive en la incertidumbre. Para ser honesto, no sabemos bien cómo resolverlo.

Creo que hubo elementos muy interesantes en los inicios de internet. Existía la posibilidad de conversar con la audiencia, de saber qué le interesaba, de dejar que te ayudara... Todas esas posibilidades eran liberadoras, y aún lo creo. En su mayoría, son positivas. Pero, claro, no se pueden ignorar sus desventajas ni las amenazas que implica.

Lo que me interesó de este trabajo fue darme cuenta, en *The Guardian*, de que todo se estaba acelerando. Había que publicar sin cesar. Antes de dejar el diario, habíamos comenzado a ralentizar el desarrollo de ciertas noticias. Teníamos personas que podían tomarse su tiempo para leer libros o artículos académicos, hablar con la gente, reflexionar sobre los temas. Se necesita un periodismo veloz, sí, pero también uno que permita la concentración. Por eso, pasar ahora a una revista mensual, que pueda atraer a 4.000 o 5.000 personas, me resulta un desafío muy interesante. A ver si logramos que funcione. No sé cuán grande es ese mercado, pero creo que es importante que haya una o dos voces en el periodismo que hablen con un tono más bajo. Eso permite contextualizar mejor las historias.

Creo que es fundamental mantener una visión equilibrada sobre las plataformas. Ya sabes, hablo con muchos periodistas que hoy detestan a las grandes empresas tecnológicas y las ven como el enemigo, como destructoras. Pero hay que tener presente que, probablemente, la percepción sería muy distinta si uno no fuera periodista y no contara con una voz que, en cualquier otro momento de la historia, habría sido silenciada. Si no eres periodista, la capacidad de comunicarte con millones de personas es algo increíblemente liberador e importante. Porque en Facebook, en Google e incluso en Twitter —aunque mucho menos—, se pueden conseguir audiencias muy significativas. Es algo crucial. Fíjate en Motaz Azaiza, el fotógrafo palestino: en tres meses, reunió en Instagram una audiencia de 19 millones de personas. Durante un tiempo, creo que fue el periodista más importante del mundo. Es muy fácil para los periodistas denostar ese medio, pero, al mismo tiempo, es extraordinariamente relevante.

Es evidente que la relación entre las grandes tecnológicas y los medios de comunicación está deteriorada. Creo que ambas partes tienen argumentos. Claramente, las grandes tecnológicas no estaban dispuestas, en un primer momento, a asumir ninguna responsabilidad por el contenido que publicaban. Creo que eso está cambiando, aunque en su punto más bajo sucedieron cosas muy graves. Cambridge Analytica es un ejemplo. Aquello que las empresas tecnológicas no sabían y deberían haber sabido, y aquello que no quisieron saber. No hicieron nada ni colaboraron para que se actuara. Con todo, creo que es necesario mantener el sentido de la proporción. Soy crítico con lo que hacen las grandes plataformas tecnológicas en comparación con lo que podrían hacer. Pero no estoy dispuesto a unirme a esa estampida que proclama que son terribles al cien por cien.

ALAN RUSBRIDGER,
exdirector de *The Guardian*

## Era la vida en directo

Mario [Tascón]* tuvo mucha relación con el capítulo español de la SND** en la Universidad de Navarra. Primero la llevaba un pro-

* Mario Tascón, fallecido en 2023, fue un importante periodista y consultor español especializado en medios digitales.

** La Society for News Design (SND) es una organización internacional de profesionales del periodismo y trabajadores del sector de los medios de comunicación.

fesor que se llamaba Juan Antonio Giner,* quien organizó una consultora que se llamaba Innovation, junto con Carlos Soria y Paco Gómez Antón. Hacían viajes por Estados Unidos e iban observando lo que ocurría en otros medios. Fueron muy visionarios en ese sentido. Comenzaron a detectar aquel incipiente movimiento que, en sus primeros momentos, se conoció como el periodismo electrónico. Fruto de esas experiencias, Mario montó la web de *El Mundo*. Lo primero que hicieron fue cubrir unas elecciones. Se trajo a dos becarios de la Universidad de Navarra y comenzó a construir internet, que con el tiempo fue creciendo; generó algo de negocio y entonces empezaron a prestarle más atención. Montó una redacción digital e incluso una nueva empresa paralela al periódico *El Mundo*, que se llamaba Mundo Interactivos, para la operación en internet. Más adelante creó los verticales: *El Mundo Salud*, *El Mundo Dinero*, *El Mundo Libro*, *El Mundo Vino*, e impulsó todo ese desarrollo temático. *El Mundo* era líder en la web, y fue entonces cuando lo llamaron de *El País* y se marchó con nueve personas. Luego se incorporó más gente.

Lo hermoso que tenía aquel momento, para quienes hacíamos internet, era el sentido pionero que lo impregnaba todo. Trabajábamos con Dreamweaver, que era un programa que había que aprender a utilizar. Teníamos que editar las páginas en html y subirlas a un FTP. Internet era más rudimentario, pero ofrecía muchas posibilidades de experimentación. Había un equipo técnico muy competente, con gente abierta y con ganas de hacer cosas. Recuerdo las coberturas de la Lotería de Navidad, las elecciones, los atentados de ETA...

Lo que hizo Mario en PRISA fue montar la primera redacción digital de España para varios medios de comunicación —*El País*, *As*, *Cinco Días* o Cadena SER—, con el objetivo de que los distintos medios del grupo compartieran un mismo lenguaje tecnológico.

Para aquella redacción trajo infografistas, algo novedoso por entonces. Yo trabajaba más en la parte de diseño de arquitectura. Era una redacción integrada, con perfiles diversos. Creo recordar que entonces las páginas medían 640 por 460 píxeles: eran muy pequeñas y tampoco podían pesar mucho. Pero recuerdo haber hecho cosas maravillosas, como cuando se hundió el petrolero *Prestige*, o

* Juan Antonio Giner interviene en las pp. 381-384.

cuando dedicamos un especial a los atentados del 11-M, que fue a la vez conmovedor y tristísimo, con todos los crespones negros para cada una de las víctimas, donde al pulsar se accedía al perfil de cada una. También estaban los especiales de fin de año, las coberturas de los Juegos Olímpicos, la Eurocopa, etc. Imagínate que hacíamos la portada con un *include* de html, y cuando editabas, por ejemplo, los resultados deportivos, tenías que avisar de que subías el *include* al servidor. ¡Recuerdo cómo gritábamos! La caché de la portada, que hacía que se tardara tanto en actualizar, era una pesadilla.

Todo lo que se percibía de internet en aquel momento era positivo. Las posibilidades eran enormes: era la vida en directo. Eso ahora, con las redes sociales, ya lo tenemos imbuido, pero entonces vivías permanentemente en directo, con una redacción de última hora que hacía coberturas minuto a minuto. La experimentación que había allí era una barbaridad y, a diferencia de las ediciones impresas, no había cierres. También ocurría algo hermoso: toda la parte de participación de los lectores. Esa fue otra revolución. La participación transformó internet porque entraban los demás. Mario siempre creyó en la importancia de escuchar a la gente. Ese fue un gran cambio. Luego llegaron las redes sociales y todo volvió a cambiar. Pero en esa transición, escuchar a los lectores a través de los foros, de los blogs, permitir que nos enviaran fotos o historias...

En aquellos inicios hacíamos un ejercicio periodístico puro. A Mario le fascinaba la dimensión semántica de las webs. Siempre creyó en ella y, a la hora de construir los medios, lo hicimos comprendiendo la semántica de la información, y fue muy bello porque llevamos a cabo varios rediseños de *El País* con organizaciones informativas muy creativas. El diario se presentaba como una especie de cubo con distintas caras, que se organizaba por lo último, por lo más leído, por lo más comentado... Se ofrecían versiones de esa vida, de esa actualidad en directo, mediante diferentes estructuras. Porque a Mario esa web semántica, esa arquitectura de la información, le fascinaba. Era un entusiasta de Richard Saul Wurman. Leíamos todos los libros que teníamos a nuestro alcance, porque el conocimiento no era como ahora: aún no estaba a golpe de clic. También viajábamos mucho.

Mario fue un pionero. Nunca se planteó hacer una simple prolongación de un medio de papel en internet. Sabíamos crear productos propios. Su concepto del contenido era muy singular. Siempre lo entendió como la fusión de fondo y forma. Mario venía del campo de la infografía: ese era su lenguaje. El diseño, la experiencia, siempre estaban integrados con el contenido. Esa visión fue lo que siempre lo diferenció.

MARÍA MOYA,
CEO de Prodigioso Volcán

## No sabía nada de tecnología

Todo fue vertiginoso. La palabra que define esto es «vértigo». Había oído hablar antes de internet, sin duda, pero me enteré de lo importante que iba a ser para nuestras vidas y para nuestro trabajo en 1994, cuando vino a Madrid Javier Romero, un diseñador gráfico español que llevaba treinta años trabajando en Estados Unidos. Había hecho trabajos muy importantes, entre otros, los carteles de la Expo de Sevilla. Macintosh lo ponía como ejemplo en Estados Unidos para trabajar con sus primeros ordenadores potentes para el diseño. Lo trajimos para hacer un proyecto con *El País Semanal*. Él fue quien me empezó a hablar de internet con la pasión del converso. Me dijo que internet no solo iba a cambiar nuestras vidas, sino también el periodismo. Y claro, para mí era muy difícil en 1994 entenderlo de esa manera, pero le tenía mucha admiración y le daba mucho crédito. Estaba siempre a la vanguardia. Ahí empecé a estar alerta.

Ya en 1999 —es decir, un tiempo después—, me aburría en mi trabajo y empecé a enredar más. Estaba como subdirector de la edición de Madrid de *El Mundo*. Había caído ahí. Fui a hacer una revista que duró dos años. No funcionó y, bueno, no quise irme del periódico porque quería, de alguna manera, demostrar que sabía hacer algo. Ese año propuse organizar una jornada sobre internet y política y otra sobre internet y periodismo para los cursos de verano de El Escorial, en julio de 2000. Pero antes pasaron muchas cosas, entre otras que me hicieron director de *ElMundo.es* un mes antes. Caí allí en un momento de emergencia porque casi todos los miembros del equipo de internet se fueron a *El País* por sorpresa, casi sin despedirse. Trabajaron el viernes y el lunes ya no aparecieron. Mandaron telegramas durante el fin de semana despidiéndose. Fue una movida.

El caso es que Pedro J., el director de *El Mundo*, sabía que tenía inquietud por internet y me mandó para allá. Yo tenía la pasión, la tensión periodística en las venas y los conocimientos. Creo que sabía lo que era noticia y lo que no, y también creo que sabía manejar, más o menos, un equipo, pero no sabía nada de tecnología. Era un usuario básico de internet. No tenía a mi alrededor a casi nadie, salvo Fernando Mas, que era un periodista más parecido a mí, que venía del papel y que llevaba ahí muy poquito tiempo. Lo primero que hice fue incorporar en veinticuatro horas a Ana Bueno, una persona de mi absoluta confianza, que era en ese momento redactora jefe de *Magazine*, la revista de los domingos.

Y fui haciendo una serie de fichajes. Cada día incorporaba a dos o tres personas porque no había nadie. No había equipo técnico, no sabíamos qué hacía cada máquina y no había nadie allí que supiese nada de eso porque se habían ido todos los que controlaban aquello. Así que una prioridad era contratar a un director técnico. Se tenía que ocupar la empresa, pero pasaban las semanas y no eran capaces de contratar a nadie, así que fui a hablar con Antonio Fernández Galiano, consejero delegado, para decirle que me iba a encargar yo.

Te cuento esto porque es importante. Yo no quería un ejecutivo de una consultora. Pensaba en otro perfil y me planteé buscarlo en las universidades. Como decía Enrique Meneses, hay que tener un 40 % de suerte para que te salgan las cosas. Me acordé de que alguien me había dicho meses atrás que había gente muy potente en la Universidad de Oviedo. Y me puse a llamar por teléfono. Nadie sabía nada. Me pasaban de un número a otro. Preguntaba en diferentes facultades. Y nada. Hasta que, de repente, al segundo o tercer día, una persona me dijo: «Esos van a ser los de las notas».

«¿Los de las notas?», respondí, intrigado.

«Sí, hay unos tipos aquí que enredan con ordenadores y hacen la previsión de las notas de corte de cada carrera. Uno se llama Raúl Rivero», dijo.

Me dio el teléfono y le llamé. Lo invité a pasar un fin de semana en Madrid con su pareja, con la condición de que me dejara dos horas para hablar conmigo. El tipo se vino a Madrid y estuvimos hablando ese día en *El Mundo*. Conmigo estaban dos ingenieros. Les pedí que fueran con él al cuartito aquel donde estaban los servidores. Se quedaron un rato allí y, cuando regresaron, los dos me dijeron: «Bueno, no sabemos cuánto sabe, pero desde luego sabe mucho más que nosotros». Así que me tiré a la piscina.

Él era auxiliar administrativo de la Universidad de Oviedo, al igual que su mujer. Se instalaron en Madrid y él montó un equipo técnico con distintas personas. Se trajo a uno o dos de Asturias, a otro de Valencia, otro de Málaga, etcétera. No había coincidido nunca con ellos, pero se conocían simplemente por el conocimiento que compartían. Eso nos dio, desde el primer día, una capacidad técnica brutal para competir con los demás, aunque contáramos con muy poco músculo. Teníamos el control de la situación y, a partir de ahí, podíamos hacer cosas que los otros no podían. Por fin teníamos seguridad, y después empezaron a llegar otras ventajas, como la velocidad o la capacidad de servir páginas de manera casi ilimitada. Raúl hacía cosas antes que nadie. Era capaz, con muy poco, de contratar con proveedores técnicos exclusivamente lo que necesitábamos, y no un paquete completo. Ahorrábamos mucho y éramos muy eficientes.

Lo que más le costó a Raúl, y también a nosotros, fue la interlocución. Ya sabes que siempre es un cuello de botella. Nosotros no les entendíamos bien y ellos tampoco nos entendían. Hablábamos idiomas diferentes. No comprendían nuestros tiempos, que las cosas se nos ocurrieran sobre la marcha o que quisiéramos responder a los sucesos cuando ocurrían. Pero eso es el periodismo a veces, ¿verdad? Bueno, fue una época apasionante.

En paralelo, yo estaba montando una redacción con periodistas. Fue muy importante el pacto con Pedro J., el director. Le dije que quería hacer de *ElMundo.es* un sitio líder en información de utilidad, diferenciado del periódico que él hacía, que era de autor. «No critico lo que haces», le dije. «Has tenido mucho éxito, pero siempre has sido el segundo, y no veo que eso vaya a cambiar. Tienes la oportunidad de ser líder, no en el papel, sino en la web, pero me tienes que dejar.» Esto parece una iluminación, pero se lo dije con total convicción. Y él me dijo que adelante.

Hacíamos periodismo de utilidad. ¿Cuál era nuestra teoría? Teníamos la capacidad de ser tan inmediatos como la radio, pero con mucha más ventaja, porque podíamos profundizar y hacer cosas que iban más allá de lo sonoro. Queríamos aprovechar todo eso, pero hacía falta montar un equipo de Últimas Noticias dirigido por gente competente, no por becarios. El primero que lo dirigió fue Fernando Mas. Un año y pico después entró Borja Echevarría, que entonces era jefe de Deportes. Con él habíamos hecho alguna cobertura y nos habíamos entendido muy bien. Le interesaba internet, pero estaba como yo año y medio atrás: no había trabajado en la web ni sabía nada de aquel mundo. Pedí su incorporación al director del periódico y, pese a que estaba de vacaciones, dejó Deportes y a las veinticuatro horas ya estaba con nosotros. Era todo así de vertiginoso. Alucinamos todos.

Buscábamos ser de utilidad. Ser potentes en noticias de última hora, pero con credibilidad y rigor. Nuestro eslogan era: «Queremos ser informadores de informadores». ¿Por qué ese eslogan? En aquel momento llegaban miles de teletipos a las redacciones. Había gente dedicada solo a revisarlos, y en las redacciones se dedicaba muchísimo tiempo a esa actividad. Nuestra aspiración era ser referentes, y el hecho de que otros compañeros nos pudieran elegir era una meta ambiciosa. Si conseguíamos eso, íbamos a conseguir al público. Que la gente nos hiciera caso. El día en que en un informativo de televisión se citó sobre la marcha una información nuestra, en plan: «Nos llega una información de última hora. Según *ElMundo.es*...». Entonces se lo dije al equipo: «¡Tíos, hemos triunfado!». O sea, se fiaban de nosotros. En aquel año 2000, internet no tenía mucha audiencia, pero ya éramos referentes.

SINDO LAFUENTE,
exdirector de *ElMundo.es*

## Era muy optimista y me equivoqué

En los inicios de internet recuerdo que escribía muchas cosas —o las pensaba— sobre cómo iba a ser el futuro de la prensa y del propio internet. En algunas me equivoqué de punta a punta. Le doy muchas vueltas. Era muy optimista sobre las consecuencias de un debate público universal y me equivoqué. Me gusta mucho la novela de ciencia ficción *El juego de Ender*, de Orson Scott Card. La escribió en los años ochenta y una de las cosas que cuenta es que existe un foro digital de debate en el que puede participar cualquiera de manera anónima y que provoca que grandes pensadores puedan mejorar el futuro. Yo creía que internet podía propiciar esto. Pero ha sido justo lo contrario de lo que ha ocurrido. Con las redes sociales se ha multiplicado el odio, la superstición y la mentira. Son datos objetivos.

Nos encontramos en una situación paradójica. La llegada de la mejor tecnología de acceso a la información y de acceso a la sabiduría, internet, ha provocado que la superstición, la mentira, el populismo, la propaganda y todas aquellas cosas que relacionamos con la falta de información se hayan multiplicado. Harari, en su último libro, explica esto bastante bien, porque habla mucho de esa idea optimista que tenemos sobre que la llegada de una tecnología que mejora la información favorece la verdad y, en realidad, favorece la mentira. Pone como ejemplo lo que pasó con la quema de brujas después de la imprenta. Era algo que yo no sabía. Hay un libro muy importante de un tipo que habla sobre las brujas y cómo detectarlas y, a partir de ahí, se genera una persecución. Se queman más brujas en la hoguera en el mundo posimprenta, aunque no sea precisamente por la imprenta.

La parte negativa es que internet se ha convertido en una industria contaminante de desinformación en muchísimos aspectos, y es algo que afecta a los medios. Nos afecta incluso de manera indirecta. La polarización, en parte, alimenta esa desinformación. Y luego, independientemente de los medios, el nuevo ecosistema de información —donde los medios somos solo una parte de lo que informa— estaba completamente afectado por la llegada de internet y las redes sociales, para mal.

En 1999 estaba empezando una sección sobre internet que se llamaba *El Navegante* en los informativos de Telecinco. Me dedicaba a hacer información sobre internet y tecnología. En aquella época, el buscador predeterminado que se usaba era Altavista. Google ya había nacido, pero era una cosa casi académica y desconocida. Se hizo popular ya en 2000. Recuerdo que explicaba a compañeros de aquella redacción que dejasen de usar Altavista para usar Google, que era mejor, y explicaba cómo funcionaba todo.

La información de *El Navegante* giraba en torno a las cosas que ocurrían en internet. Y luego también había una parte de actualidad, pues había mucha parte de divulgación. Por ejemplo, yo cubrí la salida a bolsa de Terra o la propia llegada de las redes sociales.

Muchas de las cosas que pensaba que iban a pasar realmente han pasado. Estaba convencido de que la cifra de lectores en digital iba a ser infinitamente superior a la de lectores en papel. También veía venir que iba a cambiar mucho la manera de relacionarnos con las audiencias porque era bidireccional. En aquella época no imaginaba lo malo, pero sí pensaba entonces que la capacidad de escucha a través de la bidireccionalidad de internet iba a ser muy importante para nuestro trabajo.

Aquella época de los arranques, cuando hacía temas de divulgación científica, era alucinante. Se usaba muy poco internet y no había tantos gabinetes de prensa. Podías escribir al director del Laboratorio de Propulsión de Cohetes de la NASA y te respondía. Ha cambiado todo tanto... Como manejaba muy bien internet, acabé yendo a televisión, donde tuve distintas etapas. Después fui director adjunto de *La Voz de Almería.* En 2013 empecé con mi blog, *Escolar.net,* que en cierto modo cambió mi carrera. El blog empezó siendo un blog de tecnología e internet y luego introduje temas de política, de modo que empecé a posicionarme como una voz joven y me invitaban a tertulias.

En esos inicios tenía también otro blog que se llamaba *Spanish Pop,* sobre música independiente, pues tuve un grupo de música con el que sacamos incluso un disco. De aquella experiencia hice una lista de correo con mucha gente de la industria musical de esa época: músicos, profesionales de las discográficas, periodistas especializados en música independiente, y creé una lista de correo. Me pareció una idea estupenda y repliqué esa experiencia para crear una lista de correo con periodistas especializados en internet. Éramos periodistas que, o bien hacíamos divulgación de temas de internet, o bien trabajábamos en medios digitales.

Estaba Fernando García Mongay, que colaboraba en *El País* y luego acabó dirigiendo el Congreso de Periodismo Digital de Huesca. Estaba también Mario Tascón,* Pepe Cervera... Había muchos profesionales que fueron pioneros en distintos medios de comunicación.

Me motivaba crear esta comunidad porque internet empezó como un gueto en las redacciones. Mandarte a internet equivalía,

* María Moya, viuda y socia de Mario Tascón, interviene en las pp. 227-230.

básicamente, a mandarte a galeras. Había gente castigada allí porque había hecho algo mal en otro sitio. Luego, de repente, empezó a tener valor y se dio la situación contraria.

NACHO ESCOLAR,
director de *elDiario.es*

## La tecnología reduce la libertad de las personas

Las plataformas tecnológicas están incrementando exponencialmente el grado de vigilancia al que estamos sometidos, y eso termina poniendo en peligro la libertad. Porque la vigilancia no es una tecnología neutral. Es una tecnología que se basa en el control de las personas y, al final, termina reduciendo su libertad. He leído mucho sobre cómo este grado de vigilancia afecta, por ejemplo, a las protestas, a las manifestaciones. Mucha gente ya no quiere o no se atreve a salir a la calle a una protesta pacífica porque transcurre en un entorno rodeado de cámaras con reconocimiento facial, y teme las repercusiones que pueda tener en el futuro.

Y no tiene fácil solución. Por ejemplo, es bastante preocupante la cuestión de los *lobbies* de las plataformas tecnológicas. Cada año destinan más dinero a un presupuesto que ya de por sí es exorbitante. Una locura. Estas compañías tienen mucho más dinero que los Gobiernos para pagar a los expertos, así que, en las reuniones que mantienen los funcionarios públicos y las empresas, se ve que del lado de las empresas están los grandes expertos mundiales en un tema, que no apoyan el lado de los funcionarios. Eso es una asimetría de conocimiento que ha llevado a que los Gobiernos o las instituciones públicas hayan hecho tratos bastante injustos para el público con las grandes tecnológicas.

Creo que eso está cambiando un poco. Últimamente, cuando hablo con políticos y funcionarios públicos, me doy cuenta de que saben mucho más de lo que sabían hace cinco años. Pero, aun así, necesitamos que sea mucho más atractivo para los grandes expertos defender lo público. Eso se hace, en parte, a través de la cultura y la educación. Que sea realmente un honor defender lo público, que sea algo de lo que uno pueda estar orgulloso y que cuente. Que las instituciones lo reconozcan.

Si me invitan a ofrecer consejo en la Comisión Europea, para mí es un esfuerzo brutal. Tengo que cancelar parte de mi agenda en la Universidad de Oxford para poder ir allá. No me pagan y, encima, la burocracia es brutal. Tienes que dedicar horas a mandar correos electrónicos, a pasar las facturas para recuperar lo gastado —que tarda su tiempo— y, además, mi universidad no me lo cuenta. No lo valora ni compensa otras tareas ni me sirve en mis deberes administrativos. Tengo que recuperar todo lo que he tenido que dejar de hacer para asistir a defender una causa de interés público. No hay incentivos.

Los profesores o investigadores de universidades como la de Oxford tienen muchísimo trabajo. Están al límite. Si las universidades contaran ese tipo de servicio público como parte de la carga de trabajo, y si culturalmente se valorara más, simplemente con eso habría una mejora. Además, también ayudaría tener más fondos.

¿Cómo esperamos tener una inteligencia artificial eficaz si no invertimos nada en ética y en buena regulación? Si destináramos un tercio de lo que invertimos en inteligencia artificial en buena gobernanza y ética, el panorama sería mucho más optimista.

Es normal que la tecnología vaya más deprisa que la regulación, entre otras cosas porque para diseñar una tecnología no hace falta un compromiso democrático, y el compromiso democrático siempre tarda. Es parte de la fábrica de la democracia. Que tarde. Si fuéramos más deprisa, estaríamos más próximos a una dictadura. La inteligencia artificial, por supuesto, tiene elementos novedosos y desafíos a los que no nos hemos enfrentado antes, pero un buen sitio donde empezar son los desafíos a los que *sí* nos hemos enfrentado antes. Porque las empresas que producen la inteligencia artificial son empresas. No son duendes, no son extraterrestres, no es magia. Y muchos de los argumentos que nos parecen tan originales, que se resisten, por ejemplo, a la regulación, los hemos escuchado no una, ni dos, ni tres veces, sino cientos de veces en la industria automovilística, la industria ferroviaria o la industria farmacéutica.

Lo ideal es diseñar una regulación que no esté adaptada particularmente a una tecnología. Eso es muy difícil, porque no es fácil predecir cómo van a cambiar las cosas y si lo que hoy hacemos va a aplicar en el futuro. Por ejemplo, si regulamos para proteger el derecho a la privacidad, lo ideal sería regular de una manera que no especifique si el acceso a datos personales se produce a través de una llamada telefónica, a través de unos binoculares, a través de un *hackeo* o a través de una recolecta de datos personales en una subasta por anuncios personalizados. Porque en el futuro habrá otras maneras de acceder a datos personales que ahora se desconocen. Lo importante es poner las condiciones muy claras de cuándo se puede acceder a datos personales y cuándo no.

Esto afecta a todos. La privacidad es muy importante para vosotros, los periodistas, incluso en un país seguro. Porque sin privacidad no hay periodismo. Si tus fuentes saben que no puedes garantizar su anonimato, no van a ir a ti. Porque, por más que sea un país seguro, normalmente alguien que está dispuesto a revelar algo sobre una institución corre riesgos. En España, igual no arriesga la vida, pero arriesga siempre algo. Arriesga la reputación, arriesga su trabajo o sus relaciones. Incluso en un país seguro como España, una fuente puede correr un riesgo físico.

El secreto para que una democracia funcione bien reside en la capacidad de la ciudadanía para sorprender al Gobierno. Si el Gobierno lo sabe todo, no hay democracia. Es como cuando acudimos a las urnas y votamos por alguien que nadie esperaba: un buen test de la salud democrática.

¿Qué sucede si vosotros, los periodistas, no tenéis privacidad y todo está vigilado? Resulta muy difícil que podáis publicar noticias críticas sobre el Gobierno, porque si este se entera, puede intentar frenar esa información. Puede tener excusas para hacerlo, y puede actuar por las buenas o por las malas. Existen distintos métodos para tratar de impedir la publicación de una noticia. Por eso el periodismo, al igual que otras profesiones como la abogacía, depende de la confidencialidad. Sin privacidad, no hay confidencialidad.

No debemos dar por sentadas la seguridad ni la estabilidad de un país como España. Décadas atrás, no era un país estable en términos democráticos, y no se sabe cuándo pueden cambiar las cosas ni cómo podrían verse afectados algunos de los pilares que hicieron posible esa estabilidad, como el periodismo.

CARISSA VÉLIZ,<br>
experta en ética digital aplicada a la tecnología.<br>
Universidad de Oxford

## Nunca es tarde para tomar medidas que la sociedad necesita

Cuando se produjo el nacimiento de internet, fueron fundamentalmente los bancos de negocios quienes impulsaron a los medios tradicionales a volcar sus contenidos en abierto en internet. La valoración económica de las compañías de medios de información se realizaba en función del número total de usuarios que estas tuvieran; por tanto, cuanto mayor contenido estuviera accesible en internet, mayor sería el número de usuarios y, en consecuencia, más alto el valor de esas compañías en operaciones de compraventa, fusiones y adquisiciones.

En esa variable no se tuvo en cuenta un elemento fundamental: que el periodismo es muy costoso de producir. El trabajo de los periodistas lo llevan a cabo profesionales cualificados que invierten muchas horas —incluso meses— en realizar los ejercicios de especialización e investigación necesarios para producir informaciones de interés, que conllevan, además, un altísimo nivel de responsabilidad. En un modelo en el que el contenido se distribuye gratuitamente, sin contraprestación alguna, resulta muy difícil que el periodismo sea sostenible si depende exclusivamente de los ingresos por publicidad, dominados por los intermediarios tecnológicos. Los medios tradicionales continúan asumiendo toda la inversión para crear contenidos periodísticos mediante el esfuerzo cotidiano de sus periodistas, pero no reciben contraprestación alguna.

A esta situación se ha llegado por una combinación de factores. Seguramente el primero sea que estas multinacionales tecnológicas han ejercido un dominio extraordinario y han sabido anticipar con gran precisión cuál sería la evolución del mercado en sus distintas fases. Lo han hecho con una claridad que quienes no se dedican al ámbito tecnológico no podían tener.

Otro factor es que ese dominio se ha consolidado en un entorno donde los reguladores no supieron comprender la realidad que tenían ante sí hasta que esta fue tan estentórea que resultaba imposible negarla. Si nos hubieran dicho hace años, cuando nacieron las redes y se crearon las excepciones de responsabilidad sobre el contenido que difunden, que alcanzaríamos un nivel de desinformación, manipulación y polarización tan alto como el actual, estoy convencida de que las medidas de los reguladores habrían sido radicalmente distintas.

Nunca es tarde para adoptar las medidas que la sociedad necesita. Creo que comienza a haber una conciencia real de que las redes no son neutras para la ciudadanía y que encierran muchos peligros implícitos. Hemos visto cómo las redes sociales de Meta impactan negativamente en la salud mental de los jóvenes estadounidenses. Basta observar la demanda entablada por distintos estados norteamericanos contra Meta, en la que exigen indemnizaciones por los daños causados a menores, al fomentar el consumo de contenidos inapropiados y captar sus datos a edades en las que no tienen capacidad para discernir qué se hará con su información. Existe un movimiento, tanto a nivel regulatorio como judicial, con vocación de revertir el estado de cosas. Es cierto que, en este momento, nos enfrentamos a gigantes globales que, en ocasiones, ostentan más poder que los propios Estados. Pero creo que en una regulación adecuada se juega también la supervivencia de nuestras democracias, y, por tanto, los Estados tienen la obligación de adoptar las medidas necesarias para protegerlas.

Como comentas, también ocurre lo contrario: gana Donald Trump las elecciones en Estados Unidos y Meta anuncia, como consecuencia, que dejará de invertir en la revisión y verificación de contenidos. Todo lo que sucede resulta llamativo. No deja de sorprender que, en el ámbito de los medios de comunicación, exista responsabilidad solidaria del periodista, el director y el editor por cualquier información difundida bajo su cabecera, mientras que en el ámbito de las redes sociales no exista ninguna responsabilidad. La única contribución ética que realizaban las redes era contar con verificadores, y ahora asistimos a su eliminación.

Todo ello a pesar de que se sabe que las redes son espacios donde se propagan bulos, contenidos de violencia extrema y mensajes que frecuentemente enfrentan a la ciudadanía. Todo con el único fin de captar la atención del usuario, ya que, a partir de esa atención, se mejora el perfilado de datos del consumidor, esencial para crear publicidad personalizada, con el riesgo de desembocar en lo que también se denomina el capitalismo de vigilancia.

No creo que los Gobiernos comprendan bien la tecnología, aunque, en realidad, creo que ninguno de nosotros la comprende del todo. Mi sensación permanente, al hablar tanto con reguladores como con las propias compañías tecnológicas, es que podemos llegar a entender el momento actual, pero carecemos de mucha información sobre hacia dónde nos dirigimos. Cada paso que se da hoy no es fruto de la casualidad, sino el peldaño necesario para llegar al siguiente destino. Y a los reguladores les falta mucha información sobre hacia dónde vamos.

Las compañías tecnológicas destinan presupuestos ingentes a la creación de grupos de presión e influyen en los reguladores mediante la contratación de ejércitos de abogados y expertos. Financian todo tipo de estudios y, en muchos casos, incorporan a figuras que han estado muy vinculadas a la política para mantener un contacto estrecho con quienes toman las decisiones. Frente a estos recursos que tienden al infinito, el periodismo y el bien común son defendidos por voces que se comprometen de manera altruista, sin acceso a semejantes medios.

La sociedad necesita comprender la contribución que el periodismo realiza a la salud democrática. El periodismo existe, y el derecho a la información existe, no únicamente para proteger al periodista que ejerce su libertad de pensamiento y de expresión —derechos reconocidos constitucionalmente como fundamentales—. El periodismo existe, sobre todo, porque el ciudadano tiene derecho a saber. En una democracia es absolutamente fundamental que el ciudadano disponga de información adecuada sobre el comportamiento de sus dirigentes y de las instituciones, para poder ejercer, con criterio propio, su derecho a decidir. Solo así puede juzgar y valorar desde la luz, y no desde la ceguera. Por eso el periodismo es importante.

No sé si a los políticos les importa tanto el periodismo. Resulta incómodo para ellos, ya que los obliga a rendir cuentas, un acto que difícilmente es deseado por quien se ve sometido a ese escrutinio. Y, sin embargo, el nacimiento de toda democracia está inexorablemente vinculado al reconocimiento del derecho ciudadano a la información.

Es muy significativo que, cuando comenzó la guerra de Ucrania, una de las primeras medidas adoptadas por Putin fuera prohibir el uso del término «guerra», confinando el lenguaje a la expresión «operación de carácter especial». Recuerda mucho a *1984*, el libro de George Orwell, en el que se persigue la desaparición de términos y palabras, ya que, al desaparecer la palabra, desaparece también la idea que esta encarna. En esa línea, Putin prohibió a los periodistas, bajo amenaza de cárcel, hablar de la guerra.

¿Por qué ocurre esto? No es fruto de la casualidad. Es porque el periodismo tiene la capacidad de construir nuestro colectivo como sociedad y de aunar voluntades en un determinado sentido del entendimiento de las cosas y de la justicia.

Irene Lanzaco,<br>directora general de la Asociación de Medios<br>de Información (AMI)

## No tenemos que cometer dos veces el mismo error

Han pasado solamente veinticinco años, pero parece que son dos siglos. Ha sido un tiempo muy extraordinario. ¿Cuántas etapas hemos vivido en veinticinco años? Es increíble. Hubo tres momentos muy importantes en lo que se refiere a mi experiencia personal. El primero de ellos —lo recuerdo muy bien— fue en 1995, cuando trabajaba con Jean-François Fogel.* En ese momento, internet era muy minoritario. En Francia existía el Minitel, una tecnología hoy olvidada, pero que tuvo una importancia rotunda. Era una red, en realidad, centralizada —muy en línea con lo francés—, que permitía mostrar mensajes escritos en una pantalla monocroma. Era de pago y estaba organizada por el Ministerio de la Industria y de las Telecomunicaciones. Esa tecnología se había difundido en Francia con fuerza porque generaba muchos ingresos para los editores de los diarios. Por eso hablo de ello: ganaban dinero no por la información, sino por otros servicios. Por ejemplo, con los resultados del bachillerato: el día en que se publicaban, podías acceder a ellos directamente si pagabas. También la gente pagaba por horóscopos y, por supuesto, por mensajería sexual, con la que hicieron fortuna dos publicaciones francesas: *Le Nouvel Observateur* y *Libération.*

* El periodista y ensayista francés Jean-François Fogel, fallecido en 2023, fue un pionero en la transformación digital de los medios. Fue presidente del Consejo Rector de la Fundación Gabo.

Pero hay que tener presente que, en ese momento, la red existente en Francia tenía consecuencias negativas sobre la información, porque esta no era la protagonista. Podías leer los teletipos de la AFP, pero nadie lo hacía.

Cuando llegó internet, apareció una red totalmente descentralizada que competía con aquella vieja tecnología instalada en Francia. Hubo entonces un debate muy intenso en los diarios, dividido entre la desconfianza y la ilusión. La solución del ministerio era perfecta porque daba mucho dinero. La ilusión consistía en transformar el internet que irrumpía en algo semejante. Así, en 1995 ya empezamos a publicar en la web unas páginas en PDF o ciertos servicios. Los primeros sitios de internet de los periódicos se crearon a fines de 1996 o principios de 1997, cuando ya tenías Netscape, que se desarrollaba a toda velocidad.

Pero en ese momento el modelo en internet —al menos en Francia— era el portal. No eran periódicos: eran portales de contenido. La información, porque estamos hablando de periodismo, tenía verdaderamente un peso muy pequeño. Tenías los despachos de la AFP y, de vez en cuando, para atraer a la gente, se publicaban en línea algunos artículos del diario.

Esos portales ofrecían servicios de viajes, había pequeños anuncios de empleo, para viviendas, para todo... La información tenía un peso muy escaso. Pero íbamos armados de ilusión. Empezamos a cambiar mirando mucho lo que se hacía entonces en *The New York Times*, *The Wall Street Journal*, *The Guardian* o *Salon.com*, un medio de San Francisco que verdaderamente hacía periodismo digital y que hoy en día ha caído en el olvido. En aquel momento también hablábamos con *El País*, en España, donde estaba Mario Tascón. Fuimos muy amigos.

Muchos de nosotros ya estábamos diciendo que la información podía tener importancia. Alrededor del año 2000, poco a poco, fue ganándola. Entonces pusimos en línea casi todo el diario, pero verdaderamente el cambio rotundo para nosotros —lo escribimos en *La prensa sin Gutenberg*— fue el 11 de septiembre de 2001. En ese momento, se cayó la red mundial porque la gente en Estados Unidos, pero también en Francia y en Europa, buscó información no en la televisión, sino en internet. Entonces nos dimos cuenta de que lo que el público esperaba de internet en cuanto a información, en cuanto a periodismo, era un millón de veces más importante que lo que nosotros estábamos ofreciendo. Nosotros usábamos internet más como una herramienta de distribución o de difusión del diario, con algunas actualizaciones provenientes de los teletipos de la AFP. Yo escribí en un texto en el año 2000 que internet nos iba a llevar hacia una lógica de periodismo permanente.

Hasta entonces, la propuesta de un diario consistía en ofrecer al lector toda la información necesaria en el momento del cierre. Pero el 11 de septiembre el público demostró que la propuesta debía ser otra: ofrecer toda la información en el momento en que se conectara. Nosotros ya habíamos escrito en un plan estratégico que la evolución de internet podría ir hacia esa idea —entonces minoritaria—, y el público nos lo mostró el 11-S, mucho antes de lo que preveíamos.

Ese fue un momento crucial, que impulsó nada menos que tres revoluciones. La primera, la revolución del tiempo: es decir, la organización de la redacción no en función de temáticas, sino del manejo del tiempo. Teníamos un equipo de continuidad que, aunque hoy parezca un concepto antiguo, en 2001 era disruptivo. También teníamos servicios temáticos y un equipo que manejaba los temas más calientes y otros que gestionaban los fríos. Fue una revolución organizativa.

También fue una revolución en términos de lenguajes. En ese momento, la red no soportaba vídeos de alta calidad que duraran más de un minuto y medio, pero ya intuíamos las posibilidades. Y empezamos a apostar por las infografías y lo que años después se desarrollaría como visualización de datos, que hoy día tiene tanto impacto y tanta importancia en los medios informativos de peso. Ya entonces comenzaba esa mezcla de lenguajes, y surgían proyectos multimedia en los que ibas manejando la propuesta un poco como en un juego, de forma progresivamente informativa.

El tercer elemento revolucionario fue que, en ese momento de 2001, el sitio de internet de un diario iba a alcanzar más audiencia que la edición impresa. Ese es el instante en que el equilibrio se modifica de manera bastante radical.

Aquel fue un momento muy ilusionante. Todavía no nos enfrentábamos a los grandes desafíos que llegaron después y que tanto han complicado nuestro oficio.

El primero de esos desafíos es la fragmentación del modo de consumo. La irrupción del teléfono inteligente —sobre todo a raíz del iPhone—, las redes sociales, el motor de búsqueda... Todo eso va a fragmentar paulatinamente, de forma impresionante, el periodismo en internet. En el año 2000 todavía teníamos la ilusión o el sueño de que nuestro sitio web sería el único lugar donde se ofrecería lo que producíamos y donde se establecería la relación con la audiencia. La fragmentación empezó a ganar peso a partir de 2003, cuando Google aceleró su desarrollo, y, sobre todo, desde 2006 o 2007, con la entrada del iPhone, las redes sociales y todo lo demás.

El segundo desafío es el del modelo económico, por supuesto, porque, en realidad, a partir de 2006 vamos a integrar la economía de los datos a través de la publicidad. Esa publicidad, orientada a segmentos muy concretos, casi personalizada, se desarrolla a principios de 2003, pero después, con todas esas herramientas sociales que manejan el dato a cada momento, se hunde el modelo publicitario para los medios de comunicación. Porque, en la economía de los datos, lo que cuenta —lo que verdaderamente te da un peso grande— es tener mucha variedad, mucho volumen y mucha velocidad en los datos que manejas. Un medio de comunicación tiene una clara desventaja en comparación con las grandes plataformas de redes sociales, que son globales. Ese es el momento en que, verdaderamente, el modelo económico se vuelve más complicado. Pero, al mismo tiempo, como nos alejamos de una potencia de economía de los datos, vuelve la antigua economía de suscripciones.

El tercer desafío, que llega en torno a 2006 y 2007, son las redes sociales. Se han dicho muchas cosas sobre las redes sociales. Yo mismo he escrito mucho al respecto. Creo que lo más importante es el hecho de que ya no manejamos el contexto en el que publicamos nuestra información, y que la información parte en desventaja frente a los mensajes emocionales. Estos últimos son mucho más eficientes económicamente, en el modelo de la economía de la atención propio de las redes sociales, que los mensajes informativos.

Hemos pasado de un modelo que generaba una gran ilusión en el año 2000, basado en una red de información disponible de manera universal, cooperativa, descentralizada y horizontal, a un modelo centralizado por las grandes plataformas y no colaborativo, sino marcado por una competencia feroz en la economía de los datos, donde la información no solo no recibe la importancia que merece, sino que se enfrenta a un panorama muy negativo.

La inteligencia artificial que viene va a estar basada en la economía contributiva. Las inteligencias artificiales se entrenan sobre lo que está producido, en realidad, por los periodistas y por los medios informativos. Digamos que el contenido contribuye a la creación de otro contenido. Tener un modelo económico basado en la contribución va a ser, por tanto, uno de los desafíos más importantes del periodismo. Si se reconoce ese peso contributivo, entonces ya tienes un modelo económico posible para el periodismo con la inteligencia artificial. Si no se reconoce esa contribución, entraremos en una época muy negativa. Ese es el gran desafío al que nos enfrentamos. Si no se unen las fuerzas periodísticas con los legisladores para hacer reconocer el valor económico de la contribución de los contenidos informativos a lo que va a producir la inteligencia artificial, habrá razones para el pesimismo.

Es posible que, en las sociedades democráticas, podamos tener un futuro económico importante para el periodismo, porque nunca hemos tenido una necesidad tan grande de un periodismo de calidad, independiente y fuerte como hoy en día.

No tenemos que cometer dos veces el mismo error. ¿Qué pasó en el año 2004? Tienes que verlo como la suma de varios factores. El primero es que, en esa filosofía descentralizada de internet, venía implícita la idea liberal de libertad, de libertarismo económico. Si tú ves la *Declaración de independencia del ciberespacio*, de John Perry Barlow —el texto que presentó en Davos en 1996—, se basa en una filosofía que se alinea con Silicon Valley, que, al mismo tiempo, es una filosofía de «Nosotros compartimos todo». Es el *Grateful Dead* de internet, perfecto, pero, al mismo tiempo, es una desconfianza absoluta en la regulación, como si toda forma de regulación fuese un obstáculo frente a la posibilidad de cada ser humano de desarrollar su libertad.

Si te das cuenta, esta *Declaración de independencia* del liberalismo plantea una nueva utopía basada en una economía del compartir, en la horizontalización de todos los usuarios, pero también en la ausencia absoluta, total y definitiva de toda forma de regulación. Y, en realidad, como se dice siempre, cuando no tienes regulación entre el zorro y la gallina, al final es el zorro el que se come a las gallinas. Y eso es, en realidad, lo que nos ha pasado: la ausencia total de regulaciones. Eso hizo que internet entrara en un fuerte proceso de privatización ya en los primeros años. En realidad, estábamos hablando de una captación y de una privatización.

Entonces tienes una utopía, digamos, basada en una idea de igualdad y descentralización que culmina en un internet privatizado, con un oligopolio totalmente centralizado. Fíjate en la Sección 230, que protege a las plataformas en línea de responsabilidad por el contenido que generan sus usuarios. En realidad, la regulación de internet es incluso más baja que la regulación de nuestras vidas en cada nación.

El segundo factor es la ilusión que tuvimos. Pensábamos que el modelo de antes iba a ser el modelo de internet, y estuvimos inmersos en una ilusión. Creíamos que el modelo basado en la publicidad —el modelo de los medios audiovisuales— iba a ser el modelo económico de internet. Todos han olvidado eso hoy día, pero yo, ya viejito, te puedo asegurar —porque estuve presente en decenas y decenas de conferencias en Estados Unidos y en diversos países europeos— que muchos de los editores de diarios decían que ese era el modelo económico de internet, el modelo económico de la radio, de la televisión. «Vamos a vivir gracias a la publicidad y vamos a vivir bien», decían.

Google tuvo la inteligencia extraordinaria —nunca supe si ya lo habían planificado de antemano o no— de proponernos una transacción. Entonces es como en esos dibujos en que los conquistadores europeos ofrecen a los indígenas americanos unos trocitos de vidrio a cambio de oro. Google nos dijo: «Ponga su contenido y yo le daré audiencia, con la que van a poder tener una cifra de negocios publicitaria increíble». Entonces todos nosotros estábamos dibujando modelos, entre comillas. Tus costos eran como costos fijos de una radio y tu cifra de negocios subía en vertical con el incremento de los usuarios. Eso lo decía Google y todos los editores lo creían. Y, por supuesto, esto no ha pasado para nada.

Primero, los usuarios que trae Google al medio no son fijos, como sabes bien: suben y bajan. Pero, más que todo, incluso si tu audiencia sube, la cifra de negocios publicitaria no sube como tu audiencia. Y, a veces, todos los medios suben en audiencia y tampoco sube la publicidad.

Hay dos razones tan simples para explicar esto que, hoy en día, siento vergüenza retrospectiva. Se me escaparon. La primera es que lo que verdaderamente determina el precio de una publicidad, al fin y al cabo, es la escasez de inventario. Pero en internet no hay escasez de inventario nunca. El inventario es infinito, así que, por supuesto, los precios van a bajar. Los precios nunca pueden subir. Un estudiante de primer año de Economía te va a decir que, si el inventario es infinito, los precios no pueden subir, porque la oferta es ilimitada. Entonces, incluso si la demanda sube, los precios no tienen por qué ajustarse. La segunda razón es que pensamos que la publicidad se iba a vender como se había vendido siempre. No vimos que estábamos pasando de una publicidad de exposición a una publicidad basada en datos, y que la publicidad de datos iba a tener un peso económico mucho más fuerte que la de exposición.

Entre el año 2000 y 2006, las webs de los grandes diarios internacionales dominaban internet a escala mundial. Nosotros, en *Le Monde,* manteníamos reuniones con *The New York Times, Der Spiegel, The Wall Street Journal, The Guardian* e incluso con el *LA Times* y el *Chicago Tribune,* que en aquel momento eran diarios de peso. Éramos el *establishment* de internet. En esa época era muy sencillo encontrarse con Eric Schmidt, de Google. Ese internet de la primera etapa era, verdaderamente, un internet de información. Hoy en día, se ha convertido en un internet de distracción.

La información tiene una utilidad económica individual, porque permite que uno se maneje mejor en relación con el mundo. Y también posee una utilidad colectiva: la organización del espacio público, donde se posibilita el intercambio democrático gracias a que compartimos una realidad *de facto* basada en hechos. Este espacio público hace posible el debate, las elecciones y la confrontación de opiniones distintas, pero fundamentadas en hechos compartidos. Si te das cuenta, la colectividad ha financiado esa utilidad colectiva desde mediados del siglo XIX en Estados Unidos y Europa. Los economistas reconocen que el individuo, en su calidad de tal, no puede costear el bienestar colectivo. Para eso pagamos impuestos, para eso llevamos a cabo muchas otras acciones. Por esta razón, algunos países financian dicho bienestar colectivo mediante mecanismos de ayuda a la prensa; otros, a través de incentivos fiscales, inversiones públicas, etcétera.

No existe ningún país democrático en el que la información haya sido financiada al cien por cien por el mercado. La utilidad colectiva no puede sostenerse únicamente con aportaciones individuales.

Otro punto es lo que yo llamo, en uno de mis libros, el milagro de fines del siglo XIX, cuando los medios informativos eran los únicos que tenían acceso a las masas. Tenían el monopolio. Por eso atraían la publicidad. Pero, ojo: incluso contando con ese monopolio de acceso a las masas, hay que tener en cuenta que el Estado ayudaba, en muchos países, con la impresión, la distribución o las frecuencias de radio, para que los medios pudieran llegar efectivamente a la ciudadanía. Por lo tanto, no se puede afirmar que el Estado no tuviera nada que ver con ese milagro.

Ahora tenemos esta situación: el milagro ya no existe. Los medios son medios de pago que informan, de manera muy caritativa, a una minoría de personas a través del sistema de suscripción. El desafío, para mí, del poder público hoy en día es crear el ecosistema necesario para que esta utilidad colectiva pueda volver a ser financiada. Por eso nosotros hemos propuesto ciertas regulaciones en el ámbito de la publicidad. Hemos planteado regulaciones de tipo económico sobre las redes sociales. Mi tesis es que la atención pública se ha focalizado, desde hace cinco o seis años, en los mensajes que circulan por esas redes, con el fin de debatir si conviene o no prohibir determinado contenido. Pero, en realidad, ese no es el asunto central. Lo fundamental es el mecanismo de funcionamiento tecnoeconómico de esas redes sociales, que deja a la información en una clara desventaja y capta la totalidad de la publicidad. Creo que, a nivel europeo, debe ponerse en marcha un ecosistema que permita financiar esta utilidad colectiva.

Bruno Patino,<br>presidente de la cadena de TV francoalemana ARTE

# EL NEGOCIO Y LA IA

Anya Schiffrin (Estados Unidos)

Pamella Sittoni (Kenia)

Roberto Dias (Brasil)

Marcelo Rech (Brasil)

Churchill Otieno (Kenia)

Branko Brkic (Sudáfrica)

Catarina Carvalho (Portugal)

Greg Piechota (Polonia)

Randi S. Øgrey (Noruega)

Karen Rønde (Dinamarca)

Amalie Kestler (Dinamarca)

Marcus Husby (Noruega)

Jane Barrett (Reino Unido)

Shuwei Fang (Reino Unido)

Ana Ormaechea (España)

*La rentabilidad es la única garantía de la independencia de los medios. Este fue un negocio muy lucrativo que propició organizaciones muy fuertes hasta la gran expansión de internet. Las multinacionales tecnológicas crearon las reglas del negocio digital e hicieron que, por primera vez, los periodistas empezaran a preocuparse casi tanto por las cuentas —que no salen— como por los cuentos. La inteligencia artificial supone ahora la gran prueba de fuego para el negocio y para el futuro del propio periodismo.*

## La publicidad solo crece con el PIB. No hay más

Nunca pensé, ni por un minuto, que internet ayudaría en algo a los medios. ¿Recuerdas que todo el mundo decía: «Bueno, solo necesitamos un nuevo modelo de negocio»? Así era. Y estaba la publicidad digital. Como estoy casada con un economista [el premio Nobel Joseph Stiglitz], aprendí muy pronto que la publicidad solo crece con el PIB. No hay más. El pastel no se hace más grande: solo crece con la riqueza que genera el país. La publicidad va con el gasto de los consumidores, y el gasto de los consumidores va con el PIB. Así que es el mismo pastel. No hay publicidad infinita. Internet no iba a generar más ingresos para los medios.

Obviamente, para todos los que estamos preocupados por la desinformación, una de las soluciones tiene que ser promover la información de calidad. Y eso significa analizar el modelo de financiación. No solo los peligros, sino también los modelos de financiación.

Con todo, cada región tiene valores y estándares muy diferentes. No puede haber soluciones universales que sean aceptables en todas las culturas. En América Latina o el África subsahariana, si se pregunta a los profesionales de la información cómo verían que hubiera créditos fiscales del Gobierno, se niegan en redondo. No quieren ninguna participación de sus Gobiernos. Quizá acepten dinero de la USAID, de la Fundación Gates o de la de George Soros, pero no permiten que su propio Gobierno les facilite un impuesto o un crédito para contratar a más periodistas. Es cultural. Siento que, cuando pensamos en todos estos problemas y en cómo abordarlos, las soluciones deben ser muy distintas según el contexto. Se reduce a algo cultural. Diferentes regiones o países eligen su propio camino, y surgen formas muy diversas de afrontar problemas similares, como puede ser el de salvar el periodismo.

Dividí las soluciones porque ese es el tema de mi doctorado. Por ejemplo: ¿cómo se abordan las noticias falsas en internet? Lo dividí en oferta y demanda. Las soluciones del lado de la demanda son las que abordan al individuo y su necesidad de información. Ahí entra la alfabetización mediática: cómo enseñar a la gente a no reenviar algo estúpido o a no involucrarse con algo falso. La verificación de datos es una especie de solución del lado de la demanda porque, una vez más, se intenta educar a las personas sobre lo que es correcto. Generar confianza depende también, en parte, de la demanda.

En cuanto a la oferta, al suministro, tengo dos bloques. Una solución sería controlar a quienes difunden las informaciones. Aquí entran las demandas judiciales por difamación o una Ley de Servicios Digitales. La postura extrema es la de China, que cierra webs o prohíbe el acceso desde el país, simplemente porque no acepta la libertad de prensa. Y luego está la otra parte de la oferta: crear más material de calidad. Por eso me interesó tanto la idea de salvar el periodismo. Más periodismo de calidad. Ese es mi marco general.

Si pienso en el futuro, estoy bastante influida por *Digital Empires*,[2] el libro de Anu Bradford, donde sostiene que hay tres caminos hacia la regulación: el de China, el de Europa y el de Estados Unidos. Del único del que cabe esperar algo positivo es del modelo europeo. En Estados Unidos no nos tomamos muy en serio la regulación y, además, creo que las plataformas son muy poderosas.

Siempre he sido muy escéptica y nunca confié en las conferencias donde se defendía el *crowdfunding* y el modelo de membresía. Las suscripciones son difíciles: cuesta que ese modelo crezca, pero con la membresía no solo se pide dinero, sino que, además, se reclama tiempo. Para que me entiendas, me encanta *The New Yorker*, pero no tengo tiempo para sentarme a tomar un café con el ponente de una conferencia. Nadie lo hace. Me molestó un poco el entusiasmo con que se impulsaban esas tendencias como si fueran la solución a todos los males. Incluso una fundación estadounidense llegó a promover este enfoque en lugares donde no podía funcionar. Cuando ibas a África, te encontrabas a alguien presentando estrategias de *crowdfunding* y de membresía. Si no funcionaba aquí, ¿cómo iba a funcionar allí?

Hay muchos proyectos que funcionan, pero no representan modelos de negocio. Ya sabes, un periodista crea de repente un sitio especializado muy bueno y le va bien. Pero eso responde a una pasión, no a un modelo replicable. Es igual que todos esos reportajes de investigación del siglo XIX, como los de Edward Morrell o Carlos Cardoso. Puede haber personas dedicadas a publicar un boletín durante diez años. Llevo mucho tiempo diciendo que vamos a volver a algo de eso, pero que eso no resuelve el problema. Para resolverlo, necesitas centrarte en una estructura grande, no en ejemplos aislados. Necesitas una BBC.

Creo que los periodistas deben mantenerse unidos y negociar colectivamente con las plataformas para obtener una compensación por su contenido. Y, para mí, los grandes modelos lingüísticos surgidos con la inteligencia artificial representan una oportunidad para hacerlo ahora. Eso no ocurrió en el pasado. Todos obtenían lo que podían conseguir de manera individual. La negociación colectiva es preferible.

Necesitamos rediseñar los derechos de autor y, si no podemos reformar la ley, vamos a tener que interponer demandas. Estas empresas que lideran la investigación e implantación de la IA —tan grandes y poderosas— no quieren pagar por el contenido, así que las demandas en los Estados Unidos se han convertido, más o menos, en la respuesta generalizada. La regulación es muy lenta, pero creo que envía un mensaje a estas plataformas. En Australia tenían el código de negociación, igual que en Canadá. Google ha intentado acabar con él en Brasil, en Sudáfrica y, prácticamente, en todo el mundo.

Los Gobiernos hablan de que aumente lo que Google paga al periodismo. No es suficiente. No tienen que ser millones de dólares, sino miles de millones. ¿Sabes qué? Lo que Google aporta a esta industria es tan pequeño... Espero que se consigan buenas leyes y que la negociación con las grandes plataformas genere mucho más dinero del que se obtiene actualmente. Creo, con todo, que los editores están cometiendo un gran error al no actuar de forma colectiva. Entiendo que los medios pequeños puedan asustarse y pensar: «Vale, 50.000 dólares no es mucho, pero es mejor que nada». Esa desconfianza es una estrategia muy eficaz para las plataformas. Los pequeños acaban rompiendo la unidad.

ANYA SCHIFFRIN,
investigadora en la Universidad de Columbia

## Los medios serán mucho más pequeños

Mi opinión es que, en el futuro, el periodismo será muy distinto de lo que es hoy. No creo que sea sostenible mantener grandes medios de comunicación que empleen a cientos o miles de personas. Considero que serán más reducidos, obligados a ajustarse a una escala manejable. Siempre imagino que llegará un momento en el que un medio no necesitará estar dirigido por un CEO, ni requerirá un director financiero o de recursos humanos, y todo lo que eso conlleva. Bastará con un periodista sénior que actúe como gerente del equipo encargado de producir contenido. Tal vez muchas de esas funciones acaben siendo subcontratadas, con el fin de que los costos resulten sostenibles.

Estos medios tampoco requerirán grandes espacios para sus redacciones. Serán, creo, mucho más compactos y no generarán grandes beneficios. Probablemente serán medios que produzcan lo suficiente para sostenerse, o que reciban apoyo únicamente para hacer periodismo de interés público, sin fines de lucro necesariamente. Eso es lo que vislumbro.

Sé que organizaciones como *The New York Times* y *Financial Times* son rentables y obtienen beneficios con lo digital. De hecho, han logrado transformar su modelo para que la mayor parte de sus ingresos provenga de ese ámbito. Son casos ampliamente conocidos. Pero en regiones como la nuestra, donde el hábito de pagar por contenido no está tan arraigado, puede tomar mucho tiempo alcanzar una situación similar, si es que resulta posible. Los medios de comunicación deberán adaptarse a una nueva realidad, a una reestructuración que los haga sostenibles. Y solo una vez alcanzada esa sostenibilidad, podrán plantearse crecer de nuevo.

Estás en España, así que quizás ya hayas atravesado esta etapa. Pero nosotros, en Kenia, estamos ahora justo en ese punto en el que el periodismo impreso y televisivo —las formas tradicionales de ejercer el oficio— ya no generan tantos ingresos como antes. Los principales medios enfrentan graves dificultades. Algunas pequeñas empresas periodísticas han quebrado porque ya no pueden pagar a su personal. Los ingresos de los grandes siguen cayendo, y es solo cuestión de tiempo que lleguen a un punto en el que no puedan sostener el ejercicio del periodismo. Esto se debe, sobre todo, al modelo de negocio: el esquema comercial basado en publicidad y circulación ya no es viable para muchos medios.

Se ha analizado a fondo la capacidad real de los ingresos digitales. La publicidad digital es muy barata en comparación con la publicidad impresa. Excesivamente barata. Puedes tener una audiencia considerable y, aun así, percibir ingresos publicitarios mínimos. Y, por si fuera poco, los estudios muestran que, en este país, no hemos alcanzado aún un nivel en el que la gente esté dispuesta a pagar por el contenido. Esa es, ahora mismo, la principal complicación que enfrentan los medios de comunicación en Kenia.

Pamella Sittoni,<br>directora ejecutiva del Daily Nation<br>(Nation Media Group). Kenia

## La decisión de cobrar fue muy dura

En aquel momento, era un trabajo más corporativo y menos periodístico, pero seguramente era lo más importante para el futuro del periódico. Fue en 2011. Me pidieron que me encargara de un nuevo departamento centrado en las nuevas plataformas, como las *apps*. Era la época de las tabletas, ya sabes. Empecé a asumir, además, la tarea de cuidar la estrategia digital del periódico. En ese momento no cobrábamos en internet, y en la web se publicaba solo un treinta por ciento del contenido preparado para la edición impresa.

Me acuerdo de la primera reunión que tuve con los directivos. Llegué con un papel en el que figuraban dos puntos: el primero era que debíamos empezar a cobrar, y el segundo, que debíamos publicar en la web todo el contenido. Empezó la reunión. El editor del periódico me dijo: «Podemos discutir todo en esta sala mientras mantengamos dos principios: que no cobramos en internet y que no publicamos en la web todo lo que tenemos en la edición impresa». Y yo tuve que responder: «Bueno, pues entonces tenemos dos opciones: o cambiamos estos principios o me voy. Gracias». [Ríe] Fue tremendo. El editor me dijo: «No te vayas. Siéntate y defiende tu punto de vista». Debatieron antes de que yo empezara a hablar. Cuando terminé mi exposición, él no dijo nada.

Seis meses después de esa reunión implementamos el pago. Lo hicimos Sérgio Dávila y yo en un ambiente de negación. Empezamos a cobrar de la noche a la mañana, primero en móviles. Teníamos una *app* donde iniciamos el proyecto de pago. Meses después lo expandimos a la página web, ya en 2012.

Recuerdo el anuncio del cambio. Lo comunicamos tres días antes de que se hiciera efectivo, y la gente nos miraba como si estuviéramos locos: «Os van a despedir. El periódico no va a tener futuro porque nadie va a pagar jamás por contenido digital», nos decían. Y mira, aquí estamos tantos años después. Si no lo hubiéramos hecho, estoy seguro de que no tendríamos la misma situación de fortaleza que tenemos. Pero fue una decisión muy dura en su momento. Fuimos los únicos en hacerlo en el mercado. Los periódicos brasileños tardaron mucho en sumarse.

La publicidad digital no genera suficientes recursos. Las plataformas se han llevado prácticamente todo lo que estaba sobre la mesa y ahora empiezan a pagar algo. Los periódicos creen que no es suficiente, que es poco, pero por lo menos se sientan a negociar. Hemos tenido contratos con Google y con Meta. En el pasado tomamos decisiones firmes e hicimos dos movimientos muy importantes. Uno fue liderar, con la Asociación Nacional de Periódicos de Brasil, la salida de Google News. Salimos todos los periódicos a la vez. Y más tarde salimos también de Facebook durante tres años. Hubo un impacto inicial en la audiencia, pero luego se vio que era pequeño, porque el algoritmo empezó a cambiar y el peso de los contenidos periodísticos disminuyó en la red social. El marketing global, la campaña de imagen y el posicionamiento institucional que obtuvimos no tuvo precio. Y, claro, llegó un momento en el que nos llamaron y nos pidieron negociar un contrato. Nuestro punto era que, si producimos valor, queremos que nos paguen en compensación. Obviamente, tiene que haber una negociación. Tiene que ser X o Y, y tiene que estar recogido por ley.

Las cosas cambian muy rápido. Hubo un momento en que las grandes plataformas hacían su propia ley, y ahora está clarísimo que el Estado debe jugar su papel, aunque tenga muchas dificultades.

Roberto Dias,
*Folha de São Paulo.* Brasil

## No hay negocio en la publicidad digital para los medios

Hoy en día no se encuentran recursos económicos en internet, básicamente por Google. No hay publicidad para todos. El gran problema al que nos enfrentamos en estos últimos veinticinco años es la reducción de la publicidad. ¿Qué ha pasado? Han cerrado muchos medios o ha habido una reducción significativa de estructuras y capacidades de investigación, redacciones, etc. Por otro lado, esta situación ha coincidido con el surgimiento de un fenómeno periodístico que es legítimo, pero que no es de interés general, sino que se confunde con actividad social, de nicho, étnica, etc. Hay un deterioro del periodismo de interés general en diarios, revistas, televisiones, radios, incluso en digital. ¿Recuerdas aquellos medios como Buzzfeed o Vice? Se presentaban como el futuro, y mira qué pasó.

El espacio perdido por los medios ha sido ocupado por las redes sociales, donde reina la desinformación. El crecimiento de esta ha sido espectacular. Los dirigentes de Google y de Meta han tenido un impacto sobre los derechos de autor. La actividad de las grandes plataformas tecnológicas ha tenido un efecto colateral sobre la producción de información en la red social. Ese no es su negocio. No se crearon para eso, pero han impactado de lleno en él.

El principal modelo debería ser la suscripción de pago, pero creo que tiene que ser un pilar más de los ingresos, no el único. Entre el 30 y el 50 % de los costes de un medio debería estar financiado por las plataformas, para la propia sostenibilidad de estas compañías, y el resto, por las suscripciones, la publicidad y otras fuentes de ingresos, como la organización de eventos.

No estamos preparados para las redes sociales. La lógica periodística no funciona en ellas. Representan el camino más efectivo hacia la autodestrucción. Todo puede ser utilizado en nuestra contra. Sacan una frase, una palabra o una imagen y se transmite en minutos a millones de espectadores. Un vídeo periodístico que obtiene 30.000 visualizaciones en una web informativa es un vídeo exitoso, al igual que una noticia seria. Esto no puede competir con una noticia absurda, viral, que ha tenido seis millones de entradas. Y la noticia seria, importante, a la que han accedido 30.000 lectores —que no está mal— no obtiene suficiente remuneración. Las audiencias no pueden ser termómetros para medir la importancia o la remuneración de la actividad.

Las plataformas tienen que pagar por una tasa de limpieza. No hay modelo de negocio en la publicidad digital para los medios de comunicación. Esto es una pérdida de tiempo. Nadie va a rasgar la plata que existe en la publicidad. El modelo no es de gran audiencia, sino que es de calidad y de impacto. Ni siquiera una noticia de *The New York Times*, el gran medio global, alcanza la audiencia que puede obtener una noticia *clickbait* o sensacionalista. Al igual que un vídeo de *The New York Times* tampoco puede competir con un vídeo de Shakira. Competimos por esa misma plata. No tiene ningún sentido.

Somos mucho más relevantes para la sociedad. La relevancia, desde luego, no se puede medir por la audiencia. Si fuera así, los estudios científicos, que cuentan lógicamente con poca audiencia, no serían nunca relevantes. Eso no es así. Pensemos en un estudio que demuestre la eficacia de una vacuna. ¿Se va a medir su importancia por cuánta gente lo lea?

Bolsonaro creía en la propaganda. Toda su campaña se hizo en las redes sociales, en WhatsApp. Los que tienen las herramientas para combatir esa propaganda son el periodismo profesional, el periodismo de interés general. ¿Qué pasa con las plataformas? Una industria que produce un producto tiene que ser responsable de ese producto. Imagina una empresa que hace vertidos en un río: tiene que ser responsable de la limpieza de ese río, tienes que encargarte de ello. Las grandes multinacionales tecnológicas tienen que compensar a los medios y pagar mucho más dinero por los derechos.

Imagínate que los bancos no estuvieran regulados. O los medios de comunicación. O la medicina. Es impensable que un sector que trata directamente del bienestar o del futuro político de una sociedad no esté regulado. Es inevitable. Es importante para las propias plataformas. Saben que su sostenibilidad se basa también en una audiencia sana, en un ambiente sano, porque un ambiente como el que se creó en Rusia, o el que generó Bolsonaro en Brasil, puede ser una autodestrucción para ellos.

Un aspecto fundamental de los ideólogos es neutralizar la influencia de los medios periodísticos. Esto se hace con una lógica muy clara: son comunistas o están al servicio de unos intereses. Bolsonaro decía que los medios ganaban plata por ir contra él, al igual que lo dice ahora Milei. Para ellos, es importante decir que los medios están subordinados a intereses económicos y que por eso no critican a esas supuestas estructuras de poder oculto. Esta lógica es fácil de transmitir a la población.

No tenemos técnicas de acción subterránea en las redes sociales. La contrainformación, la versión de la verdad que circula en los grupos de WhatsApp de Brasil, es la más grande que ha existido. Cuando se confronta ese relato con la realidad siempre surge una reacción destructiva, de ataque. Dice eso porque es comunista o porque tiene intereses económicos o, en la mejor de las hipótesis, porque eres ingenuo.

Un lector de mi columna me increpó: «¿Por qué no habla de que la Corte Electoral no ha abierto el código de las urnas electorales?». La Suprema Corte sí había abierto las urnas públicamente. Eso no era cierto. Se lo expliqué ampliamente al lector y me respondió que tenía razón, que se había abierto, pero que en verdad el código que se utilizaba para acceder a los votos y verificar los resultados electorales se había manipulado por ciertos intereses y que todo había sido opaco. Es decir, reconocía que las urnas se habían abierto, lo que era innegable, pero retorcía el tema diciendo que eso no importaba porque se había falseado el proceso, lo que era indemostrable. Es increíble. Todo está contaminado. Hay determinadas personas que manejan un relato de la verdad muy incrustado en ellos. Este es el juego. Y llega a mucha gente. Transforman la versión periodística de los hechos y la manipulan hasta que encaje en su relato.

Por experiencia propia, creo que la discusión real, razonable, no es suficiente. Voy a dar dos ejemplos de lo que pasó en Brasil entre las elecciones que ganó Lula, que tuvieron lugar en octubre de 2022, y la investidura, que estaba anunciada para el 8 de enero de 2023. Hubo decenas de campamentos donde se reunían miles de personas normales para protestar. Iban a los cuarteles, donde estaban los militares, pidiendo su intervención. Personas normales, insisto. Hablamos de parados, jóvenes y abuelas. Protestaban frente a los cuarteles día y noche, veinticuatro horas al día, para pedir una intervención militar que salvara al país del comunismo. He conocido a algunas de estas personas que acampaban en protesta. Han tenido una realidad paralela. Una percepción completamente distinta de la que tenemos nosotros. Es increíble.

Los ataques para estas personas son refuerzos. Convierten las críticas en fortalezas porque han logrado desacreditar a los medios y a todo el sistema. Nada vale, todo está mal, salvo ellos, que son salvadores. Si los medios te critican es porque eres independiente. Estás al margen del sistema, de los poderes establecidos. Ha pasado con Trump, con Bolsonaro y con Milei.

MARCELO RECH,
presidente de la Asociación Brasileña de Periódicos

## Hay que hacer que la información importante resulte interesante

Los desafíos globales del periodismo están presentes en todo el mundo y, desde luego, también se perciben en los países africanos, que son tan diversos entre sí. Estos retos tienen un tono ciertamente sombrío debido a la reducción de los ingresos procedentes de la publicidad, que hasta ahora habían sostenido al periodismo. Hemos constatado que esta sequía de ingresos comienza justo en un momento en el que la mayoría de las redacciones africanas se encuentran en proceso de maduración. En Kenia, por ejemplo, uno de los principales anunciantes en el mercado es el sector público gubernamental. En 2022, el Gobierno dejó de publicitarse en la mayor parte de los medios, lo que resultó crítico para el sector.

El tenor general de la política africana es que existen múltiples culturas políticas y patrocinadores locales que no solo opinan sobre el periodismo. Muchas comunidades se basan en principios que sugieren que el poder les plantea problemas. Cuando surge un tema relacionado con esa comunidad, no hay capacidad de escucha crítica. La propia comunidad defiende cualquier situación o decisión como la mejor para todos, aunque no existan argumentos y ni siquiera respondan a preguntas. Si los periodistas cuestionan a la autoridad, en muchos casos se considera un mal comportamiento. Pese a ello, los periodistas y los medios de comunicación controlaban el discurso público y obligaban a las autoridades a moverse.

Pero cuando llegaron las redes sociales, los canales cambiaron. Los poderes utilizaron las nuevas capacidades de estas plataformas como arma. ¿Os ha pasado a vosotros en España? Lo que voy a contaros os va a sonar familiar. Si publico una historia en la que se critica a un político, su equipo sale al ataque. Utilizan pagos o presiones para movilizar a personas con gran influencia en las redes y atacar a los periodistas. Lo hacen con información falsa o incompleta. El periodista pasa a ser el enemigo, por supuesto. Publicar información sobre irregularidades se está volviendo cada vez más difícil.

Los jóvenes no son conscientes de cómo interactúan con las fuentes de información. No valoran si alguien pertenece a un medio serio o si simplemente es una persona expresando su opinión. Se dejan llevar por formatos atractivos que entretienen. Probablemente, dependería de nosotros, como periodistas, encontrar formas innovadoras de apoyarnos en el periodismo para desacreditar la información falsa o las verdades alternativas que surgen.

Creo que el público no desea ponerse al día. No podemos perder el control sobre la calidad de la información, pero existen muchos riesgos. La misión del periodismo no es conocida ni ampliamente compartida. Reflexiono sobre cómo podemos lograr que la información relevante resulte interesante. ¿Cómo la entregamos? ¿Cómo la hacemos accesible?

Considero que el periodismo es demasiado difícil de desplazar. En el sector, podemos encontrar información que podríamos considerar basura, pero si damos prioridad a la información de calidad, hallaremos maneras de generar apoyo. Probablemente comience como un movimiento pequeño, pero creo que, con el tiempo, el gran periodismo crecerá como negocio. El periodismo de información general habla de democracia y posee un sentido directo y claro. En ese contexto, encontraremos nuevas formas de abordar el modelo de negocio, que será aún más importante a medida que avancemos. El bajo volumen de información, pero de alta calidad, sigue siendo un precio muy doloroso de pagar en esta época dominada por el modelo que impulsan las plataformas.

Churchill Otieno,
presidente del Consejo de Editores
de África (TAEF). Kenia

## Estamos moribundos

Fundé *Daily Maverick* en 2009. Antes era una revista semanal, pero tuve que transformarla en un medio digital diario. Nuestra visión consistía en ofrecer calidad *online*. En 2007, el *Huffington Post* había protagonizado un gran éxito y proliferaban las páginas web que agregaban informaciones de otros medios: ponían un párrafo y ya estaba. Yo quería hacer periodismo de verdad en internet. En aquel momento, era como recorrer el camino al infierno. Contaba con un soporte residual de la revista impresa y no tenía un plan de negocios sólido. Simplemente obtuve el dinero y, tres meses después, tuve que empezar a mendigarlo.

Ahora estamos moribundos. Básicamente, estamos esperando la ejecución. Seamos honestos: dentro de diez años, ninguno de nosotros existirá, salvo los medios más grandes. Quizás uno o dos por país, como máximo. Estoy en un país de sesenta y cinco millones de personas en total y tengo dos millones de usuarios diarios. Contamos con el mercado de medios más avanzado de África. ¿Imaginas cómo está el resto?

Estamos en una espiral descendente. Pensar en el año que viene es nuestra mejor esperanza. Eso es terrible. Cuando empleas a diez personas en el país, todos lo celebran. Diez personas. Simplemente dejamos de creer en nuestro futuro, aunque seguimos creyendo en el poder de cambiar el mundo. Sigo confiando en la capacidad de hacer un trabajo correctamente. Tenemos que hacer algo diferente porque, si seguimos así, esta es la única dirección.

Solo los medios más grandes, globales, podrán permitirse cualquier cosa. No existe un mercado lo suficientemente amplio como para escalar la cantidad de lectores de un solo artículo hasta las cifras que ofrece la publicidad programática. Simplemente no es rentable, ni lo será.

Te doy un ejemplo muy revelador. En Sudáfrica publicamos un proyecto enorme, histórico, llamado *Gupta Leaks** en 2017 y 2018. Son 75 investigaciones centradas en el fenómeno de la captura estatal. Cambiamos el futuro del país. Pagamos más de un millón de dólares para poder financiar el proyecto. Teníamos que proteger a los informadores que denunciaron las irregularidades, cuidar de las fuentes y tratar de restaurar sus vidas. ¿Sabes cuánto dinero habríamos obtenido si hubiéramos utilizado la publicidad programática de Google en las 75 historias que transformaron el futuro de todo el país? Apenas 1.500 dólares. No existe palabra que defina el problema que representa la forma en que se gestionan los ingresos publicitarios. Nos hemos metido en la boca del lobo.

Las suscripciones digitales tampoco funcionan en Sudáfrica. Aquí, dos tercios de la población no pueden permitirse nada. Apenas tienen para comer; ¿quieres que paguen por un periódico? ¿Que paguen por una suscripción *online*? Simplemente no pueden.

Al mismo tiempo, creo firmemente que tienen el derecho a conocer la verdad. Aunque sea para decidir a quién deben votar. Mi papel en la democracia sudafricana es crucial, y si voy a ponerlo tras un muro de pago, estaré cometiendo un crimen. Es tan simple como eso.

Soy totalmente consciente de que hay personas que afirman que, si nadie quiere pagar por tu información, esta no tiene valor. Pero les digo que se vayan al diablo. No entienden lo que estás haciendo. No comprenden que el resto del mundo no dispone de miles de millones de dólares, y que también son humanos que merecen conocer la verdad. Así que eso es lo que estamos haciendo. Es más una misión que otra cosa. No es un buen negocio. Incluso si pusiera *Daily Maverick* tras un muro de pago, quizás podría cubrir costes, pero no creo que fuera rentable. En cambio, tendría consecuencias. Recortaría significativamente el liderazgo de la publicación y limitaría la comprensión de lo que sucede en el país a una parte reducida de la población. Además, afectaría de forma terrible y perjudicial a la motivación de mis periodistas. Les encanta ser leídos por la mayor cantidad posible de personas por-

* Nwabisa Makunga se refiere a esta investigación periodística en las pp. 31-32.

que, ya que nunca serán millonarios, al menos pueden hacerse un gran nombre con esto. Cortar intencionadamente el acceso a la mayoría solo porque no pueden permitírselo está mal, en un plano ideal. Para quienes sí pueden, simplemente está mal.

Las personas que dicen que, ya que pagabas por la edición impresa, debes pagar por la web, mienten o no tienen ni idea de lo que dicen. Contribuiste al negocio de distribución impresa, pero no pagaste por ella. La información en el periódico siempre fue gratuita, aunque se sustentaba en la publicidad. El problema es que Google y Facebook llegaron y simplemente se llevaron todo. Surgen preguntas: ¿qué pasa con el valor de la marca? ¿Qué ocurre con entender a dónde va la publicidad? ¿Realmente quieren las grandes marcas estar al lado de contenidos nazis o asociados a páginas de dudosa calidad? Yo puedo ayudar con mi publicación a quienes venden productos en esta parte de Sudáfrica. Desde luego que sí. Pero la imagen panorámica es desastrosa. Absolutamente desastrosa. En los últimos quince años hemos perdido el setenta por ciento de los empleos de periodistas en Sudáfrica.

Branko Brkic,*<br>exdirector de *Daily Maverick*. Sudáfrica

## Los lectores nos dicen que no quieren pagar

Dirigí *Diário de Notícias* durante una época y trabajé mucho tiempo en el periodismo tradicional portugués, en lo que se conoce como *Legacy Media*. Pero siempre he creído que existe un gran potencial en el periodismo local, con historias muy cercanas a las personas. Los periódicos clásicos de Portugal están enfocados en un periodismo muy institucional. Creo que están un poco alejados de la gente. No debería ser tan distante el periodismo tradicional de las historias locales, porque lo uno no es contrario a lo otro. A mí también me gusta *The New York Times*, claro, pero lo llamativo es que allí encuentro historias locales muy interesantes que no veo en los periódicos portugueses.

* Branko Brkic ha fundado una organización sin ánimo de lucro para defender el periodismo en el mundo.

Tenía la idea de generar un proyecto periodístico que permitiera crear comunidad, y la web ofrece muchas posibilidades en ese sentido. Así surgió la idea de lanzar el proyecto *Mensagem*, que se centra en contar lo que pasa en Lisboa, en sus barrios, para la gente que vive en la ciudad. Contamos historias que intentan concienciar a los ciudadanos con la idea de contribuir a construir una ciudad mejor. Esa es nuestra misión. Hacemos periodismo y nos enfocamos mucho en el ámbito social y cultural. Impulsamos iniciativas, damos a conocer acciones ciudadanas para mejorar sus barrios, anunciamos novedades y actuamos como altavoz para solucionar problemas o proponer algunas mejoras. Nos implicamos en este tipo de asuntos. A raíz de nuestro compromiso, hemos organizado muchos debates, conferencias, reuniones de vecinos y encuentros en torno a todo tipo de causas, siempre que tengan el propósito de mejorar la ciudad. Desde lo pequeño hasta lo grande. Todo suma. Tratamos de ser constructivos. ¿Te parece necesario? Yo creo que sí.

Lo comenzamos en 2020, en plena pandemia. Fue una coincidencia. No nacimos como consecuencia de la pandemia, pero en aquel momento lo teníamos claro. Fue un arranque muy duro, pero pudimos contar la recuperación de la ciudad. Ha sido un trabajo apasionante. Somos un equipo pequeño, pero muy bueno. Hay un cronista espectacular; para mí es el mejor de la prensa portuguesa. Hemos editado libros y damos mucha importancia a las fotografías que retratan la evolución de Lisboa.

Los ingresos son muy justos. Aún no ganamos dinero. No tenemos publicidad porque la publicidad digital no se alinea con este proyecto, ¿no crees? Obtenemos ingresos de patrocinios y de ayudas o subvenciones vinculadas a proyectos en los que trabajamos. La rentabilidad es el mayor problema que enfrenta el periodismo. La prensa portuguesa pierde dinero. El único medio que es rentable ahora mismo es *Correio da Manhã*. Por ejemplo, el periódico donde trabajé antes, *Diário de Notícias*, pierde mucho dinero. Es una pena. Pasa aquí y en todo el mundo, me temo. Los modelos económicos en el entorno digital no favorecen el periodismo. Resultan extraños. El proyecto recibe mucho interés de los lectores, sí, pero, al ser un proyecto local y de cercanía, no hablamos de una audiencia tan grande que permita lanzar un modelo de suscripción de pago. Tenemos mucha conexión con nuestros lectores, sabemos que les gusta el proyecto, pero si les preguntas si pagarían por leerlo, te dicen que no. Aseguran que *Mensagem* debe ser gratuito. Estamos trabajando para que pueda ser sostenible. Cada año es un poco mejor que el anterior, pero aún no hemos llegado al beneficio. Espero que lo logremos.

CATARINA CARVALHO,<br>fundadora y editora de *Mensagem.* Portugal

## No nos suscribimos a las noticias, sino al proceso periodístico

La suscripción digital de pago presenta grandes diferencias según los mercados. Son evidentes. Los países ricos cuentan con ventajas como la propensión al pago y la digitalización de la población. Si la economía, con todo lo que impulsa, aún no está digitalizada, las dificultades son enormes. También existen diferencias en las tradiciones y en la composición social. Por ejemplo, ¿qué tamaño tiene la clase media? ¿Qué hábito hay de lectura de periódicos? ¿Qué implicación tiene la población en la política? Esto ayuda a explicar muchas diferencias entre países y regiones.

Los países escandinavos están mucho más avanzados en suscripciones digitales, en parte porque sus medios han estado haciendo bien su trabajo, pero también porque se trata de algunos de los países más ricos del mundo en términos de PIB per cápita. Sus poblaciones tienen una buena educación, son políticamente activas y su infraestructura está digitalizada. Los ciudadanos tienen acceso muy rápido a internet. Los medios digitales en esos países están mucho más desarrollados y, ya sabes, es más fácil vender algo en formato digital cuando hay mucha gente con iPhones y cuando estas personas cuentan con recursos económicos.

También existe un estereotipo: en los países donde hay inviernos muy largos, la gente necesita entretenerse en casa, por lo que quizá pasan más tiempo leyendo. En países donde hace mejor tiempo, se pasa más tiempo al aire libre; quizá los sistemas educativos no sean tan potentes y haya mayores desigualdades en términos de educación, riqueza, prosperidad o actividad política. Estos son mercados menos favorables para las suscripciones digitales.

Pero me gustaría decir que en todos los mercados hay una proporción de la audiencia que es lo suficientemente rica, tiene la suficiente educación y es lo suficientemente activa políticamente como para apoyar la igualdad. Básicamente, existe una demanda de información y entretenimiento de calidad en todas las partes del mundo.

Entiendo las reticencias de Branko Brkic* sobre la suscripción digital en Sudáfrica. Es un mercado complicado, pero hay camino. Es verdad que su periódico, *Daily Maverick*, no tiene un muro de pago, pero sí tiene un sistema de membresía al que se han suscrito muchos lectores. Hay otro medio sudafricano, *News24*, al que le va bastante bien porque está muy concentrado en aumentar las suscripciones. Siempre hay algunos editores que están mejor posicionados para este modelo que, por supuesto, no es bueno para todos.

Solo existen dos modelos de negocio para los medios de comunicación en todo el mundo: suscripción de pago y publicidad. Estos dos modelos permiten múltiples combinaciones: webs cerradas al pago con o sin publicidad, webs híbridas, con una parte cerrada al pago y otra gratuita, webs completamente gratuitas, etc. A nuestra industria le encanta hablar de otras fuentes de financiación, pero, en esencia, solo existen estas dos formas de ingreso.

Por supuesto que el modelo de negocio influye en la oferta editorial. Los medios de comunicación tienen dos tipos de clientes: consumidores o anunciantes. La clave está en a quién se le da prioridad. Cuando esta pasa del anunciante al consumidor, muchas cosas cambian. Cambia el contenido que produces, la forma en que estructuras tu producto y la manera en que te organizas. Esta elección afecta a todo y, por ende, también a los valores. Contamos con múltiples ejemplos de publicaciones de alta calidad que han logrado transitar con éxito hacia las suscripciones. El modelo basado en la publicidad resulta más idóneo para medios con contenidos más populares y centrados en el entretenimiento.

La transición al pago ha supuesto la gran transformación digital de los medios. Cuando se sustentaban en la publicidad, el objetivo era maximizar la cantidad de lectores para aumentar los

* Branko Brkic, exdirector de *Daily Maverick*, interviene en las pp. 264-266.

ingresos por anuncios. Al cambiar el paradigma hacia los ingresos procedentes de los consumidores, empiezas a pensar que necesitas personas que realmente puedan pagar. Esto implica, entre otras cosas, que debemos enfocarnos en nuestro mercado potencial de lectores. Hay que adaptar la redacción. Los lectores, la audiencia fiel y de calidad, son quienes estimulan a los medios de comunicación. Enfocarse en ellos exige mucho al medio.

Muchas decisiones en medios tradicionales estuvieron relacionadas con la publicidad. Muchas nuevas secciones de contenido nacían porque tenían recorrido comercial, pero quizás no eran tan prioritarias para los lectores. Cuando trabajaba en *Gazeta Wyborcza*, en Polonia, teníamos un suplemento de cincuenta y dos páginas sobre logística. ¿Era tan interesante? No necesariamente, pero había muchas empresas que querían anunciarse allí. En este nuevo paradigma, centrado en los lectores, el foco está en crear contenido que les resulte suficientemente valioso como para pagar por él. Esto cambia la toma de decisiones.

Esta transformación ha propiciado un gran cambio cultural, generalmente impulsado por el uso de la analítica de datos. Se tienen en cuenta las necesidades de los consumidores para satisfacerlas, cumplirlas y crear una cobertura de calidad que sea valiosa para la sociedad, pero también para personas en particular.

Se trata de generar valor. Si quieres crear valor para los lectores, debes responder a sus necesidades. Algunos necesitarán consejos para comprar una casa, y otros querrán entender qué sucede en Ucrania. También hay quienes buscan entretenerse para distraerse de sus problemas. Gracias a una investigación de los últimos siete años, sabemos que hay más personas que quieren adquirir conocimientos porque desean formar parte de una comunidad más amplia. Se trata del placer de interactuar con algo culturalmente significativo. Hay diversas razones por las que las personas interactúan con los medios.

Hemos descubierto que las campañas más efectivas para la suscripción se centran en la independencia del periodismo. Subrayan que el dinero que aporta el lector con su suscripción contribuye a sostener al medio. El periodismo de los medios de comunicación está en crisis, y la gente lo entiende. Esto tiene cierta relación con la financiación benéfica. Surgen medios sin fines de lucro que se sostienen mediante donaciones. ¿Es un modelo que garantice un futuro sostenible para el periodismo? No estoy seguro.

Para empezar, la filantropía tiene fuerza real en determinados países, como Estados Unidos, donde la financiación pública tiene menos peso. Además, hay que tener en cuenta que las estrategias de las grandes fundaciones son cambiantes. Los estudios muestran que cada cinco o siete años estos gigantes filantrópicos modifican sus prioridades. Quizá ahora consideren prioritario financiar el periodismo independiente porque es esencial para la sociedad, pero dentro de unos años podrían cambiar el destino del dinero y enfocarse en otras causas. ¿Es realmente un modelo sostenible? Tengo serias dudas.

La pregunta siempre es la misma: ¿cuál es realmente el valor de lo que ofrezco? Creo que la respuesta reside en los fundamentos del periodismo. No se trata solo de noticias, porque las noticias están en todas partes. Pueden ser generadas por Gobiernos, empresas o individuos. Esto no es realmente lo que creamos para generar valor. Por eso uso esta frase: no creo que puedas ponerle precio a las noticias.

Lo que hacen los periodistas es algo distinto: es un proceso periodístico. ¿Qué es el proceso periodístico? Para empezar, los periodistas verifican los hechos. Además, son observadores independientes que presencian acontecimientos y validan lo que han visto. Los periodistas también investigan para descubrir la verdad o denunciar irregularidades. Y, además, encuentran el sentido de lo que ocurre. Aportan la interpretación que nos permite entender la realidad.

Esto es realmente por lo que la gente paga cuando se suscribe a nosotros. No nos suscribimos a las noticias, sino al proceso periodístico. Este será el futuro. La pregunta para nosotros es qué hacemos realmente para crear valor para los consumidores y la sociedad. Eso es todo.

Greg Piechota,<br>investigador residente en INMA

## En Noruega hay tradición de pagar

Si nos fijamos en el crecimiento de los medios en Europa, y en especial en Noruega, queda claro que hemos tenido que cambiar nuestro modelo de negocio a nivel nacional. Pasamos de un periódico basado en la publicidad —muy importante— a un punto en el que las suscripciones de los usuarios ya son más relevantes. La razón es que las grandes plataformas tienen una tecnología capaz de impactar en la publicidad. La caída puede deberse a su servicio y al creciente pago de los usuarios.

Tenemos que encontrar un equilibrio entre la innovación y la regulación, y eso es muy difícil, porque el sistema tiene que ser sensato. El valor más importante para el periodismo es la confianza. No podemos correr ningún riesgo en términos de confianza de nuestra audiencia. Ese es el valor más alto del negocio.

Ciento setenta de los miembros de nuestra asociación son medios de comunicación locales, algunos de propiedad familiar. La mayoría de ellos están juntos en una plataforma, lo que significa que comparten tecnología y comercialización de anuncios. Trabajan juntos. Esto es extremadamente importante para obtener ingresos. Hay que ser muy profesional. Tienes que ser muy bueno. Esto va de datos y de personas. En Noruega tenemos 1,4 millones de suscriptores digitales y nuestra población es de cinco millones. Es un dato importante. Tenemos que ser hábiles. Tenemos que ser relevantes para los usuarios. Y depende de lo digital que seas, porque en este mercado —insisto— hay que ser muy profesional. Los medios locales tienen sus dificultades, por recursos, pero también tienen ciertas ventajas, como la cercanía y la confianza de sus lectores, y si están unidos pueden llegar a ser muy fuertes.

En este país, la gente está acostumbrada a pagar por las noticias. Tanto en la época de las ediciones impresas —cuando uno de cada dos hogares recibía al menos un periódico en casa— como en la actual. Un desafío es lograr que los usuarios jóvenes se unan.

Creo que es muy importante tener ciudadanos que entiendan lo importantes que son los medios de comunicación para la infraestructura democrática. Y creo que ahí está la diferencia entre países y tradiciones. Mucha gente puede mostrarse en contra del apoyo directo a los medios de comunicación, pero en Noruega se ve muy bien. Los medios locales, igual que en otros países nórdicos, reciben ayudas que no hay en otros Estados europeos. La voluntad de apoyar la diversidad de los medios de comunicación es una parte importante de la infraestructura democrática. La madurez en torno a eso, la conciencia al respecto, es muy importante para el desarrollo democrático.

RANDI S. ØGREY,
directora de la Asociación de
Medios de Noruega (MBL)

## Hay que poner una empresa a pequeña escala

Creo que los medios locales pueden llegar a ser muy competitivos siempre que sean relevantes y capaces de mantener una audiencia estable gracias a esa relevancia local. Esa debería ser nuestra ventaja competitiva. Al ser locales, conocemos al público, el trasfondo cultural y la historia. Por ello, podemos ofrecer algo diferente y debemos aprovecharlo. En Dinamarca, las *startups* periodísticas están teniendo un gran éxito con modelos sin publicidad basados exclusivamente en suscripciones. Han creado una especie de comunidad en torno a la marca. Cuentan con una gran aplicación. Dicen que son una empresa de tecnología y puedes elegir entre noticias globales, locales, en profundidad y de entretenimiento. Se toman al público mucho más en serio. Tienen una audiencia con diferentes necesidades, puntos de vista e intereses. Cuando visito el sitio web de los periódicos nacionales daneses, la propuesta siempre es la que decide el editor. Él determina las cosas que debo saber como lector. ¿Ves la diferencia?

Me gusta mucho la tecnología. Es una gran herramienta si la usamos correctamente. Si somos transparentes y responsables, creo que tenemos la oportunidad de ampliar nuestro excelente contenido y llegar a un público mucho mayor. Estoy releyendo *El dilema de los innovadores*, un libro del profesor Clayton.* Presenta una teoría disruptiva que escribió hace muchos años y describe en el libro dos casos concretos de empresas muy exitosas porque se centran en los consumidores y en productos rentables. No dedican tiempo ni recursos a tratar de encontrar un nuevo modelo de negocio, ni espacios sin ganancias ni cuota de mercado. Y cuando

* CHRISTENSEN, Clayton M., *El dilema de los innovadores*, Ediciones Granica, Buenos Aires, 2022.

se dan cuenta de que lo necesitan debido a la tecnología, ya es demasiado tarde.

Creo que tenemos que estar más dispuestos a correr el riesgo de poner una empresa a pequeña escala. Y creo que deberíamos estar más abiertos a introducir muchos servicios diferentes. Cuando trabajaba para Netflix, introdujimos una suscripción adicional (a X) con el objetivo de analizar cómo respondía el público y cuál era su disposición a pagar. Ahora le han seguido muchas otras empresas. Hablamos de incluir los deportes, los juegos y el entretenimiento. Esa es una vieja historia sobre cómo combinar diferentes productos en un solo producto. Pero creo que tenemos la oportunidad de adaptar, de algún modo, muchos productos noticiosos excelentes para niños, jóvenes, personas de mediana edad o mayores. Deberíamos intentar probarlo a pequeña escala para que no sea demasiado costoso. Pero deberíamos estar más dispuestos a correr riesgos y aprender a fallar. Hay que volver a intentarlo.

KAREN RØNDE,
CEO de Danish Press Publications

## Competimos por el tiempo

Creo, sinceramente, que hay muy buenas razones para tener miedo por el estado del acceso a la información y al conocimiento. Estamos entrando en una fase desconocida. No existen experiencias previas. Vemos que cada vez más personas evitan las noticias, que optan por no participar en los principales medios de comunicación y que hacen sus vidas sin interactuar realmente con las grandes cuestiones de la sociedad. Es un asunto complicado. Asusta. Lo mejor es ir retirando piedras y dar pasos hasta que la carretera se muestre sola, ¿verdad? No es realmente una opción caer en la depresión y decir que todo es terrible. Tenemos que analizar las posibilidades. Tenemos que hacer todo lo posible para transmitir el mensaje de que hay una diferencia entre las redes sociales, las noticias basura y las fuentes de noticias buenas, bien investigadas y creíbles. Y tenemos que hacer todo lo posible para transmitir este mensaje. Y luego, por supuesto, creo que siempre habrá una necesidad de periodistas confiables, éticos y honestos.

Necesitamos ser aún más creativos a la hora de encontrar a nuestros clientes en el futuro. Competimos ahora por su tiempo. Hace cuatro o cinco años hablábamos de que nuestros competidores eran quizás Netflix y otros servicios de *streaming* porque quitaban tiempo a la gente o se lo restaban del tiempo dedicado a la lectura de la prensa seria. Pero ahora veo que no se trata solo de la industria del entretenimiento, sino que hay nuevos competidores que no tienen nada que ver con la información. Se trata del comercio por internet, de webs como Amazon, de aplicaciones deportivas como Strava, donde la gente dedica algo de tiempo a aumentar su rendimiento en bicicleta; aplicaciones de comida, de jardinería, pasatiempos... La gente elige pasar mucho tiempo en estas *apps* todos los días, y cuando dedican tiempo a otra cosa no lo dedican al buen periodismo. Nuestros competidores ya no son solo otros periódicos.

La digitalización de nuestra industria, de nuestras publicaciones, ha sido increíble. Se abre una nueva forma de contar historias que simplemente no podíamos hacer en los periódicos impresos. Nosotros procedemos de una antigua editorial de prensa creada en 1884. La revolución digital arrancó, en cierto modo, en los últimos quince o veinte años, y especialmente en los últimos diez. Nuestra apuesta digital nos permite contar historias de manera más creativa, innovadora y atractiva que nunca. Con vídeo, con animaciones, con gráficos... Creo que eso es, en realidad, un verdadero regalo para el periodismo. Nos brinda muchas más oportunidades de llegar a los lectores con historias convincentes.

Y creo que también se abre un ámbito de posibilidades completamente nuevo para el periodismo de investigación, como el periodismo transfronterizo, ya que ahora podemos ponernos en contacto con gran facilidad con colegas de toda Europa en diferentes proyectos de investigación. Hay muchas cosas positivas, pero, por supuesto, las redacciones ya no son lo que eran cuando solo existía un periódico impreso. La gestión es más compleja y los perfiles de los periodistas se han diversificado mucho. Se trata de un mundo que ya no existe de la misma manera.

El cambio, si lo piensas, ha sido increíble. No sé cómo fue en España, pero al principio, cuando los primeros periódicos de Dinamarca se digitalizaron, todo giraba en torno a la velocidad. Se trataba de ser cada vez más rápido, más grande y tener más páginas vistas y, ya sabes, realmente creo que aquel fue un periodo bastante perjudicial. No creo que esos años hayan sido muy buenos. Hubo mucho cebo de clics y, en verdad, nadie sabía realmente cómo ganar dinero. La economía no era realmente sostenible para los medios de comunicación con ese modelo.

Pero el mercado cambió. Y con el mercado cambiamos nosotros. Los medios de comunicación empezaron a apostar por el pago y descubrieron que los lectores solo querían pagar por el buen periodismo. De alguna manera, en los primeros años íbamos todos corriendo, pero sin saber muy bien en qué dirección. Además, ten en cuenta que en Dinamarca teníamos muchos periódicos gratuitos, como *Metro*, compitiendo entre sí. Si lo piensas, fue un periodo bastante loco. Tras esa etapa, tal vez después de 2010, el sentido común y la reflexión que surgió fue que el camino a seguir si quieres crear un negocio de noticias sostenible debía ser diferente. Lo que estamos viendo ahora es que, de hecho, hay personas que estaban dispuestas a pagar por un periodismo de calidad. Esto está muy bien, pero hay un problema: que nos gustaría que fueran más.

Me gustaría que la base de clientes o el número de lectores interesados en el periodismo aumentara. Incluso si no leyeran *Politiken* y eligieran otro periódico, me parecería bien. Solo quiero que cada vez más personas se interesen por las noticias de calidad. Nosotros cobramos un precio muy alto por la suscripción digital. Es la tarifa más cara de Dinamarca y ha sido un éxito para nosotros. Pero también fue un movimiento muy valiente por nuestra parte y por parte del editor en aquel entonces, porque, de hecho, en ese momento, muchos de nosotros dábamos noticias gratis en formato digital y él dijo que no, que teníamos que decir que el periodismo costaba mucho dinero y que podía costar lo mismo tanto si imprimes un periódico como si no lo haces y solo lo ofreces en digital. Es justo eso. Fue un movimiento muy audaz en 2017. De hecho, esto salvó nuestra economía porque tenemos menos audiencia, pero una economía mucho mejor. En realidad, pagan por lo que hacemos. Y luego esperamos, por supuesto, obtener más suscriptores.

Mi posición sobre la IA en las redacciones ha cambiado en los últimos dos años, al igual que la de muchos otros editores. Cuando surgió la primera versión de ChatGPT estaba muy preocupada porque de repente surgían muchas posibilidades y herramientas para las personas que quieran perturbar un debate público saludable, que quieren impactar en la opinión pública y entrometerse en elecciones justas y libres. Se veían grandes oportunidades para la desestabilización de las democracias liberales y los derechos civiles. Sigo teniendo esa preocupación, pero al mismo tiempo he ido adquiriendo mayor conciencia de las posibilidades que puede aportar la IA también para los periodistas. Al final, se trata de una herramienta y puedes usarla para hacer el bien y para hacer el mal.

Por eso creo que estamos en un momento en que el debate ha cambiado y ahora se centra en saber dónde están los límites. ¿Cómo debemos usar la IA? ¿Qué haremos éticamente? ¿Qué es lo que no haremos? Estas discusiones son realmente importantes. Hace poco más de un año incluimos un nuevo párrafo en nuestras pautas éticas. En él se asume un compromiso por el cual todo lo que ve un lector en nuestro periódico ha sido editado y revisado por nuestros periodistas. Nos hacemos cargo de todo lo que publicamos. Sabemos que probablemente este párrafo, centrado en el impacto de la IA, se cambiará alguna vez, pero hay enormes oportunidades para que el periodismo mejore con la IA y debemos encontrar siempre la manera de que su aplicación cumpla nuestros estándares periodísticos éticos.

AMALIE KESTLER,<br>directora de Politiken. Dinamarca

### Internet va a cambiar radicalmente

Los modelos de IA cometen numerosos errores y no siempre se basan en hechos. Esta es una limitación a corto plazo. Necesitamos que las personas estén bien informadas en un entorno de confianza, porque esto sigue siendo la base de todo lo que hacemos en periodismo. Sin embargo, puede resultar difícil cuando se requiere un gran volumen de información.

Desde el principio, debatimos mucho si debíamos marcar cada historia para que el lector supiera que la IA había intervenido en ella. Al principio, lo hacíamos de manera más explícita, pero ahora ya no tanto. Incluimos una ficha en la que explicamos cómo trabajamos las coberturas. Si utilizamos dos reglas para explicar verbos complejos, necesitamos aclarar cómo lo hacemos. Esto plantea una pregunta: ¿debería un periodista descargarse de responsabilidad cuando utiliza Google Translate? Nuestra opinión es que sí. Lo hacemos para mantener una alta transparencia sobre las herramientas que empleamos. Pero no siempre que se usa la IA debemos mencionarlo. Es como señalar cuándo usas un programa informático concreto que, en realidad, no tiene impacto sobre la información.

Creo que la IA será más transformadora que internet en su momento. Lo será de una manera distinta. Puede que no veamos de inmediato las consecuencias a largo plazo, pero supondrá una transformación radical. Sin duda.

Es esencial encontrar formas de utilizar estas herramientas para facilitar el trabajo de los periodistas y crear productos mejores que los anteriores. Un gran error que cometimos al pasar del mundo analógico al digital fue intentar forzar la fórmula periodística. Espero que aprendamos de eso y usemos la IA para hacer el periodismo más interactivo. Por ejemplo, lanzamos un *chatbot* electoral en Estados Unidos, donde los usuarios pueden hacer preguntas basadas en nuestro periodismo de los últimos cuatro años.

Desarrollamos muchas herramientas internas, pero no son mágicas. Utilizamos los mejores *prompts*, las indicaciones más eficaces. Creo que todas las redacciones pueden hacer lo mismo. Si eres una redacción pequeña y no tienes desarrolladores, es importante revisar qué tipo de productos ofrecen las empresas de tecnología. Es crucial evaluar nuestra dependencia y cómo podemos usar estas herramientas eficazmente. Quizá deberíamos implementar algunas garantías personalizadas de seguridad. Por ejemplo, deberíamos considerar el uso de herramientas de reconocimiento facial para investigaciones.

Realizamos pruebas a ciegas con diferentes modelos a medida que se lanzan y evaluamos su rendimiento. Algunos modelos, como Anthropic, son muy buenos, y luego analizamos otras opciones como Gemini. ¿Los conoces? Cambiamos según lo que encontramos. Insisto en que el principal riesgo sigue siendo el de las «alucinaciones» (resultados incorrectos o engañosos). La IA no se basa en los hechos de la misma manera que lo hacen los periodistas. Esto puede ser un riesgo si no hay un periodista involucrado. No es fácil controlar eso. Nuestra respuesta es que todo lo que publicamos debe tener un enfoque sólido. Si logramos mejorar la tecnología, podríamos ver menos alucinaciones en el futuro. Por tanto, sería preferible contar con modelos que reduzcan esos riesgos.

La redacción acepta bien esta nueva realidad y todas las herramientas que trae consigo. Algunos periodistas son «superusuarios» de las herramientas, mientras que otros no las utilizan tanto. En nuestra redacción, es normal. Creo que es importante que nuestro CEO hable sobre mantener la confianza en nuestras fuentes. Si queremos transformar la redacción, necesitamos una estrategia clara sobre cómo se usa la IA y su importancia.

Están surgiendo muchas webs que copian contenido de otras publicaciones, lo reelaboran con programas de procesamiento basados en IA y lo republican. Como apuntas, hay que considerar los derechos de autor: no se puede simplemente utilizar material de otros periódicos y monetizarlo. Esta es una cuestión crucial en este cambio.

También creo que la IA va a transformar todo lo que hacemos. La clave es que las organizaciones periodísticas deben adaptarse, pasando de ser solo una fuerza digital a convertirse en líderes en innovación. Todos los periódicos deberían preguntarse: «¿Cómo incorporamos la IA en nuestras operaciones diarias?».

Me parece bastante interesante imaginar cómo podría ser internet dentro de diez años. Es una gran pregunta. Lo que no ha cambiado en la última década es que los usuarios siguen queriendo las últimas noticias. La gente también busca un buen periodismo de investigación y desea que tengamos fuentes en el Parlamento, en los equipos de fútbol, etc. Sin embargo, dentro de cinco años, puede que no consultes una página web para informarte de lo último; quizás recibas un boletín en tu dispositivo cada mañana, basado en tus preferencias. Con los teléfonos inteligentes y la IA, los modelos aprenderán de tus hábitos y te enviarán noticias personalizadas, también a través de voz. Podríamos convertirnos en proveedores de contenido para grandes empresas tecnológicas, mediante una licencia. Esa podría ser una oportunidad.

Internet va a cambiar radicalmente. No será necesario visitar una página web para buscar información; bastará con preguntar y recibir respuestas. En el próximo año espero ver una gran tendencia de agentes más familiarizados con tus preferencias, que investiguen según tus deseos y reserven viajes y otras opciones para ti, de una manera completamente diferente a lo que hemos visto en los últimos dos años.

MARCUS HUSBY,<br>director editorial de inteligencia artificial<br>en *Verdens Gang* (Schibsted). Noruega

## Cambiará la forma en la que interactuamos con las noticias

La oportunidad que representa la inteligencia artificial en Reuters la vemos a través de dos lentes. La primera consiste en usar mejor la IA para aumentar la eficiencia y la productividad de nuestra propia redacción. La hemos empleado durante muchos años y, ahora, se trata de dar un gran salto. La segunda es analizar si podemos aprovechar lo que aprendamos, así como las herramientas que desarrollemos y perfeccionemos en nuestra propia redacción, para ponerlas a disposición de nuestros clientes, que son medios de comunicación de diferentes países. «¿Cómo podemos asimilar la IA y ponerla a disposición de la industria a través de nuestra red de clientes?» Esa es la clave.

Tengo tres cubos (estructuras de datos multidimensionales) principales que suelo analizar: reducir, finalizar y transformar. Reducir consiste en descifrar el trabajo repetitivo. ¿Cuál es el trabajo similar que muchas personas realizan de manera habitual en la redacción y que la IA podría aligerar? Esto varía según las redacciones. Para nosotros, gran parte de esa labor consiste en filtrar los comunicados de prensa, algo en lo que estuvimos trabajando el año pasado y que ampliaremos este año. Si recibimos tantos comunicados de prensa en todo el mundo en un solo día, ¿cómo se encuentra la señal buena entre tanto ruido? Actualmente, muchas personas diferentes publican a menudo el mismo comunicado en distintos lugares. ¿Cómo hacerlo de manera más eficiente? Podríamos fijarnos en cómo se colocan los metadatos en los artículos, algo que, una vez más, los periodistas detestan hacer. ¿Cómo encontrar la fotografía adecuada con el vídeo correcto para la historia que se quiere publicar? Son tareas que pueden llevar mucho tiempo en las redacciones y que no aportan valor a la historia.

Podemos aumentar el valor de los artículos. En su forma más sencilla, eso podría consistir en traducir historias a diferentes idiomas, para ponerlas a disposición de un público mucho más amplio y lograr mayor impacto. ¿Cómo podemos sacar más provecho de nuestra hemeroteca? Contamos con 173 años de historia. No todo está archivado, pero tenemos un buen archivo desde mediados de los años ochenta. ¿Cómo aprovechar más ese archivo y situar las noticias en un mejor contexto? ¿Cómo responder con mayor rapidez a las preguntas que hace el público?

El concepto de transformar es el que me parece más emocionante y, a la vez, el más aterrador. Se trata de cómo va a cambiar la forma en que las personas de todo el mundo interactúan con las noticias. Ya lo vimos con la ola digital, cuando la gente comenzó a dejar de ver la televisión o de leer los periódicos, y empezó a consumir contenido en pantallas. Lo constatamos en las redes sociales, donde nuestra relación directa con el público se debilitaba porque este la obtenía a través de plataformas sobre las que no teníamos control de la experiencia. Y creo que ahora será distinto, ¿verdad? Si nos acostumbramos a hablar con nuestro altavoz inteligente, con Siri, el asistente de Apple, o con lo que venga después para obtener lo que necesitamos, entonces necesitaremos noticias hiperpersonalizadas. ¿Cómo contribuye una industria de noticias tan fragmentada como la nuestra a esa personalización? ¿Cómo trabajamos juntos? ¿Cómo podemos ser dueños de una parte de la futura versión transformada de nuestras noticias, en lugar de dejar que las plataformas tecnológicas se apropien de ellas? Porque, después, hacemos acuerdos con esas plataformas. Creo que es responsabilidad de una empresa como Reuters reflexionar sobre ello. Nos incumbe a todos.

Hay que pensarlo bien. Hemos perdido la confianza y la conexión con nuestro público. ¿Cómo podemos usar la IA para recuperarlas? ¿O será otra bofetada? Podemos aprovechar todo lo que tenemos y en lo que creemos, además de la IA, para que las noticias sean mucho más relevantes para la próxima generación, que será nativa de la IA, o para mi madre, que está encantada de usar la nueva tecnología. En realidad, es muy emocionante pensar en el cubo de transformación. ¿Cómo repensamos la forma en que producimos las noticias? No tengamos vacas sagradas. Si tratamos de proteger el pasado, puede que perdamos el futuro. No todos, pero algunas personas deben pensar realmente cómo será ese futuro y cómo desprendernos de algunos corsés del pasado. Ahora estoy muy centrada en ampliar el catálogo de servicios de Reuters para sus clientes, de modo que, además de noticias y fotografías, se incorporen servicios de IA, por ejemplo.

Mi hipótesis es que eso es precisamente lo que una empresa como Reuters puede y debe hacer en este momento de la historia. Ese es mi principal objetivo para 2025. La situación es muy difícil ahora mismo. Tenemos que movernos con mucha rapidez, pero debemos parecernos más a una empresa tecnológica. A los periodistas les gusta que todo sea perfecto; sabes a qué me refiero. Todo debe ser exacto, cuidadosamente editado y revisado antes de publicarse. Eso es algo fundamental. Los principios de la agencia establecen que todas las noticias que proporcionemos serán confiables e imparciales, y que la información estará debidamente verificada y ajustada antes de hacerse pública. Las empresas tecnológicas no funcionan así. Ellas se mueven muy rápido y lanzan contenido imperfecto, pero continúan enviando versiones mejoradas. Para mí, eso supondrá un gran desafío psicológico.

Es un desafío cultural mayúsculo. Cuando Reuters ofrece una noticia, un medio puede publicarla de inmediato porque confía plenamente en esa información. Si empezamos a proporcionar una herramienta, la situación cambia, ¿verdad? La tecnología es algo diferente. Por eso creo que será un desafío muy interesante para nosotros. Cuando creamos herramientas para nuestro propio uso, las diseñamos atendiendo a nuestras necesidades. ¿Cómo podemos construirlas ahora para una gran variedad de clientes? ¿Cuál es el caso de uso principal? Porque si intentas cubrir casos extremos para todo el mundo, nunca tendrás un producto, ¿no es así? Tenemos que intentarlo. Creo que es un momento crucial para que tomemos la iniciativa y tratemos, de verdad, de ayudar a que el ecosistema periodístico en su conjunto prospere en esta etapa.

Definitivamente, la inteligencia artificial cambiará todo. Ya se están viendo aplicaciones excelentes para reformatear el trabajo, para editar, para detectar errores, encontrar patrones o ajustar textos a una extensión precisa. ¡Las oportunidades serán infinitas! Lo que la IA no podrá hacer es llamar a una puerta, ir a hablar con alguien ni crear fuentes. No puede generar confianza.

En el fondo, eso es una buena noticia, porque puede impulsar al periodismo a volver a sus raíces. A centrarse en la información que realmente marca la diferencia en la vida de las personas, de las comunidades, de los países. Se tratará de volver al meollo.

Por supuesto, cambiará la forma en que interactuamos con las noticias. Hay muchas que se repiten constantemente. El día del triste accidente aéreo en Corea del Sur recibí el vídeo del avión que chocó contra un muro al menos veinticinco veces. Me asusta mucho volar, así que, por mi salud mental, decidí no ver ese vídeo, pero me lo enviaron al menos veinticinco veces. Es ridículo. Me gustaría tener más control sobre lo que veo y lo que sé.

Te pongo un ejemplo. Antes de esta conversación, vi en un titular que Nick Clegg, el político británico, había dejado Meta y que le sustituía Joel Kaplan, quien anteriormente fue jefe de personal de la Casa Blanca. Quiero saber más sobre esa historia. Eso me resulta útil porque trabajo en el mundo del periodismo y me interesa la política. Por eso quiero que esa noticia esté en la parte superior de mis *feeds*, porque soy Jane, es viernes 3 de enero por la mañana, tengo una reunión con Fernando a las nueve, y quiero saber qué ocurre en mi entorno para no parecer ignorante cuando él me haga preguntas. Así que, a las 8.30, quiero que mi altavoz inteligente me informe de las noticias principales para mí, o que yo las vea cuando revise la barra lateral de mi navegador. Como usuaria, querría una sesión informativa por la mañana o a la hora de la comida, cuando salgo a dar un paseo de media hora y necesito entender con más profundidad dos o tres temas distintos. Y, por la noche, quizás solo quiero divertirme un poco para sentirme mejor con el mundo. Todo esto dependerá de mi capacidad para impulsar mi propia experiencia. El reto es que tú tienes necesidades diferentes a las de otros. Mi marido, por ejemplo, tendrá una experiencia distinta en la misma casa, mientras que ahora consumimos casi la misma dieta informativa.

En el futuro, creo que la experiencia informativa será mucho más personalizada. Te diría que hiperpersonalizada. La hora del día determinará si recibes la información en un formato u otro, e incluso a ritmos y extensiones diferentes. Escucharás sonidos mientras te cepillas los dientes o lavas los platos, leerás temas breves durante los trayectos en transporte público y algo más pausado en momentos de relajación. Las posibilidades son infinitas. Como editores, necesitamos disponer de información realmente buena. Necesitamos historias muy bien elaboradas, que sean importantes para las personas que quieren leerlas, escucharlas, verlas, sentirlas, experimentarlas, sea lo que sea. Tenemos que esforzarnos mucho para asegurarnos de que entendemos cómo llegar a esas audiencias en el momento adecuado y de la manera correcta.

No tengo ninguna duda de que cambiará la estructura tradicional de la información. Debemos modificar la forma en que escribimos nuestros artículos. Incluso quienes amamos el periodismo ya no tenemos tiempo ni ganas para leer relatos extensos. Quiero los hechos. Quiero que lleguen rápidamente y, luego, si decido profundizar, quiero leer el análisis y el artículo que contextualice la información. En el periodismo británico escribimos con estructura de pirámide invertida; en el periodismo español tenéis una estructura algo diferente; el periodismo italiano es más ondulado, porque llegas al grano a mitad del texto; y en el alemán los antecedentes están al final. Tenemos estructuras diversas que surgieron por distintas razones. Pero en un mundo muy global e impulsado por internet, ¿mantenemos esto porque el público lo quiere o porque es la forma a la que estamos acostumbrados?

Los cambios siempre responden a motivos. La tecnología de cada época ha marcado transformaciones. Ya sabes, en la antigua impresión a veces se cortaban textos por necesidad. Por eso se llegó a la pirámide invertida: lo más importante arriba y lo menos relevante abajo. Si se cortaba, no importaba porque los datos más importantes permanecían. En un mundo de hechos que fluyen constantemente, eso ya no tiene sentido. Solo necesito los hechos. Necesito saber qué pasa. ¿Quién dijo qué? ¿Dónde lo dijo? ¿Qué día era? ¿Qué hora era? Es casi como una fuente de datos basada en hechos.

En cierto modo, tal vez sea el momento adecuado para una agencia de noticias, pero luego, ya sabes, la gente quiere entender y contextualizar lo que significa para ella. ¿Cómo encaja en su visión del mundo? ¿Cambia su visión del mundo? Creo que la forma en que producimos las noticias tendrá que cambiar. Será muy interesante ver cómo, una vez más, la tecnología transforma nuestro método de narración. Si lo piensas, cuando te sientas en el coche cuentas una historia de una manera; cuando estás con amigos en un bar, la cuentas de otro modo; y también de forma diferente si la conversación es con tus hijos. La IA permitirá que la información se adapte a la persona que accede a ella.

JANE BARRETT,<br>jefa de Estrategia de IA en Reuters

## El contenido será una experiencia única y efímera que desaparece

La transición a la inteligencia artificial consta de dos fases. Actualmente nos encontramos en la fase de eficiencia, que predominará durante los próximos dos o tres años. En ella persisten las estructuras y los paradigmas existentes del periodismo, aunque se produzcan numerosos cambios tecnológicos y en los flujos de trabajo. En una fase de potencia, las redacciones adoptan la IA en su rutina, la adaptan a sus procesos o bien inventan unos completamente nuevos, siempre dentro de un ritmo, una estructura y una visión de producto relativamente familiares.

Con todo, al mismo tiempo, estamos viendo a numerosos actores ajenos al periodismo tratando de ocupar parte de su espacio. Muchas empresas emergentes de tecnología están ganando terreno sin gran dificultad y están adoptando y produciendo productos de información que consumen parte de la cadena de valor. Ese futuro ecosistema podría llegar en los próximos cinco a diez años, y en él las cosas tendrán un aspecto completamente diferente. Pero, por ahora, nos encontramos en una fase de transición de eficiencia entre el momento actual y la próxima generación.

A pesar de que hemos atravesado dos transformaciones de plataforma en los últimos quince años —de la impresión a lo digital y de lo digital a lo móvil—, los productos de noticias e información que vemos siguen siendo, en esencia, una extrapolación de los impresos. Todavía encontramos artículos de ochocientas palabras en formato digital en internet, que incorporan publicidad muy similar, en el fondo, a la que hemos visto en los periódicos durante un siglo. La circulación de los periódicos está disminuyendo y, sin embargo, su influencia persiste. Ha continuado incluso en la fase digital.

Creo que lo que va a hacer la IA es mostrarnos de manera significativa otro camino. Hay algunas señales de que esto ya está ocurriendo. Se observa en experiencias generativas y en las interfaces conversacionales. Básicamente, *renderizan* diferentes páginas web para crear resultados en tiempo real. Esa utilidad es completamente distinta. Si piensas en la conversación que se produce en lugares como Perplexity AI, no se muestra ningún tipo de enlace a las fuentes. El contenido que se genera para el usuario se concibe como una experiencia única y efímera que desaparece. Entonces, ¿qué ocurre con las páginas web? ¿Qué pasa con la publicidad? Creo que toda la estructura y el modelo de negocio van a cambiar por completo, y todavía no disponemos del vocabulario necesario para describir cómo podría ser ese escenario.

Muchas compañías de medios se preguntan ahora: «¿Somos proveedores de servicios?». Las empresas de tecnología disponen de archivos y repositorios, y comprenden cuál es el valor subyacente. Muchas grandes compañías de medios están desarrollando sus propias gráficas de conocimiento centradas en temas, anticipándose a que, básicamente, acaben siendo depósitos de conocimiento que proporcionen datos y material para la conversación. Su espacio estará entre las máquinas y el público. Eso supone una gran inversión. *The Washington Post* está apostando por este tipo de estrategias.

Las redacciones más pequeñas se preguntarán qué tipo de productos a medida pueden ofrecer al usuario. Ofrecerán un producto artesanal, como un zapato de cuero hecho a mano. Ese es un producto que no tiene que depender de sistemas intermediados por máquinas. Creo que podría haber una combinación de redacciones más grandes y otras más pequeñas en direcciones diferentes; bueno, quién sabe.

También podrías dejar de ser el dueño de un artículo tal como lo concebiste. Lo que pasa con las interfaces conversacionales es que el contenido que te devuelve existe en un momento concreto, es exclusivo del usuario y luego desaparece. Puede ser que, en un futuro próximo, la gente no lea los artículos como lo hace ahora. En este nuevo ecosistema, los artículos pasan por un sistema de máquinas donde se deconstruyen y se reconstruyen. Se convierten en diferentes formatos y experiencias. Pero creo que algunos miembros de la sociedad pueden tener un papel para mantener un punto de referencia que sea permanente e intangible, porque las cosas cambiaron para siempre. Supongo que, para que las sociedades funcionen, tiene que haber un punto de anclaje para la información. Antes estaban las bibliotecas y los archivos. Las personas que ostentan el poder —los Gobiernos o las empresas— podrían cambiar la historia de las cosas si manejan el poder de la tecnología. Por eso sería conveniente ese centro de referencia para la sociedad. Puede surgir un sistema de enlaces con fines de referencia y archivo que destaque el papel del periodismo.

Hay muchas oportunidades nuevas y desafíos con las nuevas herramientas. No es el fin del mundo. Si miramos más allá del periodismo, muchas de las innovaciones en torno a la información provienen del exterior. Cuando empecé mi proyecto de investigación sobre la IA, empecé a analizar la cantidad de empresas emergentes de información para poder escuchar y ver lo que estaban haciendo y, a mediados de este año, ya dejé de contar. Había muchas. Ahora sería un buen momento para construir algo y experimentar mucho. Creo que, para las organizaciones de noticias tradicionales, que tienen una audiencia y muchos activos enormes, es el momento de pensar en cómo monetizar esos archivos y desempeñar un papel relevante. Hay un gran número de cosas que se pueden hacer sin perder la esperanza.

La IA no tiene por qué acelerar la desinformación, necesariamente. Hemos visto muchas herramientas de verificación y proyectos contra la desinformación, y ninguno funciona realmente bien. La gente no quiere que la corrijan y quiere tener una visión del mundo diferente, por lo que es discordante que le digan que se equivoca. Puede haber oportunidades para corregir eso proporcionando información de una manera más amable, con puntos de vista más amistosos que te muestren que estás equivocado.

Me gustaría pensar que la democracia puede ser proactiva y no solo defensiva. La democracia puede responder después de los ataques que recibe, pero no se anticipa a ellos. Y, a veces, responde muy lentamente o con escasa fuerza. Ahora es un buen momento para replantearse todo, porque todo va a ponerse patas arriba. No solo los medios de comunicación. Hablo de todas las estructuras, de la economía, de casi todo. Si miras las noticias hoy mismo, estamos inmersos en una locura total.

Shuwei Fang,
directora asociada de Medios de Comunicación
y Desinformación en Open Society Foundations

## La IA vale para fines inspiradores y para fines aterradores

Mi preocupación actual se centra en la desinformación y en la propiedad intelectual. La generación de voces sintéticas ha roto totalmente todas las barreras de entrada. Cualquiera puede hacer un pódcast ahora mismo. Se puede generar en media hora, suena perfectamente y tiene un hilo conductor francamente bueno. Hay que rascar mucho para encontrar fallos. Tenemos que cuidar nuestras voces, que forman parte de nuestra propiedad intelectual. Son parte de nuestras marcas.

La inteligencia artificial tiene la capacidad de producir muchísima más desinformación y de distribuirla de manera mucho más rápida, segmentada y personalizada. Lo único que nos queda son las marcas frente a la desinformación. Se puede clonar tu voz y utilizar un programa para que la emplee para leer los artículos que escribas. ¿No te gustaría? ¿Qué pasa si el director de un periódico permite que se clone su voz solo para leer las noticias de su medio? Entiendo que te genere cierto rechazo no saber si es él quien las lee o si es un programa. Hay un debate, sí.

En el fondo, esto responde a la teoría del valle inquietante. Es una teoría clásica de robótica de Masahiro Mori. Consiste en que la parte de nuestro cerebro que es la que habla y escucha responde igual si eres un robot o si eres una persona, siempre que tengas una relación de confianza; siempre que tu cerebro, por ejemplo, sea capaz de discernir si estás hablando con un robot o con una persona. Cuando la voz es tan perfecta que no puedes diferenciar si lo que escuchas procede de una persona real o de una voz sintética, se rompe esa relación de confianza, y ahí surge la aversión, esa sensación de estar viviendo un momento inquietante. Dices que, si tienes una conexión emocional con la persona, te genera rechazo no saber si realmente es él quien lee o no. Puedo entenderlo. Pero hay usos que pueden ser muy valiosos.

Mira el caso del músico vasco Kepa Junkera. Ya lo conoces. En *El Correo* habéis publicado mucho sobre él. Tuvo un ictus. El director de Cadena SER me preguntó si podíamos clonar su voz para poder reproducirla. Cuando ya confirmamos todo el proceso, le propuso una entrevista. Junkera no puede hablar, pero sí puede escribir. Y él le propuso: «Podemos hacer una entrevista de una manera diferente. Te hago las preguntas y tú me devuelves las respuestas escritas. Ya nos ocuparemos nosotros de ponerle tu propia voz a tus respuestas». Y lo hicieron así. Se preparó un documento para los permisos pertinentes, se clonó la voz, se generó el audio y se grabó la entrevista. Insisto en que él no puede hablar. Imagínate la sensación de escuchar de nuevo su propia voz. Si escuchas la entrevista... No puedo dejar de llorar. La sigo escuchando y sigo llorando cada vez que lo hago. Y para él fue increíble. «No es mi voz, pero sí mis pensamientos —decía—. Me habéis vuelto a dar la vida.» Las asociaciones de enfermos de ictus o de ELA nos llamaron para que les ayudemos a utilizar esta tecnología. Y es una tecnología que vale para fines tan inspiradores como este como para fines realmente aterradores. El uso que se le dé depende de las personas. Como todo.

ANA ORMAECHEA,<br>Chief Digital Officer (CDO) de Radio<br>en Prisa Media

# EL ATAQUE GLOBAL

Carole Cadwalladr (Reino Unido)

Angélica Cárcamo (El Salvador)

Patricia Campos Mello (Brasil)

Maria Ressa (Filipinas)

Karyn Maughan (Sudáfrica)

Ana Pastor (España)

Cristina Tardáguila (Brasil)

Rasmus Kleis Nielsen (Dinamarca)

Clara Jiménez (España)

Laura Zommer (Argentina)

Ruth Palmer (Estados Unidos-España)

Iker Barinagarrementeria (España)

Carlos Caneiro (España)

*El caso Cambridge Analytica denunció ante el mundo el inmenso poder de manipulación que podían obtener oscuros grupos de interés a través de las redes sociales. Internet, el sueño de Goebbels, se ha convertido en un arma expansiva de desinformación. Porque una mentira repetida mil veces acaba convirtiéndose en verdad y el sistema de incentivos en las redes sociales multiplica su impacto. Se trata del mayor ataque global contra la democracia jamás conocido. Los periodistas, especialmente mujeres, son perseguidos y atacados a escalas terroríficas por delatarlo.*

## Me preocupa que esto les pase a otros periodistas

En noviembre de 2015, justo antes de que Donald Trump fuera elegido, publiqué dos primeros artículos en *The Guardian* sobre las noticias falsas, y en ellos se introducían ya conceptos muy nuevos. Eran historias sobre cómo habían estado circulando informaciones totalmente falsas sobre las elecciones estadounidenses que se habían vuelto virales en Facebook. La revista *Wired* publicó un reportaje sobre aquellos adolescentes que obtenían cientos de miles de dólares a base de elaborar y publicar piezas falsas desde Macedonia, favorecidos por el sistema de anuncios de Facebook.

Llegó el momento en que Trump fue elegido, lo que fue una sorpresa, y de repente la gente se interesó mucho por este tema. Mark Zuckerberg respondió que era absolutamente ridículo sugerir que Facebook tuviera algo que ver con ese triunfo electoral. Empecé a investigar este tema en profundidad justo entonces. El primer gran artículo se publicó en abril de 2016 y fue una inmersión profunda en la idea de las noticias falsas. Tuve suerte, porque me topé con un investigador estadounidense, Jonathan Albright, que había hecho un buen trabajo al tratar de determinar los diferentes sitios que estaban publicando estos artículos falsos, lo que él llamaba ecosistemas de noticias falsas. Aquello fue revelador.

Recuerdo que podías obtener una serie de resultados de Google realmente bizarros y retorcidos. Así que hacía pruebas. Si buscabas «judíos» en Google y añadías términos de duda, de cuestionamiento, de repente la búsqueda sugería términos como «judíos malvados» y te mostraba resultados de sitios web nazis. El buscador difundía este tipo de odio por reacción. Y luego sugería búsquedas sobre si el Holocausto ocurrió realmente. Y si hacías clic, te llevaba a estos sitios que negaban el Holocausto. Y así fue como caí en este tema centrado en cómo la tecnología podía funcionar para amplificar el odio y las falsedades.

Jonathan fue la primera persona que me habló de una empresa llamada Cambridge Analytica, que se había empleado para recopilar datos. Había hecho modelos para las elecciones presidenciales de Estados Unidos y también para el Brexit. Se había especializado en apuntar a votantes individuales. Todas estas palabras eran nuevas para mí en ese momento, pero se trataba de la idea de que podías atacar a diferentes razas con crueldad a través de Facebook. Esos anuncios, esos *posts*, solían ser artículos de noticias falsas, y eso fue lo primero que despertó mi interés. Así que escribí ese primer artículo, y ello motivó que recibiera una serie de cartas de Cambridge Analytica.

Empezaron a escribirme y a decirme que nunca estuvieron a favor del Brexit. Negaban sus actuaciones, pero ya había muchos sitios en internet en los que esta empresa había anunciado que trabajaba por el Brexit. Había una campaña que decía que habían probado Cambridge Analytica. Me pareció muy extraño y curioso. A veces, negar lo evidente genera más interés. Y fue entonces cuando empecé a investigar esta empresa y descubrí que era muy, muy extraña. Para empezar, era una empresa británica con una cierta antigüedad, no una nueva y llamativa *startup*, y formaba parte de una empresa mucho más antigua llamada ICL Group, que es un contratista militar. Había trabajado mucho con el Ministerio de Defensa del Reino Unido y había actuado en las zonas de guerra de todo el mundo, manejando esencialmente la guerra de información. Ya sabes en qué consiste este tipo de guerra. Antes se lanzaban desde el aire panfletos a un pueblo para persuadir a sus habitantes de que entregaran las armas. Lo que descubrí es que estas empresas utilizaban montones de técnicas de manipulación y persuasión similares, pero lo hacían a través de internet, especialmente a través de Facebook.

Así que seguí investigando a esta empresa. Estuve semanas tratando de encontrar a exempleados que quisieran hablar. Hasta que di con uno. Fue él quien me dijo que necesitaba encontrar a un tipo llamado Christopher Wylie, que era quien había usado los datos de Facebook y los había utilizado para modelar a las personas y luego dirigirse a ellas. Así que fui a por él. Inicialmente se convirtió en una fuente anónima para mí y escribí un gran artículo basándome en él, al que presenté de forma anónima. Eso llevó a Cambridge Analytica a amenazarme a mí y al periódico con iniciar acciones legales. Fue la primera de muchas amenazas legales en torno a esta investigación, todas las cuales fueron muy difíciles de afrontar. En Reino Unido manejamos un entorno editorial muy difícil porque nuestras leyes favorecen a los demandantes. Es muy fácil demandar por difamación e, incluso si el periodista gana, puedes tener dificultades reales. Los reporteros son quienes tienen que defender la verdad, y no es tan fácil cuando debes proteger a tus fuentes, que muchas veces no quieren revelar sus nombres. Esto hace que publicar estas historias sea increíblemente difícil. Y tan pronto como Cambridge Analytica amenazó con demandarnos, se hizo muy complicado seguir informando.

La única forma de poder seguir con esta historia era conseguir que Chris fuera una fuente registrada, pública, no anónima. Era algo muy difícil porque Cambridge Analytica lo había demandado anteriormente, y él estaba muy preocupado ante la posibilidad de recibir otra acción legal. Estaba muy nervioso. Necesitaba ciertas garantías. Pensé inicialmente que sería un proceso de unas pocas semanas, pero se convirtieron en meses y meses. Realmente fueron dos años en los que mi trabajo a tiempo completo fue tratar de sacar a este tipo y dejar constancia como denunciante. Y es curioso porque, recientemente, he estado trabajando con un denunciante, y me ha traído muchos recuerdos de lo difícil que es hacerlo. Es un proceso muy duro y complicado. La mayoría de las personas no pueden lograrlo, pero yo era una profesional independiente y pensé que sí podría. Al final fue un trabajo a tiempo completo.

Tenía una enorme cantidad de vigilancia a mi alrededor. En 2017, cuando estaba inmersa en este trabajo, las personas a las que investigaba ocupaban posiciones extremadamente poderosas. Por ejemplo, Donald Trump. Su campaña utilizó Cambridge Analytica en las elecciones de 2016. Cambridge Analytica utilizó de manera ilícita estos datos de Facebook, y el vicepresidente de Cambridge Analytica era, en ese momento, el jefe de gabinete de Donald Trump, Steve Bannon, que ya tenía presencia en el Consejo de Seguridad de la ONU. Era una situación increíblemente peligrosa. Investigábamos a algunas de las personas más poderosas del mundo. Sentíamos que nos estábamos metiendo con personas que tenían el poder de vigilarnos. Y la situación en el Reino Unido también era muy precaria, porque se habían llevado a cabo las campañas *Vote Leave*, a favor del Brexit, que habían funcionado con Cambridge Analytica y con su filial canadiense, una empresa llamada Aggregate IQ. También en Reino Unido esas personas estaban en el Gobierno.

Así sucedió otra vez, y fue en Reino Unido. El Brexit era un tema muy delicado desde el punto de vista político en ese momento. Al tratar de investigar e informar sobre el Brexit, me convertí en el objetivo de sus partidarios. Nigel Farage y su principal donante, un empresario llamado Alan Banks, fueron el tema central de mi reportaje. Mis artículos ya habían provocado investigaciones oficiales por parte de las autoridades. Descubrí que habían incumplido las leyes electorales al exceder los gastos contemplados para un año electoral. También había evidencia de que infringieron las leyes estatales, lo que se estaba investigando, y muchas dudas sobre la procedencia real del dinero destinado a la campaña de Nigel Farage. Se inició una investigación policial sobre Alan Banks para conocer la supuesta verdadera fuente de la donación. La situación era muy caliente.

En otoño de 2017, Cambridge Analytica envió a *The Guardian* un documento de advertencia legal que contenía alrededor de cuarenta páginas y me causó una ansiedad considerable. No estaba muy claro si seríamos capaces de seguir publicando. Al mismo tiempo, empecé a recibir cartas de queja de la embajada rusa porque había empezado a informar sobre los vínculos entre la campaña *Vote Leave* o *Leave.eu* y el Gobierno ruso. El movimiento para salir de la UE había empezado a utilizar en redes sociales tácticas muy amenazantes e intimidatorias, llegando a emplear amenazas de violencia. A finales de 2017, el FBI empezó a investigar muy seriamente la relación de algunos tuits relacionados con enlaces al Gobierno ruso. Sin embargo, en Reino Unido, cualquier sugerencia al respecto estaba siendo realmente escondida bajo la alfombra. Y me sentía muy sola. Aislada. Tenía que tomar una decisión. Era hora de investigar esas cosas, pero no podía hacerlo de manera aislada.

Es una historia muy larga. Al final, colaboré con *The New York Times* y con la sección de noticias del Channel Four británico. Fue muy difícil colaborar con estas otras organizaciones, con competidores periodísticos, con los diferentes egos de los periodistas y con todo tipo de sensibilidades, aunque creo, en resumen, que finalmente salió bien. Por fin lo conseguimos. Pudimos publicar.

Nuestra gran exposición fue en marzo de 2018. Teníamos mucho miedo de que Cambridge Analytica nos demandara. Lo que no esperábamos era que la empresa que nos amenazó con mayor intensidad un día antes de la publicación fuera Facebook. Lo hizo en vísperas de la publicación y sin fundamento. Y, ya sabes, se ha demostrado que Facebook no solo mintió a los periodistas, incluida yo, a lo largo de 2017, sino que, de hecho, lo que hizo fue ilegal al permitir recopilar información. La Comisión Federal de Comercio de Estados Unidos multó en 2019 a la multinacional con una cantidad récord de 5.000 millones de dólares por la fuga de datos, y la Comisión de Bolsa y Valores de Estados Unidos le impuso otra sanción de cien millones de dólares. Mark Zuckerberg se vio obligado a testificar ante el Congreso por primera vez. En ese momento, toda la historia parecía un asombroso triunfo del periodismo de investigación.

Con todo, no se prestó atención a fuerzas más pequeñas durante ese periodo. No lo hicieron. Mi frustración es que no llegó a más plazas en las que tenían que rendir cuentas. Ahora se han visto conexiones con el embajador ruso y otras relaciones...

Lo que pasó después de todo eso ya lo conoces. Es lo que me ha impactado en los últimos cinco años de mi vida. En 2019, Alan Banks, el financiador de la campaña de Nigel Farage por el Brexit, decidió demandarme y, de una manera muy deliberada y estratégica, evitó hacerlo por los artículos publicados en *The Guardian* o en *The Observer*.

Me demandó de manera individual por una charla que di en la conferencia TED en Vancouver y por un tuit. Quedé desprotegida. Esto me llevó a un periodo muy difícil porque, aunque era bastante obvio que Banks me estaba atacando por mi trabajo para *The Guardian* y *The Observer*, quedé a la intemperie. Sin protección legal de una empresa. El periódico no me pagó ni me ayudó con mis gastos legales, y algunos son muy caros en el Reino Unido. Así que entré en quiebra y agoté todo mi fondo de defensa legal. Incluso si ganaba el caso, no tenía dinero suficiente para pagar mi parte.

Te puedo confesar, honestamente, que fue una experiencia traumática. Un momento muy difícil. A pesar de que fue un juicio civil, parecía que me estaban juzgando de por vida. Era mi carrera, mi reputación, mi sustento financiero. Era mi hogar y mi capacidad para ganarme la vida en el futuro. Sentí que todo estaba en juego.

Fue entonces cuando hubo una increíble avalancha de apoyo por parte de gente común y corriente. Creo que casi 30.000 personas contribuyeron a la defensa legal a través de una campaña de *crowdfunding* organizada por una asociación de periodistas. Eso me parece increíblemente conmovedor. Puedo ver muy claramente lo que estaba pasando cuando me acosaban y atacaban de una manera tan cruel. Tenía una verdadera aura de apoyo.

Sigo muy preocupada ante la posibilidad de que esto le pase a otros periodistas. Veo, por ejemplo, que cada vez son más los reporteros de la BBC que son atacados. Yo todavía me siento atacada, y eso ha tenido un impacto continuo en mi trabajo hasta el día de hoy, ya que he optado por alejarme del ojo público. Nigel Farage pronunció un gran discurso frente a 5.000 personas y me atacó en él. Los ataques en redes sociales han sido continuos.

Creo que todavía me enfada el hecho de que he trabajado durante los últimos veinte años a tiempo completo, pero nunca he tenido el tipo de derechos que tiene un empleado. Las organizaciones de noticias no pueden defender a sus propios periodistas, y han tardado mucho en entenderlo. Se ha abierto lo que llamo un nuevo panorama de amenazas híbridas. Veo que eso se usa contra periodistas de todo el mundo. Una combinación de litigios, amenazas y ataques en las redes sociales. Y ves que va sobre todo en contra de las mujeres periodistas. Y, ya sabes, elementos comunes entre las tácticas y técnicas que se usaron contra mí, que utilizaron contra Maria Ressa en Filipinas y que se usaron contra Rana Ayyub en la India.

En muchos sentidos, soy muy afortunada porque trabajo en un país que tiene un Estado de derecho, en el que no puedes ser encarcelado por hacer periodismo. El punto es que soy una afortunada, pese a todo lo vivido.

Parece mentira que una información tan importante para la cultura del periodismo, para las sociedades, para la democracia, me haya dado tantos problemas. No ha sido fácil. Ha sido periodismo de muy alta calidad, como dices, pero, de alguna manera, las sociedades no están preparadas para eso. Esto ha tenido un impacto absolutamente psicológico y físico en mí. De hecho, apenas estoy empezando a recuperarme.

Carole Cadwalladr,
periodista que destapó el caso «Cambridge Analytica»

## El Gobierno promueve la violencia contra los periodistas

Ya le he contado que soy del interior de El Salvador. En los años noventa se firmaron los acuerdos de paz. En esa época se fortaleció mucho el trabajo periodístico independiente, especialmente cuando surgieron medios como *El Faro*. En los medios escritos, como *La Prensa* o *El Diario de Hoy*, se crearon secciones especializadas de periodismo investigativo. Hubo muy buenas investigaciones periodísticas que no agradaban a los grupos de poder político y económico. No es nuevo que a los Gobiernos les incomode la prensa. Creo que eso es importante mencionarlo, pero hay una diferencia abismal con los ataques a la prensa del Gobierno actual de El Salvador. No los habíamos visto en décadas anteriores.

Entré en la Asociación de Periodistas en 2017 y creé un centro de monitoreo de agresiones a periodistas. En 2018 se registraron 65 casos. La mayoría provenían de amenazas del crimen organizado, como pandillas, narcotráfico e incluso, a veces, de líderes comunitarios, abusos de poder por parte de la policía o los militares, y algunas declaraciones estigmatizantes del Ejecutivo. De enero a septiembre de 2023, la asociación registró 270 casos; de ellos, al menos ocho de cada diez están vinculados a amenazas o vulneraciones generadas por alguna institución o persona relacionada con el Estado salvadoreño. Es decir, la entidad que debería garantizar y proteger a la prensa es la misma que está atacando al periodismo independiente.

¿Cómo se puede tolerar esto? Cuando Bukele asumió la presidencia, negó el acceso a sus ruedas de prensa a dos medios digitales, *El Faro* y *Factum*. No permitían el ingreso de sus periodistas porque hacían preguntas fuera de los protocolos. Después impidió que algunos periodistas pudieran formular preguntas. Luego, el presidente comenzó a desarrollar una narrativa de ataque contra la prensa en Twitter. Acusó a muchos periodistas y medios de comunicación de ser enemigos del país, de estar financiados por intereses ocultos y de tener una agenda en su contra. A eso hay que sumarle los funcionarios que replican ese tipo de discursos.

Eso se agravó mucho más durante la pandemia, cuando también se incrementaron las restricciones al acceso a la información pública. Se colocó bajo reserva mucha documentación, como la relacionada con compras de productos de bioseguridad o de mascarillas. Se robó mucha plata. Hay investigaciones que revelan que se pagaron precios exagerados por kits de bioseguridad. La prensa hacía su trabajo y la respuesta del Gobierno era atacar.

Luego también empezaron a aumentar las vulneraciones por parte de la Policía Nacional y de las Fuerzas Armadas. Creen que tienen derecho a actuar de forma discrecional cuando se encuentran con una periodista. Hemos documentado casos de amenazas a colegas a quienes se les prohíbe cubrir ciertos eventos, o fotógrafos a los que obligan a borrar imágenes sin justificación. Si no obedecen, los detienen.

También el Gobierno utiliza otras instancias del Estado para atacar a los medios. En el caso de *El Faro*, el Ministerio de Hacienda empezó en 2020 a realizar auditorías fiscales abusivas. No sé si Carlos Dada, el director, le contó esto cuando lo entrevistó. Fue un abuso. Por lo general, se puede hacer una auditoría anual, pero de repente comenzaron a hacer casi una cada mes: querían revisar todo el histórico y acceder a información privada, como, por ejemplo, quiénes son los donantes de *El Faro*. También se utilizó el Ministerio de Trabajo para hacer auditorías de derechos laborales a aquellos medios críticos con el Gobierno, aunque evitaban visitar medios oficialistas que, en realidad, sí vulneraban los derechos laborales de los colegas. En la asociación manejamos esa información. Este tema de la discrecionalidad es tremendo.

Y, aparte, está la narrativa constante de ministros o directores de entidades que atacan continuamente a la prensa en redes sociales, con el apoyo y la réplica de fanáticos. Los troles promueven estos discursos de odio contra periodistas, con una carga de género especialmente marcada hacia las mujeres periodistas. ¿A cuántos hombres periodistas les han dicho en redes sociales, cuando publican una investigación, que les pagan sexualmente? ¿Cuántas veces le han dicho a un periodista varón que su trabajo es lavar los platos y atender a los hijos? ¿O cuántas veces le han dicho a un hombre periodista de investigación que, perdón por la palabra, es una puta, una malparida o una recogida? A nosotras sí nos lo dicen. O te atacan por tu sobrepeso, por tu cabello, por tu apariencia física. Hay una carga de misoginia hacia las mujeres que no existe contra los hombres. Creo que es necesario señalarlo. Estas formas de violencia son promovidas por el Gobierno, por el mismo presidente, porque el Estado, lejos de cuestionar estos discursos de odio, guarda silencio, consciente de que él mismo los ha provocado. Hay una intencionalidad clara de generar un efecto de censura sobre cualquier voz disidente, y está funcionando. Cada vez participan menos personas en la esfera pública de las redes sociales digitales. No digo con esto que los periodistas hombres no sufran ataques, pero sí quería hacer la acotación de que hay una carga diferenciada sobre las mujeres.

El ataque suele ser mucho más intenso cuando se trata de mujeres que asumen cargos, tienen vocerías firmes y cuestionan a los poderes políticos. Cuando publico algo sobre el medio ambiente, por ejemplo, o sobre cualquier otro tema que no tenga que ver directamente con la política, no recibo ataques. Basta con mencionar a Bukele y aparecen todos.

Hace un par de años se reveló el caso de espionaje a más de veinte periodistas con Pegasus. Algunos fueron vigilados durante dos años. Fue un caso grave de vulneración. Hasta la fecha, pese a que la asociación presentó denuncias ante la Fiscalía, no hay avances ni respuesta sobre quiénes son los actores del Estado que decidieron espiar a esas personas. Ya sabe que Pegasus es un *software* que solo se vende a Gobiernos, no a particulares ni empresas.

No pude saber si yo había sido intervenida. Más tarde tuve que comprar un iPhone, que no son baratos, pero que ofrecen más garantías, y estoy constantemente haciéndome revisiones. De hecho, tengo que hacer una revisión en estos días. Cuando estuvimos en aquel taller que nos diste en Panamá, mi teléfono comenzó a mostrar comportamientos extraños: la batería, por ejemplo, se descarga rapidísimo, la señal se pierde. No sé si el teléfono puede tener algún problema, pero ya los técnicos me lo dirán.

Soy muy estricta con mi protocolo de seguridad porque soy consciente de lo que implica tener un cargo en la Asociación de

Periodistas y en la Red Centroamericana de Periodistas. Más que por mí, es por los contactos que tengo y los intereses que otros actores pueden tener sobre esas personas. Debo cuidarme un poco por mí, pero también por esas fuentes. Por eso compré un iPhone que, insisto, es bastante caro, y tengo una VPN, un *software* que impide que me geolocalicen tan fácilmente. Tengo un número que no es salvadoreño y mi teléfono está encriptado para hacer llamadas con seguridad. Tengo contraseña en cada aplicación, además de para acceder al dispositivo. Es tedioso, pero necesario para reforzar la seguridad. Evito tener fotos de paisajes o localizaciones. Además, en esa bolsita Faraday que trato de regalar a otros periodistas, llevo un kit básico para impedir que te rastreen. Mi computadora también cuenta con un bloqueador de cámara e imagen.

A veces me preguntan si me da miedo y les digo que ya no soy tan jovencita. Quizás a mí me mueve, a veces, la indignación por lo que está pasando en el país. Vengo de sectores muy humildes. Sé lo que nos ha costado lo poco de democracia que hay. También conozco de primera mano el sistema de las pandillas y todo lo que han hecho, pero me parece que el rumbo por el que va este Gobierno no es el adecuado. Tengo claro que, mientras tenga energía, voy a tratar de aportar en los espacios a los que privilegiadamente he llegado. Porque creo que es lo que corresponde. Si no, ¿qué más queda? ¿Agarrar la maleta e irse? Que sea lo último, pues.

ANGÉLICA CÁRCAMO,<br>
directora de la Red Centroamericana de Periodistas<br>
y presidenta de la Asociación de Periodistas<br>
de El Salvador

## Sentía que vivía en una pesadilla

Está relacionado con el hecho de que soy mujer. Esto se ha convertido en algo muy sistemático en Brasil y en otros países. Conocí a Maria Ressa* por primera vez en 2018 en una conferencia en Doha. La vi hablar y pensé: «Esto es maravilloso». Y me acerqué a ella y le conté que había empezado a escribir sobre el uso de las

* Maria Ressa, Premio Nobel de la Paz, interviene en las pp. 306-309.

redes sociales y el manejo de los datos de los votantes para tratar de manipular a la opinión pública. Y básicamente me contó todo lo que iba a suceder en las elecciones de Brasil.

Una de las cosas que dijo es que todos los periodistas se convertirían en un objetivo, porque ello formaba parte integral de la estrategia de comunicación. Hay que deslegitimar a los periodistas, erosionar su credibilidad, para que la estrategia de comunicarse directamente con los seguidores y evitar los medios tradicionales tenga éxito. Una forma muy sencilla de aprovechar los prejuicios existentes en esta base más extrema es la misoginia, al igual que ocurre con actos homófobos o racistas. Creo que India, Filipinas y Brasil son ejemplos muy claros de lo diferente que resulta ser mujer periodista en esos países. Por lo tanto, lo que me ocurrió no tiene que ver realmente conmigo, sino que se trata simplemente de una estrategia de segmentación dirigida a mujeres o a miembros de la comunidad LGBTQ.

Yo no era una persona pública; solo estaba haciendo mi trabajo. Es muy fácil caer en los prejuicios contra los periodistas, y cuando se trata de mujeres, resulta muy eficaz recurrir a su sexualidad. Nunca se criticó la información, ni se cuestionó ni se comentó que pudiera haberme equivocado. No: simplemente decían que la única razón por la que escribía aquello era porque había tenido relaciones sexuales con alguien o porque ofrecía sexo a cambio. En el caso de Maria, entraban en juego todos los estereotipos. No creo que mi caso tuviera nada particularmente especial. Se ha convertido en una fórmula muy sencilla para desacreditar a los periodistas y movilizar a las masas.

Brasil es el segundo mercado más grande del mundo para WhatsApp. Todo el mundo está en WhatsApp. En las elecciones nos percatamos de que circulaba una enorme cantidad de desinformación a través de los grupos públicos de WhatsApp. Denuncié que había agencias de marketing contratadas para publicar una gran cantidad de mensajes con información falsa sobre un candidato a las elecciones. Nunca afirmé, porque no podía comprobarlo, si otro candidato político estaba al tanto o no. Nunca. Pero mi trabajo sí denunciaba que algunos empresarios estaban contratando esos servicios para bombardear los grupos de WhatsApp con mensajes desde números telefónicos dudosos y, a menudo, con información falsa.

Esto violaba las normas electorales de Brasil, porque podía considerarse gasto electoral, dado que se trataba de una especie de marketing financiado por un tercero, un empresario. Había que declarar todos los gastos electorales y tampoco se podían realizar campañas de difamación contra el oponente. Se estaban infringiendo varias normas electorales. Luego publicamos otras historias que mostraban cómo compraban bases de datos con información de los votantes para enviar mensajes privados a perfiles específicos. Compraban información de forma ilegal, cruzando datos privados, como el nivel de ingresos, con un número telefónico para segmentar los mensajes.

Cuando publiqué la primera historia, en octubre de 2018, la reacción fue abrumadora. Pensaba que era solo una historia más. Yo no estaba especializada en política brasileña. Había cubierto varias elecciones en otros países, como India o Estados Unidos, donde la desinformación y el uso de datos de votantes ya se habían producido, así que me dijeron en el periódico que podría investigar eso en Brasil. Por eso preparé y escribí esta historia, que para mí era algo habitual. Pero no cubría política brasileña.

Al día siguiente de publicar la información, cuando me desperté y vi la reacción en internet, me asusté. Vi aquella cantidad de acusaciones falsas, de mensajes... Manipularon un vídeo para que pareciera que yo me declaraba cercana a las políticas progresistas. Era falso y se convirtió en un vídeo viral. Luego difundieron otro vídeo falso donde una mujer se hacía pasar por mí. Tenían todo tipo de vídeos e imágenes. De todo tipo de cosas. Así empezó todo. Fue una sensación terrible. Tuve miedo.

Publicaban miles de fotos pornográficas falsas en las redes sociales, así como vídeos porno trucados en los que aparecía teniendo sexo con mujeres desnudas. Se veía fácilmente que eran falsos porque los montajes eran muy malos, muy cutres. Pero los enviaban por todo internet y circulaban por los grupos de WhatsApp, acompañados de mensajes que decían: «Mereces que te violen». Las cosas más horribles que uno pueda imaginar. Cientos de mensajes en Twitter, Facebook, Instagram...

Lo que resulta muy destacado es que los límites entre lo *online* y lo *offline* se acaban difuminando. Hubo gente que se me acercaba en la calle y me gritaba que era una zorra. Pienso en lo que sentí. Sentía que vivía en una pesadilla, una en la que cada día sueñas que caminas entre la multitud y todo el mundo lleva ropa, tú eres la única persona desnuda y todos te miran. Así me sentía todos los días.

Nunca supe el efecto que tendrían las palabras del presidente. Cuando habló, fue como un silbato para perros. Empezó una corriente y llegó una inmensa ola de odio. Tuve que cerrar todas mis cuentas de redes sociales, como Instagram o Twitter, y me mantuve alejada durante años. Las cosas se han calmado ya un poco. Ahora entro a veces y leo. Nunca, jamás, respondo a nada. Nunca. En verdad, nunca lo hice. Simplemente ignoro cualquier comentario o ataque. Nunca interactúo con nadie.

A veces han publicado ataques con pruebas falsas o han manipulado audios, y lo único que he hecho ha sido publicar el audio original o el documento. Esto es algo bueno para mi salud mental. Algunas personas piensan que está bien interactuar, pero no creo que pueda hacerlo. Así me protejo. Y procuro no leer cosas tóxicas. He puesto demandas judiciales, pero sé que no es una solución para todas las mujeres periodistas o autónomas porque es muy caro. Muy caro. Tengo un abogado y me ayudan en *Folha de São Paulo*,* en el periódico. Respondo en los tribunales porque dijeron cosas que eran mentira.

Sé que hay que tener la piel gruesa, pero estos ataques migran a la vida real y realmente te afectan. Recibir todos los días una cantidad tan grande de odio no es fácil. Muchos periodistas lo han padecido en silencio. En el periódico se ofreció asistencia psicológica a otros periodistas en la sala de redacción y fue un servicio muy apreciado. Otras mujeres periodistas también fueron atacadas en Brasil, tal vez no por el propio presidente ni de una manera tan abierta, pero igualmente atacadas. Todo lo sexual se ha vuelto muy común.

Tengo muy claro que el ataque está relacionado con el hecho de que soy mujer. Esto se ha convertido en algo muy sistemático en Brasil y en otros países.

PATRICIA CAMPOS MELLO,
periodista de *Folha de São Paulo*. Brasil

* El director de *Folha de São Paulo*, Sérgio Dávila, interviene en las pp. 350-352.

## Recibí más de medio millón de ataques en redes sociales

Ferdinand Marcos Junior, hijo del dictador Marcos, no habría ganado las elecciones sin las redes sociales. Jamás. Soy mayor que tú, pero ambos tenemos edad suficiente para saber que cuando un hecho se repite, se refuerza en la mente de las personas. Antes compartíamos una realidad colectiva. Lo que ha ocurrido es que esta lógica de repetición ha sido adoptada por las operaciones de información en estas plataformas, que han transformado lo que solía ser un instrumento de publicidad y marketing en una herramienta de poder. Lo que hacen es sencillo pero devastador: si repites una mentira un millón de veces mediante operaciones informativas, termina por convertirse en un hecho.

En el caso del dictador Marcos, estas operaciones para limpiar su nombre y reescribir la historia comenzaron en 2014. En *Rappler* demostramos que el objetivo era romper la asociación del apellido Marcos con la corrupción y transformarlo de un cleptócrata en el mejor líder que Filipinas haya conocido. Fue como presenciar la muerte de la democracia. La historia se reescribió ante nuestros ojos.

El escritor Milan Kundera decía que «la lucha contra el poder es la lucha de la memoria contra el olvido». Pero aquí no se trató solo de un olvido individual: fue una transformación colectiva. De pronto, el dictador Marcos pasó a ser un héroe. Además, Marcos Junior reconstruyó las alianzas políticas de su padre. Algunos miembros de su gabinete son hijos o nietos de antiguos ministros del régimen. Se trata de una política dinástica, casi feudal, con fuerte arraigo en varias regiones de Filipinas, que le ayudó a asegurar el voto. A ello se sumó su alianza con Sara Duterte, hija del anterior mandatario, que se postuló como su vicepresidenta. Si ella hubiera competido contra él, quizá el resultado habría sido distinto.

La sociedad filipina ostentó durante seis años consecutivos el récord mundial de exposición a las redes sociales. Entre un 10 y un 12 % de la población —de 10 a 12 millones de filipinos— trabaja en el extranjero, y existe una necesidad constante de conexión. Nosotros nos conectamos con ellos. Las redes sociales permiten ese vínculo de forma gratuita y, además, resultan fundamentales para sobrevivir en este país, donde, por culpa de la corrupción y la debilidad institucional, casi todo depende de favores. Es necesario tejer redes, activar los contactos. Así es como funciona. A eso se suman los problemas de infraestructura. Muchos filipinos se saltaron la etapa del ordenador y pasaron directamente a los teléfonos móviles, que les conectaron de inmediato a internet.

El periodismo de calidad no puede sobrevivir en las redes sociales. Hemos sido mercantilizados. No permito que mis reporteros consulten los *rankings* de popularidad, porque la popularidad no puede ser un criterio. Quiero que hagan historias por el valor intrínseco de cada historia. Nuestra labor es hacer que el poder rinda cuentas. Creo que parte de lo que falla hoy en el ecosistema informativo es el modo de distribución, no el periodismo en sí. Ese es el problema. No podemos competir contra las mentiras. Y lo que hoy circula con mayor rapidez en las redes es, precisamente, la mentira. Publicamos en redes sociales, y sin embargo, la estructura de incentivos de estas plataformas premia el mal periodismo, el sensacionalismo y la falsedad. Ese es el verdadero problema.

Es necesario regular las redes sociales. Debemos exigir rendición de cuentas y poner fin a la impunidad. Estas plataformas priorizan la difusión de mentiras por encima de los hechos. Manipulan nuestras emociones de forma insidiosa, hasta el punto de impedirnos distinguir entre realidad y ficción.

Mark Zuckerberg es, en cierto modo, el mayor dictador. Más dictador que cualquier líder de una nación. Cuando escribí el libro *¿Cómo luchar contra un dictador?* me refería a dos políticos filipinos, pero, en realidad, Mark Zuckerberg ha sido un dictador más poderoso que cualquier otro jefe de Estado. Ha redefinido el mundo a través de las mentiras. Es así. Quiero decir, si uno observa la estructura de incentivos en el fondo, el paralelismo es claro: es como si tuvieras un hijo y le dijeras que vas a recompensarlo cada vez que mienta; que, si miente mucho, le irá muy bien.

Estuve entusiasmada con Facebook, tienes razón, lo reconozco. No sé si a ti te pasó lo mismo, pero a mí me fascinaba todo lo que allí se generaba. ¿Cuándo descubrí su peligro? Cuando nos atacaron. El poder lo absorbió todo en 2016. Comenzaron los asesinatos nocturnos en la guerra contra las drogas, y cada vez que alguien lo denunciaba en Facebook, recibía un gran golpe. En agosto de 2016 creamos la etiqueta *#NoPlaceForHate* [No hay sitio para el odio] y nos dieron una paliza digital. Empecé a recopilar datos e hicimos una serie sobre la militarización de internet. Jamás habría imaginado que las redes favorecerían el ascenso de los dictadores.

La Sección 230 de la Ley de Decencia en las Comunicaciones de Estados Unidos de 1996 otorgó impunidad a estas plataformas tecnológicas. Se las trata como si fueran meros conductos, como un teléfono. Pero no es así como funcionan. Un teléfono permite que todas las llamadas lleguen; en cambio, en las redes sociales los algoritmos determinan qué se te envía. Actúan como editores. Basta con reformar o derogar la Sección 230. En el momento en que las plataformas rindan cuentas por las mentiras, estas dejarán de circular.

Nos enfrentamos a una crisis con múltiples aristas. Todo influye: las plataformas tecnológicas, el mercado publicitario, el modelo de negocio del periodismo... Incluso ahora resulta más difícil hacer preguntas incómodas a los poderosos —algo que antes era habitual— porque, si las haces, te atacan. Las amenazas que sufrimos y su impacto psicológico son solo la punta del iceberg.

Los ataques que recibo son más numerosos por el hecho de ser mujer. Eso lo muestran los datos. Recibí más de medio millón de ataques en redes sociales. El Centro Internacional de Periodistas los analizó y concluyó que el 60% tenía como objetivo destruir mi credibilidad y el 40% derribarme. No soy la única mujer que lo sufre. Conoces a muchas. Y no solo somos las periodistas: también se ataca a políticas, investigadoras... Los ataques sexualizados son desinformación de género. No es que no se ataque a los hombres, pero en su caso no es tan personal ni tan efectivo. Hay un sexismo y una misoginia estructurales. Muchas mujeres en política están optando por no participar, y eso no debería ser así, francamente. ¿Quién se beneficia de esto? Las propias plataformas, que siguen generando ingresos a partir de esos ataques íntimos. Creo que eso es lo que debemos detener.

Las consecuencias de enfrentarse al poder son muy reales en este caso. Sobrevivimos por dos razones. La primera es que trabajé durante veinte años fuera de Filipinas, y mis colegas de medios internacionales conocen nuestro trabajo, lo cual fue crucial para arrojar luz sobre lo que ocurre en el país. La segunda es que no tenemos otros intereses empresariales. No hay un negocio que proteger. Somos periodistas. Esto es lo único.

El periodismo, la lucha contra la injusticia, me ha dado la vida. Perdona que me emocione, Fernando. ¡Me haces llorar! Cuando viajo a otros países, jamás he sentido la tentación de no regresar a Filipinas. Eso sería una gran traición. Creo en *Rappler* y estoy muy orgullosa de cómo ha actuado el equipo en momentos tan difíciles. No tuve opción. Si me rendía, todo en lo que creía sobre mí misma como periodista y sobre el periodismo debía tirarlo a la basura. Solo puedes saber quién eres cuando te ponen a prueba.

MARIA RESSA,
Premio Nobel de la Paz. CEO de *Rappler.com*

## Se trata de una guerra psicológica

Soy periodista especializada en tribunales. He informado sobre casos que involucran a Jacob Zuma desde 2006, antes incluso de que fuera nombrado presidente de Sudáfrica. En aquel entonces fue acusado de violación por una mujer seropositiva, homosexual, mucho más joven que él, amiga de la familia, quien afirmaba considerarlo como una figura paterna y sostenía que no había consentido mantener relaciones sexuales. Finalmente, Zuma fue absuelto.

Posteriormente, cubrí su juicio por corrupción relacionado con un multimillonario contrato de armas. Ese proceso judicial se ha prolongado desde la primera acusación, en torno a 2006, hasta el día de hoy. Varios periodistas comenzamos a informar sobre el caso, pero he sido la única que lo ha seguido de forma continua desde el inicio. Con el paso del tiempo, mis colegas han cambiado de puesto, de empresa o de ciudad.

Mi presencia constante durante todos estos años me ha permitido adquirir un conocimiento profundo del caso. He seguido de cerca los matices de las distintas resoluciones judiciales, identificado las diversas estrategias legales de Zuma y explicado con detalle cómo su abogado aplicó una táctica conocida como la «Estrategia Stalingrado» para evitar, esencialmente, ser juzgado. Esta estrategia consiste en desgastar el proceso judicial mediante la apelación sistemática de cada decisión desfavorable y cualquier recurso posible para prolongar indefinidamente el juicio. Ni siquiera las pruebas contundentes presentadas por la Fiscalía bastaban: todo se repetía a través de apelaciones, recursos, dilaciones o incomparecencias. Estos casos, que revisten apariencia de conspiración política, buscan socavar el sistema institucional. La Fiscalía y el sistema judicial sudafricano han fracasado reiteradamente ante estas maniobras.

Cuando revelé públicamente su estrategia legal, todos los intentos por dilatar o impedir el juicio habían fracasado. En represalia, Zuma nos demandó al fiscal y a mí, alegando que habíamos filtrado su información médica privada. Esa información era clave: él había solicitado un aplazamiento del juicio alegando problemas de salud. Sin embargo, el tribunal determinó que no había habido filtración alguna, ya que los datos formaban parte del expediente judicial y no contenían información confidencial. De hecho, el propio abogado de Zuma había afirmado en la primera audiencia sobre la solicitud de aplazamiento que no había nada confidencial en ese informe. Aun así, después presentó una querella alegando que se había violado su privacidad médica, lo que constituiría una infracción de la Ley de la Fiscalía Nacional de Sudáfrica. Tanto Billy Downer, el fiscal, como yo, nos enfrentábamos a una pena de hasta 15 años de cárcel. En un giro absurdo, él mismo habría de procesarse, ya que, según la legislación sudafricana, si el Estado se niega a iniciar un proceso —como ocurrió en este caso—, la parte interesada puede presentar una acusación privada. Eso intentó hacer Zuma. Luego impugnó el proceso, alegando que se trataba de un abuso del sistema judicial. Su objetivo no era solo obstaculizar su propio juicio, sino perpetuar la parálisis del proceso mediante su estrategia de litigación.

En esencia, lo que buscaba era silenciar mis reportajes sobre la «Estrategia Stalingrado». Lo confirmé al observar los ataques dirigidos contra mí. Me acusaba de fomentar la idea de que pretendía prolongar indefinidamente su juicio. Esta intención quedó en evidencia cuando varias personas cercanas a él, incluida su hija, lanzaron ataques contra mí en redes sociales. Uno de los mensajes más violentos instaba a que me violaran en prisión. No fue el único. Era parte de una campaña de incitación al odio. El tribunal consideró que estos mensajes evidenciaban el propósito oculto de la acusación: silenciar mi labor periodística. Obtuvimos dos sentencias favorables. En la ejecución de la orden, el juez y el Tribunal Supremo de Apelaciones señalaron que no se trataba solo de someterme a la humillación a través del abuso en redes sociales, sino también de enviar un mensaje disuasorio a otros periodistas: quien se atreviera a informar sobre figuras políticamente poderosas se exponía a la misma persecución en línea y a potenciales amenazas contra su vida.

Soy una de las periodistas más atacadas en Sudáfrica. Los periodistas que reciben más ataques son mujeres. Conoces más casos, ¿verdad? A menudo se trata de violencia sexual. Todo es muy degradante. Sabía que estaba recibiendo esos ataques en las redes sociales, pero hice un esfuerzo consciente por no verlos. Mi abogada, en cambio, había tenido que recopilarlos para los informes y quedó muy traumatizada. Me aterró verla tan afectada.

Como puedes imaginar, la inmensa mayoría eran comentarios anónimos. Esa es la dificultad: se protege a las personas con el anonimato y dicen cosas que probablemente nunca dirían bajo su identidad real. Me resulta bastante difícil entender los argumentos de las empresas de redes sociales que quieren fomentar la expresión sin moderación, sin proteger a las personas. Las que sufren más abusos son las voces que reflejan los hechos y la verdad. Se trata de profesionales que se suscriben a códigos éticos. Muchas personas interrumpen la narrativa para atacar al periodista personalmente, sin cuestionar los hechos de una información. Después, tratan de desacreditar el periodismo como un mecanismo para socavar la credibilidad.

Va a haber una ola desenfrenada y sísmica de odio, prejuicios y desinformación sobre los grupos marginados, los cuales no tienen el nivel de poder social para combatirla. Eso realmente me asusta. La noción de lo que es verdad se define por quién lo dice, y eso es realmente aterrador. La realidad es que soy una mujer blanca de clase media en Sudáfrica. Trabajo para una organización de noticias respaldada por los mejores abogados. Recibí enormes niveles de apoyo en mi comunidad y sentí un respaldo genuino por parte de muchas personas de mi país. Pero en las redes sociales se está creando un espacio masivo para la injusticia. Lo descubrimos con la situación en Birmania,* a la que Facebook

* Nyein Nyein Naing se refiere a la situación en Birmania en las pp. 196-200 y Kim Thandar en las pp. 193-196.

abrió la puerta para crear una distorsión exitosa. Maria Ressa,* que hace un trabajo excepcional, está siendo demonizada de una manera tan coordinada que asusta.

Los ataques buscan aislarte psicológicamente y que intentes desconfiar de todo el mundo. Hacen que te sientas muy insegura. He tenido sentimientos horribles. Piensas: «Dios mío, toda esta gente me odia». A menudo no es tanta gente, pero lo parece. Se crea una imagen más amplia y distorsionada en tu cabeza. No sientes apoyo. Te ves aislada. En un momento dado, tuve que contratar guardaespaldas, porque un hombre afirmó que había contratado a unos tipos para matarme.

Acudí a un psicólogo clínico una vez por semana.

Lo más importante, como periodistas con experiencia, es transmitir a los más jóvenes que la fortaleza no consiste solo en soportar la presión, sino en encontrar espacios donde poder sanar. Estos tipos quieren dañarte para impedir que hagas tu trabajo. Y en el entorno global en el que vivimos, es más importante que nunca contar con periodistas que digan la verdad al poder y se sientan capaces —emocional, psicológica y físicamente— de seguir haciendo su labor. Las consecuencias de que nos silencien a todos serían tan nefastas para nuestra democracia que no podemos permitirlo.

Soy cristiana. Creo que el periodismo es aquello para lo que Dios me hizo. Siempre lo he sentido así. Es como vivir en la pobreza. Es como abrazar una causa. La causa de los oprimidos. En Sudáfrica, el país más desigual del mundo, los medios de comunicación son a menudo la única esperanza que tienen muchas personas de obtener justicia, de que sus historias sean escuchadas. Realicé una serie de pódcast sobre personas asesinadas o desaparecidas durante el *apartheid*. Aún hoy, más de treinta años después de la llegada de la democracia a Sudáfrica, hay familias que siguen buscando a sus seres queridos desaparecidos. La democracia sudafricana está literalmente empapada en la sangre de quienes lucharon por esta libertad. Por eso, rendirme porque alguien quiere asustarme para que me calle no solo traicionaría mi profundo compromiso de fe con este oficio, sino que

* Maria Ressa protagoniza el testimonio anterior a este en las pp. 306-309.

sería una traición a esas personas que murieron por esta causa. No me voy a rendir porque estas personas quieran atemorizarnos.

«El arco del universo moral es largo, pero se inclina hacia la justicia.» ¿Conoces esa frase? Se atribuye a Martin Luther King, aunque en realidad no es suya. En la Sudáfrica del *apartheid* ocurrieron cosas terribles. La gente se levantó de verdad, arriesgó su vida, muchos la perdieron, y soportaron enormes traumas para que la historia se inclinara hacia la justicia. Eso es lo que hacen los periodistas: empujamos ese arco. No vamos a dar un paso atrás ni a quedarnos callados. Vamos a seguir presionando. Yo lo haré. Tal vez me cueste la vida. O tal vez sufra humillación y degradación. Pero dejaré mi huella.

Puede que no sea en esta vida, Fernando, pero ese arco acabará por inclinarse, y habrá justicia. Por eso seguimos luchando. Cada uno de nosotros. Lo sé.

KARYN MAUGHAN,
periodista de News24

## El acelerador de la polarización está en las redes sociales

Abrí mi cuenta de Twitter cuando trabajaba en Televisión Española, en el programa *Los Desayunos.* Sería en 2009 o 2010. Ha llovido mucho desde entonces. Me pareció una herramienta muy útil para establecer una comunicación bastante sincera y horizontal con la gente. Y es cierto que una parte de eso aún se mantiene, aunque ya es muy minoritaria.

Una de las cosas que más me gustaban de las redes —y que todavía ocurre, aunque con menor frecuencia— es que te ayudan a detectar errores, porque la gente te los señala. Es decir, las auditorías las hace tu propio público.

De aquellas redes donde la comunicación era tan directa y horizontal queda poco, pero algo queda, y es a eso a lo que me aferro hoy en día.

Creo que, en concreto, Twitter se ha convertido en un botellón onanista insufrible, cada vez con menos filtros y menos valor. Aun así, no tengo intención de irme de allí.

Noté que todo empezó a cambiar antes de la pandemia. Hay un proceso de polarización que no tengo claro dónde comienza —si en la sociedad, en la calle o en las redes—, pero sí creo que el acelerador ha sido internet. Para mí hay un antes y un después de la pandemia: todo se ha radicalizado. Quizá empezó un par de años antes, pero desde entonces todo está muy conectado. Y lo preocupante es que esa radicalización ha dado el salto a la calle. El nivel de polarización en la sociedad es hoy insufrible. Lo que antes ocurría solo en redes —y en algunas redes concretas, o por parte de determinados usuarios— ahora ocurre también en el espacio público.

Ya no es solo alguien que te insulta desde el anonimato o un *bot*, que sigue ocurriendo, sino que es una persona real que te sigue por la calle, que te insulta o incluso intenta agredirte. Eso está ocurriendo en nuestro país y hay que contarlo.

Justo antes de la pandemia tuve claro que los dos mundos —el digital y el de la calle— se estaban conectando. Estábamos preparando un programa intergeneracional para televisión, que se hacía en un teatro con público en directo. Uno de los días de ensayo, estando fuera del teatro, en pleno centro de Madrid, se me acercó una persona a gritos, muy cerca, a menos de un metro de distancia, diciéndome cosas como: «¡Por tu culpa hay más lesbianas en España!». Me decía cosas totalmente absurdas, pero gritaba con una violencia tremenda. La gente que pasaba le pedía que parara, que me dejara en paz. Pero él estaba fuera de sí.

Intenté mantener la calma y le pedí que no se acercara tanto. Esa persona era Rafapal, uno de los grandes defensores de teorías conspirativas en redes sociales. Fue de los primeros en promover, de forma muy agresiva, las teorías antivacunas. Y lo que en su momento nos parecía propio de frikis, acabó convirtiéndose en otra cosa a través de comunidades en Telegram o YouTube.

Otro ejemplo que puedo darte es el de Alvise Pérez. Cuando aún era un desconocido para muchos, yo ya lo conocía, desgraciadamente, porque sufrí una campaña muy grave de acusaciones, publicación de fotografías y acoso de todo tipo. Fue una campaña salvaje. Empecé a vivir situaciones muy desagradables en la calle: cuando iba a comprar el pan, e incluso en el colegio de mis hijos.

En el contexto de la pandemia comprobé que se había cruzado una línea. Ya no era alguien escondido en internet detrás de un nombre anónimo. Ese alguien se había hecho real. Alvise obtuvo

800.000 votos y tres escaños en el Parlamento Europeo. Es decir, hay una comunidad dispuesta a creer muchas cosas.

A veces dudamos de que alguien pueda dar credibilidad a ciertos personajes, pero hablamos de 800.000 personas. No es poca cosa. Y enfrentarse a una situación de acoso así es realmente tremendo.

Fui a los tribunales y gané.

Pero esto ya ha pasado en otros países. Está estudiado. He hecho mucha terapia personal con Maria Ressa* y con Cristina Tardáguila.** Me iban adelantando cosas que, desgraciadamente, han terminado por ocurrirme. Sorprendentemente —o quizá no tanto— todas somos mujeres. Entre nosotras nos ayudamos, aunque sea un poco, a sobrellevar algo tan terrible. Cristina Tardáguila, una de las pioneras mundiales en la lucha contra la desinformación, en un país tan complejo como Brasil, tuvo que marcharse al exilio y ahora vive en Estados Unidos. Deberías entrevistarla. Ella me advirtió: «Primero irán a por tu empresa, Newtral; después señalarán uno a uno a los miembros de tu equipo, publicarán sus nombres y fotografías. Luego irán directamente a por ti, y te acusarán de cosas disparatadas». Y así ha sido. Todo ha sucedido tal como me dijo.

Viví una etapa anterior a todo esto, en la que ya recibía muchas críticas y ataques por mi papel como presentadora de televisión. El Partido Popular, especialmente, aunque también el PSOE, llegaron a pedir mi despido en distintas cadenas. Pero, en perspectiva, aquello me parece hoy la prehistoria. Hubo un salto cualitativo cuando lancé Newtral y comenzamos a verificar contenidos publicados en internet. Cuando señalas que cierta información puede ser falsa y que conviene reflexionar antes de compartirla, hay personas que empiezan a incomodarse. Les estás poniendo un espejo delante. Ese acoso a los verificadores no ha sido exclusivo de España; también se ha extendido a otros países de la Unión Europea. No hace falta irse a Brasil para encontrar situaciones graves. El mundo entero está desbocado.

He sufrido campañas organizadas desde redes sociales por parte de la ultraderecha, pero también desde la ultraizquierda.

* Maria Ressa interviene en las pp. 306-309.

** Cristina Tardáguila interviene en las pp. 318-323.

Tuve que cerrar los comentarios en Twitter por las hordas vinculadas a Pablo Iglesias. Y esto tampoco es nuevo: ya existía un patrón. Una persona con un canal de Telegram empieza a ejercer poder si es capaz de hacer daño, de infiltrarse en el sistema y abrir una grieta de desconfianza.

El programa *El Objetivo* nació en 2013. Me había fijado en que en Estados Unidos, especialmente *The Washington Post*, ya se hacía verificación de datos, pero no en televisión. Así surgió la idea: mostrar los datos y extraer conclusiones a partir de ellos. Con el tiempo nos dimos cuenta de que el mundo había cambiado: un programa de televisión ya no era solo televisión. Por eso, en 2018, fundamos Newtral como una *media startup*, con una rama audiovisual, pero también otra de verificación, innovación y educación. Somos la única empresa que verifica contenidos en TikTok en español, y también trabajamos en Facebook. Queríamos estar en todas las plataformas, allá donde estuviera la gente.

Cuando firmamos el acuerdo con Facebook —la primera gran plataforma que impulsó programas de verificación—, en el equipo me dijeron: «Esto va a enfadar a toda esa gente que difunde mentiras». Y yo pensé: «Bueno, como en la tele, ¿no?». Pero no fue lo mismo. Hubo otro salto cualitativo. Coincide con esa fecha, 2018, cuando comenzaron los ataques.

Son campañas dirigidas, planificadas, y muy fáciles de rastrear. En Newtral tenemos compañeros que se dedican a identificar esos patrones. Si tomas una frase concreta de un ataque y la buscas, encontrarás decenas, cientos de mensajes con esa misma frase copiada. Tengo muchas capturas. Es evidente que detrás hay organización, dinero, estrategia. Sucede tanto desde la ultraizquierda —con esos «ejércitos norcoreanos», como se autodenominaban en Podemos— como desde la ultraderecha. De esas grietas han surgido nuevos personajes.

Todos esos nombres que mencionaba antes —Rafapal, Alvise, a los que sumaría Guillermo Rocafort— responden a un patrón común. Son antivacunas, prorrusos, conspiranoicos, machistas y xenófobos. Difunden con intensidad teorías falsas, sobre todo contra los migrantes. Es una amalgama unida por un pegamento con distintos componentes, y uno de ellos, claramente, es el machismo. Da igual que sea una mujer adulta, con hijos, con una trayectoria profesional y una empresa propia con setenta empleados. Siempre seré «la mujer de». Esa es su línea: restarte mérito, despojarte de credibilidad, reducirte a la sombra de otro. Y eso es machismo.

Luego está el acoso violento. La creencia de que se puede gritarte a escasos centímetros, insultarte en la calle o desde redes con barbaridades que prefiero no reproducir. Es muy brutal.

En general, el sentido común y tener los pies en la tierra ayudan mucho. Me comparo, por ejemplo, con Carmen Aristegui, la periodista mexicana. Ni soy tan buena periodista ni tan valiente como ella, porque a ella la pueden matar, y a mí no. Desde ahí, todo baja. Pero hay épocas duras, muy duras, en las que siento incluso dolor físico. Y no es solo lo que nos pasa a mí o a Ferreras, mi pareja: es que tenemos hijos. Y uno de ellos, el pequeño, ha presenciado escenas de violencia en la calle que ningún niño debería ver.

Ferreras, que es un tipo grande, suele decir que lo importante es no dejar que el odio anide en uno. Justamente hablaba de esto hace poco con Pablo Benegas, de La Oreja de Van Gogh, que tiene un libro conmovedor sobre el acoso que sufrió en su colegio en San Sebastián por ser hijo de un político socialista. En nuestra familia lo tenemos claro: no podemos permitir que el odio nos habite. Tenemos una responsabilidad como padres.

Hay que contenerse. No ganas nada entrando en provocaciones o en insultos. Pero no es fácil. Todos somos humanos. A lo mejor no respondes al primer ataque, pero a la décima, no puedes más. Están siendo años durísimos en la calle. Y no se lo deseo a nadie.

Desacreditan las instituciones y a quienes las defienden, por supuesto. Todo está estudiado. Hace cuatro años, el trumpismo sembró tanto descrédito que un señor con cuernos entró en el Capitolio. Hoy ya no nos parece imposible, porque ha ocurrido. Pasó también en Brasil, donde se está juzgando, y podría suceder en España. El caso de la DANA en Valencia* ha mostrado eso con toda su crudeza. Hemos detectado que hubo un patrón claro de desestabilización de España. No me sorprende pensar en la implicación de Rusia. ¡Fíjate la cantidad de información que se ha mo-

* Jesús Trelis, director de *Las Provincias*, se refiere a esta tragedia en las pp. 164-169.

vido contra el Ejército! Esos farsantes que se grababan vídeos diciendo ser militares y que había cientos de cuerpos. El ataque al Ejército, el ataque a la Corona... No me refiero solo a lo que vimos todos en aquellas imágenes. En Telegram detectamos patrones de insultos y amenazas a la Corona. Es gravísimo. Lo que pasa es que nadie está vigilando lo que sucede en Telegram, pero ahora mismo es el pozo más negro que existe, mucho más que WhatsApp, sin duda. Los ataques a los medios de comunicación son muy fuertes y la Justicia responde con demasiada lentitud. Duda de todo —te dicen— y aparecerá un mesías. La grieta social que se ha abierto con la Dana es inmensa, y en parte es merecida. Ha habido un fallo sistémico en todos los niveles, y creo que de esa grieta solo va a salir un monstruo. No sé cómo se llama, no sé qué apellido tiene, pero hay un monstruo que está naciendo de esa grieta.

ANA PASTOR,
periodista y presentadora de televisión.
Fundadora de Newtral

## El anonimato no te garantiza la seguridad

Estoy a años luz de ser alguien conocido, como es el caso de Maria Ressa,* Patricia Campos Mello** o Ana Pastor.*** Tan solo soy la dueña de Lupa, la primera agencia de *fact checking* de Brasil. Pero es curioso cómo el anonimato tampoco sirve de nada. No te garantiza seguridad. Empezamos cuatro personas: tres mujeres y un hombre. Salimos a la calle en 2015, cuando gobernaba la presidenta Dilma Rousseff, y la crisis política de Brasil ya era tremenda, aunque solo empeoró desde entonces.

En este momento, cuando salimos, la gente no tenía ni idea de lo que era el *fact checking*, aunque iniciativas similares ya hubieran ganado el Pulitzer y *Chequeado* fuera un gran exitazo.

En 2013 trabajaba en la sección de Política del periódico *O Globo*. Brasil era ya un país muy polarizado, aunque nada com-

* Interviene en las pp. 306-309.
** Interviene en las pp. 302-305.
*** Interviene en las pp. 313-318.

parado con lo que es hoy. Fui al Festival Gabo en Bogotá. Se entregaban los premios, y una de las nominadas era Laura Zommer,* que entonces dirigía *Chequeado* en Argentina. Hizo una presentación increíble y recuerdo que se me puso la piel de gallina. Mostraba cómo habían hecho una verificación en directo de un discurso de Cristina Kirchner en el Parlamento. Después de aquello, propuse en el periódico hacer algo similar para las elecciones de 2014, y *O Globo* me dio un blog que se llamaba *Preto no branco* ('Negro sobre blanco'). Ese blog fue un exitazo. Adopté la metodología de Zommer, mi gran inspiración, y el resultado tuvo un impacto tremendo. Alcanzó una audiencia increíble, generó muchísimas interacciones y la gente lo comentaba en la calle. Fíjate si tuvo impacto que los políticos llegaban a cambiar sus campañas por lo que aparecía en el blog.

Tras las elecciones, cuando Dilma Rousseff tomó posesión en enero de 2015, el periódico cerró el blog. Ahí tuve un momento de locura. Hablé con un inversor, un buen amigo personal, y le pedí dinero. Le pareció una locura, pero me pidió que preparara un plan de negocio. Estuve meses trabajando en él, y cuando finalmente se lo presenté, me dio el dinero suficiente para lanzar Lupa y mantenerla durante tres años.

El 3 de noviembre de 2015 hicimos nuestra primera publicación. El periodismo brasileño tiende a mirarse mucho a sí mismo, y cuando salió Lupa, hubo quien se asustó y desconfió. La primera reacción fue intentar averiguar quiénes eran esas cuatro personas que, de repente, se ponían a decir qué era verdad y qué era falso. Y recordemos que, en 2015, antes de Trump, aún no existían ni el concepto de *fake news* ni el de desinformación. Esa fue ya la primera vez que sentí el odio y los ataques desde la izquierda. Puede parecer sorprendente, porque hoy en día los ataques vienen del otro lado, de la derecha, pero como empezamos a chequear frases de la presidenta de Brasil y de sus ministros —que formaban un Gobierno de izquierdas—, sus seguidores comenzaron a llamarnos golpistas. El vicepresidente, Michel Temer, era de un partido de centro y se había aliado con el PT de Lula y Dilma. Se interpretaba que podía estar maniobrando en la sombra para que Dilma cayera y él asumiera el poder. Nos acusaban de haber salido a la

* Laura Zommer interviene en las pp. 333-336.

luz justo en ese momento para ayudarle. ¡Claro que no! ¿Qué ganaba yo con eso? Nos llamaban golpistas.

El primer episodio de odio que viví fue cuando me invitaron a Globo News, el canal principal de noticias de Brasil. Iban a estrenar un programa nuevo en directo y querían hacer un chequeo con el ministro de Sanidad, Marcelo Castro, en pantalla. Hubo un error gravísimo de formato por parte del programa. Fue horrible. El ministro, en lugar de hablar del chequeo, se mostró muy grosero. Me acusó de estar equivocada, de no saber hacer mi trabajo, y me sentí amenazada. Pensé que nos hundíamos. Ya se nos veía como golpistas y ahora, además, como incompetentes, con una ejecutiva que no sabía comportarse en televisión. Recibimos muchos ataques en redes sociales.

Pero el año clave fue 2018. Ahí fue cuando tuve que marcharme a Estados Unidos por lo que sucedió. Todo empezó cuando Meta lanzó el programa llamado *Third Party Program*, tras la elección de Donald Trump. La plataforma contrató a verificadores certificados de todo el mundo para actuar en Facebook y realizar comprobaciones. La medida buscaba reducir la distribución de publicaciones con información falsa, que no se borraban. Sin embargo, cuando los verificadores demostraban que algo era falso, el enlace al chequeo sí circulaba dentro de la plataforma. En ese momento ya éramos tres organizaciones de *fact checking*. Una de ellas rechazó la propuesta porque sus integrantes eran militantes anti-Meta. Las otras dos, incluida Lupa, aceptamos y comenzamos a hacer los chequeos como siempre. El programa empezó a tener impacto, y la consecuencia inmediata fue que los desinformadores dejaron de ganar tanto dinero: los posts falsos con *clickbait* ya no circulaban con la misma intensidad. Esto desató la furia de todos los que tenían interés en difundir ese tipo de contenido. Nos acusaban de ser los censores privados de Meta y lanzaron un ataque brutal. Desmedido.

En ese momento, Lupa ya contaba con un equipo de ocho personas.

Nos convocaron a la Cámara de Diputados y a la Fiscalía para explicar en qué consistía ese proyecto, cómo podíamos interferir en el debate público y si teníamos derecho a eliminar contenidos. Meta guardó un silencio absoluto. Fue una postura muy irresponsable. No explicaron su programa y nos obligaron a nosotros, pequeñas organizaciones, a dar todas las explicaciones. Parecía que íbamos en contra de la libertad de expresión.

En agosto comenzó la campaña electoral. El candidato era Fernando Haddad, no Lula. Para entonces, ya tenía en la redacción a quince periodistas, de los cuales seis estaban amenazados de muerte. Esto no te lo enseñan en la Facultad de Periodismo ni en los posgrados. No te preparan para liderar un equipo bajo amenazas de muerte.

Recuerdo la llamada de la madre de una becaria que debía tomar dos autobuses para llegar a la redacción. Me dijo: «¿Estás segura de que puede viajar tranquila en el autobús? ¿Y si le pasa algo?». En el mismo equipo trabajaba un periodista que sufría ataques en redes por ser gay. Defendía los derechos del movimiento LGTBI y me decía: «Cris, no hay nada que me haga volver al armario. No voy a callarme. Si me matan, que me maten». Se me pone la piel de gallina solo de recordarlo.

Durante esa campaña electoral recibimos todo tipo de amenazas por todos los canales imaginables: email, Twitter, Facebook... Lo único que no descubrieron fueron nuestros WhatsApp.

Una persona que tenía como contacto en Facebook me llamó un día y me dijo: «Oye, tu vida está complicada, ¿no?». Le respondí que sí, que habíamos recibido ataques. Y me advirtió: «Prepárate, porque me enteré de que van a aparecer documentos en tu contra». Me quedé helada y no supe qué decir. Con el tiempo supe que fue él quien organizó todo. Salió un dossier —si quieres te lo mando, está en portugués—, muy bien diseñado y diagramado, con casi cien páginas donde detallaban quiénes éramos los profesionales dedicados a la verificación de noticias en Lupa, presentando supuestas pruebas de que éramos de izquierdas o extrema izquierda. Por ejemplo, aparecía un post antiguo mío en Facebook con un enlace al concierto de los Rolling Stones en La Habana. En aquel entonces cubría Espectáculos y Política cultural para *O Globo*. Como el concierto fue en La Habana, concluían que yo era de extrema izquierda.

Era un gran chiste, pero en vez de hacer gracia daba miedo.

A partir de ahí todo se agravó. Teníamos seis amenazados de muerte y no sentimos el apoyo de la prensa brasileña, que entonces estaba muy perdida sobre cómo manejar la situación. Empecé a recibir cartas postales con amenazas distintas, que decían que nos arrestarían y nos quemarían en ácido. Nos angustiamos. No sabíamos qué hacer, cómo reaccionar, a quién acudir. Ahí es cuando te das cuenta de la diferencia entre un país desarrollado y uno subdesarrollado. Imagino que si te pasa a ti irías a la Policía, ¿verdad? Pues los abogados de Lupa y algunos amigos en la Justicia decían que no debíamos ir, porque era la Policía la que nos atacaba.

Acudí a la Fiscalía Electoral, un órgano propio de Brasil para cuidar los procesos electorales. Dijeron que no se podía hacer nada. Fue desesperante. No podía contar con la Policía, ni con la Fiscalía, ni con las entidades periodísticas. Los sindicatos de periodistas publicaron una lista con los nombres de los amenazados. De repente, dieron a conocer públicamente a quienes debían atacar. Un periódico del estado de Ceará publicó esa lista en portada. Fue un impacto psicológico muy fuerte. Fue dramático.

El día de las elecciones tenía un billete para ir a Madrid con mi marido, que es español. No estábamos preparados para un Gobierno militar si Bolsonaro ganaba, como finalmente ocurrió. No puedo describir la tensión y los nervios. La única entidad que me brindó apoyo fue la IFCN, la International Fact-Checking Network. Conocía a su director y me dijo: «Cris, tienes que irte. Te pueden matar o volverte loca. Tienes que irte». Me ofreció un puesto en la organización y me marché a vivir a Tampa. Es un poco cobarde y siento vergüenza por ello. Teníamos seis amenazados de muerte y de repente se va la jefa. Es horrible, pero era demasiado.

Llevo cinco años en Estados Unidos. Podría haber regresado porque ahora la situación está más tranquila. En las últimas elecciones preparamos un código de conducta muy importante con normas de actuación, evaluaciones de riesgos, protocolos para reaccionar ante cada episodio, etc. Sabemos cómo monitorear y cómo responder. Estamos mucho más preparados.

Las fuerzas que promueven esos ataques en diferentes países —tanto de extrema derecha como de extrema izquierda— se parecen muchísimo. Están en contacto con fuerzas de otros países. Por ejemplo, los de Vox hablan con los de TL y los del PC con Podemos. En los extremos, estas alianzas son estratégicas. Cuando funciona una campaña para desestabilizar un país, una similar comienza en otro cuando hay oportunidad. Es fácil de detectar porque siguen patrones. No es algo casual ni improvisado. La mayor prueba de estas conexiones es lo que pasó el 8 de enero de 2023 en Brasilia, que replicó lo sucedido el 6 de enero de 2021 en Washington, con el asalto al Capitolio.

Hago investigaciones para monitorizar cómo un tipo de desinformación sale de Estados Unidos y llega a América Latina, o viceversa. Hay muchos estudios sobre la presencia de Steve Bannon en Brasil y de los dueños de Parler y Gettr, las redes sociales que surgieron como alternativas a Twitter tras la suspensión de la cuenta de Donald Trump. Eran redes sin moderación, desreguladas, libertarias. Participaron en marchas en Brasil contra la corrupción y en protestas que exigían transparencia en la votación electrónica,* como si no fuera ya transparente. Hay intereses financieros y políticos. La amistad de la familia Bolsonaro con el entorno de Donald Trump es enorme, al igual que otras alianzas políticas. Ahí está Fernando Cerimedo, impulsor de Javier Milei, una especie de Steve Bannon latinoamericano, una cabeza pensante que usa la desinformación como táctica política. Ha liderado varias campañas políticas. En todo esto influye también la enorme presencia de Rusia y China, que están muy atentos a lo que pasa en América Latina.

CRISTINA TARDÁGUILA,
fundadora de Lupa

## La desinformación tiende a funcionar mejor en las redes sociales

Los científicos sociales diferencian la información errónea que se difunde sin mala intención, sin el propósito de engañar, de la información falsa que se difunde a sabiendas de que es falsa con el ánimo de causar daño. En inglés, lo primero se conoce con el término de *misinformation*; lo segundo, con el de *disinformation*. Este último concepto, *disinformation*, o desinformación deliberada, es más grave y, a menudo, tanto para los periodistas como para los científicos y los verificadores de datos, supone además una gran complicación. No es fácil demostrar que se ha difundido información falsa a sabiendas.

* Marcelo Rech se refiere a este tema en la p. 262.

La *desinformación* es un concepto especialmente relevante en muchos de los temas en juego. La forma de desinformación más importante que se da en muchas sociedades tiene lugar cuando actores nacionales prominentes y poderosos difunden información falsa o engañosa en defensa de sus propios intereses. Puedes pensar en las falsas afirmaciones sobre la existencia de armas de destrucción masiva en Irak, en las compañías de combustibles fósiles que minimizaron deliberadamente el cambio climático inducido por el ser humano, o en declaraciones falsas realizadas por políticos o corporaciones en situaciones muy diversas. Esto es atemporal. Quiero decir, las personas poderosas que mienten y tergiversan el mundo son una constante en las sociedades humanas. Siempre han existido y siempre existirán.

No debemos perder de vista lo importante que eso resulta para nuestra situación actual. Y, aunque lamentable, no es sorprendente: así es como funciona el mundo. Podemos tratar de afrontar estos problemas, pero no cabe esperar que desaparezcan. Ese tipo de información errónea viene desde arriba.

Luego está la información errónea que difunden personas que, básicamente, buscan lucrarse con ella y no les importa si es verdadera o no. Esto, de nuevo, es algo que ha ocurrido durante mucho tiempo.

Es posible que te hayas topado con un historiador, un antiguo profesor mío de Columbia, llamado Andy Tucker, que ha escrito una historia sobre cómo las noticias falsas han formado parte integral del periodismo estadounidense desde los orígenes del país, e incluso antes. Ya sabes, todos recordamos historias falsas sobre ovnis publicadas en los medios mucho antes de que existiera internet. Y ahora, en internet, hay mucho más de esto, como hay mucho más de todo. Pero se trata, esencialmente, de desinformación motivada comercialmente; en el fondo, estafas.

También tenemos lo que yo considero información errónea de buena fe, de abajo hacia arriba, que se produce cuando ciertas comunidades difunden información falsa o engañosa porque creen sinceramente que es verdadera y piensan que los demás merecen conocerla. Ejemplos clásicos de esto pueden encontrarse en algunas comunidades religiosas que sostienen con firmeza determinados puntos de vista sobre los supuestos riesgos de ciertos tratamientos médicos, como las vacunas. Son personas que desean lo mejor para los demás ciudadanos y tratan de difundir información que, según los expertos médicos, es falsa, engañosa y perjudicial, pero que no está orquestada por actores políticos poderosos ni responde a fines de lucro. Una vez más, esto ha sucedido en muchas sociedades a lo largo del tiempo. Por tanto, no se trata de algo especialmente novedoso.

Y, finalmente, están los intentos deliberados y orquestados por parte de Estados extranjeros para interferir en la política interna de otros países. Solíamos llamarlo propaganda. No todo tiene por qué ser falso o engañoso; puede adoptar formas diversas, aunque algunas lo son. En este momento, en Europa occidental se presta especial atención a operaciones de este tipo procedentes de China, Rusia o Irán. No debemos olvidar que Estados Unidos y la Unión Soviética se enfrentaron en estos términos durante la Guerra Fría, y que, muy recientemente, la agencia de noticias Reuters documentó que el Gobierno federal estadounidense difundió información falsa y engañosa sobre las vacunas chinas contra la covid en Filipinas como parte de sus operaciones a escala global.

Las operaciones de información, la propaganda estatal, son también fenómenos muy antiguos. ¿Qué es lo específico del entorno digital? El funcionamiento de algunas áreas de internet facilita la circulación de ciertos tipos de información. Por ejemplo, las redes sociales desempeñan un papel clave. Hemos descubierto en nuestras investigaciones que la mayoría de las noticias que circulan por las redes sociales proceden de medios confiables, con mucha más frecuencia que de fuentes identificadas como productoras de información falsa o engañosa; y, sin embargo, la desinformación identificada tiende a funcionar mejor en las redes sociales. Probablemente sea porque estas redes tienden a recompensar la participación, y la desinformación suele atraer a pequeñas comunidades muy activas que la consumen y difunden intensamente. Así adquiere una especie de barniz de popularidad, resultado del algoritmo de clasificación de estas plataformas. Creo que es muy importante mantener el sentido de la proporción. Esto no significa que la mayoría de la gente esté expuesta a información errónea en redes sociales. Lo que ve la mayoría suele ser información perfectamente inocua o incluso confiable. Pero es cierto que la desinformación tiende a funcionar mejor en redes sociales que en la web abierta.

Luego está la publicidad digital. En un entorno de medios de comunicación de masas, no existían muchos espacios para vender curas falsas de medicina alternativa o planes de inversión fraudulentos. Anunciarse resultaba, sencillamente, demasiado caro. En cambio, la publicidad digital permite una promoción muy barata y segmentada. Y eso hace que ese tipo de información aparezca en ciertos rincones del ecosistema publicitario digital. Lo mismo ocurre con las campañas políticas que difunden información errónea.

Además, está la manera en que los motores de búsqueda recompensan la popularidad y la autoridad mediante los enlaces que se reciben desde otras páginas web. Esto actúa en gran medida contra la desinformación, pero cuando una fuente autorizada difunde información errónea, puede tener un alcance enorme y volverse en contra. Piensa en los comienzos de la pandemia, cuando la Organización Mundial de la Salud (OMS) cuestionaba la eficacia de las mascarillas frente al coronavirus. En situaciones así, en las que una fuente autorizada difunde algo engañoso, los motores de búsqueda amplifican esa información.

Así que hay aspectos que son muy distintos en internet. Observa cómo funciona el control de acceso en este entorno. Básicamente, hay una especie de tres niveles. Uno es que si alguien publica algo que ha sido editado, entonces existe un control editorial. Esto no difiere demasiado de lo que conocemos desde hace mucho tiempo, así que lo dejaré al margen. Pero luego hay otros dos tipos de control. Uno proviene de las empresas de plataformas, que ayudan a los usuarios a descubrir contenidos, búsquedas, aplicaciones de mensajería de vídeo social y similares. El otro recae en las empresas de telecomunicaciones, que permiten el acceso al contenido. Estos dos últimos tipos de guardianes —las plataformas y las compañías de telecomunicaciones— no quieren erigirse en árbitros de la verdad, por usar la expresión de Mark Zuckerberg, y a menudo se han mostrado muy reticentes a la hora de frenar la desinformación, especialmente cuando proviene de actores poderosos y prominentes, porque, básicamente, argumentan que se trata de discurso legal. Y lo cierto es que la gran mayoría de la desinformación es discurso legal y, de hecho, protegido, ya que se ampara en derechos fundamentales como la libertad de expresión, tanto para emitirla como para acceder a ella. Las empresas pueden sostener que no es su función censurar, y que si los políticos consideran lo contrario, deberían legislar al respecto. Aunque la situación ha evolucionado en los últimos años, internet sigue siendo un espacio muy permisivo para la desinformación.

No creo que esto pueda detenerse. Quiero decir, siempre ha existido el problema de la desinformación. La idea de que vivimos en una época excepcionalmente estúpida es históricamente errónea si uno se basa en los hechos. Hay personas que creen que el 11 de septiembre fue orquestado por intereses estadounidenses. Podemos remontarnos más atrás: el asesinato de Kennedy o, ya sabes, quienes afirman que la llegada a la Luna fue un montaje. La gente ha creído toda clase de disparates durante mucho tiempo, y no hay evidencia que sugiera que hoy estén sistemáticamente peor informados. Así que no creo que podamos erradicarlo. Es, en buena medida, parte del funcionamiento de las sociedades humanas, entre otras cosas porque muchas veces no sabemos con certeza qué es verdad. No creo que tenga solución.

Para hacer frente a algunos de los problemas más graves, lo más importante es poner el foco en los políticos nacionales y en las grandes empresas privadas cuando difunden información falsa o engañosa. Es crucial señalarlo como tal para que paguen un precio reputacional por hacerlo. Esto no siempre modifica su conducta. Donald Trump, por ejemplo, tiene un historial largo y bien documentado de mentiras y afirmaciones falsas verificables, pero no parece haberle afectado mucho. Si la difusión de información falsa y engañosa acarreara un coste reputacional, la situación sería distinta. Esa es la labor de los verificadores de datos profesionales independientes, pero también de los periodistas.

Hay una tendencia preocupante a que las discusiones sobre la desinformación se centren en afirmaciones flagrantemente falsas, cuando en realidad la mayor parte consiste en información manipulada de forma burda o sacada de contexto. También se tiende a enfocar únicamente lo que circula por internet, que es parte del problema, pero no el único. Y existe una inclinación a señalar a actores maliciosos, grupos que buscan causar daño deliberadamente, mientras se presta escasa atención a las personas poderosas en la cúspide de nuestra sociedad que difunden información falsa o engañosa.

Los ciudadanos de Estados Unidos que creen que las elecciones de 2020 fueron manipuladas lo han oído de destacados políticos republicanos y de medios de comunicación afines. Quienes creen que el cambio climático es un invento han escuchado ese mensaje de políticos y medios ideológicamente alineados. También puedes encontrar grandes populistas de izquierdas en México, Venezuela y otros países. Con diferencia, las formas más relevantes de desinformación tienen que ver con las élites de nuestras propias sociedades. Y si no centramos la atención en ellas, estamos pasando por alto el problema principal y permitiendo que las personas poderosas salgan impunes, mientras nosotros seguimos dando vueltas en los márgenes con cuestiones más fáciles.

RASMUS KLEIS NIELSEN,<br>profesor en la Universidad de Copenhague<br>e investigador sénior del Instituto Reuters<br>para el estudio del periodismo

## Hacer buen periodismo ya no es suficiente

El inicio de todo fue un proyecto que comenzó como una cuenta de Twitter en 2014, llamada *Maldita Hemeroteca.* Por aquel entonces, yo trabajaba en *El Objetivo* y Julio Montes en *Al Rojo Vivo,* dos programas de televisión de La Sexta. Aquella cuenta, que estuvo un tiempo inactiva, se reactivó para interpelar directamente a los políticos sobre sus cambios de opinión. Mostrábamos lo que habían dicho en el pasado y lo que luego hacían o decían. Todo el mundo puede cambiar de parecer, pero estos cambios requerían explicaciones. La cuenta la gestionábamos en secreto, pero empezó a ganar mucha popularidad en redes sociales. Ana Pastor,* presentadora de *El Objetivo,* me dijo que había que descubrir quiénes estaban detrás, porque quería invitarlos al programa. Tuvimos que confesar que éramos nosotros. A partir de entonces, se integró como una sección en nuestros espacios y también hicimos apariciones en otros. Era una cuenta independiente que funcionaba como una marca periodística. Éramos muy jóvenes: yo tenía 25 años.

En 2016 empezó a hablarse de la posverdad y estaban los conceptos asociados a Donald Trump, pero lo que realmente nos hizo

* Ana Pastor interviene en las pp. 313-318.

clic fue cuando Julio vio en su chat de amigos del fútbol muchas noticias con barbaridades supuestamente cometidas por refugiados durante la crisis de ese año. De ahí nació la idea de *Maldito Bulo*, que también arrancó con una cuenta de Twitter destinada a desmontar las falsedades que detectábamos en redes y en algunos medios digitales.

Éramos solo dos y sentíamos que dos periodistas de La Sexta no podían ser los únicos en marcar qué era verdad y qué mentira. Necesitábamos más voces para evitar que pareciera que teníamos un sesgo brutal, sobre todo porque seguíamos cobrando de La Sexta, aunque esto lo hiciéramos en nuestro tiempo libre. Así que, a partir de esa cuenta, montamos un consejo con varios periodistas amigos interesados en el tema y lanzamos *Maldito Bulo*. La cuenta creció rápidamente.

Un ingeniero informático muy joven, David Fernández, había tomado nuestros desmentidos —que entonces eran carteles en Twitter— y diseñó un plan con Google para que, si alguien entraba en webs que habíamos desmentido, recibiera una advertencia. Contactamos con él, vivía en Asturias y lo había hecho sin avisarnos; ahora es nuestro jefe de ingeniería.

Con el dinero que ganábamos de colaboraciones en otros medios, empezamos a pagar su sueldo y así *Maldito Bulo* tuvo página web. Este proyecto era un poco lateral, algo que hacíamos en nuestro tiempo libre, hasta que llegó el 1 de octubre y, con la crisis catalana, nos dimos cuenta de que era una necesidad real. La desinformación se había convertido en un problema grave que ya no podíamos abordar como un hobby por las tardes, cuando teníamos trabajos exigentes. Decidimos dejar la televisión y fundar *Maldita.es*, una asociación que montamos literalmente en una mañana tras conseguir una beca: necesitábamos una cuenta bancaria para ingresar el dinero y un número de identificación fiscal. Llevábamos tiempo soñando con la idea, pero hacía falta decidir el formato y lanzarse. Al principio, todo nuestro entorno nos recomendaba crear una Sociedad Limitada, que es lo habitual. Sin embargo, nosotros teníamos claro que combatir la desinformación requería crear comunidad, igual que los desinformadores crean sus propias comunidades.

La clave era acercarse a la gente, primero para que nos contaran qué veían en grupos cerrados de WhatsApp o en conversaciones privadas donde podía circular desinformación; y segundo, para que nos ayudaran a viralizar nuestros desmentidos. Así, comenzamos como asociación, con el objetivo de formar una fundación en 2018. Hicimos un *crowdfunding* y recaudamos 77.000 €, una cifra que nos parecía enorme. Con ese dinero adelantamos los 30.000 € necesarios para formalizar la fundación y empezar el proceso.

Desde entonces, *Maldita* ha evolucionado y crecido cada año. Ahora somos 57 personas y manejamos un presupuesto de 2,5 millones.

Hay algo que creo que se desconoce: aunque *Maldita* funciona como un medio, la Fundación *Maldita* realiza muchas otras labores. Contamos con un sólido equipo tecnológico que desarrolla herramientas internas para la redacción y externas para la ciudadanía. Tenemos un equipo educativo de cinco personas que ofrece formación a todos los niveles, desde niños hasta personas mayores, y otro de investigación académica que colabora con universidades para analizar los datos que generamos, con el fin de comprender mejor el fenómeno de la desinformación y generar evidencia científica. Nuestro equipo de investigación periodística busca entender las dinámicas narrativas. Además, contamos con un grupo de políticas públicas que hace *lobby* en Bruselas, porque se habla mucho sobre la regulación de la desinformación, pero eso debe hacerse bien, con base en datos y no solo en intereses ideológicos o políticos.

Un gran logro fue que en 2018 nos seleccionaron como la única entidad española para formar parte del grupo de alto nivel de lucha contra la desinformación de la Unión Europea. Ahí vimos que el debate en Bruselas estaba poco informado. Las primeras propuestas iban en la línea de prohibir la desinformación y multar a quienes la difundían. Pero eso no tiene sentido, porque quien comparte un bulo no suele hacerlo con mala intención. La comprensión sobre la desinformación en Europa ha cambiado mucho con los años. Varía mucho según el país: por ejemplo, todos los países del Este consideran, con razón, que la desinformación procede principalmente de la injerencia rusa. En España eso ha sido menos evidente hasta hace poco, porque aquí confluyen dos aspectos: hay una injerencia extranjera detectable, pero también existen grupos nacionales interesados en desestabilizar, con narrativas similares a las de agentes externos, aunque no necesariamente rusos.

Otra dificultad que nos ha costado hacer entender en Europa es que en España WhatsApp es el principal origen de la desinformación. Es donde se prueban las campañas que después se difunden por el resto de redes. En este sentido, nos parecemos más a Latinoamérica o África que al resto de Europa.

Los estudios sobre la injerencia rusa durante el *procés* no aportan evidencias tan claras. Sin embargo, desde la pandemia de covid y, sobre todo, con la invasión de Ucrania, esta injerencia se ha hecho mucho más patente. Ahora se observan campañas simultáneas de desinformación en varios países europeos con las mismas narrativas. Esto también tiene que ver con que el mundo de la desinformación ha madurado mucho en los últimos años: estamos más interconectados y coordinados, lo que facilita detectar estas campañas.

Estamos coordinados con otros verificadores. En Europa existe una red llamada European Fact-Checking Standards Network, que reúne a más de cincuenta asociados y que, de hecho, fue creada por *Maldita*. Trabajamos de forma muy coordinada. Por ejemplo, en las elecciones europeas lanzamos un proyecto llamado Twenty for Check, que consistió en crear una base de datos con todas las verificaciones realizadas durante el periodo electoral para rastrear narrativas que saltaban de país en país y entender cómo se coordinaban esas desinformaciones. También formamos parte de la International Fact-Checking Network, que agrupa verificadores de todo el mundo y nos ayuda a coordinar acciones. Además, estamos en Latam Chequea, una red latinoamericana donde participan verificadores españoles, pues existe una especie de ruta de la seda de la desinformación en español: la información que nace en Latinoamérica llega a Estados Unidos, donde hay 60 millones de hispanohablantes, y luego a España, pero también ocurre al revés. Esto quedó muy claro durante la pandemia y sigue sucediendo con otros temas.

Para evitar suspicacias, no nos financiamos con subvenciones del Gobierno de España. Sin embargo, una parte significativa de nuestras finanzas proviene de concursos públicos y convocatorias de ayudas, mayoritariamente europeas. Aproximadamente un 20 % de nuestros ingresos proviene de ahí. Un 35 % procede de la filantropía privada, becas y premios a los que optamos en concursos, y un 22 % proviene de colaboraciones con plataformas. Tenemos acuerdos con Meta, Facebook, WhatsApp y alguna alianza con Google. También realizamos algo de consultoría, que representa un 2 % de nuestros ingresos, y algunos servicios específicos que suponen un 6 %. Ofrecemos muchos talleres, charlas, etcétera. Por último, recibimos contribuciones de «malditos» y «malditas», que representan un porcentaje muy pequeño. Debemos levantar un presupuesto enorme cada año desde cero, por lo que diversificamos nuestras fuentes de ingresos.

Nunca imaginé que mi carrera sería así cuando estudiaba en la universidad. Sin embargo, encuentro cierta motivación ya en el 15-M. Aunque parezca un salto grande, no lo es. Yo era muy joven en el 15-M, tenía 21 años y cubrí ese evento para La Sexta. Estuve allí y sentí la sensación de hartazgo generalizado. La gente percibía que no se les escuchaba, que no se les prestaba atención. Una de las razones por las que *Maldita* nace con este enfoque comunitario es precisamente por esa necesidad de escucha. *Maldita* no tiene una mesa editorial que decide los temas del día, sino que funciona al revés. Contamos con servicios tecnológicos que nos permiten escuchar cuáles son las preguntas que tienen los ciudadanos y, a partir de esas preguntas, construimos la agenda del día.

Si miras nuestra portada, puede parecer que no tiene relación con lo que se está discutiendo en el día a día. Sin embargo, hemos detectado que hay una línea de conversación donde están los políticos, los periodistas y los ciudadanos bien informados. Pero hay otra línea de conversación de la gente corriente, que trabaja 12 horas y no consume medios de forma continua. Las preguntas que tienen son diferentes y muchas veces no pueden integrarse en la conversación más alta porque no necesariamente comprenden los términos. Llenamos los espacios donde hay gente que no sigue la prensa diaria tradicional o bien los temas que no son relevantes para la prensa convencional, pero sí afectan a la comprensión pública.

Claro que noto un alejamiento entre la gente y la prensa convencional. De hecho, creo que esa es una de las razones por las que la desinformación ha prosperado. Los periodistas a menudo vemos el bulo individual y no le prestamos la atención que merece, pensando que no afecta a nadie. Pero cuando bajamos a nivel de la calle y escuchamos las preguntas de la gente, aunque nos parezcan inusuales, son preguntas reales que necesitan respuestas, y muchas veces no las encuentran en los medios tradicionales. Esta separación ha llevado a que quienes no encuentran acceso a la información que les interesa la sustituyan por otras fuentes. Aquellos que evitan las noticias no son personas desinformadas; se informan de otras maneras y, muchas veces, consumen desinformación. Se dirigen a YouTube, grupos de Telegram, y allí encuentran información diferente.

La situación con la DANA ha sido brutal.* En la pandemia, también hubo mucha desinformación, pero aquí ha habido concentración y coordinación en la difusión de la desinformación. Lo importante al hablar de la DANA** es entender que esto no ha ocurrido de un día para otro. No es que de repente, al suceder la tragedia, los desinformadores comenzaran a generar una ola de desinformación. Se ha preparado el terreno a lo largo del tiempo. Llevamos años con un goteo constante de desinformación que ha ido convenciendo a algunos, cambiando posturas y dirigiendo a ciertas personas a determinados canales de consumo. Luego llega la DANA y nos damos cuenta de que hay un porcentaje de la población mucho más amplio del que pensábamos que está expuesto a esta desinformación. La misión es hacer creer que hay una conspiración; que te están ocultando información.

CLARA JIMÉNEZ,<br>fundadora y CEO de Maldita.es

## Es importante subir el costo de la mentira

A diferencia de lo que ocurre en el periodismo más tradicional, donde hay mucha competencia, incluso entre compañeros de redacción, la colaboración fue, desde el inicio, un rasgo distintivo entre los verificadores, probablemente porque desde el principio entendimos que el desafío era enorme e imposible de resolver en

* Jesús Trelis, director de *Las Provincias*, explica la cobertura de esta tragedia en las pp. 164-169.

** Ana Pastor también se refiere a este asunto en la p. 317.

soledad. Brooks Jackson, el fundador de *FactCheck.org*—el pionero en este campo—, le contó a Julio Aranovich, uno de los fundadores de *Chequeado*, no solo sus aciertos, sino también sus errores. Le dio consejos: que no hiciera algo muy formal, que evitara lo académico, que apostara por las redes sociales y por acercar las evidencias a los jóvenes. Tené en cuenta que aquella conversación fue en 2010. Jackson tiene hoy más de ochenta años. Su proyecto, que marcó el camino para todos, está ligado a una universidad, por eso tiene un perfil más institucional. Julio quería tener mucho impacto. Por eso, desde muy temprano, la apuesta de *Chequeado* fue dirigirse a un público amplio, y no hablar solo a los convencidos, que sigue siendo el desafío de hoy. Jackson le advirtió también que no se propusiera terminar con la mentira, porque eso no iba a pasar.

Por eso, el objetivo pasó a ser subir el costo de la mentira.

La mentira existió, existe y va a seguir existiendo. Desde 2010 hasta hoy no hicimos más que confirmar eso: en el debate público hay más mentira. Y no es porque la verificación de hechos —el *fact checking*— no funcione, sino porque el diseño de los algoritmos de las plataformas está pensado para que la gente se quede cómoda donde está, con sus prejuicios y en su propio mundo. Los algoritmos están diseñados para hacer plata. Las plataformas nacieron con ese fin, no para democratizar el mundo. La desinformación les da ganancias.

El modelo no se basa solamente en la automatización ni únicamente en la intervención humana: necesita de ambos. El sistema automatizado microsegmenta con gran eficacia a personas ya convencidas, lo que genera más ruido y, al haber más ruido, se activa aún más el algoritmo. Sin los idiotas útiles, no hay ni plata ni poder para otros. La desinformación funciona porque hay de las dos cosas.

*Chequeado* nace en octubre de 2010. Yo me sumé como directora ejecutiva en mayo de 2012. A diferencia de lo que pasaba en Reino Unido, Estados Unidos o Francia, nosotros no chequeamos solo a líderes públicos, sino también a líderes sociales, empresarios, actores o a quienes hoy llamamos creadores de contenido o *influencers*. Nuestra reflexión fue que debíamos verificar a cualquiera cuya voz resonara más que la del ciudadano medio en el debate público. Esa fue una innovación desde el principio. Muchos nos criticaban diciendo que no tiene la misma responsabilidad un periodista que un funcionario. Y es cierto que el primero tiene una responsabilidad legal y un compromiso con la veracidad. Pero el daño lo pueden hacer ambos por igual. Por eso nos interesaba observar y evaluar a ambos.

En 2012 fuimos los primeros en publicar una metodología de chequeo. Y en 2016, durante un evento en Argentina, se creó el código que hoy utiliza la International Fact-Checking Network para certificar los trabajos.

En 2015 fue cuando advertimos que esto no era del todo orgánico. Han pasado ya diez años. La metodología estándar con la que trabajábamos asumía que conocíamos al autor de la falsedad, del engaño o de la exageración. Pero empezamos a ver que, algunos días, media Argentina hablaba de un tema y no sabíamos quién lo había lanzado. Esa fue la primera luz amarilla, y luego se volvió roja: no podíamos identificar a los autores. La rendición de cuentas empezaba a diluirse.

Nuestro sistema incluye las dos acepciones de desinformación. En inglés se diferencian con *misinformation* y *disinformation*, pero en español usamos solo una palabra. No distinguimos en el término si la desinformación se hizo con intención o no. Y eso es relevante, porque cada caso requiere una respuesta distinta. La *misinformation* requiere alfabetización mediática para mejorar el consumo de información en redes. La *disinformation* requiere detectar a quienes difunden falsedades a sabiendas y exponerlos. Y no solo se los expone diciendo que han publicado mentiras, sino que se explica que esa mentira forma parte de una narrativa, de una campaña concreta, asociada a un grupo, una persona, una empresa o un partido político.

Cuando la gente adquiere herramientas para identificar esas campañas, su alfabetización mediática mejora notablemente. Si, en lugar de solo advertir que un contenido viral es falso, le mostrás a la gente que ese contenido fue difundido por doscientas cuentas en dos segundos, y que eso le costó dinero a alguien que espera sacar un rédito, el asunto cambia. Y eso es indispensable.

Hay tantos intereses económicos como políticos. Es lo que predomina. Cambian las características de la desinformación según los países. El México de hoy no es el de hace una década. Hace diez años parecía manejada por agencias de comunicación que hacían operaciones con empresarios detrás. Hoy está institucionalizada. Los modelos están articulados, pero pueden variar.

Se suele decir que Rusia y China están detrás de las campañas de desinformación. Pero hay que tener en cuenta que, salvo en TikTok, actúan en plataformas norteamericanas. La plata va al fisco estadounidense y a empresas estadounidenses. La responsabilidad no es solo de los Estados extranjeros o de ciertos bloques. Esa simplificación nos aleja de las verdaderas posibilidades de mitigar el problema.

Como decía antes, no vamos a terminar con esto jamás. Trabajamos para que la gente aprenda a navegar mejor la desinformación y actuamos sobre ella. Es un trabajo que tiene sentido. Los estudios muestran que, aunque la gente no cambie necesariamente de opinión cuando se le dice que algo es falso, sí cambia su conducta: comparte menos contenido falso cuando sabe que lo es. Y eso me alcanza para decir que el modelo funciona. Nadie lo ha puesto en duda. Los pocos datos que Facebook nos compartió cuando trabajamos con ellos indicaban que entre el 87 y el 95% de los usuarios dejaban de compartir afirmaciones etiquetadas como «Falso». Es un porcentaje altísimo de éxito. Me parece increíble que Zuckerberg haya retirado a los verificadores en Estados Unidos y que haya cuestionado el modelo. Increíble. No quiero ni perder tiempo en eso.

La polarización exacerba la desinformación. Parece que las derechas —como pasó con Bolsonaro o Trump— usan mejor las redes sociales que las izquierdas, pero también han sido bien utilizadas desde la izquierda, como en México. El uso estratégico de las redes por parte de los políticos incluye, en muchos casos, la desinformación como herramienta. ¿Podrían existir esos populismos sin redes? Probablemente no. Parte de lo que lograron fue gracias a que las redes amplifican sus mensajes. Los algoritmos priorizan lo que genera ruido, lo que sorprende, lo que atrapa a la gente hasta que lo comparte casi sin pensar.

LAURA ZOMMER,<br>directora ejecutiva de Chequeado

## Una clave es la confusión de formatos

Los lectores se distancian de los medios debido a varias dinámicas que los periodistas no pueden controlar y que tienen que ver con los propios medios, con la tecnología y con los cambios sociales. Un aspecto importante es que ahora hay más opciones, más oferta, para los lectores: las plataformas de redes sociales, los medios informativos, las opciones de entretenimiento... Una idea ampliamente aceptada entre los académicos es que, en el pasado, cuando había menos oferta, mucha gente seguía las noticias simplemente porque no había alternativas. En muchos países, al encender la televisión, apenas había dos o tres canales que emitían noticias a la misma hora. Si encendías la televisión, tenías que ver las noticias, y a lo mejor no te interesaba especialmente la actualidad o la política, pero sí el deporte y entonces, mientras esperabas, veías también lo demás. Hoy existen muchísimas opciones, y eso representa un cambio fundamental.

Se ha generado un tipo de polarización que no es política, sino una polarización entre quienes tienen mucho interés en las noticias —y van a buscarlas entre todas esas opciones— y quienes no están interesados en absoluto. Esa división es muy importante en muchos países, incluso más que la diferencia política entre izquierda y derecha. Esos dos tipos de personas no se entienden bien: hay una enorme distancia entre quienes están bien informados y quienes no.

Es interesante porque no siempre es fácil distinguir quién está bien informado y quién no. Mucha gente que no sigue activamente las noticias se encuentra con información en redes sociales sin buscarla y, desde su punto de vista, se siente informada.

En casi todos los países se identifican tres grupos: quienes tienen muchísimo interés y buscan siempre las noticias; quienes tienen muy poco interés y nunca las buscan; y un grupo intermedio, que lo hace solo a veces. Por muchas razones, los medios tienden a centrarse en el primer grupo, porque es el que probablemente pagará por la información. Y por eso me preocupa que quienes no están interesados en las noticias no lleguen a conocer muchas de las informaciones e investigaciones que publican los medios.

No se puede afirmar con certeza que quienes no leen periódicos sean más vulnerables que quienes sí lo hacen o están bien informados. Pero, a priori, así parece. Son personas más expuestas a la desinformación porque acceden a las noticias a través de las redes sociales, que es precisamente el espacio donde esta prolifera en mayor medida.

Los ciudadanos que consumen habitualmente medios de comunicación suelen confiar mucho en las marcas que eligen. Esa confianza actúa casi como un atajo: un medio puede cometer errores, pero la información que publica suele estar verificada, contrastada, y es muy distinta de otros contenidos que circulan en internet. El problema es que quienes no acceden habitualmente a los medios tienden a mezclarlo todo. Creen que lo que encuentran en redes es igual a lo que podrían encontrar en un medio serio. No se fían de nada. Y en esto es clave la confusión de formatos: muchos enlaces en redes llevan a webs con un diseño similar al de la prensa seria.

Una parte de esa gente adopta una actitud muy cínica y desconfiada, como si esa desconfianza demostrara inteligencia o conocimiento, cuando en realidad ocurre lo contrario. De hecho, en nuestro libro[3] dedicamos bastante espacio a las distintas teorías de la conspiración y a quienes comparten ideas imaginarias y desconfían de las noticias.

Hay ciertas creencias muy poderosas que, aunque falsas, se construyen sobre una base de verdad, y eso las hace aún más peligrosas. Algunas élites políticas tienen capacidad para aprovechar esas creencias y fomentarlas. Creo que es fundamental combatirlas. Hay que explicar a la gente cómo funcionan estas cosas: la alfabetización digital es clave.

El periodismo es percibido con cierta desconfianza por parte de la audiencia, y eso se repite en muchos países. Es muy llamativo. En nuestro libro analizamos a personas que no seguían las noticias en el Reino Unido. Al hablar con ellas sobre la prensa, pensaban en tabloides como *The Sun*, y no en cabeceras reconocidas por hacer un periodismo profesional y comprometido.

También hay una relación con el sentimiento de cercanía: la gente tiende a confiar más en la prensa local, la de su ciudad o comunidad. El problema es que muchos de esos periódicos están cerrando a causa de la crisis económica, lo que impide mantener redacciones fuertes y profesionales. La precariedad no ayuda.

Mucha gente consume una mezcla de contenidos. No accede directamente a los periódicos *online*, sino que llega a las noticias a través de búsquedas o redes sociales. Todo se mezcla. Y en parte esto ocurre porque los políticos pueden distribuir información directamente a la ciudadanía, sin necesidad de pasar por los medios.

No sé cómo explicar ese deseo de creer. En el debate electoral con Kamala Harris, Donald Trump llegó a decir que los inmigrantes se comían a las mascotas. Y claro que hay gente que se lo cree. Existe un deseo de creer en informaciones completamente falsas. Da igual que ciertos periódicos desmonten esas falsedades: hay quienes quieren creerlas. Las noticias falsas tienen impacto precisamente porque mucha gente desea creer en ellas. El impacto emocional es absolutamente clave. La gente tiene actitudes muy fuertes ante algunos temas desde el punto de vista psicológico. Quieren recibir información que refuerce lo que ya creen. Están muy involucrados emocionalmente.

Imparto una clase en primavera centrada en la psicología social de la persuasión. Esa es una idea fundamental: si tú y yo estamos hablando sobre un tema y ambos tenemos una actitud muy marcada al respecto, interpretaremos la información que surja en función de esa actitud. Esta idea contradice lo que solemos creer, porque nos gusta pensar que lo importante son los hechos. Sin embargo, lo que realmente determina que alguien cambie o mantenga una opinión es su actitud concreta ante el tema o su grado de implicación emocional. Las personas, con frecuencia, buscan confirmación de lo que ya creen.

Antes te mencionaba que existen dinámicas vinculadas a las tecnologías que exceden por completo el ámbito de los periodistas. No está en vuestras manos revertir una situación tan compleja. Aun así, los periodistas sí podéis abordar ciertos problemas o responder a preocupaciones concretas. Por ejemplo, muchas personas expresan que el exceso de noticias les genera malestar. Se sienten agobiadas por la avalancha de información, especialmente cuando esta es mayoritariamente negativa. Por eso, varios medios intentan adaptar su oferta, incorporando contenidos que aborden otros temas de interés. Las emociones son fundamentales para la audiencia: si logras divertir, inspirar o conmover, se abre un campo nuevo de posibilidades. Es esencial tener en cuenta cómo se siente la gente al enfrentarse a las noticias. Eso es muy revelador. Muchas personas no tienen un gran interés por la política o por la información dura, y eso también debe considerarse.

Otro aspecto crucial es la alfabetización mediática. La ciudadanía necesita entender que en los medios de comunicación las noticias se verifican, que existen procesos profesionales detrás de la elaboración informativa, y que se aplica un control riguroso sobre la veracidad de lo que se publica. Que si hay un error, el medio rectifica, e incluso puede tener que responder ante la justicia y pagar una multa. Es importante explicar todo esto. Entiendo que va más allá del trabajo periodístico y que no es fácil, pero es necesario comunicar el valor que tiene el trabajo profesional, como el periodismo de investigación. ¿Cuál es la diferencia entre lo que hacéis vosotros y lo que hacen los creadores de contenido que no son periodistas? Para mí es evidente, pero no todo el mundo lo sabe. También creo que es importante que la industria trabaje de forma más cohesionada, que distintos medios colaboren para desmentir colectivamente esas teorías falsas que circulan.

RUTH PALMER,<br>profesora de Comunicación en el Instituto<br>de Empresa

## La homogeneización del diseño ha favorecido la desinformación

Google impulsó en 2015 un formato de carga rápida para noticias en móviles llamado AMP, siglas de *Accelerated Mobile Pages* ('Páginas Móviles Aceleradas'). Este formato permitía acelerar la descarga de páginas desde dispositivos móviles, ya que reducía considerablemente su peso. Acuérdate: aquello supuso un cambio de paradigma en el diseño de noticias para móviles. Las nuevas reglas obligaban a los medios a simplificar sus páginas, lo que implicaba eliminar una parte importante de su capa gráfica. Digo «obligaban» porque, en la práctica, los contenidos de los medios desaparecían de los resultados de búsqueda móvil de Google si no estaban adaptados al formato AMP. Esa amenaza resultó ser una forma muy eficaz de imponer el nuevo estándar.

La propuesta mejoraba la experiencia del usuario móvil en Google, especialmente en un contexto donde las conexiones aún no eran tan rápidas como ahora. Pero tuvo consecuencias profundas en el ámbito del diseño, que es a donde quiero llegar. En los nuevos formatos, apenas quedaban como elementos distintivos la tipografía, el logotipo y el color. Es cierto que esos tres elementos son los fundamentos de la identidad visual, pero hasta entonces los sitios web podían experimentar con una mayor riqueza gráfica, animaciones y maquetaciones más variadas.

Podíamos diseñar una versión específica para las búsquedas y otra distinta para la navegación directa por la web, pero no tenía sentido: se corría el riesgo de confundir al usuario y, además, el mantenimiento técnico se volvía excesivamente complejo y costoso. En la práctica, ese proyecto de Google provocó un rediseño masivo en cientos, incluso miles, de medios de comunicación en todo el mundo.

Desde el punto de vista visual, la simplificación no era negativa *per se*, pero marcó el inicio de una estandarización creciente que, en mi opinión, ha resultado perjudicial. Supuso un retroceso respecto al camino que muchos medios habían recorrido desde la llegada de los programas de autoedición a finales de los años ochenta, cuando el diseño vivió un auge en las redacciones. En aquel entonces, los periódicos en papel —especialmente en la prensa anglosajona y latinoamericana— buscaban diferenciarse visualmente unos de otros. Hoy, en cambio, se da la paradoja de que la tecnología permite innovar más que nunca, pero esa posibilidad convive con una homogeneización del diseño impulsada por la necesidad de reducir los tiempos de carga y por la influencia de las redes sociales y la lógica de la experiencia de usuario.

Además de los factores tecnológicos, hay un aspecto psicológico y conductual que también favorece esta uniformidad en los diseños y en los comportamientos. Nos sentimos más cómodos cuando las interfaces que usamos siguen patrones reconocibles y predecibles. Eso fomenta una navegación fluida, como ocurría con las ediciones impresas, que también eran productos de hábito y costumbre. Al estandarizarse los diseños, Google consiguió mejorar significativamente la experiencia de búsqueda —en términos de velocidad y confianza—, pero a costa de que los medios perdieran elementos que contribuían a crear un entorno propio de confianza.

Esta estandarización del diseño ha tenido efectos en la desinformación. Por supuesto. Cuando recibo noticias que visualmente se parecen a las de medios serios, es fácil que las asocie, de forma automática, a atributos de calidad. Antes existía una diferenciación más clara. Ahora, muchas noticias comparten una apariencia similar, aunque provengan de medios inexistentes o poco fiables.

Nosotros podemos distinguirlas, pero una persona ajena al mundo de los medios, que accede a las noticias a través de WhatsApp, X, Facebook o incluso mediante búsquedas en Google, no tiene por qué saber si una fuente es fiable o no. Que no le suene el nombre del medio no implica que le resulte sospechoso. De hecho, probablemente ni siquiera se fije en el nombre.

En mi opinión, esta homogeneización ha contribuido de manera decisiva a la expansión de la desinformación.

IKER BARINAGARREMENTERIA,
director de Arte y Producto de Vocento

## La barrera industrial se ha derribado

La industria de los contenidos tenía antes una barrera industrial muy importante. Hacer un periódico, un informativo de televisión o un programa de radio no estaba al alcance de cualquiera. Necesitabas fuertes inversiones, ya fuera en rotativas o en antenas. Esta actividad también requería grandes exigencias profesionales y técnicas, aparte de licencias, y había que cumplir la regulación. Esa barrera industrial hacía que hubiera un filtro importante, de modo que las empresas respondían a una organización y cumplían unos estándares.

Esa barrera industrial resultaba prácticamente infranqueable y actuaba también como un muro frente a la desinformación. Pero ahora se ha derribado. Internet lo ha quebrado todo. Muchos expertos en desinformación se centran en el enorme impacto que ha tenido internet en la distribución de los contenidos a través de las redes sociales, lo cual es cierto, pero no se presta tanta atención al hecho de que también ha influido de forma decisiva en la reducción de los costes de producir esos contenidos y en la facilidad de imitar los formatos asociados a los grandes medios de comunicación. Porque producir contenidos ahora es más barato que nunca, y que estos contenidos se presenten con la apariencia de contenidos serios nunca había sido tan fácil. De esto se habla poco.

Hoy en día, montar una web es bastante fácil con un CMS de código abierto, como puede ser WordPress, donde además existen una serie de plantillas con la apariencia de una web informativa seria. Es muy fácil incluso hacer un *fake* de la web de un medio y cambiar cuatro cosas. También puedes grabar tus propios programas de radio con herramientas de edición sencillas. No se emiten en cadenas de radio, pero tú no lo sabes: el corte de audio te llega a través de las redes sociales. Incluso hacer vídeos con un teléfono y lograr formatos que, vistos en un móvil, parezcan similares a los de los grandes informativos es relativamente sencillo. Todo esto tiene un gran impacto en la desinformación. Siempre ha existido, pero ahora se ha multiplicado porque es muy fácil crearla, es sencillo que tenga una presentación confiable y se puede distribuir con facilidad.

En el campo del diseño se sabe que una tipografía concreta, como la serif en determinados contextos, puede representar más sobriedad y seriedad. Tú mismo hablabas de esto cuando hemos hecho rediseños de periódicos. También hay una psicología de diseño que, aplicada a un formato, te hace confiar mucho más en una noticia cuando esta se presenta de una determinada manera, normalmente en la línea que los lectores atribuyen a los medios serios. Los periódicos impresos, como *ABC* y otros, no eran tan fácilmente imitables hace años porque eran productos donde el diseño periodístico tenía un alto nivel profesional. Con internet todo esto ha cambiado, y ahora la inteligencia artificial hará que imitar formatos resulte aún más fácil.

Así que la barrera del formato entre la información veraz y la desinformación cada vez es menor. Queda la marca. Si recibo una noticia de un medio que conozco y que leo habitualmente, confío en que es veraz. Pero en el entorno de las redes sociales puedo recibir informaciones de cientos de cabeceras, y el hecho de que una noticia pertenezca a una cabecera que no conozca puede causar cierto recelo, pero quizá ya no sea tan determinante, porque en cierto modo se ha normalizado que se te presenten noticias de infinidad de fuentes.

CARLOS CANEIRO,<br>director adjunto de ABC

# LA POLARIZACIÓN

Juan Camilo Maldonado (Colombia-Estados Unidos)

Sérgio Dávila (Brasil)

Rita Kapur (India)

Alessandra Galloni (Italia-Reino Unido)

Jordi Juan (España)

María Ramírez (España)

Iñaki Gabilondo (España)

David Taberna (España)

Mitali Mukherjee (India-Reino Unido)

*El periodismo se enfrenta a una situación inédita: el concepto de verdad se ha desvirtuado y, en muchos casos, incluso los hechos se cuestionan. Populistas políticos y organizaciones en la sombra recurren a la estrategia de la confrontación y arrastran a ciudadanos que quieren creer falsedades porque sustentan sus ideas. La polarización es un modelo de negocio y algunos periodistas han entrado en él. Las redes sociales son en verdad redes emocionales. Las personas son mucho más que sus ideas.*

## Cada burbuja cree lo que quiere creer

*Mutante* surgió como una respuesta a la crisis del periodismo. Hay medios que nacen por otras razones, pero nosotros veníamos de medios. Estuve en *El Espectador* hace mucho tiempo, y mi socio, Nicolás, trabajaba en magazines culturales de la misma casa editorial. Pasamos por *Vice*, que supuestamente se había consolidado como un modelo muy exitoso a nivel global y terminó siendo un fraude. Estábamos decepcionados y muy cansados de no poder hacer un periodismo sostenible, ético y conectado con la gente. No participábamos de la conversación en torno al mundo.

Sentíamos, por un lado, que el periodismo estaba muy lejos de las personas y, por otro, que no comprendía que la gente ya estaba consumiendo contenido de una forma completamente distinta a la del siglo XX. Nos interesaba mucho entender cómo aprovechar la fragmentación propia de las redes sociales precisamente para recomponerla dentro de una unidad más consistente, y así lograr que las audiencias permanecieran más tiempo con nosotros, de tal forma que pudiéramos profundizar en los temas que investigábamos. A partir de todo eso surgió el concepto de *conversación social*.

La conversación social es una estrategia digital multicanal. En *Mutante* divulgamos y desarrollamos una investigación durante semanas, diseñada para generar interactividad con las personas, y para que esa interactividad también nutra el proceso periodístico. Al final, generamos contenido hecho no solo por la gente, sino también a partir de las necesidades que vamos detectando en ella. Todo eso lo empezamos a hacer desde el concepto de comunidad.

Las comunidades como centro de operación del nuevo periodismo comenzaron a tomar forma de múltiples maneras hace diez, quince años, desde *City Bureau*, en Chicago, hasta *La Diaria*, en Uruguay. Se trataba de fundar el ejercicio periodístico desde una comunidad de lectores, ya fuera territorial o temática. En nuestro caso, la teoría del cambio fue que íbamos a crear comunidades de conversación digitales en torno a problemas que las personas querían resolver desde el activismo.

El proceso de paz en Colombia fue, para mí, un piloto que evidenció que estábamos ante un cambio de paradigma. Había movimientos sociales organizados en torno a agendas de justicia y construcción de paz, y un periodismo que, además, estaba abandonando el paradigma de la neutralidad y la imparcialidad. Un periodismo que decía: «Yo me la juego por una agenda; me la juego por una serie de visiones más específicas y concretas, que no son partidistas».

En ese contexto pensamos en hacer una plataforma de conversación sobre el proceso de paz dirigida a jóvenes *millennials*, y creamos *¡Pacifista!* Cuando vimos que funcionaba, empezamos a darnos cuenta de que alrededor nuestro gravitaban una serie de nodos sociales: organizaciones, colectivos... ¿Dónde estaba la red ambiental? ¿Y la de género, o la de salud mental? Empezamos a construir esa red temática, y detrás de cada tema descubrimos una comunidad. El tránsito de *¡Pacifista!* a *Mutante* mantuvo ese enfoque de construcción de paz y derechos humanos en el centro.

La conversación en *Mutante* tiene tres fases: hablar, comprender y actuar. Algunos contenidos que publicamos pertenecen a la fase de hablar, otros a la de comprender, y otros a la de actuar. Hay un *feedback* permanente con la audiencia. En la primera fase apelamos mucho a la experiencia personal de cada quien frente al problema. Son puras preguntas. Planteamos un juego permanente para que las personas compartan su visión o experiencia en torno al tema que proponemos. Funciona como un proceso de sensibilización y es muy potente, porque recoges mucha información.

En la fase de comprender empezamos a socializar nuestras investigaciones previas. La audiencia empieza a notar vacíos de información, prejuicios, estereotipos y también tendencias culturales que te llevan a percibir un tema de determinada manera.

A partir de ahí entramos en la fase de actuar y desarrollamos una herramienta digital. En ella, el equipo va subiendo comentarios útiles, que se clasifican por variables, y en función de esa información se decide si conviene hacer un manual sobre un tema determinado, una guía de conversación para abordar asuntos difíciles, etc. Ahí entramos en una etapa muy pedagógica y, sobre todo, muy constructiva, que forma parte de nuestra teoría del cambio. Queremos que las audiencias sientan que hay formas posibles de resolver los problemas que enfrentamos. Nuestro ciclo lo promete y lo cumple.

Hemos intentado diversificar los ingresos. Nosotros vendemos conversación, así que podemos diversificar a partir de todo lo que puede hacerse con ella. Pero no ha sido fácil. Nada fácil. Este año estamos enfrentando más dificultades. Habrás visto en otros contextos que el tema de la financiación está realmente crítico. Las cuentas no dan. Este sigue siendo un producto muy costoso y sofisticado para un mercado que aún no consigue generar consistencia.

Elegí ir a Stanford porque, después de diez años trabajando con los activismos, me empezó a preocupar muchísimo la crisis de la verdad. Dediqué tanto tiempo a servir al público activista que, en un momento dado, me volteé y me di cuenta de que estaba viendo en nuestro público lo que luego hemos visto en todas partes: que cada burbuja cree lo que quiere creer. Cada burbuja tiene una atención absolutamente selectiva respecto de lo que considera verdad y de lo que no. Para mí eso sí fue un antes y un después, porque entonces pensé: «¿De qué sirve seguir pensando que tenemos que salvar al periodismo si, en realidad, la gente no va a creer en el periodismo?».

Particularmente me preocupaba mucho —y me sigue preocupando— la tendencia hacia la parcialidad, con todo este debate sobre el fin de la objetividad y el fin de la imparcialidad. Esto, sumado a lo que está pasando con los grandes medios en Colombia y cómo cada uno está adoptando su trinchera. Me inquieta que realmente estemos regresando a un periodismo del siglo XIX, donde predomina un enfoque partidista que termina profundizando las divisiones y la polarización, en lugar de permitir un suelo común.

Eso es lo que estoy investigando en el programa John S. Knight de la Universidad de Stanford: cómo puede el periodismo de causa social contribuir a la construcción de un mundo más justo, sin alienar ni polarizar a las audiencias. ¿Cómo es posible? Estoy buscando la respuesta a esa pregunta desde la metodología periodística, desde la moderación de conversaciones, pero también desde una perspectiva tecnológica; es decir, desde el diseño de plataformas digitales. Es como un árbol de exploración. Me fascina el tema de fondo. Quiero que me quede un ratico para entender la psicología humana contemporánea: cómo mediamos en el consumo de información, cómo la socializamos y la construimos, y cómo, en ese proceso, lidiamos con el conflicto que nos genera el hecho de que haya otra persona que piense algo distinto respecto de los mismos hechos.

Estoy buscando construir una apuesta por lo que llamo *periodismo multiparcial*, ante la crisis de la imparcialidad. Es hora de que empecemos a explorar otros modelos.

JUAN CAMILO MALDONADO,
fundador de *Mutante* (Colombia) e investigador en la
John S. Knight Journalism Fellowships (Stanford)

## En un mundo tan polarizado es difícil seguir siendo plural

El desafío para nosotros, ante una campaña electoral, es siempre no ser partidistas. Los principios editoriales de *Folha* son la independencia, el apartidismo y el periodismo crítico. Ojo: tampoco buscamos tratar a todos los candidatos como si fueran iguales. Hacemos una cobertura muy crítica de todos.

Nuestro periódico es una empresa privada y no recibe ingresos del Gobierno. No pueden tomar represalias contra nosotros por ejercer un periodismo independiente. Tal vez por eso nos sentimos más libres que las cadenas de televisión, que dependen de una licencia estatal. Pero no quiero generalizar: hay cadenas que hacen un excelente trabajo periodístico, como Globo. Todas cuentan con grandes periodistas.

*Folha* tiene cien años, pero el periódico moderno nace en los años sesenta, cuando fue adquirido por la familia Frias. El padre tenía la ambición de impulsar un periodismo brasileño altamente profesional y, sobre todo, muy técnico. El periodismo profesional, para él, debía regirse por un conjunto de reglas aplicables a cualquier situación. Ese fue su reto, y se lo transmitió a sus dos hijos: Otavio, en la parte editorial, y Luis, en la comercial. Ellos han llevado esta antorcha durante las últimas décadas. Esa orientación profesional me precede, aunque también he incorporado lo aprendido durante mis años en Stanford* y mi experiencia como corresponsal en Estados Unidos.

La pluralidad es una de las características más distintivas de *Folha*, que cuenta con una amplísima gama de opiniones entre sus columnistas y blogueros: tenemos casi 200 firmas. Usted encontrará una gran diversidad de puntos de vista, desde la derecha hasta la izquierda, pero también en muchas otras áreas del conocimiento. Este deseo de ofrecer una arena abierta a distintas voces viene desde los años setenta. La sociedad brasileña es muy plural. Ya entonces queríamos reflejar esa pluralidad en nuestro periódico, y seguimos intentando hacerlo hoy.

Tengo que decirte que, en un mundo políticamente polarizado —como ocurre en España, en Brasil, en Estados Unidos—, es muy difícil sostener esa pluralidad. Es muy difícil seguir siendo un periódico como el nuestro.

Mi trabajo, en este sentido, es muy difícil, porque la tendencia de las redes sociales es a encerrar a las personas en burbujas. Nosotros queremos estar fuera de esa burbuja. Queremos ser lo más plurales posible. Por supuesto, no publicamos opiniones que inciten a un delito o que constituyan un delito en sí mismas. Tenemos nuestros límites. Pero, dentro de ese marco legal, tenemos una sección llamada *Tendencias y Debates*, donde cabe casi todo.

Hemos publicado artículos incluso del que fue ministro de Salud del Gobierno de Bolsonaro, alguien —como puedes imaginar— muy polémico. Pero tenía algo que decir, y escribió un artículo que publicamos. Ese es, creo, el trabajo de un periódico como *Folha*. Es difícil sostener este modelo y mantener esta característica. Nos han criticado mucho tanto desde sectores progresistas como conservadores. Durante el Gobierno de Bolsonaro, las

* Dawn García, directora del programa John S. Knight, interviene en las pp. 427-430.

críticas vinieron más del lado progresista, diciendo que no era el momento de ser plurales, que debíamos publicar solo un tipo de opinión. Nuestro modelo de periodismo estuvo sometido a una prueba de estrés durante ese periodo.

En ese sentido, es más fácil ser *The New York Times*, porque cuando lo lees sabes que son prodemócratas y que van a apoyar al candidato presidencial del Partido Demócrata. *Folha* es crítica con todos los candidatos. Puedes preguntarle a Lula y a Bolsonaro: publicamos grandes primicias sobre ambos.

También es muy importante nuestro programa de diversidad. Ya sabes que la sociedad brasileña es muy diversa, pero esa diversidad no se refleja en cómo está estructurada. Hay una gran desigualdad, tanto de género como de raza. Fuimos pioneros en crear el puesto de editora de diversidad, con la misión de diversificar nuestra redacción, nuestras contrataciones y nuestros columnistas, pero también con impacto en nuestros lectores, nuestras fuentes y nuestros entrevistados.

SÉRGIO DÁVILA,
director de *Folha de São Paulo*

### Conversamos a través de nuestro contenido con personas afines

No conozco bien qué sucede en otras partes del mundo, pero en la India, al menos, la sociedad necesita saber cómo diferenciar entre el periodismo y el contenido que circula en internet. Hay muchas líneas borrosas. He visto estudios y encuestas que muestran que los ciudadanos indios no diferencian realmente entre lo que les dice un *influencer* y un periodista. Consumen indistintamente contenidos de organizaciones profesionales de noticias y contenidos de otro tipo. Los datos señalan que, para mucha gente, la principal fuente de noticias es WhatsApp, y eso representa un grave problema. Consumen contenido recomendado por amigos o que aparece en grupos de WhatsApp con los que se identifican. La diversidad de información se está reduciendo cada vez más.

Por este motivo, me preocupa que, por ejemplo, en una organización de medios de comunicación liberal e independiente como la nuestra solo podamos conversar realmente a través de nuestro contenido, a través de nuestras noticias, con personas que tienen ideas afines y no con los que tienen otras. Lo ideal sería que mi contenido llegara a aquellos que no comparten el mismo punto de vista. El discurso está desapareciendo. Hay cámaras de eco polarizadas que solo se comunican entre sí. Hablan el uno con el otro. Y luego están esos sistemas que utilizan el poder de las redes sociales para difundir mucha desinformación y propaganda basada en la información.

A veces, al revisar quién contribuye a nuestra membresía, me inquieta constatar que puedo predecir quién es probable que contribuya a nuestro proyecto porque encaja en un arquetipo de persona. Hace veinte años, había algunos canales de televisión y algunos periódicos y todo el mundo los consultaba, y en ellos coexistían múltiples puntos de vista. Ahora es como si estuvieran solo los medios liberales y los conservadores. Todo el mundo tiene sus prejuicios, y esos sesgos han conducido a una disminución de la confianza. Los lectores pueden sentir, por ejemplo, que determinada organización de noticias tiene prejuicios hacia el Gobierno, así que simplemente rechazan leer sus informaciones. El ambiente se ha vuelto extremadamente polarizado. Cuando crecí, todo el mundo consumía un canal de televisión estatal, que era el único disponible. Pero en ese canal había pluralidad de opiniones y la variedad de información que exponía era enorme. Todo el mundo veía ese canal de televisión porque era el único. Hoy, en cambio, hay un problema enorme de confianza y de prejuicios.

RITA KAPUR,
cofundadora y directora adjunta de *The Quint*. India

## Nuestras preferencias políticas se quedan en casa

Reuters no tiene ninguna nacionalidad ni una agenda política, lo que nos brinda una ventaja enorme. Publicamos en 16 idiomas y contamos con reporteros locales en todos los países, lo que nos permite estar sobre el terreno —algo fundamental— y desarrollar una sensibilidad cultural que no se obtiene siendo un mero enviado o corresponsal. Operamos con los mismos principios periodísticos en todas partes, incluso en aquellos países donde trabajar es más complicado. Somos transparentes, escuchamos voces diversas sobre un mismo tema y damos un trato justo a todos. No tenemos una agenda política concreta. Esto es bien conocido. Nuestras preferencias políticas quedan en casa cuando salimos a trabajar. La forma en que hacemos nuestro periodismo es, en sí misma, una protección especial.

Invertimos mucho en la seguridad de nuestros profesionales, que es lo más importante. En algunos países, los periodistas locales corren más riesgos al cubrir su propio país que un corresponsal extranjero. Dedicamos muchos recursos a esta cuestión. Contamos con un departamento legal muy sólido para enfrentar desde multas administrativas hasta encarcelamientos. Además, tenemos un gran equipo de seguridad que atiende tanto los riesgos físicos como los psicológicos, dado que nuestros periodistas trabajan en numerosas zonas de conflicto. No me refiero solo a Ucrania, sino también a Etiopía, Birmania y otros lugares. Recientemente hemos contratado expertos nuevos que se encargan también de la preparación mental para ciertas coberturas.

Reuters, en primera instancia, da testimonio de lo que sucede en el terreno y busca ser el primero en hacerlo, por lo que ofrece la información en bruto, sin procesar, lo que a su vez protege contra la manipulación. Nuestro trabajo visual se basa en saber dónde hay que estar y cuándo. Fuimos los primeros en contar el inicio de la guerra en Ucrania porque teníamos un camarógrafo y un fotógrafo justo allí. Nuestro modelo de negocio es contar la verdad en crudo.

Muy a menudo somos los primeros, pero no hay gloria en ser el primero y estar equivocado. Tampoco es un defecto mantener lo que llamamos la primicia permanente. Primero está la verdad, y luego la velocidad. La verdad es el principio fundamental, porque a largo plazo nuestros clientes vuelven por la verdad. Si cometes un error y los operadores financieros pierden mucho dinero, nunca regresarán. En nuestro ADN están la verdad y la rapidez. Es algo hermoso cuando la verdad y la velocidad se unen.

ALESSANDRA GALLONI,<br>directora global de Reuters

## En momentos de crisis perdemos lectores

Nosotros intentábamos, como siempre, ser lo más rigurosos e independientes posible. Pero es cierto que aquel clima político, en el momento más álgido del *procés*, de alguna manera nos afectaba. Nuestro público lector también estaba imbuido por ese ambiente. El éxito de un diario como *La Vanguardia*, que tiene 143 años de historia, radica en que siempre ha sabido adaptarse a sus lectores. En aquel momento, la mayoría de nuestro público estaba influenciada por ese clima porque lo encontraba en todas las esferas de la sociedad.

No hubo una postura del diario totalmente contraria al independentismo catalán, como sí ocurría en otras cabeceras que se editan en Madrid. ¿Por qué? Porque estábamos inmersos en ese ambiente. Recuerda que, además, durante la época de Montilla, presidente de la Generalitat, se realizó un editorial conjunto de diversos periódicos catalanes. Fue algo inédito. Aquello fue fruto de la sensación de alerta, del temor a que la situación se desbordara. No te diría que este diario incentivara aquel clima tan encrespado, porque somos un periódico templado y moderado, pero sí lo acompañábamos. Siempre digo que somos un diario institucional, que no significa gubernativo. Estamos a favor del orden establecido y somos un diario de orden.

La crítica que se puede hacer ahora, con el paso del tiempo, es que no advertimos los riesgos que había. No esperábamos que aquello derivara en una situación como la que terminó ocurriendo, casi una independencia, en la fase final del *procés*, cuando se aprobaron las leyes de desconexión en el Parlament. En ese momento, el diario ya estaba en contra de esa posición. No entendíamos cómo se podía aprobar una ley que vulneraba la Constitución. Al fin y al cabo, las reglas del juego son las reglas del juego.

Nosotros siempre hemos defendido el diálogo, la negociación y que, antes de tomar decisiones radicales por parte de la Generalitat, era fundamental sentarse a hablar y buscar una solución, en lugar de provocar la ruptura que finalmente ocurrió. En ese sentido, éramos críticos con algunas posiciones maximalistas que se adoptaban.

En cuanto a las fases posteriores, hubo una primera etapa de acompañamiento. Pero cuando la situación empezó a convertirse en un problema, comenzamos a ver que había una mayoría de ciudadanos a favor de la independencia, según las encuestas. *La Vanguardia* nunca se ha posicionado a favor de la independencia de Cataluña. No encontrarás ningún editorial que lo respalde, aunque pueda haber artículos de opinión al respecto. El diario siempre busca la pluralidad. Hemos tenido periodistas que han defendido el tema independentista, pero cuando detectamos que la situación se volvía preocupante, el diario se posicionó en contra de cómo se estaba llevando el proceso. Recuerdo que pasamos a ser un diario hostil para todas las partes. Éramos hostiles para el Gobierno central porque, en la etapa previa, habíamos sido muy reivindicativos, señalando que Cataluña necesitaba un mejor sistema de financiación y que se debían cumplir las ejecuciones de la obra pública. Por otro lado, el independentismo nos veía directamente como hostiles, porque estábamos disminuyendo la presión y no estábamos alineados con ellos.

Hay un dato muy interesante que no sé si te resultará familiar. Somos un diario que en épocas tranquilas crece, por ejemplo, en número de suscriptores. Sin embargo, en momentos de crisis política perdemos suscriptores. Algunos nos consideran demasiado independentistas y otros nos ven como muy españolistas. En momentos de crispación, la gente quiere ver en *La Vanguardia* sus posiciones reflejadas. Aunque el diario intenta ser plural y tiene opiniones de todas las partes, ellos quieren que el editorial o los artículos más significativos, como el artículo del director, se posicionen en las posturas que consideran acertadas. Entonces, cuando ven que *La Vanguardia* no coincide con la que creen que debe ser la postura, ya no es su *Vanguardia* y se dan de baja.

En este sentido, nuestra posición es fundamental. Cuando recibo correos electrónicos de personas que se dan de baja o protestan, me afecta. Es una presión. Durante épocas de crisis, perdemos mucho. Por eso, cuando decimos que nos gusta la moderación, la calma y la tranquilidad, es porque está en nuestro ADN. Además, nos conviene por intereses económicos; la gente valora que es un gran diario y le gusta la sección internacional y la de cultura. Pero hay momentos en los que se plantean preguntas en diferentes sentidos. Por ejemplo: «¿Es demasiado españolista? ¿Me paso al *Ara*?». O: «¿Es demasiado independentista? ¿Me paso a *El País*?». Esa presión es significativa.

Jordi Juan,<br>director de La Vanguardia

## La opinión es muy barata

La polarización forma parte de un círculo vicioso. Por una parte, los partidos políticos tienen una manera de comportarse y hablar muy agresiva, lo que se refleja automáticamente en los medios. Por otra parte, es cierto que los medios presentan fronteras menos claras entre la opinión y la información, empujados en parte por internet, lo que contribuye a que ese debate se perciba de forma más extrema. Hay aspectos estructurales de internet que dificultan separar la información de la opinión. En los periódicos de papel, la opinión sigue estando en espacios muy concretos, diferenciada físicamente. En internet, en cambio, se confunde más.

Los titulares opinativos siempre han existido, pero ahora se notan más por la falta de separación física y por la lucha por llamar la atención. Un titular atractivo también puede significar un titular divisivo, especialmente en el ámbito político, donde suelen tender hacia los extremos.

Por eso veo un círculo vicioso que no es fácil de detener.

Hay una insistencia en las formas que resulta muy agresiva y exagerada. Lo que hemos visto es que esto, al final, también perjudica a los políticos. Se refleja en las encuestas, donde son identificados como el principal problema y la confianza en ellos es bajísima. También afecta a los periodistas y a los medios, que a veces se ven arrastrados a esta forma de comportarse y de reflejar la realidad.

Diría que estamos en un momento en el que parece difícil detener esto, pero si miras algunos de los medios más respetados, que además tienen más lectores, verás que son los que intentan mantener un lenguaje más neutro y centrarse, al menos, en la parte informativa. Se enfocan en dar noticias, sobre todo en situaciones críticas como la pandemia. En esos momentos se nota más la diferencia entre quienes están centrados en la información básica y aquellos que vuelven a caer en un debate más partidista. A medio plazo, las voces que dentro del tumulto intentan aclarar los datos y buscar información son las que generan más confianza y consiguen más atención en un entorno tan fragmentado.

Creo que hay esperanza. Pero, desde luego, tanto los políticos como los periodistas tienen que poner más de su parte, porque seguir por este camino tiene muchos riesgos, algo que hemos visto en los peores casos, como en Estados Unidos.

Las redes sociales contribuyen a este deterioro. Siempre he estado en contra de opinar de cualquier manera, y en redes sociales aún menos. Creo que no importa mucho nuestra opinión como periodistas. De hecho, tengo una columna de opinión donde opino más bien poco. Le doy otro enfoque. Si te dedicas a hacer información, siempre es arriesgado opinar, porque al final significa posicionarse de manera innecesaria y hacerlo en redes sociales siempre te expone mucho. Además, está el problema añadido de en qué se han convertido algunas redes sociales, en particular X, donde se han perdido todas las reglas de moderación desde que la compró Elon Musk. Al final, es una plataforma que premia a quien paga y a los contenidos más hiperbólicos, normalmente con insultos.

Opino que hay que trazar una frontera más clara. Los políticos son fuentes, son objetos de cobertura, pero no debemos ser parte de lo mismo. Creo que esta confusión ha hecho bastante daño. Hay tertulias televisivas donde a veces cuesta identificar quién es periodista, quién es político, quién es abogado y quién es activista. Están todos juntos opinando, lo que dificulta distinguir los roles. Creo que esta es una imagen muy negativa y la televisión ha contribuido enormemente a ello.

El periodismo es muy caro, pero la opinión es muy barata. Opinar cuesta mucho menos trabajo que llamar a personas, ir a un lugar, preguntar y entender. A veces, lo frustrante para un periodista es que la información se lee menos que algo especialmente llamativo o demagógico, donde se mezcla información y opinión. Esto sucede a veces, pero lo que tiene valor es la información y se puede ver más claramente en momentos de crisis. En esos momentos, todo el mundo quiere la información.

Creo que, en este momento, hay ejemplos de buenos periodistas y que algunos medios están haciendo un esfuerzo por mantener la neutralidad y centrarse en la información. Sin embargo, es fácil encontrar ejemplos de periodismo que no se hace bien. Todo convive. Eso complica las cosas para nosotros y aún más para los lectores, en un contexto con mucha fragmentación. No siempre sabemos lo que estamos leyendo. Lo único que podemos hacer, como periodistas individuales, es intentar hacer el trabajo de la mejor manera posible y propiciar el diálogo y los debates internos en nuestros propios medios, aunque no siempre es fácil. Ser críticos con lo que hacemos mal es fundamental. El periodismo es una tarea de mucha responsabilidad; es un proyecto colectivo, y en cada una de las redacciones hay periodistas que influyen en el resultado de manera importante. La autocrítica, que quizás en el pasado estaba más presente, ayudaría a elevar el nivel del periodismo en general.

María Ramírez,
subdirectora de *elDiario.es*

## Se ha producido un desapego total de la sociedad

Las circunstancias que hemos vivido desde la globalización y la llegada de las nuevas tecnologías han alterado por completo el paisaje periodístico. La estructura empresarial que sostenía la actividad periodística, la aparición escandalosa de las *fake news* y las redes sociales, entre otras cosas, nos han sacudido. Mi impresión es que, como consecuencia de todo ello, el periodismo sale fortalecido en el sentido de que se evidencia más su necesidad y, al mismo tiempo, sale completamente KO en cuanto a la manera de estructurar, sobrevivir, financiar y hacer viable esta actividad. Creo que la cantidad de señales que recibe un ciudadano —miles, procedentes de todas partes y sin ningún aval— lo ha colocado en una situación de desconfianza superlativa. En defensa propia, creo que el ciudadano empieza a entender que necesita referencias solventes. La dificultad ahora será acreditarse como una referencia, ya sea individual o colectiva. No sé si en el futuro existirá el grupo Vocento, donde trabajas, o si existirá el grupo Prisa, donde he trabajado yo. No sé qué existirá, ni cómo se vertebrará, pero habrá personas o instituciones de diferentes tamaños que habrán logrado acreditarse como una referencia solvente.

Creo que ya me has escuchado esta metáfora: en tiempos de inundación, lo primero que escasea es el agua potable; en tiempos de inundación informativa, lo primero que escasea es la buena información. La tarea del periodismo en este momento hercúleo es presentarse como yacimiento de agua informativa potable, exacerbando como nunca todos los elementos que le permitan reconquistar la confianza, el sentido de la independencia. Porque se ha quebrado por completo el cuadro de situación. La desconfianza no está solo en los medios: se ha producido un fenómeno de descreimiento universal que afecta a la política, que afecta a todo y que, al mismo tiempo, de manera paradójica, ha dado crédito a las mayores idioteces conocidas. Tenemos una sociedad desconcertante: por un lado, presenta un escepticismo superlativo —no confía en la política, ni en los gobernantes, ni en los medios, ni en nada— y, al mismo tiempo, una facilidad infantil para tragarse la primera milonga que le cuente el primero que pase por allí. Un paisaje humano raro.

Otro elemento capital es que hay un azote fortísimo que está poniendo boca abajo a la democracia y al periodismo. El periodismo es hijo y madre de la democracia. Es decir, sin democracia no hay periodismo, y sin periodismo no hay democracia. Todo lo que afecte a la buena cimentación y solidez de la democracia pone en grave peligro al periodismo también. Tenemos todas estas corrientes nuevas que han surgido, y un final dramático para los medios es que, además, la publicidad se ha desplazado prácticamente en masa a las nuevas plataformas.

Todos estos elementos hacen que el panorama sea muy negativo y, al mismo tiempo —como digo—, constituyen una evidencia mayor de que el periodismo es imprescindible. El periodismo seguirá, aunque será de otra manera.

La parte que más me inquieta es que todo esto ha producido un gran desconcierto teórico. Porque, al igual que hay farmacias y parafarmacias, también existe el periodismo y el «paraperiodismo». ¿Cuál es la diferencia sustancial? Habría que regresar a la reflexión sobre el concepto: ¿para qué se inventó esto y en qué consiste? Eso te puede ayudar a dar una respuesta. El periodismo se inventa como cómplice de la aventura de la libertad del hombre. Es decir, cuando se reconocen los derechos humanos, es porque se te reconoce como ser individual, con derechos, y a partir de ahí nada de lo que te afecte debe hacerse sin que tú tengas algo que ver, directa o indirectamente, a través de representantes. Entonces, se te reconoce un derecho: saber mejor qué cosas pasan, para tener puntos de vista o criterios sobre los temas en los que, de una manera u otra, vas a intervenir. Esto nos ayuda a entender que la misión primera del periodismo es contarle a la gente lo que tiene derecho a saber. Luego no está mal que se le cuente lo que quiere saber, lo que le gusta o le apetece, lo que llena su curiosidad. Pero, al igual que la misión del médico es la sanidad, yo te tengo que contar los elementos que puedan ayudarte a conformar un criterio respecto a las cosas en las que tendrás que intervenir. Porque se te ha reconocido ese derecho.

Por eso digo que el periodismo, cuando se lanza entusiasta —y un poco colegial— a por los *likes*, no puede pretender que eso lo saque del lío en el que está. Puede ayudar, sí, pero no le va a dar el futuro del oficio. El llamado periodismo de calidad no ha sido autocrítico. Cuando los medios empiezan a liquidar corresponsales y enviados especiales por razones de recursos, dando más protagonismo al periodismo de ordenador, el producto se devalúa automáticamente. Es evidente. Y eso se ha hecho por razones económicas equivocadas, porque habría que haber invertido en elementos que ayuden a hacer productos de mucha más calidad.

Se han cometido muchas barbaridades que han hecho muchísimo daño al periodismo. Algunas pueden tener una explicación histórica en España: el papel que jugó la Transición, el papel de los Gobiernos autonómicos, el rol del Estado en la adjudicación de licencias de radiotelevisión. Todo eso ha hecho que hoy la gente asocie automáticamente los medios con los partidos políticos. Aunque parte de esa crítica sea injusta, eso ya está instalado en la sociedad. Se ha producido un desapego total: la sociedad vincula a los medios con los partidos. Ve que los partidos se han ido al quinto pino, y piensa que los medios se han ido con ellos. ¿Qué más da que sea cierto o no? El hecho es que esa es la sensación que hay ahora. Esa desconfianza existe en todo el mundo, efectivamente, pero no por ello es menos preocupante. La radicalización y la polarización hacen que quedemos, en cierto sentido, invalidados. Si te consideran la voz de un determinado grupo político y tú no has hecho lo posible por despegarte de ahí, estás perdido. Porque la política está llevando las cosas al extremo, y la gente ya tiene posiciones muy tomadas. Acuérdate de esa frase de Einstein: «Es más fácil disolver el átomo que disolver un prejuicio».

La capacidad de movimiento se ha reducido. La audiencia acude a un programa de radio a hacer su comunión diaria, a confirmar sus puntos de vista. No quiere conocer otros. Incluso le parece que, si recibe otros, está siendo traicionada por su lugar de confianza. No es fácil ir contra la audiencia, pero hay que salvar la respetabilidad. Ya sabes que soy de San Sebastián. Leo *El Diario Vasco*, vuestro periódico, todos los días. Es asombroso el liderazgo tan arrollador que tiene en San Sebastián y en la provincia de Guipúzcoa. Se trata de un medio muy fuerte en una sociedad muy fragmentada, donde una mayoría de la población es nacionalista. Y vuestro periódico no lo es. También pasa, en cierto modo, con Radio San Sebastián, de la SER, pero tenéis en vuestra casa —en Vocento— un buen ejemplo de lo que estamos diciendo. Porque si las actuaciones son acertadas, cuidadosas, hechas con cabeza y buena fe, sin perder la implicación con la vida de la gente, comprometiéndose con ella, dan frutos. La gente termina reconociendo ese compromiso.

Lo leo todos los días, y no solo porque quiero saber qué pasa allí, sino porque lo analizo siempre con curiosidad profesional. En un contexto de polarización tan brutal como el actual, con la política tan lanzada como está, y con una provincia básicamente nacionalista, ¿cuáles son las razones por las que este periódico mantiene su liderazgo? ¿Por qué no pueden hacerle sombra aquellos que, teóricamente, tienen una mayor afinidad ideológica con la sociedad? Porque tiene muchos elementos de complicidad con la vida de la gente.

En Guipúzcoa no puedes hacer un solo movimiento sin que te topes con *El Diario Vasco*: desde el cross de Legazpi, el concurso de pintura infantil de Mondragón o el campeonato de bolos de no sé dónde. Todas esas acciones están orientadas al ciudadano. La gente acusa a la política de alejarse de los ciudadanos. Todos los movimientos que se hacen en la dirección contraria —rumbo al ciudadano— contribuyen a ese reconocimiento. Si el primer objetivo es recuperar la confianza pública, tienes suficientes pistas como para saber dónde debemos colocar la brújula, no dónde debemos colocar el dinero. Para mí, esta es la diferencia entre atender a tu clientela dándole lo que necesita, no solo lo que quiere. No se trata de los *likes* ni de las noticias más leídas. Esto exige tener unos oídos muy atentos y tratar de estar entendiendo lo mejor posible a la sociedad.

Iñaki Gabilondo,<br>referente del periodismo radiofónico<br>y televisivo español

## Las personas no se pueden categorizar en función de su ideología

Un periódico no puede caer en el juego de la polarización. Debe tener lectores, no militantes, porque corre el riesgo de empequeñecerse, de servir a unos intereses partidistas y no a toda la sociedad de forma transversal. Ya lo hemos comentado otras veces. *El Diario Vasco* no es un periódico adscrito a una ideología política concreta, aunque la mayoría de sus lectores sí lo están. Somos líderes absolutos en Gipuzkoa, donde el 70 % de los votantes optaron por opciones nacionalistas en las últimas elecciones. La mayoría nos lee y nos considera parte de su día a día. Porque sí, somos un periódico con las raíces bien profundas en su tierra, implicado en el progreso del territorio. ¿Cómo se logra eso? Básicamente, con un periodismo de proximidad de alta calidad. No lo describiría de otra forma. El periodismo de proximidad ya está inventado y lo pueden hacer muchos, pero nosotros contamos con ese crédito de calidad, responsabilidad y transversalidad.

La clave está en que toda la población se sienta representada. Todo el mundo conoce nuestra línea editorial, pero incluso quienes no la comparten saben que somos transparentes, honestos y que el periódico respeta todas las ideas. Eso se valora mucho. Nuestra línea editorial se sustenta en un pilar muy básico: la ética. Porque a partir de la ética, todas las ideas pueden entrar con absoluta normalidad. El lector comprende ese pilar y lo comparte. Lo que quiere es que le contemos las cosas con responsabilidad, cercanía e independencia, y en eso llevamos muchos años. Es un trabajo costoso, porque lo fácil sería caer en un periodismo basado en datos fríos y descontextualizados para sostener una tesis previa. O en un periodismo de opinión, que es más sencillo y más barato. El periodismo que cuesta es el que parte de historias ciudadanas. No necesitamos sentar cátedra ni decir qué está bien o mal. Contamos la realidad a partir de las historias de las personas. Y los lectores se ven reflejados en ellas. ¿Quién va a cuestionar ese enfoque?

Nos da credibilidad en el día a día. Es una de las claves que nos permite blindarnos frente a la polarización e incluso la desinformación. Es difícil que te pillen ahí si lo que haces es dar voz a las personas para que cuenten sus experiencias, políticas o humanas. Si hay un informe sobre el aumento del precio de la vivienda, lo explicamos a través de una familia que no puede pagar el alquiler o comprar una casa. Si sube el paro, mostramos a una persona que busca empleo y cuenta sus dificultades. Puedes explicar claves económicas a través de los trabajadores de una empresa en apuros. Al final, las noticias ganan fuerza cuando las ves a través de las vivencias de otras personas. Eso da corazón al periódico. La dificultad está en encontrarlas cada día.

Para mí hay tres ejes fundamentales: la información —la crónica, por así decirlo—, el contexto que aportamos con datos, infografías o ilustraciones, y la historia que refleja esa información a través de la vida de alguien. Ese es un poco nuestro mantra diario. Y lo aplicamos no solo en los contenidos de Sociedad, sino también en Economía, Deportes e incluso Política. Y, por supuesto, en los temas de ética y de memoria del terrorismo. En el fondo, todo esto es hacer comunidad. Es la clave de *El Diario Vasco.*

Hay determinadas banderas que el periódico enarbola. Está muy imbricado en la sociedad e intenta ser muy capilar. Esa cercanía genera comunidad. Los lectores nos ven como parte de ellos y esperan que estemos siempre ahí. Si ocurre algo en el territorio que no cubrimos, lo reprochan, porque esperan que *El Diario Vasco* no falte nunca. Eso tiene una parte fantástica y otra de gran responsabilidad. Va unido a la transversalidad.

Mucha gente dice que la sociedad guipuzcoana está muy fragmentada. Yo prefiero decir que este territorio, más que fragmentado, es muy plural. Estoy de acuerdo contigo en que no se puede categorizar a las personas solo por su ideología. Es una visión reduccionista y superficial, que las empequeñece. Las personas se distinguen por muchos otros aspectos, y además comparten muchas cosas. Lo vemos cada día con nuestros amigos y nuestras familias. Las redes sociales tienden a encasillar, y esa percepción influye. Pero el periódico demuestra que la realidad es mucho más abierta. La gente no circula por un solo carril, sino por todos los de la autopista. Así es la vida. Mucho más natural que lo que reflejan las redes.

Intentamos ser más que un medio informativo. Queremos aportar en iniciativas de progreso y solidaridad, y dar soporte a muchas propuestas ciudadanas. Organizamos actividades culturales con fines sociales, conciertos cuya recaudación se destina a causas como la salud mental o la inmigración. Intentamos contribuir al territorio. El deporte, por ejemplo, también genera comunidad. No somos un periódico que solo sigue al club de fútbol de turno —que también—, sino que damos espacio al deporte minoritario, porque tiene una gran respuesta social, y tratamos de amplificarla. Cuidamos a todos los clubes y a toda la parte deportiva del territorio. La lucha contra la violencia en cualquier ámbito, la ética, es también una de nuestras banderas. Venimos de donde venimos.

El periódico ha sido siempre firme en su posición frente al terrorismo y la violencia en Euskadi. No fue una decisión. Fue una obligación. El periódico debía ser la voz de quienes no podían hablar. Durante más de cincuenta años, una gran parte de la sociedad vivía amenazada y no podía expresar sus opiniones ni denunciar lo que ocurría. Una minoría imponía el silencio y ETA asesinaba por motivos ideológicos. Eso ocurrió, desgraciadamente, en Euskadi durante medio siglo. El periódico tuvo que ser esa voz, junto a otras muchas, de denuncia. Se acompañaba a quienes daban un paso adelante, y sobre todo, a quienes no podían hablar por miedo. El mensaje era claro: no estaban solos. Tenían que saber que lo que pensaban era lo ético, lo correcto. Porque hubo un momento en que, ante el silencio, parecía que matar por ideas políticas era justificable.

Entonces, el periódico fue, en tiempos de José Gabriel [Mujika], la voz de la razón. Hoy es la voz de la memoria. Estamos escribiendo las páginas de la memoria. Existe el riesgo de que no se lean. Solemos reprochar que no se leyó bien el franquismo. No podemos cometer el mismo error porque a algunos no les interese mirar atrás. Hay que leer la memoria en voz alta. Y el periódico tiene una función muy clara ahí. ¿Cómo lo hacemos? De nuevo, a través de las historias de los ciudadanos. Damos todo el protagonismo a las víctimas del terrorismo, que en su día apenas pudieron hablar y que ahora comparten su testimonio y lo que han sufrido. El periódico sigue estando ahí para contarlo, y lo hacemos de todas las formas posibles.

Tenemos claro que hay que pensar en el futuro, y que esta sociedad debe ser la de la reconciliación. Trabajamos en esa línea. Pensamos que para pasar página y avanzar hacia la reconciliación, toda la sociedad debe sentir que se ha hablado de lo que ocurrió. Aquí ha habido más de 850 muertos, y para que no se repita, no se puede olvidar. Puede haber quien crea que no queremos mirar hacia adelante, sino quedarnos en el pasado. Pero no hay interés político ni ideológico. Lo que hay es una convicción ética: apostar por la memoria. Por eso lo abordamos sin ideología, poniendo siempre en primer plano a las personas. No somos muchos los que llevamos esta bandera de la memoria. Nosotros intentamos seguir aportando en el día después. Mostramos a las viudas, los huérfanos, los familiares, y les dejamos contar cómo vivieron aquello. Es necesario.

El documental que hicimos sobre el 30 aniversario del asesinato de Gregorio Ordóñez quiere contribuir a la memoria del modo más eficaz posible. Queremos llegar a los jóvenes, que nuestros hijos sepan lo que aquí ocurrió, porque no es fácil contarlo en el día a día. No es fácil explicar a tu hija que hace apenas quince años te podían matar por la calle. La sociedad ha cambiado tanto que cuesta imaginarlo. Cuesta creer que se quemaran furgonetas policiales o que alguien pudiera ser bajado de un autobús para prenderle fuego. Ese documental tiene esa ambición. El hilo narrativo es la historia de las víctimas. Sin artificios ni efectismos. El gran objetivo era que llegara a los colegios, y sabemos de padres que lo han visto con sus hijos y se han emocionado. Es totalmente necesario. Es un homenaje a todas las víctimas, pero está pensado para el futuro. Para las nuevas generaciones. La imagen, el audiovisual, funciona muy bien con ellas. Es su lenguaje. Por eso lo hemos hecho. Para que sepan lo que ocurrió. Y para que no vuelva a ocurrir. Eso también es hacer comunidad.

DAVID TABERNA,
director de *El Diario Vasco*

## El público ya no interactúa con las noticias

Hay muchas lecciones que aprender de América y de Asia. Creo que han ocurrido ciertos hechos en términos de credibilidad. Uno de ellos es que las mayores descalificaciones a los medios de comunicación provienen de personas en posiciones de poder, no del ciudadano común. Son estas figuras las que afirman que los periodistas están en contra del país. Creo que eso ha dañado profundamente a la industria de las noticias.

Hoy en día, muchos medios pertenecen a grandes corporaciones con intereses en otros sectores, como las telecomunicaciones, el petróleo o el comercio minorista. Y eso genera preguntas legítimas: ¿tienen estas empresas otros intereses? ¿Les interesa cuestionar al Gobierno? ¿Sus prioridades están en denunciar la corrupción o en exponer fechorías de quienes ostentan el poder? Esa dinámica también se ha vuelto bastante compleja.

La tercera cuestión, diría, tiene que ver con la propia industria, que, cuando se le pidió que resistiera, simplemente se desplomó.

Por eso, muchos de los principales medios de comunicación del sur de Asia —ya sea en India, Pakistán o Bangladesh— han cruzado esencialmente una línea. Pueden seguir hablando grandilocuentemente del Gobierno, pero se ha roto el vínculo de confianza con los ciudadanos, con los lectores, que perciben otra realidad.

Mi colega Rasmus Nielsen, que ha investigado mucho sobre la desinformación, suele señalar —con razón— que la desinformación proviene desde arriba. Trump es un ejemplo evidente. Pero ¿qué hacemos con quienes están en el poder y manipulan con elegancia, mezclando con habilidad la verdad y la mentira hasta crear un cóctel realmente peligroso? Como editores y periodistas, creo que debemos seguir mirando hacia arriba y observar qué es lo que cae desde allí.

También pienso que existe una percepción sobre el papel de las redes sociales en la polarización. Pero, en muchos casos, ese papel es bastante limitado. Las redes sociales, al final del día, son un reflejo de la sociedad. Reflejan divisiones profundas, muestran cómo muchos ciudadanos comunes se sienten enfrentados a otra comunidad, otra religión, otro género. Esa es una realidad que debemos asumir. La polarización en la India no nació con los mensajes de WhatsApp; está profundamente arraigada. Tal vez las redes sociales hayan acelerado su propagación o la hayan vuelto más fluida, pero aún no contamos con suficientes datos para saber si, por ejemplo, alguien cambió de opinión tras ver un vídeo en WhatsApp. ¿Qué pensó al compartirlo? ¿Influyó en sus propias acciones? Todavía no lo sabemos, y necesitamos más datos al respecto.

Creo, además, que debemos reflexionar seriamente sobre lo que se está acumulando en nuestras culturas. España puede aprender de lo que ocurre en India, India de Bangladesh, y Bangladesh de Nicaragua.

Vivimos tiempos muy oscuros. Si miramos hacia atrás en la historia, veremos que estas oleadas han afectado recurrentemente al periodismo. A menudo, los periodistas han sido atacados por su trabajo. Los términos «desinformación» y «manipulación» han ganado relevancia en la última década, pero siempre ha existido la acusación de que las noticias son falsas cuando no se ajustan a la narrativa de quienes ostentan el poder.

La diferencia crucial entre entonces y ahora, como dijo un editor, es que el periodismo echa de menos a la gente, pero la gente no echa de menos al periodismo. Esa es la mayor fractura de la última década, y es urgente repararla.

El periodismo ha perdido a su público y ha llegado el momento de la introspección. Los desafíos son muchos: desde la financiación, el papel de las plataformas digitales o el auge del autoritarismo estatal —que creo que hoy se encuentra en uno de sus puntos más altos en muchas partes del mundo—. Pero el mayor problema al que se enfrenta la industria de las noticias es: ¿adónde ha ido nuestra audiencia? ¿Por qué nos ha abandonado el público? ¿Estamos buscándolo donde realmente está?

El público no interactúa con las noticias, Fernando. Ese es un hecho. Ni el público más joven ni el mayor. No hemos construido puentes reales para conectar e interactuar con ellos. Los datos actuales así lo indican. Cada vez más personas acceden a las noticias por vías indirectas. Las generaciones anteriores se suscribían a un periódico específico para leerlo. Hoy, la mayoría llega a las noticias a través de redes sociales, a las que acceden por motivos distintos.

En los últimos años se ha hablado mucho del «periodismo de soluciones» y del «periodismo constructivo», y eso es algo que aparece reiteradamente en nuestras encuestas: la gente busca noticias más positivas. No digo que eso esté bien o mal —las noticias, al final, reflejan a la sociedad—, pero sí parece que hay síntomas de agotamiento. El interés en los modelos tradicionales, como las grandes noticias de última hora, ha disminuido.

Durante mi etapa como periodista, ese era el núcleo de todos los canales de televisión y, sin duda, también de los periódicos: una gran historia, con impacto, y sucesivas actualizaciones. Pero ese formato ya no genera tanto interés.

MITALI MUKHERJEE,<br>
directora en funciones del Instituto Reuters<br>
para el estudio del periodismo

# RESPUESTAS ESENCIALES

Ignacio Camacho (España)

José Precedo (España)

Rosa María Calaf (España)

Ismael Nafría (España)

Juan Antonio Giner (España)

Chiqui Esteban (España-Estados Unidos)

Irene de la Torre (España-Reino Unido)

María Sánchez (España-Reino Unido)

José del Río (Argentina)

David Walmsley (Reino Unido-Canadá)

Emilia Díaz-Struck (Venezuela)

Gerard Ryle (Estados Unidos)

Wolfgang Krach (Alemania)

Hugo Alconada (Argentina)

*La respuesta muchas veces se encuentra en las esencias. La autocrítica, que nada tiene que ver con el pesimismo o la nostalgia, siempre acompañó al periodismo y lo mejoró. Esta siempre fue una profesión profundamente innovadora, tanto en las narrativas como en el uso de la tecnología, e internet es un lienzo en blanco para la creatividad, con posibilidades infinitas que hay que explorar. Se pueden alcanzar cotas de calidad nunca vistas. La investigación, uno de los baluartes clásicos de la profesión, vive un momento de esplendor y se presenta como una poderosa respuesta ante la dictadura del algoritmo.*

## Veo un enorme deterioro de la calidad

No lo afirmo categóricamente, pero sospecho que vamos hacia un modelo en el que la sociedad no va a necesitar los periódicos. La transición digital no es una revolución económica ni tecnológica. Es una revolución cultural. Por tanto, va a afectar a todos los aspectos de la vida, esencialmente a la política, la cultura y la forma de relacionarse.

Al principio de la transición digital nos empeñamos en decir, no sé si por convencernos a nosotros mismos, que lo importante era el contenido y no el soporte. Estábamos equivocados. El soporte lo condiciona todo. Es decir, no es lo mismo el periódico de papel que el periódico de internet. No puede serlo. Cambia la estructura en que la información se jerarquiza, la forma de acceder a las noticias... El teléfono no está hecho para leer periódicos: a partir de ahí tenemos ya un problema. La forma de leer determina la forma de escribir y, con ello, la forma de pensar. No sucede al revés. El soporte está cambiando la manera de escribir. La narración periodística ha cambiado por completo: fíjate simplemente en los titulares que se encuentran en las ediciones digitales de los periódicos. Todo cambia: ahora bien, la mayor parte de los vicios actuales del periodismo tiene que ver también con el modelo de negocio.

El populismo político y la posverdad se están propagando por la sociedad. Se extiende la idea de que los periódicos no son necesarios e incluso de que el periodismo no es necesario ni válido porque está corrupto. El fenómeno de la posverdad, que es clave en la contemporaneidad, tiene que ver con la polarización.

Teodoro León Gross explica en su ensayo *La muerte del periodismo* que la posverdad no es lo que creemos: no es una mentira posmoderna. La posverdad es cuando la verdad no importa. Y si a la gente deja de importarle la verdad, ¿qué pintamos los periodistas? Y ahora también vamos a perder la verificación, pero no porque alguien vaya a verificar mejor que nosotros, sino porque a la gente le va a dar igual que se verifiquen las cosas. A partir de ese momento, habrá que dedicarse a otra cosa. Mucha gente habla de la vocación periodística. Cuando me preguntan si sería periodista si tuviera que empezar de nuevo mi respuesta es que probablemente no. De hecho, intenté que mi hijo no lo fuera, pero se empeñó.

Veo un enorme deterioro de la calidad en el periodismo actual, y también esto tiene que ver con el modelo de negocio. No dejamos de ser inmigrantes digitales y, al tener que adaptarnos a un país que no es el nuestro, hacemos tonterías para acortar los plazos y se deteriora enormemente el prestigio de la profesión. A corto plazo tienes que lograr visitas en la web, así que caes en la banalización general de los contenidos. Los periódicos digitales tienen algo de información seria y el resto es pura trivialidad. Esto proyecta una imagen profundamente banal. Como no controlamos el negocio, tenemos que intentar engañar al algoritmo y encima no lo logramos. Las noticias que encuentra un lector en Google Discover son básicamente chorradas. Ahí no vas a encontrar la información sobre el Fiscal General del Estado porque Google y su algoritmo ya se encargan de no meter cosas comprometedoras.

La estructura narrativa ha cambiado. Ya no se usa el *lead* como antes porque los principales datos de la noticia ya no los pones al principio: van al final para que el usuario vea publicidad según hace *scroll* sin apenas prestar atención. Además, los titulares a veces engañan porque en cada pequeña información libras una batalla por la atención, de modo que tienes que hacer piruetas y payasadas. Se convierte el periodismo en un acertijo, lo que ofrece una imagen de profunda banalización. Eso permite que un Gobierno se refiera a los medios como *pseudo medios*, porque sabe perfectamente que en esta galaxia de internet todo se mezcla. Lo siguiente será meternos a todos en el mismo saco. Y si, además, cometemos en algún momento el error de retirar las ediciones impresas, ni te cuento: todos sabemos que el papel nos da anclaje. El periódico surge de una cultura política que ahora está en declive.

Hay una cosa que me molesta mucho, que es la transformación de la palabra «información», o «historia», en la palabra «contenido». Para hacer contenido puedes recurrir a cualquiera: lo ves en las redes sociales y en todas partes. Pero la información es otra cosa. El periodista ha de ser un técnico en hechos: en análisis, evaluación y narración de los hechos (al igual que el médico es un experto en el cuerpo humano). La primera decisión del periodismo es evaluar qué es lo que tiene interés para ser publicado. Un periodista puede considerar que un tema viral en redes no es en verdad importante y, por tanto, no publicarlo. Si las decisiones se delegan en la amorfa masa anónima que circula por internet, al final acabas trabajando para unos algoritmos que a su vez se han trucado: están sesgados. El hecho de poder cuantificar la información con datos nos ha perjudicado: va a destruir la profesión porque alimenta el amarillismo. La calidad no se puede medir en clics. El tema de la audiencia es otro engaño. Estamos braceando en un mar donde sabes que al final te vas a ahogar, pero intentas que suceda lo más tarde posible.

Debemos defender todo lo que podamos el núcleo duro de nuestra actividad periodística, que se halla en la influencia, el prestigio y la credibilidad. En ese sentido, mantenemos la influencia sobre la agenda informativa en radios y televisiones: los programas informativos de mayor audiencia empiezan con la agenda que marcan los periódicos. Ese capital de credibilidad todavía lo tenemos, pero el día en que lo perdamos, se acabó.

Ahora bien, no hay que confundir las cosas. Pues otro error clave es haber aceptado la suplantación de los roles políticos. Esto tiene mucho que ver con las tertulias en radios o televisiones, donde se plantea la mesa como una especie de correlato parlamentario con periodistas. Esta asunción de roles nos ha destruido: la gente habla con naturalidad de periodistas de derechas y de periodistas de izquierdas. Y a veces los periodistas se mezclan en esas tertulias con expolíticos e incluso políticos en activo. Eso resulta demoledor porque estás transmitiendo una idea del periodismo como correlato parlamentario.

Todo está relacionado. Parece que el lector espera que alimentemos su sesgo de confirmación. La información ha de ser el anclaje en la realidad: hablamos de la epistemología de la narración. Pero eso tiene que ver mucho con la tiranía de la audiencia también, que espera que determinados periodistas confirmen sus creencias ante determinados asuntos. Esto lleva a la polarización y supone aceptar la suplantación directa de roles políticos a través de las tertulias. Y sin embargo el periodista tiene que llevar la contraria a su lector cuando el anclaje en la realidad se lo exija (con el riesgo de que determinados lectores puedan dejar de leerte). Eso se está perdiendo debido a la complacencia del público con ese sesgo de confirmación: pero hay que rebelarse.

IGNACIO CAMACHO,
periodista de *ABC*

## Hay periodistas que publican cosas tremendas en las redes

Yo leía el periódico desde muy pequeño en el bar de al lado de casa. Mi madre siempre recuerda que con ocho años o así le pregunté qué era una violación, porque lo había leído en un periódico. Siempre me gustó el periodismo (en particular el deportivo); no le doy el tratamiento heroico que le da otra gente, pero sí creo que es una profesión muy necesaria. Si un día no está claro, habrá que recurrir a una entrevista fantástica en *ABC* a David Simon, el creador de *The Wire*. Decía que el día en que se coloca un club de *striptease* al lado de una guardería, sabemos que ningún periodista cubrió el pleno municipal. Para eso sirve el periodismo. O para alertar de que hay peligros que se ciernen sobre nosotros como sociedad. La sociedad necesita que alguien le cuente las cosas, y luego ya que tome sus propias decisiones. No estoy de acuerdo con eso de que nuestro trabajo consiste en conseguir dimisiones: nuestro trabajo es contarle a la gente lo que hay para que luego se exija lo que parezca conveniente. Y a mí eso me parece apasionante.

Recuerdo una escena de *Spotlight*, la película que cuenta la investigación de *The Boston Globe* sobre los casos de pederastia en Boston.* El periodista que encarna Mark Ruffalo va saltando de alegría por la calle después de conseguir ciertos papeles. A mí

* Martin Baron, exdirector del *Boston Globe*, se refiere a la investigación que muestra la película en las pp. 452-453.

eso me ha pasado: he ido saltando de alegría por la calle, literalmente, después de conseguir unos papeles. Y eso sí que lo sigo viviendo con pasión, a pesar del desapego que pueden generarte 25 años de profesión y tantos días perdidos. La duda que tú planteabas sobre si merece la pena todo esto te asalta de vez en cuando, pero, de repente, cuando tienes esa historia saltas de alegría por la calle.

Pienso por ejemplo en una historia de periodismo local, en Santiago de Compostela: me generó una sensación increíble. ¿Por qué? Porque creo que este oficio, a pesar de todas las cosas malas que tiene, a pesar de todas las intromisiones y de la gente que se hace pasar por periodista sin serlo, sigue teniendo muchas cosas buenas que hay que vivir con pasión. Y eso que me aburro muchísimos días: me aburre la política, la palabrería vana, como a la mayoría de la gente, y seguro que ahí lo podemos hacer mejor. Pero sí creo que el periodismo es un sitio necesario. Hay que poner luz para que la gente vea en sitios donde normalmente no iría a mirar. Y después de eso, que las decisiones las tome la sociedad.

La familia, los amigos, ven, sobre todo, el sacrificio. Lo respetan, pero no les interesa tanto esto. Es cierto que hay cierto descrédito del periodismo que nosotros mismos nos hemos ganado a pulso muchas veces: no podemos echarles las culpas a terceros. Pero mi entorno más o menos respeta la profesión. Hay comprensión dentro de cierto idealismo; y eso que todos somos más cínicos que hace 25 años... Digamos que se trata de una profesión vocacional que tiene peligros, porque creo que demasiada gente se aprovecha de que sea vocacional para pagar mal a la gente. Ahora bien, la vocación algunos la entienden y otros no; diría que se entiende mejor si se interpreta este oficio como una misión. Cumples una función: no puedes salvar a la sociedad, pero sí puedes ayudar a que algunas cosas sean mejores o, por lo menos, a que no empeoren. Eso tiene que ver con la fiscalización: ha de haber alguien mirando y contando las cosas, ha de haber contrapoderes. El periodismo debería ser un contrapoder, aunque no pase por su mejor época. Ahora todo el mundo habla, y muchas veces con razón, de lo mal que está el periodismo: yo no voy a llevarles la contraria. Creo que a veces hemos sido profesionales demasiado endogámicos y acríticos.

Con todo, si desapareciera el periodismo todo sería peor. El periodismo tiene normas y límites: unas normas éticas que más o menos todos conocemos. Uno de los aspectos que distinguen al periodismo de la comunicación es precisamente que tenemos unas normas más o menos escritas que todo el mundo reconoce. El fin no justifica los medios: no puedes colocar micros ocultos en habitaciones donde estén Pedro Sánchez o Isabel Díaz Ayuso por mucho que te interese cualquier cosa que digan en su entorno privado, no debes hacer esas cosas.

Es verdad que está el oficio fatal, que el periodismo en general en España es, como dices, muy mejorable, pero dentro de ciertos rangos, por lo menos en los medios, se mantiene cierto nivel. Las redes sociales, en cambio, a menudo se mueven por intereses que encima incitan siempre a las emociones. En el periodismo siempre hay prisas, pero hay procedimientos que en las redes no existen. Lo primero que sale es lo que se publica: no se contrasta, no se llama a los afectados... Hay periodistas aparentemente formados en su oficio que publican cosas tremendas en las redes, como si el medio condicionara ciertas prácticas: hacen cosas en redes que jamás se permitirían en su periódico. Y eso, que evidentemente es malo, al mismo tiempo nos está enviando un mensaje muy positivo y rotundo sobre el valor de los propios periódicos: el periódico es un soporte profesional donde se funciona con reglas. Luego queda el debate de si debieran publicar esas cosas en las redes, por supuesto, pero está claro que las mismas personas tienen la convicción de que en el periódico no lo deben hacer.

Los periodistas no estamos para poner y quitar el Gobierno de España. Creo que estamos para que todo el que tenga la tentación de hacer según qué cosas se lo piense bien antes, porque pueden salir a la luz y quizá haya importantes repercusiones. Esa labor de vigilancia resulta necesaria. Insisto, no pasamos por nuestro mejor momento, pero si no estuviéramos todo sería mucho peor.

José Precedo,<br>subdirector de *elDiario.es*

## La ciudadanía no se da cuenta de que necesita el periodismo

Dejé Televisión Española en 2009. En ese momento sentía vértigo. Pasaba de una vida en la que cada día estaba prácticamente decidido qué tenía que hacer a tener que tomar decisiones todo el tiempo. El periodismo entró a mi vida un poco por casualidad. En la universidad había estudiado Derecho porque quería hacer carrera diplomática, pero se abrió la Escuela de Periodismo de Barcelona y varios de la Facultad hicimos el examen de ingreso. Eran los años sesenta, la efervescencia del tardofranquismo. Terminé Derecho y estudié Periodismo más como un divertimento. No me examinaba todos los años, iba poco a poco. En 1970, me presenté a unas pruebas en Radio Nacional. Me dijeron que buscaban a una mujer —entonces no había ninguna— para hacer reporterismo de calle y directos. Eran las primeras unidades móviles de radio en España. Yo seguía con mi idea de la carrera diplomática, pero entonces me di cuenta de que esto me gustaba más, muchísimo más. Y me pareció que eso de acercar los mundos, que era en el fondo lo que deseaba, lo iba a poder hacer más como periodista que como diplomática.

El periodismo es vocacional, y para mí una forma de vida. No me imagino al margen, pero sí que disfruto de alejarme de la primera línea. Cubrí la primera guerra del Líbano en 1982, muy similar a lo que ha pasado ahora —aunque ahora no estoy pendiente cada minuto de lo que sucede—. Leo y hablo con amigos que tengo por todas partes. No es que me haya alejado del todo. Me queda ese gusanillo de ver qué está pasando, pero tengo ya otros ojos. Me interesa una mirada más amplia, más allá de los acontecimientos. Este es otro de los graves problemas que padece la información ahora: solo habla de acontecimientos; es decir, se centra en lo que está pasando. Pero hay que enfocarse en por qué pasa esto ahora, hacia dónde va, para qué, quién está detrás de que esto pase y a quién le beneficia.

Sigo muchos medios europeos y estadounidenses en ese otro plano de ver qué tipo de mundo estamos construyendo. No sé si tenemos claro qué tipo de mundo queremos. Nos hallamos en un mundo de plataformas y aplicaciones, y por tanto de consumidores que consumen información como si fuera un producto. Accedes a ese saber como quien compra un yogur. Pero si queremos construir un mundo de ciudadanos que sepan, que piensen y que defiendan los derechos de las personas, lo apasionante es ver que hay mucha gente trabajando en esa línea. Alertar frente al consumismo informativo es lo que hago fundamentalmente en las conferencias, para que la gente se dé cuenta de que hay que salir de lo inmediato y abrir el foco. Si no, realmente, no acaba decidiendo uno mismo qué es lo que quiere, sino que te ves arrastrado de una manera terrible por la vorágine de una supuesta información.

El periodismo contribuye en parte a este modelo social. Si no hace bien las cosas contribuye a esta dispersión informativa. Y a crear una percepción errónea en la ciudadanía, que cree que está más informada que nunca, cuando lo que está es más entretenida que nunca. Hay un trasfondo mercantil por parte de determinados sectores que lo que buscan son clics, resultados económicos... y una parte todavía más perversa, que es la manipulación del pensamiento político y la anulación del sentido crítico. Los medios pueden contribuir a crear un modelo y luego ser víctimas de ese modelo. Tenemos que hacer autocrítica: evidentemente, a mayor poder, mayor responsabilidad. Como periodistas tenemos la responsabilidad del rigor, la precisión, la honestidad y la ética, pero no siempre hemos estado a la altura.

Creo que hemos pecado de ingenuidad. Cuando nos hemos visto arrollados por las plataformas ya casi no había capacidad de resistencia. El poder mediático tradicional está hoy totalmente precarizado. Se da una promiscuidad de poderes, y eso que el poder político, el poder económico y el poder mediático tienen que estar absolutamente separados para vigilarse los unos a los otros. No pueden estar mezclados, porque entonces es como si pones al zorro a vigilar el gallinero. Y eso es lo que está pasando. Los matices han desaparecido; ahora todo es blanco o negro.

Los medios realmente han sucumbido a intereses muy ajenos a la vocación periodística. Están demasiado mezclados con la economía y con la política. Son tremendamente responsables de que esté sucediendo lo que sucede: que la ciudadanía no esté informada con la calidad a la que tiene derecho. Pero una vez dicho esto, resulta que esa ciudadanía tampoco defiende el periodismo riguroso porque ya no se da cuenta de que lo necesita.

La voluntad de interferir en la información ha existido siempre, no es nueva. Lo que ocurre es que ahora se ha «perfeccionado» hasta límites insospechados. Y con la más absoluta desfachatez, sin ningún tipo de contención. A lo largo de la historia se iban buscando formas de evitar esa presencia del periodista en el terreno: pero eran más sutiles, más sibilinas. Consideremos el ejemplo más reciente del «empotrado», por ejemplo, que es lo que utilizó Estados Unidos en la guerra de Irak. La idea del periodista empotrado en el Ejército, que acompaña a los militares en su avance, trata de controlar la información y que el periodista no tenga evidentemente la capacidad de maniobrar en libertad y hablar con quien quiera. Es una manera de controlar al periodista, pero más disimulada.

También se ha hecho un esfuerzo enorme en «mejorar» el control de las narrativas y del lenguaje. Muchos ejércitos, como el israelí, tienen ya unidades especializadas en el uso del lenguaje. Le dan mucha importancia a la elección de términos precisos para dirigir la narrativa. Si cambias las palabras precisas y las sustituyes por eufemismos, manipulas las ideas. En vez de decir «territorio ocupado», por ejemplo, dicen «territorio en disputa». Se van cambiando las palabras y eso hace que la percepción de lo que sucede sea diferente, de modo que el ciudadano se forme una opinión errónea con la que después tomará decisiones sobre esos temas.

El periodista tiene que resistirse. Hay que hablar dando un sentido exacto y preciso a las palabras, no tal como lo cuentan o como quieren que lo cuentes.

Rosa María Calaf<br>fue corresponsal de RTVE en Estados Unidos,<br>Moscú y Buenos Aires, entre otros destinos

## Somos un poco masocas

Uno de los principales errores del periodismo es que se ha abandonado el rigor. Muchas informaciones se publican sin que se comprueben, de manera muy rápida, porque hay una batalla enorme por la audiencia. La rapidez da ventajas ahí, pero eso al final ha provocado una caída de la calidad del trabajo periodístico. Hablo en términos muy generales, pero se trata de una dinámica real y propia de esta época. Es verdad que, al mismo tiempo, hay determinados medios donde eso no sucede en ningún caso y, de hecho, la apuesta que hacen por la calidad es un valor absolutamente sagrado. El caso de *The New York Times* es el más evidente, pero creo que es aplicable, como ya hemos hablado algunas veces, a otros medios, aunque tengan un tamaño mucho menor.

La obsesión por producir muchas noticias porque no hay límite también me ha parecido siempre absurda. El tiempo de la gente sigue siendo el mismo, pero el valor del tiempo dedicado a informarnos cambia si los contenidos son de mucha calidad o si son de mala calidad, lo que genera una sensación pésima. No sorprende que todos los estudios hablan de la pérdida de credibilidad del periodismo, aunque también hablen de la pérdida de credibilidad de muchas otras instituciones.

Dicho esto, no creo que se esté haciendo mal periodismo en general. Sinceramente, creo que también en la industria somos un poco masocas. Tiramos piedras a nuestro propio tejado de una manera a veces un poco exagerada, cuando en realidad se sigue haciendo muy buen periodismo en muchas partes del mundo. Seguimos enviando periodistas a sitios complicadísimos, donde se juegan la vida, como única manera de poder contar lo que allí sucede. Porque ya sabes que los Gobiernos te van a contar lo que les interesa. Esas apuestas por enviar a periodistas a zonas complicadas —no solo a países en guerra, sino a muchos otros lugares— se siguen haciendo en muchos medios, y eso tiene un valor que creo que a veces nos falta explicar. Porque también nos ha pasado que no hemos sabido explicar bien la importancia del trabajo periodístico, ni siquiera en qué consiste.

La mayor parte de los medios que han ido a por el volumen y a por fórmulas de publicidad automatizada se la han pegado. No digo que todos los artículos de un medio tengan que ser de calidad superior: también está bien llegar a audiencias muy amplias, claro que sí, pero no creo que sea imposible hacerlo con buen criterio. Al final, si solo buscas volumen con noticias cutres no llegas a ningún sitio, dañas la imagen de tu medio y perjudicas mucho al sector.

En ese sentido, el reflejo del valor ha acabado derivando como modelo en las suscripciones de pago. Porque al final, cuando alguien decide pagar por algo y mantener ese pago es porque encuentra valor en ello. Resulta complicado porque la valoración de un producto o un servicio es que sea necesario para la vida de la gente, y la decisión de pagar o no encierra por eso un elemento subjetivo. No es una necesidad básica como la comida o la ropa, aunque consideremos que la información sea un valor de primera necesidad porque asegura que las democracias funcionen. Tener buena información te debe ayudar en la vida: para empezar, a tomar buenas decisiones.

Ya sé que hay problemas en mercados concretos donde la suscripción es complicada, pero lanzar un mensaje de valor es absolutamente esencial porque ayuda a mejorar. El objetivo es intentar ofrecer algo valioso que sirva a la gente.

Es muy importante intentar ofrecer eso de la manera más independiente posible. Los medios, por supuesto, pueden tener su opinión y pueden defender los valores que consideren que hay que defender, pero deben hacerlo de la manera más transparente y honesta posible; y que eso llegue a la gente. ¿Por qué funcionan las *newsletters* y los pódcast? Porque transmiten cercanía. La confianza entre el que emite el mensaje y el que lo recibe se crea de una manera mucho más natural. Algunos *influencers* han demostrado que hay una manera de llegar a la gente a través de la autenticidad y la cercanía, explicando los temas de una manera muy sencilla, con un lenguaje coloquial. Es una lección para los medios. Está claro que muchos *influencers* no aplican criterios profesionales a la hora de informar, y que muchas veces no verifican ni aportan nada desde el punto de vista periodístico. Pero creo que hay lecciones que aprender de su capacidad para llegar a la gente.

Ismael Nafría,
periodista y consultor de medios

## Los periódicos necesitan nuevos gerentes

El periodismo es una cosa muy seria, y lo seguirá siendo mientras haya gente que continúe ejerciendo este oficio con las herramientas tradicionales, que son muy sencillas. Se trata de contar todo lo que pasa y lo que somos capaces de averiguar con la mayor precisión y honestidad posible. Es muy fácil de decir, pero resulta muy complicado ponerlo en práctica. Me sirvió mucho una frase que escuché a un veterano periodista del *Financial Times*: «Nosotros hacemos dos cosas: cubrimos las noticias y encontramos las noticias. Lo segundo es lo más importante».

Hay sobreabundancia de información, pero la gente cada día busca más las novedades y está incluso dispuesta a pagar por ellas. Trabajé en un proyecto con la revista portuguesa *Expresso*. Los gestores nos comentaron que tenían un problema en los kioscos porque la revista llegaba siempre muy tarde, así que nos encargaron que analizáramos las causas. Hablamos con las distribuidoras, con los vendedores, con los profesionales de la publicación y descubrimos que en la redacción no cerraban la revista hasta el último minuto. Ni siquiera tenían elaborada la portada. ¿Por qué no cerraban antes? Porque querían tener todos los sábados una exclusiva y apuraban. Hasta que no confirmaban todos los extremos de la exclusiva, la revista no salía. Esa idea de dar información que no está en ninguna otra parte es una de las grandes soluciones a los problemas actuales de la profesión.

La tecnología hoy en día está completamente democratizada. Si no la tienes la puedes comprar. Si te parece que la página web de *The New York Times* es muy buena, puedes ir a Nueva York y contratar a esos diseñadores para que te hagan una página similar o incluso mejor. Todo eso lo compra el dinero. Lo que no se puede comprar es el talento de tu redacción. Por eso te decía antes que en el *Financial Times* siempre han invertido mucho en formación.

En el libro *Historias de Innovation: 35 años, 72 países* encontrarás una historia que te va a resultar muy entrañable. Cuento una visita que nos hicieron unos conocidos tuyos en la Universidad de Navarra, cuando empezábamos a organizar seminarios profesionales. De pronto se presentaron en Pamplona José María Bergareche y Alejandro Echevarría, de *El Correo*. El periódico organizaba entonces la Vuelta Ciclista a España. Sabían mucho de marketing y de ventas: eran muy buenos gerentes, en aquel momento los reyes del mambo. Promovieron el grupo de prensa que luego ha sido Vocento, pero entonces solo tenían *El Correo* y *El Diario Vasco*. Estuvimos comiendo con ellos. Nada más sentarnos nos preguntaron: «¿Qué podemos hacer para mejorar la calidad de nuestros periódicos?». Les iba muy bien, ganaban mucho dinero. Había desaparecido *La Gaceta del Norte* y se habían quedado prácticamente solos, sin competencia. Pero querían mejorar los diarios. Teníamos que organizar un plan de formación intensivo con charlas, seminarios y cursos.

Nosotros éramos unos pardillos. Aún no habíamos montado Innovation. Éramos académicos, pero no conocíamos tanto la profesión y nos quedamos muy preocupados. Estaba Alfonso Nieto, que entonces era el decano de la Facultad; Carlos Soria, y yo, que fui vicerrector. Yo era el que estaba más asustado de los tres. Si a duras penas éramos capaces de contratar profesores, de dar clases y de formar periodistas, lograr lo que nos pedían se me antojaba muy complicado. Bergareche y Echevarría sabían muchísimo de marketing y de negocio, por eso les iba tan bien. Pero se dieron cuenta de que si el producto periodístico no mejoraba se venía todo abajo. Tenían la mentalidad de los directivos que valoran el periodismo y la capacidad que tiene la innovación. El director de un periódico siempre está a favor de todo esto. Pero lo importante es que el director general de turno tenga la audacia de decir: «Vamos a poner por delante lo más importante, que es el periodismo». Esa es una prioridad que o la tienes muy clara o todo cojea.

A raíz de esos seminarios con el entonces grupo Correo empezamos a ofrecer un programa abierto a los medios. Yo había estado un año en la Universidad de Columbia con una beca. Ahí conocí a Enrique Ybarra y nos hicimos muy amigos. Aquel año me dediqué desde Columbia a conectar con todas las empresas periodísticas importantes de Estados Unidos. Eso me permitió traer a grandes periodistas. Las grandes figuras del periodismo mundial empezaron a venir a programas que organizábamos en Pamplona para veinte o treinta personas. Venían también los dueños de todos los periódicos españoles. Era a finales de los setenta y principios de los ochenta: la prensa española se había despojado del franquismo y quería modernizarse. Estaba apareciendo una nueva generación de periodistas.

La fama de los cursos se extendió y fueron viniendo también latinoamericanos. Algunos empezaron a pedir ayuda individualizada para mejorar sus redacciones. Así fue como iniciamos el primer gran proyecto, que fue con *O Estado de S. Paulo*. De ahí pasamos a *O Globo* y luego ya trabajamos con *La Nación* de Buenos Aires. Al principio todos esos proyectos se hacían a través de la Universidad de Navarra, pero llegó un momento en que se movía mucho dinero y el Rectorado nos dijo que teníamos que independizarnos. Y montamos la consultora Innovation. Muchos de los primeros directores seguían dando clases en la universidad, pero se separaban los ámbitos. Los periódicos ya no contrataban a la Universidad, sino a un profesor de la Universidad.

Así fue como nos instalamos en un edificio fuera de la universidad. Terminamos teniendo la base en Londres: un 90 % de nuestros consultores eran extranjeros. Podíamos tener unos diez o veinte proyectos al año, en función de la duración: a veces eran semanas o meses, en otras ocasiones podíamos estar tres años seguidos. En *La Nación*, por ejemplo, estuvimos dos años.

Creo que hay que hacer un repaso y recordarle a la gente en qué negocio estamos. Un gran riesgo que tenemos es esta especie de dispersión. Cuando viniste a la presentación del libro *La edad de oro del periodismo* cité esa famosa frase de Hubert Beuve-Méry, el que fue mítico director de *Le Monde*: «Solo haciendo un diario imprescindible los lectores se verán obligados a comprarnos». Esa máxima deberíamos ponerla en la entrada de todas las redacciones: claro que la gente paga por el buen periodismo.

Hay que hacer las cosas muy bien. Nos falta perspectiva y entiendo que por eso quieres hablar conmigo. A veces pensamos que en el pasado todo era perfecto, pero ya te digo que todo era mucho peor. Si coges los periódicos de tu empresa ahora y los comparas con lo que eran hace cuarenta o cincuenta años no hay color: antes se practicaba un periodismo de medio pelo, ahora se hacen muy buenos periódicos. Otra cosa es el modelo económico: lo que necesitan los periódicos no son nuevos periodistas, sino nuevos gerentes. Los que hay, salvo algunas excepciones, se han quedado muy anticuados y no saben por dónde va la vida, con perdón. Gestionar a los periodistas en la época de la abundancia era facilísimo; ahora es cuando hay que demostrar que uno es capaz. Con todas estas nuevas herramientas. El corazón es el periodismo, pero eso solo no funciona: tienes que saber venderlo.

JUAN ANTONIO GINER,<br>fundador de la consultora Innovation

## Las posibilidades se han multiplicado

A lo mejor el periodismo básicamente escrito no ha cambiado apenas en internet, o no ha mejorado mucho porque el recorrido era corto, pero las posibilidades para los gráficos o las historias visuales se han multiplicado. El año pasado ganamos un premio Pulitzer por una historia sobre el rifle AR15 que sin internet no podríamos haber hecho.[4] Es un artículo sobre la destrucción que causan sus balas en el cuerpo humano. Teníamos una versión en las páginas de papel que estaba bien, pero era muy limitada frente al trabajo digital, donde alcanza otro nivel por las posibilidades que facilita la combinación de lenguajes técnicos y el soporte digital.

La idea partió después de que la sección de Nacional planteara publicar una serie sobre el AR15, un arma icónica en Estados Unidos utilizada en muchos tiroteos. Es un arma muy común, relativamente barata y muy potente. Se trataba de un trabajo con muchos puntos de vista: la perspectiva de las personas que usan este fusil, la de las víctimas, la de las ventas y el marketing, una encuesta sobre usuarios, etc. Ya te imaginas. Nos preguntaron si podíamos hacer un gráfico concreto para acompañar uno de los trabajos y otro para otro tema. Y yo dije: «En vez de hacer gráficos pequeñitos déjanos hacer una historia que cuente visualmente cómo afectan las balas al cuerpo». Porque una bala de un AR15 no causa el mismo impacto que la de otras armas. Había muchos políticos que decían: «¿Qué más te da con qué te maten?». Y no, no es lo mismo. Porque si alguien entra con una pistola normal en un colegio igual mata a dos personas, pero con un AR15 puede matar a treinta.

Queríamos explicar por qué las balas te destrozan por dentro. Son más pequeñas, pero como van mucho más rápido porque tienen mucha más pólvora crean una onda expansiva en el interior del cuerpo que hace un boquete. Te destrozan. No son balas que, en caso de tener suerte, te entran por un lado y salen por otro sin tocar órganos vitales. No, estas balas te destrozan. Por eso el reportaje visual se llamó *The Blast Effect*, «El efecto explosivo» o expansivo. Si una de estas balas te da en un brazo prácticamente te vuela el brazo. Además, la repetición es mucho más rápida.

En España quizás no llame tanto la atención esa historia como en Estados Unidos. Nos costó mucho mostrar el efecto en el cuerpo, y para nosotros era diferente, algo que nunca se había hecho.

También era importante mostrar víctimas reales: hablamos con sus familias para que nos dejaran usar sus casos. Dimos ejemplos reales de cómo las balas habían destrozado el cuerpo de chicos que habían muerto en tiroteos. La familia nos dio permiso y decidimos que debía ser algo duro de ver. De hecho, creíamos que era tan duro que ese trabajo no iba a tener mucha audiencia, pues muchos lectores no querrían verlo. Nos dio mucho apoyo la directora, que entonces era Sally Buzbee.

La repercusión fue enorme. Recibimos muchísimos mensajes. Creíamos que iban a ser muy críticos con la dureza de lo que mostrábamos, pero iban por otro lado. Muchos pedían ir más lejos todavía para que calara en la sociedad. A partir de esos mensajes acabamos preparando otro artículo más donde se implicó también Nick Kirkpatrick,[5] que tuvo un papel clave en la primera, para hacer un trabajo visual que mostraba las fotos tomadas en los espacios donde había habido crímenes por tiros con un AR15. No se veían cuerpos: solo los escenarios vacíos donde habían ocurrido las masacres. Aulas escolares manchadas de sangre, iglesias con las paredes agujereadas, habitaciones de hotel. Hoy en día esas historias siguen funcionando.

Me planteo cada trabajo de manera diferente. En la mayoría de los casos buscamos la efectividad; nos planteamos si vamos a conseguir visitas o si vamos a conseguir suscripciones, por ejemplo. Normalmente tenemos tres tipos de trabajo, como suelo decir a los editores de mi sección: están los trabajos complementarios, los interesantes y los importantes. Los primeros acompañan una historia, los interesantes son esos que hacemos porque sirven para atraer tráfico o para generar conversiones a suscripción, y los trabajos importantes, que es donde metería el del AR15, son más elevados. Están por encima: son los que debemos hacer. Las visitas o las conversiones que creemos que podrían generar cuando los planteamos no compensan la cantidad de trabajo que conllevan. Los hacemos porque forman parte de nuestra labor periodística, de nuestra misión periodística.

No nos dejan dar cifras. Sí te puedo contar que el trabajo del AR15 fue uno de los contenidos más vistos del año y obtuvo muchas conversiones a suscripción, pero las cifras, aunque hables de más de un millón de visitas, no compensan este esfuerzo. Fue un año de trabajo. No un año de dedicación completa, porque al final hacemos muchas más cosas, sobre todo yo que tenía que dirigir el departamento, pero no hubo un solo día en el que no tocara algo. Fue un proyecto complejo de gestionar. Todas las semanas teníamos una reunión de repaso. Había muchas idas y venidas, cambios, etc.

Podíamos habernos limitado a hacer los cuatro gráficos que nos pedían para salir del paso. Muchas veces lo hacemos así porque creemos que el gráfico no va a cambiar el tema. Por eso siempre nos preguntamos si la historia tiene recorrido individual en formato visual. Si la respuesta es sí, lo intentamos. Sabemos que las audiencias hoy en día reaccionan mejor a temas visuales que a temas escritos. También que, si una historia no se puede explicar con texto, pero sí se puede explicar visualmente, será un éxito. Mi valoración en este caso fue que el gráfico iba a resultar determinante y que podíamos lograr algo diferencial. Creo que es algo que nunca se había hecho en el periodismo estadounidense.

Chiqui Esteban,
director creativo en el área de opinión de
*The Washington Post*

## Cuanto más compleja es la historia, más sencillo es el diseño

Estoy muy orgullosa de un proyecto que hicimos sobre el funcionamiento de los modelos grandes de lenguaje en los que se basa la inteligencia artificial.[6] Es una historia visual que trata de explicar con mucha sencillez cómo opera la arquitectura de red neuronal que hay detrás de estos modelos que hacen que la IA generativa funcione. Es un tema que parece muy complejo y justamente por eso me gusta mucho. Toca muchos aspectos que me fascinan, como el uso de la tecnología en la historia, el propio tema en sí, ya que la IA es algo que nos va a afectar a todos, y el reto de hacer muy accesible y entendible para todo el mundo algo que, a priori, parece muy complicado. Las narrativas visuales normalmente se suelen enfocar en explicar temas complejos de una manera visual, sencilla y accesible para la mayoría de la audiencia.

El tema se propuso en la sección de Historias Visuales del *Financial Times*. Viene de dos compañeros, Sam Learner y Dan

Clark. Ambos son reporteros y desarrolladores en el equipo. Querían explicar cómo funciona este tipo de IA de la que tanto se hablaba entonces. La idea era representar resultados reales del algoritmo. Así que hicieron un guion gráfico e intentaron mostrar los resultados reales de estos algoritmos. Y después intervine yo.

Fue muy interesante el proceso. A medida que trabajábamos, el propio diseño nos ayudaba a entender lo que queríamos explicar. Era tan complejo que incluso la dirección de las flechas, por ejemplo, influía en cómo la gente entendía la explicación. Hicimos muchísimos bocetos y guiones gráficos. Se los enseñamos a expertos en IA. Hubo muchas variaciones y correcciones. Fue un proyecto muy especial, por el tema y por cómo se realizó. Hubo una colaboración muy cercana entre desarrolladores, diseñadores, editores, expertos y empresarios tecnológicos. Además, resultó un proyecto tan cuidado que si vuelvo a mirarlo no cambiaría nada.

Le dediqué unos cuatro meses de trabajo, aunque también trabajaba en otros proyectos más pequeños entre medias. En este tipo de proyectos el ritmo de Diseño, de Editorial y el de Desarrollo suelen ser un poco diferentes, asíncronos. No es el diseño, no. Para mí el acierto es el enfoque. Cuando se habla de la IA generativa se hace hincapié en los resultados que obtiene, pero este artículo explica el proceso para que se obtenga el resultado y no hay trabajos que se hayan centrado en eso. De hecho, es tan didáctico que se hizo viral y, hoy en día, sigue teniendo muchísimas visitas, pese a que lo publicamos hace muchísimo tiempo, en septiembre de 2023.

Mi mayor contribución fue controlar que el diseño fuera coherente durante todo el proyecto, que se mantuviera el lenguaje visual y que fuera sencillo de entender. Esa es la clave. Este año me han preguntado en conferencias cómo explicamos temas complejos en el *Financial Times* y es curioso porque, cuanto más compleja es la historia, más sencillo resulta el diseño. Se vuelve casi un trabajo tipográfico. Parte del trabajo del periodista en general es explicar la realidad, y la realidad a veces es muy compleja. No es algo sencillo: si fuera sencillo no tendríamos trabajo. En el caso del periodismo visual sucede aún más porque explicar las cosas con palabras a veces es más costoso. El periodismo visual es más inmersivo, te guía, y te presenta la información como si fuera otro lenguaje. Por eso el periodismo visual tiene tanta importancia. Los movimientos de las tropas en la guerra de Ucrania los puedes explicar con un texto, pero son más fáciles de entender si lo ves en un mapa, ¿verdad?

Irene de la Torre,
diseñadora digital en el equipo de Narrativas Visuales
del *Financial Times*

## Captar la atención de los lectores es un reto enorme

Los lenguajes que se crean en ciertas plataformas están de alguna manera haciendo ósmosis en los lenguajes periodísticos. Y muchos otros factores influyen en el cambio de la oferta y la demanda de contenidos. Todo tiene que ver con lo que sucede con la atención humana en internet, un tema que me preocupa mucho. Por un lado, la gente lee cada vez menos; y no porque no tenga oferta, sino porque ha habido una suerte de «explosión cámbrica» de esta oferta y de la cantidad de estímulos a los que podemos prestar atención. Como todos estos estímulos confluyen en los mismos flujos, como periodistas peleamos por tratar de llamar la atención de los lectores frente a otras muchas experiencias que resultan muchísimo más atractivas: los mensajes de tu novio o de tus padres, o un correo electrónico con la confirmación de un vuelo... Nuestras informaciones compiten con otros contenidos que te atañen personalmente mucho más. Y todo confluye en el mismo dispositivo.

Lo que estamos viendo es que los lectores en gran parte vienen a nosotros en los momentos importantes. Acuden a los medios cuando descubren que está sucediendo algo importante y entonces quieren informarse de forma activa. Ya no existe tanto ese consumo pasivo que era tan frecuente hace años, cuando se abría el periódico sin saber qué iba uno a encontrarse. Creo que ese tipo de consumo dirige el foco hacia contenidos de última hora, propios de coberturas urgentes. Cada vez resulta más difícil atraer la atención de los lectores hacia contenidos más reposados.

Puede que cuando se publique este libro la situación haya cambiado, porque todo va muy rápido, pero en el momento en el que se está haciendo esta entrevista hay una clara supremacía de los formatos visuales, sobre todo marcada por generaciones muy jóvenes, debido al consumo en TikTok y en Instagram. El vídeo vertical, las cartas o lo que nosotros llamamos *Tap Stories*, que es, digamos, lo que haces en pantalla cuando le das con el dedo índice y vas pasando contenidos como si fueran cartas. Todo ese tipo de experiencias está teniendo un influjo enorme en cómo contamos las historias, sobre todo visuales.

En *The New York Times* ya estamos experimentando con vídeos en los que los reporteros te cuentan en primera persona las claves detrás de las historias periodísticas, de los momentos electorales, etcétera. Es un ejemplo claro de cómo formatos comunicativos que nacen en las redes terminan siendo aplicados al lenguaje periodístico. No me meto en si esa adopción de formatos está bien o está mal. Me parece que se ha democratizado la capacidad de contar historias; y no me refiero solo a las historias periodísticas, sino que ahora cualquier persona puede grabarse contando su movida, ya sea una receta culinaria, ya sea explicar cómo ordenar los calcetines, o lo que sea. Y de repente todo eso acaba generando nuevos lenguajes que nosotros adoptamos. Veo que vamos mucho a rebufo de todo.

Y a este contexto de falta de atención, de sobreabundancia de recursos informativos, se suma además un mundo en internet donde se mezcla todo. Hemos perdido el monopolio de la producción y la distribución de las historias. No digo que contar historias sea hacer periodismo, no lo estoy equiparando con un trabajo profesional. Pero ahora todo el mundo puede contar historias sobre cualquier tema y eso ha abierto un montón de posibilidades. Ha abierto las compuertas, por supuesto, a mucha porquería, pero también a gente súper creativa que simplemente con sus teléfonos, sus ideas y su sentido estético cuenta muy bien historias e incluso logran que ciertos formatos prendan cierta mecha, se conviertan en replicables, y terminen incorporándose a ese acervo común para, finalmente, acabar llegando a nosotros.

Desde la profesión periodística también hemos sido capaces de crear ciertos formatos de éxito. Por ejemplo, el formato que popularizó Axios con los *bullet points*, los puntitos que te cuentan en tres frases muy cortas por qué importa una historia que luego desarrollan en doscientas palabras: te quedas con la idea principal. Ese formato ha sido imitado hasta la saciedad, con mayor o menor éxito. Nosotros en *The New York Times* inventamos la aguja en las elecciones norteamericanas, que fue todo un acontecimiento. Esa manera de mostrar cómo van las probabilidades de victoria durante la noche electoral se ha convertido también en un formato canónico; y fue concebido, desarrollado y producido en nuestra redacción.

Me pregunto si la inteligencia artificial de alguna manera va a bajar la barrera de entrada para, digamos, que los artículos se conviertan en una especie de lienzo en blanco donde la gente pueda hacer cosas creativas sin tener que tirar de desarrolladores. Estoy deseando que todo esto se traduzca en una nueva etapa. Es de las pocas cosas con las que me siento esperanzada en cuanto a la IA: poder hacer cosas creativas susceptibles de plasmarse casi de forma inmediata en los *templates* de los artículos. Cuando se habla de IA, escucho sobre todo conversaciones en torno a bajadas de costes y aumentos de productividad. A mí lo que de verdad me interesa es que podamos abrir más posibilidades a aplicaciones creativas.

María Sánchez,
editora sénior de Narrativas Digitales en
*The New York Times*

## El cambio es increíble

Desde que soy director de contenidos de *La Nación* el desafío ha sido generar una transformación. Ya se venía dando desde antes, pero en ese momento hablábamos de la convergencia. Se fue cambiando toda la dinámica de trabajo, desde horarios y focos hasta métricas. Hace cuatro años empezamos con un *score* propio de contenidos que te permite medir el impacto en los suscriptores, el tiempo, los resultados que tenés y también salir un poco de la lógica de emisor-receptor, que es un tanto caprichosa, para entender concretamente cómo son tus audiencias. Eso no es contradictorio, sino complementario con lo que en la jerga llamamos apuestas editoriales. El foco de trabajo fue generar áreas de innovación que no sean órganos aislados. La lógica es que vaya por todas las arterias, de manera que no hablemos de la isla de innovación, sino que en cada lugar vos tengas desarrollos de innovación puros. Eso se apalanca en la *data* como tal, que es nuestra área de Periodismo de Datos, pero que abastece como matriz a todas las áreas, como Economía, Política, etc.

La forma de trabajo es muy dinámica. Abarca también no nombrar un editor de género, sino crear sistemas por *machine learning*, y después por inteligencia artificial, que nos muestren los sesgos de género que pueda tener cada sección.

En paralelo se desarrolló un sistema de métricas con dos ejes: el primero es el de audiencia masiva; el segundo, el eje del futuro, el suscriptor puro. Eso implica también un cambio de estructura, donde entonces tenemos primero el eje de valor agregado, el *core*, eje de periodismo que tiene que ver con la audiencia general o masiva, que no es el público tan fiel de *La Nación*, y en segundo lugar todo el eje de narrativas digitales, donde pensamos las apuestas de manera cotidiana y sistémica. El objetivo es lograr una o dos sorpresas por día para hacer algo distinto de lo que sería una cobertura habitual.

Buscamos propuestas que sean diferenciales. En las elecciones trabajamos con matemáticos para generar preguntas que permitan al lector ubicarse con los candidatos. Pero no a partir de decir por quién votan, sino con qué propuestas de cada candidato te identificas más. Hay personas que no son conscientes de que sus ideas quizás estén mejor representadas por una opción política a la que no piensan votar. Los resultados se viralizaron mucho. Otra apuesta es tratar de sorprender, que responde a la pregunta de cómo ser virales sin perritos ni gatitos. Nuestra rutina es la misma de todos: todos corremos contrarreloj, todos apagamos incendios cotidianamente, pero al menos queremos dedicarle un tiempo a cómo sorprender con mirada estratégica.

Otro tema que nos preocupa mucho hasta llegar a desvelarnos, sobre todo en esta época, es que un 37% de la sociedad (a escala mundial) no quiere leer noticias. No quiere informarse. ¿Cómo hacemos para crear ciertos puentes? Empezamos a desarrollar varios contenidos alejados de las noticias, como todo lo relacionado con el entretenimiento. Creamos una radio de música, lanzamos un proyecto de gastronomía o un proyecto vertical que se llama *Future*, todo con herramientas cotidianas de inteligencia artificial pero muy aplicada, profesión por profesión: para el periodismo, para el campo, para los científicos... La idea es cómo reinventarnos cotidianamente y no aburrirnos nosotros para no aburrir al lector.

En cuanto a la naturaleza, desarrollamos un eje de trabajo con colegios. Tenemos un proyecto sobre animales autóctonos en peligro de extinción que se integran a través del celular en las currículas de los chicos en primera infancia. El proyecto muestra cuatro especies en extinción. Hicimos el documental tradicional y una aplicación donde cada chico elige convertirse en uno de los cuatro animales, y juegan en ligas. Esos chicos trabajan a su vez con la plataforma, porque hacen tutoriales y deben responder a preguntas. Eso te permite entrar en un segmento donde aún no conocen la marca y es una acción 360. Tienen el documental tradicional, con mucho alcance, y la apuesta más nueva, que es a partir de un código QR: los chicos se convierten en animales, juegan, aprenden y recorremos audiencia con padres e hijos.

Tenemos cerca de 400.000 suscriptores digitales. Hay dos ejes que fidelizan al suscriptor. El primero son las firmas, las grandes plumas de *La Nación*, como Jorge Fernández; y el segundo son las apuestas diferenciales en narrativas, que es donde dedican más tiempo los suscriptores.

El esfuerzo que se ha hecho en los periódicos tradicionales por abordar lo digital es apabullante. Nos atraviesa a todos. Los que tenemos ya veinte o treinta años de experiencia en este oficio, como es nuestro caso, nos tuvimos que reinventar primero nosotros, pero después reinventamos culturalmente todo. Hace muchos años nuestro objetivo era hacer un diario de papel, pero ya eso prescribió: hoy es un complemento. Conocemos métricas de todo tipo. Nuestra batalla va contra el tiempo, como en otras industrias, pero en definitiva tenemos que ser valiosos para seducir el tiempo. Hemos de conquistar nuevas audiencias y generar nuevas marcas. Tuvimos que hacer un giro total: no ya solo por el contenido, sino también por gestionar plataformas que son factores exógenos. En definitiva, vos tenés un contenido que mantenés con tu marca, pero que a su vez sea ese que seduzca en la plataforma. La transformación es tal vez mucho más profunda que en otras industrias.

Hemos incorporado matemáticos, científicos de datos, especialistas en marketing digital, diseñadores, expertos en narrativas, programadores. Los proyectos de naturaleza nos llevaron a emplear licenciados en gestión ambiental, meteorólogos y también especialistas en naturaleza. También hemos derribado muchas barreras con otros departamentos para incorporar en la redacción a personas que antes no tenían cabida. El cambio es increíble.

No sé si se aprecia o no. Los periodistas, por naturaleza, somos escépticos, y todo lleva tiempo. Lo bueno que te terminan mostrando los datos es que hay mucha cohesión entre lo que es el periodismo que amamos y lo que funciona para la audiencia. Ese periodismo de marcar la diferencia, instalar agenda e incomodar al poder. O también un periodismo un poco más lúdico pero con propósito. La mejor noticia de esta época es que cuantos más datos tenés, mayor inversión podés hacer en lo que vale la pena porque hay mayor retorno de inversión. Antes se pensaba que había un puente roto entre el futuro y lo que era el periodismo tradicional, pero lo único que cambió es que hoy tenés mil herramientas nuevas para contar las historias. No apostemos donde hay que ajustar, invirtamos donde hay retorno. La transformación no es una cuestión de edad, sino de actitud.

José del Río,
director de contenidos de *La Nación*

## Mis decisiones más importantes son las que nunca conocerás

Ya no existen los plazos en el periodismo de investigación: se han vuelto obsoletos. Si somos profesionales, tomamos el control de la historia, y no al revés. La discusión en la redacción se suele centrar en la fecha en la que se publicará la investigación, pero es un error. No hay que precipitarse. Un director debe exigir en muchas ocasiones que se dé un paso atrás y se consiga más información. Al publicar una investigación, es importante tener múltiples capas de contenido que permanezcan relevantes a lo largo del tiempo. Esto requiere paciencia y esfuerzo adicional por parte del periodista. En este sentido, es importante dar permisos a los periodistas de investigación para que se tomen su tiempo, se esfuercen y trabajen con una ambición mayor.

Todos entramos en este negocio con ideales tan altos que son casi imposibles de lograr. Pero cada uno puede marcarse sus propios objetivos. ¿Con qué frecuencia quieres cumplir ese ideal? ¿Es realista hacerlo una vez al mes? ¿Una vez al año? ¿Una vez en la carrera?

Suele haber un pequeño número de personas que trabajan en una unidad de investigación, pero es muy importante que todos los periodistas tengan permiso para realizar trabajos de investigación. Este tipo de periodismo no es fácil. No mucha gente puede hacerlo. A los periodistas les gusta la certeza: les gusta saber que tienen una rueda de prensa próximamente o que se presenta un informe de resultados trimestral de una gran empresa. Esas también son funciones importantes.

A veces, las investigaciones tardan en ser publicadas porque necesitamos asegurarnos de que nos atenemos a los hechos con rigor. Mi mentor, Harry Evans, el legendario editor del *Sunday Times* de Londres, siempre insistía en que el periodismo de investigación respondía a unos principios. Debía contar con los recursos adecuados, ser incansable en la búsqueda de la verdad, ser justo y reconocer que puedes estar equivocado. Y este último principio es el más importante: a veces la historia que investigas resulta ser muy diferente a la que considerabas inicialmente.

*The Globe and Mail* ha publicado investigaciones que revelan que algunos políticos canadienses trabajan de manera encubierta para Gobiernos extranjeros. Las historias que hemos publicado son precisas. Nos han demandado, pero confiamos en la veracidad de lo publicado. Sabemos que la certeza es compleja y asumir riesgos forma parte del trabajo periodístico. Mucha gente pensaba que yo era racista o que *The Globe and Mail* había perdido la cabeza, pero creo que descubrirán en los próximos años que no ha habido información en sentido contrario y que cada vez más organizaciones de noticias canadienses respaldan nuestro trabajo original.

Esta historia era completamente novedosa: introducía un tema completamente nuevo en el debate público. Así que es una gran historia, pero si me equivoco, pierdo mi trabajo.

Otro ejemplo fue cuando publicamos una investigación sobre el procurador general de Canadá, el cargo más importante de la justicia en Canadá, que había presentado una queja sobre lo que estaba sucediendo dentro del gabinete gubernamental. El primer ministro, Justin Trudeau, declaró a la mañana siguiente que nuestra historia era falsa. Aquí es donde uno entra en un territorio realmente difícil, y se trata de evaluar el riesgo. Nuestras fuentes eran muy buenas y la documentación acabaría saliendo con el tiempo. Tuvimos que emplearnos a fondo para demostrar que el primer ministro mentía. En ocasiones no es suficiente con publicar una información que sea cierta. Te tienes que preocupar de demostrar que lo es.

Empecé mi carrera en *Belfast Telegraph* en un periodo marcado por el terrorismo, y fue el mejor comienzo posible. Me enseñó que nunca iba a protagonizar la historia. En cierto modo, casi parece anticuado, pero resulta que estaba en el medio de todo. Fue una bendición porque las personas con las que trabajé, las que me enseñaron, estaban entre las personas más hábiles que he conocido. Profesionales humildes que se basaban en hechos. Se arriesgaron y contaron historias que la mayor parte de Europa occidental no tendría ni idea de cómo tratar, salvo en el caso de España, donde también ha habido ejemplos extraordinarios en el País Vasco. Creo que esa experiencia inicial me impulsa hasta el día de hoy.

Dediqué 17 años a la investigación del accidente del helicóptero militar británico en 1994. Murieron 29 personas. No sabía nada de helicópteros, y tampoco conocía a nadie involucrado en el accidente. En aquel entonces era el reportero más joven de la redacción de Irlanda, donde crecí. No me tocaba ir al lugar del accidente, pero otro reportero no pudo ir, así que me enviaron con otro colega y llegamos cerca del lugar del accidente. La zona estaba sellada. Siempre me pregunté qué pasó. Quince meses después del accidente se publicó el informe oficial que señalaba que los pilotos habían sido negligentes y eran los principales responsables de la tragedia. Yo lo publiqué tal cual porque, con gran ingenuidad, nunca se me pasó por la cabeza que la Fuerza Aérea o el Departamento de Defensa dirían otra cosa que no fuera la verdad. Pero tras publicar la noticia un par de personas se pusieron en contacto conmigo y me revelaron que había una contradicción en ese informe. Fueron dos oficiales superiores los que cargaron con la culpa a los pilotos tras revisar el informe inicial.

Yo había firmado una información donde se culpaba del accidente a los pilotos y, de repente, surgían dudas y parecía que quizás el accidente no se debió a su pilotaje. Ese fue el motor para mí: me dije que nunca iba a parar hasta conocer la verdad.

Y la verdad no tenía una sola respuesta. Pero 17 años después, tras una larguísima investigación en la que participaron muchas otras personas, se limpiaron los nombres de los pilotos. Las pruebas ya no permitían al Gobierno decir que ellos fueran los causantes. No resolvimos el accidente: no sabemos qué pasó. Y tengo que decirte que me atrae bastante en el periodismo la idea de que las cosas queden en una paleta de grises. No necesito la claridad del blanco o del negro. Ese accidente ocurrió, y no se conoce el porqué. Esa es la única verdad. Y estoy muy de acuerdo con eso. Eso es lo que permite el periodismo. Nos lleva a la línea, pero no al límite. Creo que eso es muy importante y no lo reconoce el público, que critica a los periodistas muy a menudo por ser perezosos o por tener un mundo en blanco y negro. Muchas veces no es así.

DAVID WALMSLEY,<br>director de The Globe and Mail

## La colaboración ha elevado el nivel de las investigaciones

Comencé a trabajar en *El Mundo*, un periódico de Venezuela, en 2008. En ese momento empecé a hacer talleres de investigación que organizaba el Instituto Prensa y Sociedad y me encantaron, así que acabé allí. El periodismo de investigación respondía a la necesidad de un contexto local. Trabajaba datos en un país donde la gente cree que no existen y descubrí la importancia, la fuerza de ese trabajo. Era una manera de fortalecer los reportajes y de ir más allá de declaraciones y rumores. Creaba bases de datos a partir de documentos. Como veíamos que algunos medios venezolanos empezaron a cerrar o a cambiar sus políticas, creé *Armando Info*, un medio dedicado a hacer periodismo de investigación en Venezuela, junto a Ewald Scharfenberg, Joseph Poliszuk y Alfredo Meza. Asistí a la primera Conferencia Latinoamericana de Periodismo de Investigación, que se celebró en Perú, y después a varias ediciones de la Conferencia Global. Allí comencé a conectar con periodistas de otros países y a aprender cómo obtener información sobre mi país desde el extranjero.

A partir de eso empezamos a colaborar, cruzando datos e indagando cómo conseguir información que afectaba a los venezolanos con profesionales de otros países. En 2011 conocí a Marina Walker, del Consorcio Internacional de Periodistas de Investigación (ICIJ), que nos invitó a presentar una propuesta. Ahí empezó todo. Planteamos una investigación sobre el tráfico ilegal de coltán. Aceptaron y se convirtió en un proyecto del Consorcio que trabajamos con colegas de Colombia, Corea del Sur, Estados Unidos, Venezuela y Brasil. Después ya me invitaron a ser miembro de la organización.

El enfoque del Consorcio se centra en la corrupción y el crimen organizado: asuntos muy complejos que son transfronterizos. Para profundizar en ellos es esencial trabajar con periodistas de diferentes países que tengan acceso a las mejores fuentes y conocimientos locales. Cualquier tema que se investigue hoy puede tener conexiones más amplias de lo que parece.

Siempre he destacado la importancia de los datos; antes no había másters en esa especialidad. Aprendí el análisis de datos para explorar de manera sistémica temas relevantes y facilitar la colaboración. El caso que me marcó —y que se considera un hito periodístico debido a la dimensión y el volumen de datos procesados— fue el de los «Papeles de Panamá», que además tuvo un enorme impacto en distintas partes del mundo. Esta publicación involucró a más de 300 periodistas y a más de cien medios de comunicación. Años más tarde surgieron los «Pandora Papers», que contaron con la participación de más de 600 periodistas en 110 países y territorios.

Siempre hay una organización o algunas personas que desempeñan el rol de coordinación, ayudando a que se respeten las reglas del juego y que todos compartan la información y cumplan con las fechas acordadas. En el caso de los Papeles de Panamá y otros proyectos, el Consorcio desempeñó ese rol. Un grupo coordinaba la parte de América Latina y luego la parte de datos, estableciendo acuerdos al inicio del proyecto en los que todos se comprometían a mantener la confidencialidad. Porque, en realidad, esos son los secretos mejor guardados entre periodistas; por ejemplo, aunque ochenta periodistas conocían la información, nadie más lo sabía hasta que se publicaba. Gracias a las nuevas tecnologías, esto es posible. Se han desarrollado plataformas abiertas con suficientes componentes de seguridad. Los coordinadores impulsan la comunicación entre todos los que colaboran.

La complejidad de este trabajo ha elevado la calidad de las investigaciones. Si una persona trabaja sola y comete un error, solo su credibilidad se ve afectada, pero si comparte información y otros medios publican lo que compartió sin verificar ello afecta a la credibilidad de todos los medios involucrados.

Con los Papeles de Panamá, nadie podía subestimar el impacto. Las historias eran significativas, pero ¿quién podía prever que el primer ministro de Islandia dimitiría de inmediato y que tantas personas saldrían a protestar? Se abrieron investigaciones. Esta experiencia enseñó a la comunidad de periodistas que, cuando se realiza una investigación y se revela de manera conjunta, se produce un gran impacto. Aún hoy hay periodistas publicando historias basadas en esos documentos.

EMILIA DÍAZ-STRUCK,
*El Mundo*. Venezuela

## La crisis del periodismo ha impulsado investigaciones globales

Para entender cómo surgió la historia de los Papeles de Panamá, debemos remontarnos a 2011, cuando asumí la dirección del Consorcio Internacional de Periodistas de Investigación (ICIJ). Fui el primer no estadounidense en tomar el relevo de una organización muy pequeña que originalmente se había creado como un modelo de membresía al que se invitaba a ciertas personas. Cada año se organizaba una reunión en diferentes lugares. Esta es la versión original del ICIJ, que reunía a reporteros de investigación para compartir experiencias y brindarse apoyo mutuo desde diferentes países. Reunir a estos periodistas todos los años era fundamental, ya que intercambiaban información y discutían los problemas de sus propios países.

Al asumir el cargo decidimos cambiar el modelo, pasando a ser una organización enfocada en grandes proyectos transfronterizos. Era el año 2011. No teníamos recursos. Cuando llegué había tres personas en una habitación de un sótano en Washington. Formábamos parte de una organización sin ánimo de lucro llamada Centro para la Integridad Pública. Yo guardaba en secreto alrededor de 2,5 millones de registros que provenían de una investigación que realicé en Australia. Se trataba de un gran fraude de cien millones de dólares que se había llevado a cabo usando cuentas en el extranjero como tapaderas, lo que me llevó a indagar en otros países. Publiqué un libro sobre este tema y después alguien me envió un disco de ordenador con registros de varias empresas vinculadas a una en particular que tenía sede en Singapur. Pensé que sería una buena idea compartir estos datos con otros periodistas. Publicamos un artículo en 2013 titulado «Secret thing for sale», que pasó a conocerse como «Filtraciones en alta mar». Esto llevó a la creación del sitio web que ahora administramos, y nos colocó en el mapa.

Nuestra siguiente gran historia fue *LuxLeaks*, que en ese momento era muy relevante en Europa. Trataba sobre cómo las grandes empresas utilizaban Luxemburgo como puerta trasera para entrar en Europa y evitar impuestos. Conseguimos los archivos de Hervé Falciani, que eran documentos internos del banco suizo HSBC. Posteriormente, alguien contactó con el periódico alemán *Süddeutsche Zeitung* para ofrecerle registros de la parte luxemburguesa de una firma de abogados panameña llamada Mossack Fonseca. Estos discos se habían vendido originalmente al Gobierno alemán, que quería utilizarlos para investigar actividades ilegales. El *Süddeutsche Zeitung* publicó una historia sobre esto, y entonces recibieron la llamada de una persona anónima que se hacía llamar John Doe, quien dijo tener más registros de Mossack Fonseca.

Esto marcó el inicio de todo. Teníamos alrededor de un millón de registros y de repente apareció John Doe con más datos. Comenzó a enviar registros, lo que nos permitió hacer referencias cruzadas con los originales. Tenía 40 años de archivos de Mossack Fonseca. Al final, conseguimos unos 11,5 millones. Si una sola persona se pusiera a leerlos le llevaría 25 años. A través de investigaciones anteriores, habíamos aprendido a realizar este tipo de trabajo. Tuvimos la idea de copiar el disco y enviarlo a diferentes partes del mundo, pero pronto comprendimos que necesitábamos usar tecnología en la nube, dando acceso a los periodistas y a los documentos en todo momento.

Cometimos muchos errores en los primeros proyectos, pero cuando arrancamos el proyecto de los Papeles de Panamá ya habíamos mejorado nuestros métodos. Nos dimos cuenta de que necesitábamos una plataforma en línea a la que los reporteros pudieran acceder para comunicarse de forma segura y compartir información. Además, perfeccionamos una metodología con dos reglas fundamentales: los periodistas debían compartir información y también comunicarse de inmediato si encontraban nombres relevantes en los documentos. La redacción en línea que habíamos desarrollado se volvió muy valiosa, ya que al final contábamos con 376 reporteros de diversos países trabajando en los Papeles de Panamá: por eso, la comunicación fluida resultaba esencial. También tuvimos que inventar una manera de compartir los documentos ya que, al recibirlos, a menudo eran difíciles de entender. La información venía en hojas de cálculo, correos electrónicos, fotografías y documentos que debían ser escaneados y procesados para facilitar las búsquedas.

También sabíamos a quién contactar. Por ejemplo, desde el principio nos dimos cuenta de que el primer ministro en funciones de Islandia aparecía en los documentos, y entendimos que necesitábamos un periodista islandés para trabajar con nosotros, aunque no conocíamos a nadie allí. Dado que es un país pequeño, resultaba crucial elegir al periodista adecuado y los miembros suecos de nuestra red nos recomendaron a uno.

Es fundamental no entrar en un proyecto así con deseos preconcebidos: los documentos revelarán sus propias historias. La mejor estrategia fue reunir a un grupo de periodistas talentosos y permitirles explorar los documentos que John Doe enviaba por etapas, cada mes una nueva entrega.

Claro que fue complicado al principio. Tienes que deshacerte de algunas cosas. Yo había trabajado durante 25 años como un lobo solitario a la vieja usanza. Nunca le decía a nadie lo que estaba haciendo cuando llevaba una investigación. En esta situación todo cambiaba: debías estar dispuesto a dar a conocer tu historia, que ya no era solo tuya, sino de todos. Era la historia de *The Guardian*, de *Le Monde* o de *La Nación*. En lugar de tener la reacción natural de guardar la información para uno mismo, al compartirla te dabas cuenta de que podía haber conexiones con temas en otros países. De repente, podías colaborar con los mejores reporteros de esos países, ayudándolos con su historia y viceversa.

Me enorgullecía la amplitud de las historias, la complejidad y los matices que podíamos aportar. Teníamos muchas discusiones dentro del grupo sobre la importancia de la interpretación. Al ver un documento, cada uno lo interpretaba de manera diferente, según su cultura y experiencia. Disponer de otras perspectivas enriquece el periodismo, ya que el quid de la cuestión rara vez es blanco o negro; siempre se busca el gris.

Uno de los grandes temas que un reportero descubrió fue el uso de derechos de imagen de estrellas del deporte en sociedades *offshore*. Esto surgió cuando un periodista identificó a un destacado jugador de fútbol en su país. A partir de ahí, otros reporteros comenzaron a buscar a sus propios atletas. El caso más sonado fue el de Lionel Messi, quien destacó al final del proyecto. La competencia era intensa; si alguien en España encontraba información sobre Messi, otros en Brasil querían hacer lo mismo con otros famosos. Eso fomentó una competitividad natural entre los colegas. Cuando hay tantas personas trabajando, se genera un deseo de impresionar a los demás y encontrar información valiosa. Así que automatizamos la investigación. Si te interesaban las estrellas del deporte, cada vez que alguien encontrara algo nuevo sobre ese tema, recibirías automáticamente un correo electrónico. Te levantabas por la mañana y podrías tener 20 o 30 correos electrónicos con nuevos hallazgos sobre los temas de interés.

Aprendimos de lo que habíamos hecho antes y nos dimos cuenta de que era necesario reunir físicamente a los periodistas en un solo lugar. Nuestra primera reunión fue en Washington D.C., y asistieron unos cincuenta reporteros. Luego tuvimos una reunión más grande —dos días en Múnich, Alemania—, con 105 reporteros. Durante esos dos días exploramos todos los hallazgos hasta ese momento y discutimos hacia dónde creíamos que debía dirigirse el trabajo conjunto. Recuerdo que un periodista suizo descubrió una manera de buscar todos los detalles del pasaporte por país en los documentos. Esto facilitó la identificación de la cantidad de pasaportes españoles o cheques brasileños en los documentos. Este hallazgo fue posible gracias a la colaboración y a la práctica de compartir descubrimientos. Al final de aquellos dos días en Múnich, recorrimos la sala y decidimos que nunca publicaríamos la información sin una negociación previa. Cada país tenía días específicos que eran mejores para ellos, como domingos, sábados o miércoles. La belleza de estar amparados por una organización sin ánimo de lucro fue que pudimos actuar como parte neutral. Tuvimos que tomar decisiones en beneficio de todos.

¿Conoces a Wolfgang Krach, del *Süddeutsche Zeitung*? Fue muy valiente al principio al compartir la información con todos. Mi primer encuentro con él fue cuando apareció John Doe. Teníamos aquel material de Luxemburgo y, de repente, sus reporteros obtuvieron una nueva fuente. Volé a Múnich para reunirme con él y le dije: «Queremos convertir esto en un proyecto más grande». Su primera reacción fue preguntarse por qué deberían hacerlo; sin embargo, aceptó rápidamente. En mayo de 2015 dijo que lo publicarían en septiembre, pero en realidad lo publicamos en abril de 2016. Pasó mucho tiempo antes de que finalmente saliera a la luz, pero fue muy útil porque permitió trabajar mejor la información. La fecha de publicación fue un momento complicado para el *Süddeutsche Zeitung*, ya que justo ese día no tenían edición impresa, pero, aun así, él estuvo dispuesto a sacrificar sus propias necesidades. Y más tarde le dio grandes resultados. Funcionó porque, por supuesto, las ventas de su periódico se dispararon.

La crisis financiera del periodismo ha impulsado las investigaciones globales. Las compañías de medios, incluso las locales, son ahora más propensas a considerar la colaboración. La verdadera prueba es encontrar continuamente grandes historias. Hemos sido afortunados al tener varias historias de alto impacto.

Soy optimista. Comprometerse a tener reporteros trabajando durante un año para estos proyectos siempre es un riesgo, pero creo que vale la pena. El periodismo de investigación es información de interés público.

GERARD RYLE,
director ejecutivo del Consorcio Internacional
de Periodistas de Investigación (ICIJ)

## Investigamos incluso los problemas más complicados

Invertimos en periodismo de investigación: es nuestro núcleo duro. Hay algo muy importante: *Süddeutsche Zeitung* no tenía experiencia en periodismo de investigación hace veinte años, y ahora somos una marca reconocible en este campo. Hemos logrado crear ese espíritu de vigilancia y búsqueda incansable de información paso a paso. Dimos un salto espectacular cuando publicamos nuestra gran exclusiva sobre los Papeles de Panamá en 2016. Fue una historia de impacto mundial, una trama global de blanqueo de capitales, y muchos otros medios la amplificaron. Lo que vemos es que la gente ahora nos busca. Los denunciantes que tienen algo que transmitir saben que hacemos dos cosas: protegemos absolutamente nuestras fuentes y no dudamos en investigar incluso los problemas más complicados. Por lo tanto, creo que las personas que quieren denunciar irregularidades saben que pueden acudir a nosotros.

Por otro lado, tenemos un equipo dedicado solo a ello. Además de la información que nos llega desde el exterior, o de las pistas que nos puedan dar algunas personas, tenemos una sección especializada, centrada en buscar temas que queremos investigar y resolver. Nuestro objetivo es encontrar temas sobre los que la gente sienta inquietud, pero también, con los miembros del equipo, analizamos temas que sean relevantes. Ese equipo con dedicación exclusiva permite seguir manteniendo el espíritu de curiosidad.

Nuestro equipo especializado tiene una mezcla de profesionales. Lo integran reporteros de investigación tradicionales, analistas de datos, personas expertas en sistemas de código abierto, otras en verificación y comprobación de material... Por ejemplo, si llega material fotográfico de la guerra de Ucrania, queremos saber si de verdad está tomado allí, cuándo se tomó o si ha sufrido algún trucaje. En esta nueva forma de investigar las cosas se encuentran nuevos problemas y aspectos que nunca habríamos detectado. No solo aportan experiencia al equipo, sino que también surgen nuevas historias que no habrían surgido por sí mismas como idea en el equipo de investigación. Así que eso también es muy interesante.

WOLFGANG KRACH,
director del *Süddeutsche Zeitung*

## Tengo fuentes que se han tenido que ir de Argentina

Era corresponsal en Estados Unidos del diario argentino *La Nación* cuando explotó en 2007 el «caso Antonini», conocido también como el caso de la valija venezolana. Se trataba de un empresario venezolano que introdujo sin declarar una maleta con dinero, cerca de 800.000 dólares, en un vuelo en el que iban funcionarios venezolanos y argentinos. Coincidió con la campaña de Cristina Fernández de Kirchner para las elecciones presidenciales. Aquel hombre, Guido Antonini, se fue de Argentina y volvió a su casa en Miami, donde yo estaba en ese momento. Fue una carambola. Me involucré de lleno en el caso e hice una investigación muy potente. Esa fue mi primera investigación importante porque terminamos revelando gran parte del entramado de la diplomacia de Hugo Chávez. Arrancamos con una valija y terminamos abordando cómo volaban aviones repletos de dinero para financiar campañas electorales en varios países de América Latina; incluso publicamos sobre España.

Gané varios premios, y cuando volví a Argentina, propuse al diario dedicarme de lleno al periodismo de investigación en vez de volver a Política o a Internacional. El diario me dio luz verde como prosecretario de redacción. En la práctica es como si fuera uno de los seis periodistas con más rango, pero sin cargo o rol editorial. Voy por libre. Para que se entienda, estoy como jefe de un equipo de investigaciones, pero no tengo una sección o una determinada cantidad de artículos a escribir cada día. Tampoco tengo que rellenar papeles ni hacer tarea administrativa, que eso hace que salga espantado.

Entonces, desde 2009 estoy metido de lleno en investigaciones sobre corrupción, lavado de activos, fraude corporativo, delitos de cuello blanco, crímenes económicos, todo eso. Desde ese año hemos hecho investigaciones sobre el Gobierno de los Kirchner, el de Mauricio Macri, el de Alberto Fernández y ahora sobre el de Javier Milei. Pongo un énfasis particular en centrar las investigaciones en el Gobierno de turno y no hacer antropología forense; es decir, no mirar para atrás, sino investigar los Gobiernos actuales. Eso genera mayores problemas, mayores rispideces. Llegamos a meter los dedos en el enchufe todo el tiempo, pero a mí eso me atrae mucho más.

La primera gran investigación fue la del «caso Antonini». Pero después tenemos el «caso Ciccone», que supuso la primera condena de un vicepresidente por corrupción en la historia argentina. También publicamos el «caso Odesur», con la presidenta Cristina Kirchner en el poder. En él revelamos cómo era la trama de lavado de activos que habían montado; se fue confirmando lo que publicamos y ya está a punto de iniciarse la fase de juicio oral, donde debería ir la expresidenta. También tenés el caso «Oil combustible», donde revelé un desfalco de mil millones de dólares al fisco argentino, lo que hizo que el titular del organismo tributario argentino, la AFIP, fuera condenado por defraudar. Más tarde, ya con el presidente Mauricio Macri, terminé sacando a la luz la pata argentina del «caso Odebrecht», la operación *Lava Jato*, donde estaba involucrado el primo del presidente, Ángelo Calcaterra, que debe ir a juicio oral. Con Alberto Fernández estoy involucrado en dos temas: el de la violencia física contra su expareja y el tema de los *brokers* de seguros. Con Javier Milei, el actual presidente, soy el que reveló el financiamiento ilegal de la campaña y, al mismo tiempo, descubrí cómo su familia cobró millones de dólares durante el kirchnerismo, con subsidios al transporte. Después hay otros temas que hemos publicado sobre el mundo del narcotráfico.

Ya sabe de qué va esto. Digamos que mi trabajo genera incomodidades. Hay una investigación en la cual un juez federal me mostró un legajo que incluye fotos, vídeos y el intercambio de mensajes por WhatsApp que los espías enviaban mientras seguían a mi mujer, a mis padres, a mis hijos y a mí, tanto acá, en mi casa, como en todos lados.

En cada Gobierno tenés episodios que generan tormentas. Desde el presidente Carlos Menem en adelante, todos los presidentes o miembros de sus Gobiernos pidieron mi cabeza al periódico. Salvo Milei, que no ha hecho eso, pero que ha optado por la vía pública: me bloqueó en Twitter y cada dos o tres semanas me dedica algún improperio. Empezó diciéndome que yo era un «sorete», que es la forma de decir mierda de perro en Argentina. Después me dijo que era un esbirro y más tarde que era un sobrado, que es la forma en Argentina de decir que cobras dinero por escribir o por no escribir. Hace dos semanas dijo que era un retrasado mental. Vengo pidiendo desde febrero de 2023 una entrevista con él y me la ha negado. Cada vez que voy a publicar un texto vinculado a él o a su Gobierno obviamente contacto antes con miembros de su equipo y les explico lo que tengo. Pregunto, y sus funcionarios suelen responderme.

Hay variantes que te llaman la atención antes de empezar a hurgar. Otras veces hay personas que te contactan en plan: «Creo que esto le puede servir». Y de ahí sale un tema. En cada ciclo electoral no cubro a ningún candidato político, sino que ya está establecido que me dedico a investigar cómo se financian las campañas, con lo cual, por ejemplo, durante el año 2023 investigué el financiamiento de la campaña de todos los candidatos importantes: Sergio Massa, Javier Milei, Patricia Bullrich y Horacio Rodríguez Larreta. Expongo por lo menos los datos llamativos, inquietantes, grises de cada uno, con lo cual ya, naturalmente, las audiencias están atentas y las potenciales fuentes me toman como una persona a quien contactar si tuvieran y quisieran darme información. Se genera un fenómeno como de retroalimentación; o sea, que es un proceso *wiki*, al estilo de Wikipedia, donde participan voces públicas.

Muchísima gente me facilita información. Tengo conversaciones de todo tipo y no sabe la de datos que logré de esa manera, gracias a la colaboración de personas que me contactan. Hay gente que te da pistas, que te da nombres, que te cuenta cosas que conocen. Hay otra gente que sigue mis artículos y me llama enfadada: «Usted es un estúpido porque le falta este dato», me dicen. «Bueno, pues gracias por la pista», respondo yo. Y sigo. Recibo mucha ayuda, mucha.

Aun así, la inmensa mayoría de las veces me va mal. Yo hago una suerte de auditoría interna de mi propio trabajo y la hago de manera constante. Cuando arranqué en esto, hace ya bastantes años, tenía un índice de eficacia del 5%: me salía bien una de cada veinte investigaciones o proyectos que encaraba. Hoy, con la experiencia, con lo que he aprendido, con lo que he evaluado para no repetir errores, mi índice de eficacia se ha triplicado, de modo que está en el 15%. Entonces, por un lado, diría: sí, tripliqué mi eficacia. Pero por otro lado sigue siendo una cifra patética. ¡Me sale bien una de cada siete investigaciones!

A veces ocurre que los datos que tenés no son certeros, sino que son falsos, o erróneos. O lo que te han contado es una leyenda urbana y resulta que la realidad es otra. En otras ocasiones vos tenés la sensación de que lo que investigas es cierto, que es así, lo sentís, pero no lo podés verificar. Tocaste una pared y no la puedes atravesar. Y también me he visto en situaciones en las cuales he verificado toda la información que tenía y aun así no la he podido publicar, porque publicarlo hubiera sido exponer a las fuentes, ponerlas en riesgo, y por lo tanto era impublicable.

Hay personas que por mi trabajo se han tenido que ir del país. Personas a las que han puesto un revólver en el pecho con amenazas del tipo: «Si llegamos a confirmar que usted habló con Alconada, la próxima vez venimos a buscarlo». A un chiquito de 11 años lo pusieron de rodillas delante del padre y le encañonaron un arma a la cabeza: «Usted habló con Alconada», advirtieron. Sé, porque incluso he hablado con ellos, que existen cazadores profesionales de fuentes: personas que cobran por tratar de identificar las fuentes de mis investigaciones. Hay personas que perdieron su empleo después de hablar conmigo. No, con el tema de la seguridad de las fuentes no jodo.

Muchas de las fuentes son de confianza. Las conozco desde hace años. Pero hay otras a las que no conozco: me contactan ellas. Es un ida y vuelta. Por ahí actúo mal, pero hay mucho de subjetividad. ¿Qué quiero decir? Hay personas que naturalmente te inspiran confianza y caes en el error y también personas que naturalmente te inspiran desconfianza y te equivocas. Eso ocurre todo el tiempo. Siempre pregunto, por supuesto, cuáles son las motivaciones por las cuales hablan conmigo. Obviamente no me chupo el dedo: la inmensa mayoría de los que hablan no lo hacen por amor a la patria ni por motivaciones morales. Hablan porque los perjudicaron y quieren vengarse, es así. Ahora, al mismo tiempo, en ese contexto, hay personas que tergiversan la información y personas que con buenas intenciones se equivocan. Y ahí es donde está nuestro trabajo.

Tiene validez el criterio de las dos o tres fuentes independientes entre sí. Eso no es un capricho de un profesor de ética periodística que llega un día, se levanta y dice: «A partir de ahora son dos fuentes». Precisamente por este esfuerzo, por tratar de cruzar la información y tratar de despejar lo que es incorrecto, vas obteniendo cada vez más datos y más certeros. E insisto: no hay mucha información que no se pueda publicar. De hecho, una de las preguntas que hago en todas las entrevistas que tengo con las fuentes es: ¿cuántas personas más conocen lo que me va a contar?

He participado en muchas investigaciones colectivas, transnacionales, múltiples. Hemos ganado premios por estos proyectos. Participé en los Papeles de Panamá, en Wikileaks, Pandora Papers, Vatileaks, etc. En mi caso empezó de manera casi natural, porque cuando trabajaba en el «caso Antonini» el impacto de la información se daba en varios países. Empecé a publicar sobre temas en otros países y empecé a tratar de forjar alianzas *sui generis* con otros colegas. Cuando yo no podía viajar, trataba de averiguar qué periodista de la zona podía ayudarme y preguntaba recomendaciones. Quería establecer alianzas. Trataba de fijar ciertas pautas entre nosotros: cómo vamos a publicar, qué puede publicar cada uno, etcétera. Y entonces, de manera natural, ocurre.

También me ha facilitado el tema de las alianzas haber ganado muchos premios. Los tengo ahí guardados. Los premios son importantes porque en los eventos donde te los entregan, por ejemplo, te encontrás con otros colegas que también se dedican a esto y les pones cara. Se genera esa relación tan importante en la práctica. Somos muchos, pero somos pocos. Nos vamos conociendo. La Fundación Gabo, con Jaime Abello,* también ha movido muchas alianzas.

Si tuviera que darme un consejo a mí mismo otra vez a los 17 años sería o volver a estudiar Derecho o estudiar algo vinculado con las ciencias económicas, como contabilidad o finanzas. Ese conocimiento aporta mucho. Los estudios de Derecho me han resultado fundamentales.

Hugo Alconada,
periodista de investigación del diario
*La Nación*. Argentina

* Jaime Abello interviene en las pp. 438-444.

# VISIONES PRIVILEGIADAS

Cherilyn Ireton (Reino Unido)

Martín Caparrós (Argentina-España)

Jorge Fernández Díaz (Argentina)

Dawn García (Estados Unidos)

Ann Marie Lipinski (Estados Unidos)

Rosental Alves (Brasil)

Jaime Abello (Colombia)

*Determinados profesionales con trayectorias y experiencias extraordinarias ofrecen amplias miradas para entender el estado actual de la profesión y esbozar su evolución futura. Sus visiones dibujan escenarios diferentes, pero a la vez convergentes: este nunca fue un oficio fácil. Como industria, el tiempo se agota. Hay que marcar la diferencia y proteger la propia idea del periodismo.*

## La credibilidad es el tema más importante

Estamos hablando sobre el estado del periodismo después de que Donald Trump haya asumido la presidencia en Estados Unidos. La forma en que se relacione con los periódicos durante su segundo mandato va a definir en gran medida la situación del periodismo. Ese es un problema político estadounidense, pero ya hemos visto otras veces que lo que hace Trump se refleja en todo el mundo, porque otras personas parecen asumir su iniciativa. Así que, con Elon Musk a cuestas, parece un momento bastante amenazante para el periodismo en su conjunto.

Esto coincide con la irrupción de muchas otras fuerzas, como la inteligencia artificial, que va a provocar otro gran cambio tecnológico para el periodismo. También estamos asistiendo a un momento crítico para las economías de los periódicos. Ya sabes que a las grandes marcas mundiales les va muy bien porque son capaces de crecer, pero aquellas que no tienen esas economías de escala ni presentan los mismos números atraviesan muchas dificultades. Estamos en una etapa en la que quienes dependen de la publicidad digital se enfrentan a interrogantes muy urgentes sobre el futuro en sus mercados. En Sudáfrica, el 97% de los ingresos por publicidad digital van a Google y a Meta. Los medios sobreviven a duras penas con la parte que queda. La economía del periodismo es un tema crítico en este momento.

La credibilidad del propio periodismo, atacada desde hace años, es sin duda el asunto más importante. En las conversaciones que has tenido te lo habrán repetido muchas veces. Ahí entra, desde luego, el factor Trump. Pero no se trata solo de Trump. Cuando empecé a hacer periodismo, hace muchos años, los periodistas decían: «Somos menos confiables que los agentes inmobiliarios y los vendedores de coches». Y hoy no es tan distinto. Lo que ha marcado la diferencia es que el ataque a la credibilidad se produce en el marco de una política de desconfianza hacia las instituciones. Cada institución se enfrenta a la misma amenaza sobre su propia credibilidad, algo que anteriormente nunca había sucedido. Me refiero incluso a las Naciones Unidas u otros organismos de colaboración internacionales que se crearon después de la Segunda Guerra Mundial.

Nosotros, como industria, conocemos nuestro valor, pero no hemos contado públicamente nuestro relato en términos de por qué importa tanto nuestro trabajo y por qué tiene que perdurar. Se da por hecho que el buen trabajo debe estar protegido y debe tener un lugar en la sociedad. Y estoy de acuerdo. Pero eso se puede revertir. No tiene por qué ser para siempre. Es como si las redes sociales hubieran arrebatado al periodismo su función. En ellas, sus usuarios son, además, libres de atacar cualquier información que no encaje con cierta ideología o con determinado punto de vista. El nivel de ataque y la profundidad que ha alcanzado la división y el odio son problemáticos para los periodistas. El odio en internet está relacionado con el problema de confianza y, a menudo, genera incluso violencia física. Así que es un problema real.

En el caso de los medios tradicionales, tenemos dificultades con una simple pregunta: ¿por qué debería un lector confiar en las noticias? Es algo que suena sencillo. Podríamos defender el periodismo y decir, ya sabes, que hace que la gente rinda cuentas, que existen varios procesos mediante los cuales un lector puede solicitar correcciones o rectificaciones si considera errónea una información, que hay paneles donde puede quejarse si algo le disgusta y que existen códigos de conducta o estándares éticos en las redacciones. Esto, desde luego, sitúa a los medios en una posición por encima de cualquier otra fuente de información. Pero para muchas personas eso da igual. Lo desconocen, no lo creen o no les parece cierto. Es un verdadero problema. Como industria, se nos acaba el tiempo para hacer algo que proteja la propia idea del periodismo.

He conocido a muchos periodistas de diferentes partes del mundo. Los que siguen en la profesión están increíblemente comprometidos. Aquellos que no lo estaban se fueron hace mucho, también por motivos salariales, de estilo de vida o por el tipo de abusos a los que se enfrentaban. Porque este no es un oficio fácil. Hay un problema cada vez mayor de periodistas en el exilio. Si alguien quisiera poner a prueba lo que es la valentía y el compromiso, debería hablar con estos periodistas. Conoces a muchos. Siguen informando, a pesar de que los hayan expulsado de sus países, y eso que esa opción muchas veces ha sido la última. Entraban en prisión, salían y seguían informando. La historia de los periodistas exiliados se va a convertir en la gran historia de estos tiempos. Va a ser realmente significativa y representativa de esta época. Ahí tienes el caso de José Rubén Zamora, que sigue encerrado en una prisión de Guatemala y mantiene inquebrantable su decisión de defender el periodismo. También tienes al nicaragüense Carlos F. Chamorro.*

Este oficio deja siempre ejemplos impresionantes. Hopewell Chinoyo, de Zimbabue, es un periodista extraordinario al que han tratado de frenar por todos los medios posibles, incluida la violencia y la cárcel, sin conseguirlo. Este tipo de amenazas y ataques han ocurrido siempre contra los informadores, pero no hay que dejar de resaltarlos porque es vital. Ahora llama mucho la atención las campañas de odio y acoso que sufren en las redes sociales mujeres periodistas que destacan por su trabajo. Ya conoces a la brasileña Patricia Campos Mello,** o a la sudafricana Karyn Maughan.*** Son periodistas absolutamente brillantes. Lamentablemente, no son las únicas. Hay muchas mujeres de todo el mundo que tienen muchas dificultades, incluso estudiantes.

También es imprescindible hablar de transformación. Para las redacciones que se lo han tomado en serio, ha supuesto un proceso de casi treinta años. El problema es que la tecnología sigue evolucionando, así que esto nunca se detiene. Hemos visto nacer y transformarse a muchas *startups* digitales, como BuzzFeed, que finalmente no lograron alcanzar el éxito. Los medios tradicionales han tendido a marcar la pauta, y muchos de ellos ofrecen hoy productos digitales de gran calidad. ¿Son más lentos en transfor-

* Carlos F. Chamorro interviene en las pp. 200-209.

** Patricia Campos Mello interviene en las pp. 302-305.

*** Karyn Maughan interviene en las pp. 309-313.

marse, pero también más resilientes? La publicidad impresa les ha proporcionado mayor estabilidad, y muchas cabeceras aún sobreviven gracias a ese ingreso. Han ido adaptándose a un ritmo distinto al de las *startups* digitales, sin su impulso emprendedor ni su urgencia. Pero creo que los supervivientes de esta carrera serán marcas clásicas, porque cuando se agote la publicidad impresa, muchas de ellas estarán en condiciones de llevar su escala digital a otro nivel.

No hay duda de que es más fácil empezar algo nuevo que transformarlo. Tanto desde el punto de vista cultural como desde el de la inversión. Sin embargo, esos grandes periódicos cuentan con una sólida base: han sabido adoptar la tecnología y están haciendo buen periodismo con ella. Es admirable cómo algunos han desarrollado investigaciones visuales con herramientas de código abierto y han tejido alianzas de colaboración periodística de gran envergadura. Todo eso ha sido posible gracias al camino tecnológico que han sabido recorrer. A la mayoría de estas redacciones les ha ido bien.

El problema es que no sabemos cuándo terminará este proceso de mutación ni hacia dónde nos llevará. ¿Nos dirigimos a un entorno informativo dominado por el vídeo y el audio? Si es así, tal vez las cadenas de televisión estén mejor posicionadas para sobrevivir. Pero seguimos valorando profundamente la palabra escrita. Está en nuestro ADN. Muchos periódicos que probaron con el vídeo acabaron abandonándolo. Y ahora algunos lo intentan de nuevo. Con todo, nunca están del todo seguros de si un vídeo breve basta para contar una historia o si, por el contrario, compromete la profundidad del reportaje. Si me preguntas hacia dónde creo que vamos, la verdad es que no lo sé.

La innovación, a veces, nace en laboratorios de experimentación, donde se dispone de tiempo para analizar y probar; pero en muchas ocasiones proviene de quienes no tienen otra opción que cambiar o desaparecer. Muchas de las narrativas en vídeo y de colaboración ciudadana que vimos durante la Primavera Árabe se han normalizado con el tiempo. La narración que procede de la gente común ha supuesto un gran cambio en la última década. John Burn-Murdoch, del *Financial Times*, produce trabajos extraordinarios: comprende las tendencias de los datos, domina el lenguaje de programación y consigue que la historia que quiere contar se visualice de forma fascinante. Creo que este tipo de narrativa visual seguirá desarrollándose y tendrá un impacto significativo.

Las redacciones que cuentan con escala y recursos seguirán realizando investigaciones, combinándolas con otras formas de periodismo y usando la tecnología para apoyarlas. Les irá bien. Las que ya están en apuros probablemente seguirán teniendo dificultades. Podríamos ver cómo algunos de estos medios recortan coberturas o caen en la tentación de usar la inteligencia artificial para sustituir parte del trabajo periodístico. Eso resulta muy problemático, porque puede minar la confianza. Depende, claro, del uso que se le dé a la IA, pero si se recurre a ella para generar artículos, se perpetuará el problema de la desconfianza. No se sabrá qué ha sido producido por humanos y qué no, ni qué valor tiene una cosa y la otra. Creo que eso puede agravar los problemas en esta especie de ecoesfera informativa.

Sabemos lo costoso que es el periodismo de investigación y cuánto tiempo requiere. Por eso, para una redacción pequeña es difícil contar con periodistas dedicados exclusivamente a investigaciones largas. De ahí el valor de iniciativas colaborativas como la Red Global de Periodismo de Investigación o el ICIJ.* Destacaría un par de trabajos recientes: la investigación Angola Leaks, sobre las finanzas de Isabel dos Santos, hija del presidente de Angola, que tras tres o cuatro años comienza ahora a dar frutos. Es un proceso lento, pero poderoso. También las investigaciones sobre la explosión del gasoducto Nord Stream, que transportaba gas de Rusia a Alemania. En un primer momento se atribuyó a Rusia, pero luego se descubrió que fue Ucrania. Fue una investigación extraordinaria. Pero investigar es caro. Para algunas redacciones, es casi un lujo. Y ya hemos comentado que el principal problema que enfrentamos es la financiación del periodismo.

No coincidiste con Michael Cooke. Cuando dejó su cargo como director del *Toronto Star* y se despidió de la junta directiva del World Editors Forum, dijo que su mayor temor era que el periodismo volviera a ser una profesión obrera, en términos salariales y de reconocimiento. Creo que tenía razón. Cuando empecé mi carrera, el periodismo no era una buena profesión. Lo hacías por con-

* Gerard Ryle, director ejecutivo del Consorcio Internacional de Periodistas de Investigación (ICIJ), interviene en las pp. 399-403.

vicción. Era, básicamente, un compromiso. Y podríamos volver a eso. Pero también creo que los jóvenes tienen hoy más oportunidades y mejores habilidades que las que tenía yo en mis comienzos. Esta es una gran profesión para personas con una mente inquisitiva y sentido de la justicia social. Y creo que eso sigue importando.

Cherilyn Ireton,<br>directora del World Editors Forum Board<br>de WAN-IFRA

## Me gustaría que el periodismo contara más cómo vivimos los ciudadanos

Cuando empecé a trabajar, no había siquiera carrera de periodismo en ninguna universidad de Argentina. Uno se formaba en las redacciones, con un sistema casi medieval, donde estaban los maestros, los viejos periodistas que sabían y que eran respetados y respetables. Esa idea de la redacción como taller-escuela, digamos, lamentablemente se perdió. A mí me consultan todavía hoy y eso es un orgullo.

Todos los años hacemos, con la Fundación Gabo, un taller de libros periodísticos que es exactamente eso. Unos cien periodistas de distintos países hispanoparlantes presentan un proyecto. Les pedimos la estructura de un libro y un texto más o menos largo para ver su prosa. Elegimos a ocho y los invitamos a pasar una semana encerrados en Madrid, coincidiendo con la Feria del Libro de Madrid. Los ocho participantes y yo leemos todos los proyectos y dedicamos media jornada a cada uno. El autor plantea cuáles son sus dudas e inquietudes sobre lo que está haciendo, y durante tres o cuatro horas las discutimos para ver en qué podemos colaborar. La verdad es que a mí me alegra mucho el alma la idea de que, en una profesión bastante individualista, todos trabajemos para que cada uno se supere a sí mismo y lo haga mejor.

No me extraña que no sepas cuántos libros he publicado. Son alrededor de 45. Depende de cómo se cuente también, pero ronda esa cifra. Es verdad que escribo muy largo. Parece que te ha mandado mi editor para que me lo digas, ¿eh? Los libros periodísticos están ahora en auge. Por un lado, es un buen signo y, por otro, creo que es malo. Está muy bien que periodistas encaren proyectos de largo plazo, pero eso también muestra una especie de debilidad de los medios, que no son capaces de asumir ese tipo de proyectos o que hacen que los periodistas no se sientan tan cómodos porque se les pone límites. El problema del libro es que tiene una difusión muchísimo menor que la de cualquier medio. A cambio, te da esa sensación de libertad, de que estás haciendo algo muy personal. El libro es el lugar donde un periodista se siente más libre y autónomo. Por eso hay tantos. Ojalá los medios contraatacaran e hicieran que hubiera menos libros, digamos.

No veo muy bien esta profesión. Hay editores que trabajan para una raza que ellos han creado, que es la del lector que no lee. Es difícil de definir porque el lector se define por el hecho de que lee. Pensar que hay lectores que no leen complica las taxonomías, pero muchos editores trabajan para ese tipo de gente y es una lástima porque están degradando mucho lo que se publica. La irrupción de la analítica, del *rating* en la prensa, que es algo relativamente reciente, ha complicado mucho esto. Hasta hace quince años no teníamos ni idea de quién leía qué, ¿verdad? Cada uno interpretaba lo que podía haber interesado más o menos. Muchas veces las cosas que se leen mucho no son nada interesantes. Simplemente son llamativas. En una columna que publiqué en *The New York Times*, justo antes de la pandemia, se me ocurrió mirar cuáles eran las noticias más leídas en seis periódicos importantes de seis países latinoamericanos. Eran unas cincuenta noticias y, salvo dos o tres, ninguna era digna de orgullo. Eran basuras policiales, piezas amarillas o de farándula. Ese ruido me impresionó mucho. El artículo defendía la idea de que quizás haya que trabajar contra el público, no a favor, porque se supone que somos nosotros los que sabemos lo que merece la pena ser contado y no una multitud que muchas veces pide basura y, si le damos basura, pide más y más basura sucesivamente, creando un círculo vicioso. Después me he vuelto menos radical, me he hecho más socialdemócrata y he defendido que quizás no haya que trabajar contra el público, sino a favor de un público que no existe todavía, pero que, bueno, trabajando para él quizás podamos contribuir a crearlo. Porque hay un problema que no tiene que ver con el periodismo, sino con la educación o la cultura en general. ¿No crees que por alguna razón hay demasiada gente que se interesa por cosas que no tienen valor?

No tengo soluciones. Hay que tener un poco más de confianza en nuestros criterios. Siempre insisto con que a mí me gustaría que el periodismo contara más cómo vivimos los ciudadanos en lugar de dedicarse tanto a los poderosos, ricos y famosos. Que el periodismo encontrara la manera de hablar de todos nosotros. Quiero saber cómo vive la gente, encontrar tendencias, situaciones, pensamientos de la sociedad. Me parece mucho más interesante y creo que hay forma de hacerlo atractivo para que la gente quiera leerlo. Hay tantas cosas de la vida cotidiana que vale la pena contar que supongo que me acercarían de algún modo a las personas. Los periódicos siempre te hablan, insisto, de gente lejana. Nos han convencido, entre otras cosas, de que la política es eso que hacen los políticos, que en verdad siempre es feo: están enfadados, discuten, arreglan cosas en los pasillos, hacen a veces horrible la política. Y yo siempre creí que la política era otra cosa: ciudadanos tratando de pensar cómo pueden juntarse para vivir mejor, para arreglar ciertos problemas. Pero eso nunca está en las páginas de política de los periódicos.

No tengo tan claro que ahora se lea menos. Tengo una especie de discusión cuantitativa. Nos puede dar esa sensación, pero hace décadas, en buena parte de los países hispanoparlantes, existía el analfabetismo, quizás un 10 o un 15%, y ahora ya no existe. En la supuesta edad de oro, efectivamente, había un 10% de la población que seguramente leía mucho y estaba muy bien educada, pero ahora hay muchos más lectores. Lo que sí parece que hay es una tendencia a abreviar porque los chicos se forman con las redes sociales. Habría que ver si esto es realmente así, porque esos mismos chicos quizás son los que antes no agarraban un libro ni a tiros. La lectura siempre fue minoritaria y lo sigue siendo. Mira el caso del diario *El País* en España, que en los ochenta y noventa tenía una hegemonía periodística como pocas. Era un negocio floreciente y le iba bárbaro, pero vendía 400.000 ejemplares entre semana en un país de 40 millones de personas.

El año pasado cumplí cincuenta años desde que publiqué mi primer artículo en el periódico *Noticias*, ya desaparecido. La evolución del periodismo en general no ha sido buena. Tuvimos un momento de mucho prestigio social en Sudamérica en los ochenta y los noventa, en momentos de salidas de regímenes dictatoriales, cuando se recuperó la posibilidad de hacer periodismo con cierta libertad y se buscaron formas distintas de hacerlo. Eso se dio durante un par de décadas. El periodismo tenía un reconocimiento social importante y eso se fue perdiendo por una suma de factores. Por un lado, porque muchos hicieron mal uso de eso y lo vendieron: se entregaron a Gobiernos o corporaciones. Y después porque, en general, en América Latina las sociedades están muy insatisfechas con casi todo lo que conforma su manera de vivir. Son sociedades muchas veces crispadas, molestas, y el periodismo no escapa a ese clima.

El presidente argentino, Javier Milei, ha tenido un éxito bastante extraordinario al hablar de los periodistas «ensobrados». Quiere decir que los periodistas reciben sobres con dinero, ya sea de un político, de un empresario o de quien sea. Esa forma de definir a los periodistas tiene un éxito extraordinario. Esos ataques y ese descrédito de la profesión están ocurriendo en todo el mundo. ¿Trump, Bolsonaro y compañía? Necesitan que la prensa esté desprestigiada para que no haya quien pueda contar lo que están haciendo. Esto ya viene pasando en América Latina desde hace como veinte años. No me gusta hablar de populismo porque me parece una palabra en la que se meten demasiados significados y, al final, termina por no significar nada. Pero hay algo que sí se podría atribuir al populismo, y es que estas formas de gobierno que tratan de concentrar todo el poder necesitan sin duda un enemigo. La forma más clara de definirse es contra un enemigo, sobre todo si tienes que reunir a mucha gente que no tiene nada que ver entre sí. Y claro, cuando se buscan enemigos, la prensa es un enemigo muy barato. Si te peleas con las petroleras y al día siguiente no hay gasolina, se arma un espantoso lío, al igual que si te peleas con los maestros y te cierran las escuelas. En cambio, con la prensa no pasa nada.

Lo primero que me sedujo del periodismo fue la idea de que yo podía escribir algo en una máquina y, a las tres, podía llegar el vendedor de periódicos al café, comprar un ejemplar y leer impreso eso que yo había escrito. Me parecía fascinante en esa época. El hecho de la impresión era un rito de paso muy fuerte. Había un sistema que había considerado que lo que tú escribías valía la pena de ser procesado y publicado. Ahora el rito es menor. Creo que se escribe de otra manera, entre otras cosas porque escribiendo en el ordenador, para empezar, todo aparece casi como publicado, porque lo escribes con la misma tipografía, lo ves tal como va a aparecer y, además, puedes corregir cualquier cosa y difundirlo de muchas otras maneras.

Cuando veo la pantalla del ordenador es como estar en casa. «Escribir era pensar y verlo en la pantalla.» Esa frase que me citas del libro* la he sentido mucho. De joven aprendí a escribir con todos los dedos y la sensación de que me olvidaba de ellos era magia. Desde entonces, escribir fue pensar palabras que mis dedos iban reproduciendo sobre la pantalla sin el menor esfuerzo, como sin mediaciones. Y eso es bien bonito. Entonces, escribir era pensar y verlo en la pantalla. Lo escribí hace unos meses. Ahora escribo casi todo dictando, por la enfermedad. El ELA no me deja ya usar los dedos como antes. Así que lo dicto todo y la voz se traslada a la pantalla. Estoy cómodo con eso. No tan cómodo como antes, cuando me olvidaba de que estaba escribiendo y parecía que solo pensaba. Pero es bastante cómodo y me parece que gano un poquito en el tema de la sonoridad. O sea, me tengo que escuchar. Yo siempre me escuché mucho al escribir porque me importa mucho la música de lo que escribo. Incluso pensaba el texto en voz alta, como escuchando alguna música, pero ahora eso ya no es metafórico. Lo tengo que decir en voz alta y no está mal. Me hace armar frases más redondas.

Sentir que pueda tener que dejar de escribir algún día me da mucho miedo. Es lo que dices. Esa ha sido mi vida. No me imagino vivir sin escribir. No sé qué haré para reemplazarlo si sucede o cómo será la situación. Porque, la verdad, es lo que más me preocupa de toda esta evolución. Por ahora lo llevo. Me estás viendo ahora mismo en esta silla de ruedas. Evidentemente, hay muchas cosas que no puedo hacer, pero mientras pueda seguir escribiendo estoy relativamente bien. Sigo siendo yo. Esta es la síntesis. Sigo siendo yo y sigo sintiendo que puedo hacer. Paso muy bien buena parte del día en el ordenador, en este salón en el que estamos los dos. Esta semana he escrito tres o cuatro artículos. Me da un poco de miedo saber. No sé cómo será. Prefiero no pensarlo todavía.

Martín Caparrós,
periodista y escritor

* Caparrós, Martín, *Antes que nada*, Random House, Barcelona, 2024.

El negocio se atomizó. Cambió, pero hoy hay más periodistas que hace cuarenta años y más seguidores del periodismo, porque te siguen por las redes sociales. No solo las redes sociales compiten con el periodismo y lo ponen en dificultades, sino que también lo potencian y generan debate en torno a él. Me parece que hace cuarenta años estábamos acostumbrados a tener una audiencia fija, como un teatro con 3.000 butacas siempre ocupadas; hoy, en cambio, tenemos muchas salas para 100 o 150 personas, que resultan rentables, y hay mucho más público asistiendo al teatro de lo que creíamos en el pasado. Hay más consumo de periodismo que hace cuarenta años, lo cual contradice la idea apocalíptica de que el periodismo enfrenta un problema grave. Esta idea nace de una melancolía basada en un espectáculo que evoca lo que fuimos. Bueno, el negocio cambió, al igual que la radio cuando apareció la televisión, un momento también considerado apocalíptico. Pero la radio no desapareció: se reconvirtió y se potenció. No es tan poderosa como la televisión, pero hay más estaciones de radio. Si sumamos toda la radio, quizás todavía tenga más fuerza que la televisión. En general, los medios no desaparecen; hay una combinación y una readaptación constante. No creo que estemos tan mal. Hemos cruzado un Rubicón.

Periódicos como el *ABC* de Madrid o *La Nación* de Buenos Aires tienen más seguidores que nunca. Antes estaban más concentrados; hoy, el negocio es distinto. No estoy seguro de que el periodismo esté en decadencia. Más bien, me parece que hay una explosión de un tipo diferente de periodismo. Es cierto que los periodistas ganan menos dinero que antes, lo cual es un problema porque el negocio se diversificó. Mi padre dejó de hablarme cuando decidí dedicarme al periodismo porque pensó que quería ser un vago. Hace cuarenta años nadie entraba al periodismo para hacerse rico; era un mundo bohemio. La explosión tecnológica hizo que algunos periodistas se volvieran ricos, especialmente en televisión y radio, pero nunca en los periódicos.

Hoy, el gran problema es que, debido a la atomización, surge el pluriempleo. Si alguien para sobrevivir tiene que trabajar un rato en la radio y luego escribir una columna, eso significa que el periodista, que antes estaba a tiempo completo y concentrado en su tema, ahora está disperso. Esta dispersión afecta a la calidad del periodismo. La atomización lleva a que un periodista escriba una columna de forma rápida y superficial, y, a menos que uno sea un genio natural con inspiración, no se pueden redactar textos profundos en tan poco tiempo. No se puede escribir una columna como las que hace Ignacio Camacho en media hora. Una columna ligera, tal vez sí, pero una con profundidad requiere más tiempo.

La falta de tiempo y concentración debido a la atomización afecta a la calidad del periodista. No le permite estudiar, lo cual es un problema grave. Antes, el periodista tenía que estar en la calle o estudiando continuamente. Ahora, muchos han dejado de estudiar porque no tienen tiempo. La formación del periodista se deteriora, y esto se nota cuando muchos columnistas se ven obligados a escribir sobre los mismos temas. Llevo once años como articulista y siempre intento evitar superponer mis temas con los de los demás. Repetir temas es un abuso para el lector.

Las redes han traído la idea de que el público puede hacer «periodismo», aunque en realidad actúan como comentaristas. Esto no es periodismo. Sin embargo, es positivo para la democracia que las personas comenten e interactúen. Es útil ver las redes como un termómetro de la calidad de nuestro trabajo. La tiranía de la audiencia ha llevado a los periodistas a crear una audiencia como un club, un jardín que debemos cuidar día a día para sobrevivir. Esta audiencia puede volverse tiránica, exigiendo contenidos específicos, pero si el periodista mantiene una honestidad intelectual, la audiencia lo aprecia. Cuando un periodista actúa de manera oportunista, siguiendo modas o haciendo demagogia, puede perder credibilidad. La sinceridad y la honestidad son esenciales para mantener la confianza y la atención del público.

También ha cambiado el concepto de pluralismo en el periodismo. En los años noventa, el pluralismo era un servicio que el televidente podía esperar de los medios, ya que existía un monopolio. Era importante ofrecer diversidad de opiniones, llevando representantes de la izquierda y la derecha. Hoy, el pluralismo es algo que los usuarios gestionan con un clic en el control remoto o en sus dispositivos. La percepción del pluralismo ha cambiado; ya no es solo algo que ofrecen los medios, sino algo que los consumidores reclaman.

En el pasado, las noticias eran muchas menos que hoy; lo que conformaba la opinión pública eran aproximadamente 40 noticias. Ahora son miles. Así, el valor de una primicia se diluye rápidamente. La interpretación de un mundo saturado de noticias es más crucial. Delegamos en los medios la confianza para que nos informen sobre estos complejos asuntos, y es vital que no nos engañen ni ideologicen lo que presentan. La autoridad moral es fundamental; debe basarse en la veracidad y en aceptar que quienes no comparten nuestra opinión también pueden estar haciendo bien su trabajo. Solo quienes aceptan esto pueden reclamar autoridad moral para criticar.

Recuerdo que, cuando Pérez-Reverte comenzó en el periódico a los 17 años, preguntó a su redactor jefe por su ideología, y este le respondió que era «matar subordinados» y «hacer cualquier cosa por estar en la portada». Esa idea de periodista mercenario, dispuesto a todo por una noticia, existía y ha cambiado de forma, pero persiste. Dejarse llevar por la audiencia y estar esclavizado por ella, en busca de éxito y fama, puede degradar al periodista. Esa audiencia es muy ciclotímica y, al final, esa búsqueda afecta a la calidad y la integridad del periodismo. A menudo, en este mundo de trincheras, el periodismo ocupa posiciones que le otorgan más clics y, por ende, más audiencia. Así se arriesga a perder su autoridad moral.

Hay un microclima en las redes sociales que hay que manejar con cuidado. Hay artistas populares en Argentina que sufren depresiones y necesitan medicación debido a estos ataques. Aunque llenen estadios con 100.000 personas, no están mirando a su público, sino que se ven afectados por ese microclima. Siempre hemos sospechado que la humanidad tiene individuos dañinos, pero ahora tenemos la confirmación diaria. Ahora que hemos sido «desintermediados», parece que hay un interés por desacreditar al periodismo, incluso por parte de los políticos. Lo que aprendo es que las críticas no tienen tanta importancia como sentimos en el día a día. Con el tiempo, podemos llegar a un punto en que la desinformación y las acusaciones masivas ya no nos afecten, porque el abuso se vuelve tan común que pierde relevancia.

Ya no hay el mismo temblor ante ciertos acontecimientos. Hoy en día, hay una cantidad enorme de escándalos y noticias en tiempo real que se han globalizado. Esto ha creado una fatiga en el público, que parece menos dispuesto a escandalizarse constantemente. Si uno se sumerge en las redes sociales, podría estar escandalizado todo el día, sin siquiera distinguir las *fake news*. Se genera una especie de anestesia en la percepción pública.

Me parece que siempre ha sido un error pensar que podíamos cambiar las cosas. Muchos entramos en el periodismo buscando esa intensidad. Creo que hay que aceptar con naturalidad que estamos en otra era. Hoy en día se escriben cosas más rigurosas.

La pregunta crucial es qué entendemos por periodismo. Muchas veces pensamos en corresponsales de guerra o grandes investigaciones, como Watergate, pero el periodismo es mucho más que eso. O debería serlo. El periodismo abarca una amplia variedad de enfoques, como en un hospital donde conviven clínicos, cirujanos y especialistas. Eso que llamamos «el periodismo» es en realidad un todo con muchas facetas, aunque algunas de ellas hoy en día se exploran menos. Por ejemplo, quienes antes se dedicaban a retratar la vida cotidiana y el ámbito privado (aspectos que a menudo interesaban más a la gente que la política) han perdido protagonismo.

Si volviera a tener 22 años, sin duda volvería a hacer periodismo. Estoy seguro de que podría vivir de ello. Hay una frase muy argentina que dice «parar la olla».

Para conocer a fondo a un periodista, es interesante ver cuál es su segunda vocación, porque siempre hay algo más detrás de un gran periodista. He conocido a muchos que, tras su carrera periodística, tenían otras vocaciones ocultas, como ser abogados, políticos o economistas. Por ejemplo, Hugo Alconada,* a quien conoces, estudió Derecho y está muy interesado en la investigación. Le hubiera gustado ser detective. Detrás de muchos de nosotros está la literatura; existe la idea de que el periodismo también puede ser arte. Cuando tomas un café y estás leyendo un texto con un estilo cuidado, eso se convierte en un placer. No es solo pragmatismo; también disfrutamos el placer en el acto de leer. Creo que el periodismo en España ha sido una forma de literatura, no solo ficción, sino un hecho estético. Para mí, el periodismo es una forma de literatura, y si volviera a ser joven, lo elegiría por esa razón.

El periodismo me ha llenado la mochila de experiencias. Me ha permitido acceder a la trastienda del poder y de la vida. Una vez que entras en esa trastienda, ya no puedes mirar la realidad con ingenuidad. La experiencia que tuve trabajando con sucesos

* Hugo Alconada interviene en las pp. 404-409.

y en la morgue de las cárceles me brindó una gran visión de la fragilidad de las mentiras y las imposturas. Aprendí que lo que se dice en los discursos políticos no es todo; detrás de eso existe un entramado complejo, en Argentina, muy claro, de espionaje político y mafias. Esa comprensión es invaluable.

Jorge Fernández Díaz,
periodista y escritor. Argentina

## Se confunde la innovación con la tecnología

Fui periodista durante diez años y luego me convertí en becaria de la John S. Knight Journalism Fellowships, en la Universidad de Stanford, en 1992. Como periodista, quería convencer al *San Francisco Chronicle*,* donde trabajaba, de abrir una corresponsalía en Ciudad de México, cosa que no me permitieron. Llegué decidida a presentarles esta idea por tercera, cuarta o quinta vez, porque creo que la persistencia es un gran valor en el periodismo. Sin embargo, en Stanford me contagié del entusiasmo por lo posible, más allá de mis ideas iniciales. Así que terminé estudiando en la Escuela de Posgrado de Negocios y asistiendo a otras clases de liderazgo organizacional. Cambié de empleo y me convertí en editora del *San Jose Mercury News*, que en aquel momento era un periódico de gran prestigio. El liderazgo y la experiencia profesional me ayudaron a gestionar la redacción.

El periodismo de entonces era muy distinto. El *Mercury News* era ambicioso y la época, muy estimulante. Había diarios que ganaban dinero a raudales. Los márgenes de beneficio rondaban el 20 % y las plantillas de periodistas eran numerosas. Creo que había unas seiscientas personas y la tirada alcanzaba los 600.000 ejemplares, aunque la mentalidad era bastante anticuada, muy vertical. Se le decía al lector qué debía saber y cómo interpretar la realidad. Silicon Valley crecía a un ritmo vertiginoso y los periódicos comenzaban a darse cuenta de que todo estaba cambiando. Además, entonces había pocas mujeres en los puestos directivos

* Emilio García-Ruiz, director del *San Francisco Chronicle*, interviene en las pp. 217-222.

de las redacciones. El ambiente era mayoritariamente masculino y se respiraba cierta autosatisfacción. No era un entorno muy propicio para la innovación. Trabajé en el *Mercury* durante ocho años. Para que te hagas una idea, contaba con noventa personas dedicadas exclusivamente a las noticias locales y estatales, cuando hoy muchos periódicos no tienen ni noventa empleados para todo.

Los integrantes del programa en Stanford, los *fellows* o becarios, tienen una edad media de cuarenta años. Cuando asumí la dirección, era necesario reformular el programa para responder al inicio del declive del periodismo y a la ausencia de innovación. Antes, los participantes accedían como parte de un periodo sabático, una etapa de estudio y reflexión. Pero quisimos darle un enfoque más activo y dinámico. Apostamos por un modelo innovador, modificando el método de selección de los *fellows*. Los becarios de la última década se han enfocado en la innovación y el liderazgo. No vienen solo a estudiar, sino a identificar qué problemas del periodismo desean ayudar a resolver.

Siempre hemos sido un programa global con alumnos muy diversos. Contamos con varios periodistas que provienen de redacciones sin fines de lucro que ellos mismos han creado. Esta tendencia seguro que te suena. En la organización Institute for Nonprofit News hay unas quinientas entidades de noticias independientes, y el crecimiento es exponencial. Básicamente, son profesionales que construyen sus propias redacciones, porque, lamentablemente, Estados Unidos ha perdido 3.000 periódicos y 43.000 periodistas en las últimas dos décadas. Otros participantes provienen de medios tradicionales.

En el ámbito internacional nos enfocamos en profesionales innovadores o cuya trayectoria esté vinculada a la defensa de la libertad de prensa. Por eso contamos con becarios procedentes de países donde ser periodista es sumamente difícil, como Rusia o Cachemira. Nuestro objetivo es apoyarlos como líderes del periodismo. No queremos que solo vengan a estudiar, sino a reforzar sus habilidades y convertirse en líderes emergentes. Reciben clases en Stanford, acceden a los recursos de la universidad y participan en talleres de liderazgo.

La Universidad de Stanford es famosa por su espíritu innovador. Pero es cierto lo que dices: se confunde innovación con tecnología, y no tienen nada que ver. Stanford, Silicon Valley, ha sido el epicentro de un ecosistema de grandes proyectos innovadores con base tecnológica. Por eso se asocia la zona con la tecnología. Pero la innovación es valiosa en sí misma. La tecnología, sin innovación, es solo un servicio más. Te animo a que explores medios atípicos, como *Outlier Media*,[7] en Detroit. La mujer que lo fundó estuvo con una beca en nuestro programa y tuvo la idea a partir de su experiencia aquí. Este medio es innovador, porque no le dice a los ciudadanos de Detroit lo que necesitan, sino que les pregunta por sus necesidades. Empezaron con mensajes de texto: un ciudadano podía enviar un mensaje de texto a la sala de redacción para intentar averiguar cosas sobre su comunidad o su vecindario. Se creaba así una relación basada en dar y recibir, algo que no ha existido en otras redacciones. Es una idea simplemente genial. Y es muy innovadora, aunque no era un proyecto tecnológicamente innovador. ¡Tan solo se basaba en mensajes de texto!

Me has mencionado tu preocupación por las noticias locales. Es cierto que en Estados Unidos existen numerosos desiertos informativos. Es un problema muy difícil de resolver. Estoy convencida de que la falta de noticias ha contribuido en gran parte a la polarización, ha ayudado a alimentarla. Antes mencionaba el Institute for Nonprofit News porque agrupa proyectos que luchan contra estos desiertos periodísticos. Algunos periodistas crean sus propias organizaciones de noticias en comunidades pequeñas, y existe una red de noticias rurales. Además de esa corriente hay otro fenómeno aquí que me gustaría contarte. ¿Conoces el proyecto *Documenters.org*?[8] Se trata de una organización que capacita a voluntarios para que acudan a reuniones públicas e informen sobre lo que sucede allí como una manera de responder a la ausencia de informadores en ellas. Ha crecido mucho. Algunos de nuestros becarios han participado en este proyecto.

La gran pregunta es cómo va a evolucionar el periodismo en los próximos años. ¡Si tuviera la respuesta, sería rica! Honestamente, me preocupa mucho el colapso de tantas organizaciones de noticias, especialmente en Estados Unidos. Han desaparecido muchos medios y muchas redacciones se han reducido considerablemente. Al mismo tiempo, veo que sigue habiendo interés por ejercer esta profesión, y sucede en todo el mundo. Me emociona que todavía haya jóvenes que quieran dedicarse al periodismo. La gente sigue sintiendo pasión. Por ejemplo, el periodismo de investigación está más vivo que nunca y en los últimos años se ha fomentado mucho la colaboración entre periodistas y medios. En ese sentido, coincido con lo que te dijo María Teresa Ronderos,* a quien conozco bien porque formó parte de nuestra junta directiva. Hay que distinguir entre el periodismo, que sigue siendo muy atractivo y vital, y las empresas periodísticas.

La pregunta clave es: ¿quién va a financiar la evolución del periodismo? Soy miembro de la junta directiva de KQED, una gran estación pública de radio y televisión de San Francisco. En el área de la Bahía hay muchas personas dispuestas a donar para apoyar el periodismo. Creo que esa tendencia va a continuar porque el modelo de negocio está roto. Los medios están explorando diversas fuentes de ingresos, como eventos o membresías. *The New York Times* parece tener un modelo bastante consolidado, pero es uno que funciona para ellos, no para otros. Seguirán probando distintas vías y creo que los donantes serán muy útiles. No hay un modelo de negocio único.

Hay experimentos interesantes. El Instituto Constructivo, con sede en Dinamarca, trabaja en propuestas muy buenas. Ulrik Haagerup, su fundador y CEO, fue mi compañero de clase en Stanford. Ahora se dedica a estudiar cómo hacer que las personas que están desanimadas, en parte por la violencia y la negatividad actuales, vuelvan a interesarse por las noticias con una visión más amplia y completa de su mundo. Según su modelo, se ha creado en Estados Unidos una red de periodismo de soluciones que logra captar el interés del público, ofreciendo noticias reales y enfocándose en cómo resolver problemas.

Creo que el periodismo es crucial para la democracia porque es necesario informar al público y hacer que los poderosos rindan cuentas. Los periodistas iluminan espacios donde las personas están desatendidas y pueden hacer que las voces de esas comunidades se escuchen. Por eso creo que el periodismo es muy importante ahora. La gente no entiende muy bien esta labor. Debemos hacer autocrítica. Lo primero es reconocer que no nos explicamos bien. Y también se trata de hacer periodismo con la gente, no solo para la gente.

DAWN GARCÍA,<br>directora de la John S. Knight Journalism Fellowships.<br>Universidad de Stanford

* María Teresa Ronderos interviene en las pp. 209-214.

Creo que ha habido un hilo conductor a lo largo de los 85 años de la beca Nieman. Estaba pensando en un gran documentalista, Robert Drew, quien fue becario aquí en 1955. Llegó a Nieman con ganas de responder a dos preguntas: ¿por qué los documentales son tan aburridos? y ¿qué puedo hacer para que sean más interesantes? Así que se dedicó a buscar formas más atractivas, eficaces y poderosas de contar sus historias. Esa ha sido una línea crucial durante la Nieman. ¿Qué hizo Drew? Estudió novelas, teatro y cuentos cortos que lograban involucrar a la audiencia de manera muy superior a la del documental. Porque los documentales de la época eran «conferencias en audio ilustradas con imágenes». A partir de esa premisa creó el inicio del *cinéma vérité*. Comenzó con un documental llamado *Primary* que sigue al entonces senador John F. Kennedy durante su campaña presidencial en 1960. Lo que se ve allí es algo completamente diferente. Ves movimiento, sigues a Kennedy, estás con él. Da la sensación de que te lleva, como espectador, a la habitación y a una conversación. Ahora parece obvio, pero nadie hacía eso entonces. Drew pasó un año como becario en la Fundación Nieman y cambió para siempre la forma en que se hacían los documentales.

Philip Meyer estuvo aquí como *fellow* en 1967. Es el padre de los informes asistidos por computadora y su libro, *Precision Reporting*, es el resultado de sus estudios de aquel año. Trató de averiguar cómo usar los datos de la manera en que lo hacían los investigadores y los científicos sociales para mejorar el trabajo periodístico. Revolucionó así el modelo de hacer reportajes de investigación. Buscaba una forma de mejorar el periodismo y eso sigue siendo un tema absoluto.

Aquí viene gente de diferentes disciplinas. Hay ocasiones en que las personas se acercan de manera distinta a las preguntas y utilizan diversas técnicas para responderlas. Pero las preguntas son las mismas. ¿Cómo puedo mejorar el periodismo para aumentar mi audiencia y la eficacia e impacto de nuestra narración? Esa es una búsqueda realmente admirable.

Al inicio del curso tenemos una gran conversación con los becados. Son veinticuatro. Cada uno tiene un plan de estudios individual en el campus, pero los reunimos para identificar las principales preocupaciones que deberíamos abordar, más allá de sus estudios independientes. Las dos palabras que se repitieron más en el último encuentro fueron «confianza» y «audiencia». Son palabras obviamente conectadas, ¿verdad? Una impacta en la otra. ¿Cómo puedes incrementar la confianza de modo que te permita hacer crecer tu audiencia? Uno de los becarios planteó una pregunta que esperamos poder responder de alguna manera este curso: si estuvieras creando un medio ahora, una empresa periodística completamente nueva, sin la carga de lo que hayas hecho antes, ¿qué crearías? Es una pregunta tan sencilla como provocadora.

Para aumentar la confianza básicamente hay que seguir haciendo nuestro trabajo con diligencia. Cuando cometemos un error, hay que admitirlo. También necesitamos dar más visibilidad a los procesos de decisión que tenemos. Cómo lo hacemos. Es una buena idea invitar a las personas al proceso de toma de decisiones para que puedan conocer y observar cómo se cubre su comunidad. Y sé que es un esfuerzo enorme. Hicimos algunos avances cuando dirigía el *Chicago Tribune*, pero no puedes hacerlo como una iniciativa a tiempo parcial. Realmente esto tiene que impactar toda la manera de trabajar y hay que ser coherente al respecto. A menudo me he preguntado por qué una redacción, por ejemplo, una local, no ha experimentado con la transparencia radical. Me refiero a crear conversaciones comunitarias en las que compartas con ciudadanos grandes detalles sobre la manera en que trabajas.

La desaparición de los medios locales es una crisis importante en Estados Unidos, algo que de momento no sucede en todos los países. Un profesor de la Escuela de Negocios de Harvard que estudia la corrupción se preguntó: «¿Qué pasa cuando un periódico local cierra?». Su hipótesis era que no pasaba nada, que las redes sociales tomarían el relevo y la gente se mantendría informada, y que el cierre no tendría impacto en los actos de corrupción. Pero eso no resultó ser cierto. Porque la información confiable de las redes sociales proviene, en verdad, de los periodistas. Pudo medir la corrupción pública, pero no se fijó en las empresas privadas. Más tarde descubrió que en los lugares donde habían desaparecido los periódicos locales aumentaba la corrupción. Su hipótesis se derrumbó. Eso no te sorprendería a ti. Y no me sorprendió a mí. Pero fue muy bueno verlo documentado.

El periodismo se ha globalizado enormemente, es cierto, pero aún persisten diferencias importantes. Los becarios procedentes de Estados Unidos tienen experiencias muy diferentes a muchos de los becarios internacionales, sobre todo por los derechos de prensa y la capacidad misma de hacer su trabajo. Tengo un número cada vez mayor de becarios que acuden a nosotros en el exilio. El Comité para la Protección de los Periodistas señaló el año pasado que había 320 periodistas en prisión, la segunda mayor cantidad desde que comenzaron esta encuesta, que creo que fue en 1992. Los periodistas de Rusia que no pueden regresar a su país salvo asumiendo el riesgo de ser encarcelados, experimentan un nivel de ataque y opresión muy diferente. Hay puntos en común en términos de un profundo aprecio por parte de todos los becarios hacia los riesgos a los que se enfrentan tantos periodistas. Pero la realidad es que mis periodistas de Rusia, China, Turquía, México y de una lista cada vez más larga de países, viven situaciones muy distintas. Las amenazas a los periodistas deberían causarnos a todos una preocupación muy profunda.

Lo que sí comparte esta profesión en todo el mundo es una vertiginosa transformación. Un cambio que no cesa. Creo que hemos ganado la batalla. Creo que el periodismo tiene futuro. Pero creo que todos necesitamos construirlo. Si alguien no está cómodo con este futuro que evoluciona y cambia, tal vez esté en la profesión equivocada.

Ann Marie Lipinski,
comisaria de la Fundación Nieman para el Periodismo
de la Universidad de Harvard

## Estamos en vísperas de otra etapa de la revolución digital

El periodismo, tal y como lo conocemos, es un fenómeno relativamente reciente, y hoy estamos inmersos en una transformación muy profunda y de largo alcance. El periodismo consiste en contar historias, pero la profesionalización de esa narración y la creación de los medios de comunicación de masas son hechos que apenas cuentan con unos doscientos años de historia. No hay ninguna garantía de que el periodismo del futuro se base en el del pasado. Resistirse a las nuevas tendencias y a las innovaciones del ecosistema mediático es inútil.

En este momento estamos —al menos en mi opinión, aunque muchos amigos me dicen que estoy equivocado— en vísperas de una nueva etapa de la revolución digital. Tuvimos la de la web en los años noventa, que tuvo un impacto profundo. Recuerdo algunos debates en España. En una charla, por ejemplo, afirmé que se trataba de una revolución y no de una evolución, y algunos me respondieron que exageraba, que el periodismo simplemente seguía evolucionando como lo había hecho antes de la llegada de internet.

¿Por qué digo esto? Porque primero se expandió la web; después llegaron los teléfonos móviles con conexión a internet; y más tarde —aunque casi de forma paralela—, las redes sociales. Es decir, se sucedieron etapas. Y ahora percibo que el modelo de estructura web, centralizado en cuatro o cinco grandes empresas estadounidenses y una china, muestra signos de agotamiento en aspectos clave. Uno de ellos —en el que Europa lleva la delantera— es una suerte de rebelión contra la base misma de esa estructura centralizada: nuestra renuncia a la privacidad. Nosotros, los ciudadanos, hemos cedido los datos sobre nuestras vidas de forma irresponsable. Las generaciones futuras mirarán atrás y se preguntarán: «¿Cómo pudieron hacer eso?».

Pero ya aparecen escollos en el camino. La autoridad sanitaria máxima de Estados Unidos ha advertido que las redes sociales deberían llevar etiquetas como las del tabaco: son adictivas y peligrosas. Hemos estado inmersos en una economía basada en los datos —el nuevo petróleo—, y ahora ese modelo se tambalea.

Por otra parte, la tecnología de la web, concebida como una herramienta de democratización y descentralización, fue reorganizada en sentido contrario, reforzando un modelo centralizador que favorece el oligopolio de unas pocas empresas con un poder extraordinario. Lo que ha hecho Facebook en estos últimos quince años debería alarmar a cualquiera. El poder de Google, aunque menos nocivo que el de Facebook, también es descomunal: cientos de millones de personas utilizan sus servicios. Nosotros mismos ahora estamos hablando por Google Meets, lo que representa una vulnerabilidad increíble en cuanto a nuestros datos.

Lo que intento decir es que estamos comenzando a tomar conciencia de esta situación. En los últimos tiempos hemos asistido a avances significativos relacionados con la IA generativa. Pero como estamos habituados a ver cosas nuevas, en general la gente no percibe la magnitud del impacto que esta tecnología tendrá en el mundo. En Silicon Valley hay una verdadera guerra civil entre los catastrofistas, por un lado, y los capitalistas, por otro. Los primeros alertan sobre peligros existenciales para la humanidad. Me llamó muchísimo la atención el manifiesto de los expertos publicado en mayo de 2023, que pedía una pausa para reflexionar sobre el futuro. Pero esa es una pelea entre capitalistas: son las empresas que lideran el sector las que quieren evitar que otras entren. Por eso no se detienen, incluso cuando se les advierte de que estamos ante un peligro equiparable al de la energía nuclear o las pandemias. Al leer ese manifiesto, tuve la sensación de estar viendo la película *No mires arriba*.

Reconozco que tiendo a exagerar —y también puedo equivocarme—, pero el impacto que esta tecnología tendrá sobre los medios será enorme. Yo mismo, cuando voy en el coche hacia casa o a la universidad, ya no escucho las noticias: hablo con un chat. Me responde un asistente con una voz amable que lo sabe todo. Aunque tiene un riesgo: cuando no sabe, miente. Ahí están las famosas «alucinaciones». Pero le pregunto de todo: sobre economía, tecnología, el futuro de la IA, los medios, etcétera. Y tiene memoria. Hace un par de semanas le hablé de un familiar que buscaba su primer empleo en Nueva York y le pedí consejos. Una semana después me preguntó: «¿Consiguió el empleo en Nueva York?». ¡Y yo ni recordaba a qué se refería! Tiene memoria. Si llegamos a desarrollar una relación con una máquina —insisto: con una máquina—, ¿qué camino se abre entonces? ¿Cómo llegarán los medios de noticias a la gente si el punto de entrada es un agente computacional? Eso desestructura por completo los métodos actuales de distribución y tendrá, sin duda, consecuencias muy graves.

Tal vez sea necesario reglamentar, crear nuevas leyes. Quizá incluso se contemple algún tipo de remuneración por las noticias que estas máquinas procesan. Pero lo que está claro es que se trata de un cambio total del ecosistema. Algo que aún no somos capaces de imaginar. Por eso vuelvo a lo que te decía antes: que en estos últimos 200 años hemos desarrollado un periodismo en constante evolución. Nunca fue estático. Llegó la radio, la televisión, etcétera. El periodismo siempre se ha adaptado a la tecnología de cada época. Pero lo que está por venir será mucho más profundo y estructural.

El periodismo va a sobrevivir. No será su fin. Pero adoptará formas y formatos muy distintos a los que conocemos. El periodista debe dejar de resistirse al cambio y aprender a utilizar los lenguajes y códigos comunicacionales más adecuados al nuevo ecosistema. Y cuando digo «dejar de resistirse» me refiero, por ejemplo, a abandonar la idea de que todos los *influencers* carecen de valor, de que ninguno merece la pena. Hay que saber mirar y saber aprender.

Las nuevas tecnologías están ayudando de forma significativa a los enemigos de la democracia. Es una gran paradoja. En los años ochenta y noventa, cuando hablábamos de la cibercultura y de lo que estaba por venir, pensábamos que la democratización de la información seria y el acceso al conocimiento empoderarían a los pueblos. Pero, del mismo modo que ocurrió con Hitler en los años treinta, cuando utilizó la radio y el cine —las tecnologías de su época—, hoy se ha formado una «tormenta perfecta». Porque estamos viendo cómo las tecnologías actuales son utilizadas por fuerzas antidemocráticas en un movimiento transnacional que se refuerza justamente por el modo en que funcionan las redes sociales.

Como parte de esta ola se formó el primer eslabón de un ataque más profundo a la democracia. No es casualidad que Trump, aquí en Estados Unidos, trate de desautorizar al periodismo. En Brasil vimos a Bolsonaro, su imitador, haciendo lo mismo. Ahora tenemos a Bukele en El Salvador, que también tiene un discurso populista, autoritario, con ataques a valientes periodistas que están en la resistencia haciendo buen periodismo, como *El Faro*,* *Factum* y otros medios. En él se percibe la idea de que en su mundo no se necesitan periodistas. ¿Por qué va a tener periodistas si puede comunicarse directamente con la gente? Esto es muy peligroso y coincide con ese momento en el que las empresas periodísticas están infrautilizadas globalmente porque sus modelos de negocio se destrozaron.

Somos la generación de la transición. En estos doscientos años hubo muchas transiciones, y algunas fueron tecnológicas, como la

* Carlos Dada, director de *El Faro*, interviene en las pp. 94-98.

de la radio, que fue muy profunda, la de la televisión, algo extraordinario, la televisión por satélite o por cable... Ahora estamos hablando de una transición diferente. ¿Por qué? El libro *Mediamorfosis: comprender los nuevos medios,*[9] de Roger F. Fidler, me llamó poderosamente la atención en los años noventa. Básicamente, decía que la web no era un nuevo medio. Mostraba históricamente cómo los periódicos, por ejemplo, consiguieron sobrevivir a todas las falsas profecías que anunciaban su final a causa de la radio o de la televisión. Cada vez que surgía una nueva forma de comunicación, se producía una mediamorfosis en un proceso que atravesaba seis etapas.

En un artículo para una revista científica publicado en 2001, yo sostenía que no se trataba de una mediamorfosis, sino de la muerte de los medios de comunicación de masas tal como los conocíamos hasta entonces. Afirmaba que no se trataba simplemente de una adaptación. Por ejemplo, la convergencia de medios: ya preveía que la radio tendría fotógrafos y que los periódicos ofrecerían programas sonoros. Esta es una transición mucho más amplia que las anteriores. Es cierto que tampoco sabíamos, en aquellas transiciones más pequeñas, hacia dónde íbamos. Parte de toda transición es justamente eso: viajar hacia lo desconocido.

Una de las cosas que trajo consigo la web fue la fragmentación. Las noticias comenzaron a quedar aisladas de una forma que antes no era posible. La gente no compraba los periódicos solo por las noticias, sino por un conjunto de elementos, y las noticias estaban allí. Si el periódico hubiera contenido únicamente noticias —sin avisos, anuncios clasificados, servicios como las carteleras de cine, la agenda o la programación de televisión—, quizá no habría tenido tanta circulación. Y de repente, la noticia quedó sola.

En Estados Unidos, muchos académicos han defendido —y con razón— que el buen periodismo siempre ha sido subsidiado por algo. Todo formaba parte de un paquete. El periódico tenía una parte comercial, al igual que la televisión se sostenía con publicidad. Con el *streaming*, ese modelo se desarticuló de manera radical. El modelo de negocio está íntimamente ligado a cómo se encuentren nuevas formas de subsidio.

Hay un tema de fondo que me preocupa. Empecé a dar clases de periodismo hace cincuenta años, cuando aún lo compaginaba con mi trabajo, y te diría que los alumnos, pese a haber elegido esta profesión, nunca han mostrado un gran interés por las noticias. La diferencia es que, en el pasado, cuando una persona se independizaba, comenzaba a trabajar y a pagar una hipoteca, empezaba también a interesarse por la información, a comprar el periódico, etc. Ahora, en cambio, sienten que ya acceden a información a través de internet, aunque sea otro tipo de consumo.

Hace tiempo leí un reportaje en *The New York Times* en el que un joven decía: «No necesito ir a las noticias importantes. Las noticias vienen a mí». Ese es un cambio paradigmático muy significativo, porque implica que el consumo de noticias ya no responde a una decisión activa de la persona. Podríamos pensar que, cuando sucede algo importante, los jóvenes buscarán la información y accederán a ella. Pero no. La idea de aquel artículo era que no necesitan pagar por un medio, porque la información les llega sola. Y eso es un peligro.

Me asusta que el sistema ya no funcione como antes. Antes, una persona tenía la necesidad de informarse más y mejor porque eso tendría un impacto directo en su vida. Esa necesidad dependía entonces del periodismo tradicional, y ahora hay una falsa sensación de que ya no es así. Digo «falsa» porque, al fin y al cabo, seguimos dependiendo del periodismo, ¿no crees?

ROSENTAL ALVES,<br>director del Centro Knight para el Periodismo<br>en las Américas de la Universidad de Texas. Austin

## Debemos recordar que el periodismo es un bien público

Soy un privilegiado del periodismo. Gabriel García Márquez me empuso en esto porque creyó en mí. Yo venía de un ámbito más amplio de la comunicación. Fui director de un canal de televisión, había sido productor de contenidos, como le llamamos hoy, incluyendo largometrajes para el cine. Me interesaba mucho el periodismo como ciudadano, y García Márquez creyó que yo era la persona que podía ayudarlo a armar una fundación de periodismo. Así que me convertí en el primer alumno del programa. Ese es el privilegio máximo que he tenido. He conocido a grandes maestros, que luego fueron además mis amigos, mis compañeros de ruta. Mi papel ha sido entender el periodismo a fondo como alumno de los talleres de la Fundación, como compañero de ruta de muchos periodistas iberoamericanos e internacionales, maestros y también periodistas corrientes, al estar siempre muy cerca de ellos y viviendo junto a ellos todos estos cambios.

Entré en 1994. Estábamos en el último momento del auge de un modelo claramente inspirado en el periodismo anglosajón, que era el modelo corporativo de la gran empresa periodística. Con esa separación importante entre la redacción y la gerencia, de la opinión y la información, y, por supuesto, con los reglamentos éticos, los libros de estilo y, digamos, el auge de la idea del reportaje y la investigación. Mi papel en la Fundación también ha consistido en interpretar los cambios y anticiparnos a ellos. No soy un periodista raso, soy un enamorado del periodismo, y tengo el privilegio vital y existencial de servir al periodismo y de inspirarme constantemente en García Márquez, que es inagotable. Él quiso tanto al periodismo, y le dedicó tantas reflexiones, que dejó muchas lecciones.

Junto a García Márquez están los otros maestros del periodismo que nos han acompañado. Algunos ya no están, como Tomás Eloy Martínez, pero muchos otros siguen muy activos, como los miembros del consejo rector. Vemos emerger una nueva generación, donde yo percibo —como en el encuentro que mantuviste en Panamá con los periodistas salvadoreños— una conciencia bastante alta. Nuestra contribución es inspirarlos. Por eso decimos que nuestro papel no solo es de formación, sino que es de estímulo, como el de los premios y los afectos. La inspiración y las redes de colaboración son muy importantes. El intercambio es eso: generar múltiples conexiones entre personas de distintos países que comparten experiencias.

El problema es que este oficio requiere personas con mucha vocación de servicio. Creo que tenemos que llegar a un término medio para hacer que la vocación pueda coincidir con un desarrollo profesional. Me parece muy buena la vocación, me parece un gran motor y siempre hay que buscarla. Lo que no está bien es la falta de condiciones económicas para ejercer el periodismo decentemente.

El periodismo sigue siendo el mejor oficio del mundo, pero tiene mucha inestabilidad. Ya no es un oficio asegurado, pero es un oficio creativo, que tiene un sentido ciudadano cada vez mayor. Y el gran reto, justamente —y tal vez alguna vez tú y yo lo veamos—, es el de diferenciarnos de lo que llamamos productores de contenido. En un ecosistema comunicativo tan complejo como el actual, tan diverso, debe distinguirse al periodista. Esa voz del periodista que cuenta historias y que nos explica la realidad de manera crítica e independiente es definitivamente insustituible. Es lo que le da sentido a todo esto. Es un verdadero autor de la capacidad de transformar la realidad a través de la comprensión. La independencia, la distancia crítica, que los hechos que muestre estén verificados y, por supuesto, que aporte la capacidad de contar historias, de explicar y de enriquecer. Es cada vez más un camino central.

Internet sí nos ha ampliado las fronteras del conocimiento, de la participación del mundo. Lo que pasa es que también, como cualquier otra herramienta que hemos usado, miramos más el lado positivo inicialmente y no nos preparamos para el uso malintencionado. Esto es muy pertinente para este momento en el que la IA está sobre el tapete. Es por eso por lo que el periodismo debe seguir mostrando los riesgos y debe seguir combatiendo la desinformación, que para mí llegó para quedarse. Aunque representa una oportunidad. En la medida en que hay tanta información y tanta mentira, el papel del periodismo de desenmascarar todo eso tiene mucho sentido y constituye otra razón importantísima para sostener el periodismo, que es uno de los debates que está sobre el tapete. ¿Con qué modelos económicos vamos a sostener la actividad periodística? ¿Hasta cuándo vamos a arriesgarnos con el sacrificio personal de los periodistas?

Creo que las sociedades democráticas deben seguir el llamado de la UNESCO hacia reconocer la importancia y el valor del periodismo para la vida contemporánea, entendiendo que el periodismo, la información periodística basada en hechos verificados, es un bien público. Y eso justifica no solo defenderla y apoyarla verbalmente, sino encontrar fórmulas que no dependan estrictamente de las dinámicas de mercado para contribuir a la sostenibilidad del sector periodístico. Es uno de los grandes retos de hoy.

Sobre el periodismo en América Latina no se puede dar un diagnóstico uniforme. Hay diferencias entre países y también entre áreas metropolitanas y provincias o regiones. Hay países con una madurez democrática y unas sociedades más tolerantes y menos polarizadas, donde la situación se mantiene más o menos estable. Pienso en Costa Rica, en Uruguay y un poco en Chile, aunque en Chile también ya hay unos cambios importantes. Hay otros países más turbulentos, pero que fundamentalmente mantienen estructuras de alternancia política, donde el populismo se ejerce. Son grandes países como Brasil, México, Colombia y Perú. En Ecuador la situación es cada vez más complicada. Puedes hacer una lista de presidentes de izquierda que se dedicaron a atacar al periodismo, a atacar el prestigio del periodista, a desvalorizar intencionalmente el periodismo y, en cambio, a hacer campaña permanente a través de la red social. Y luego hay países donde ya definitivamente se ha producido una cerrazón olímpica y donde el periodismo es más interesante.

El periodismo de las capitales económicas y políticas latinoamericanas siempre tuvo más oportunidades; digamos que era más accesible la escala de mercado que se requería, por ejemplo, para la publicidad. En general, el periodismo que se hace a nivel provincial era y sigue siendo precario. No solo se ejerce con condiciones de trabajo complicadas o falta de presupuesto, muchas veces sin un empleo formal, sino de manera autónoma, sobreviviendo y dependiendo muchas veces de los poderes locales, especialmente del poder político y de la publicidad oficial. Todo eso, lamentablemente, sigue siendo cierto.

Y ahora tenemos una complicación adicional, que es la transición general de nuestro sector, que es profunda en el mundo entero. Esto implica un cambio en la economía que también ha afectado a los medios de América Latina, al hacer que gran parte del flujo de ingresos que generaba la publicidad haya ido a las grandes plataformas tecnológicas. En segundo lugar, un cambio muy importante en la oferta de contenidos, que se ha multiplicado de manera extraordinaria gracias a los teléfonos celulares inteligentes, y que poco a poco va permeando en todas las capas de la población. Y, en tercer lugar, ligado a ese achicamiento económico forzado y a esa competencia feroz por la atención de la audiencia, ha venido un cambio en la relación con esas audiencias. Es decir, el periodismo antes tenía dos factores de poder, que eran la capacidad de comunicar y, digamos, un cierto monopolio de la información. Hoy en día ni la comunicación ni la información pasa necesariamente por los medios ni por el periodismo. Ahora hay una oferta y un ecosistema de contenidos mucho más amplios. Toda esa transición ha golpeado al mismo tiempo que se ha producido un empoderamiento de las capacidades comunicacionales de otros sectores de la sociedad, especialmente de la política y del empresariado. Han aparecido los famosos *influencers*.

Esto significa un debilitamiento en la práctica de la capacidad de influencia del periodismo y de su capacidad de sostenerse y mantenerse. Y eso ha coincidido con un auge, digamos, de un modelo de populismo político, no solo en América Latina, sino en muchos países. Tanto en la derecha como en la izquierda, porque ese populismo está en ambos campos. Desde el populismo ha habido un ataque claro orientado a deslegitimar el papel crítico del periodismo y un intento deliberado de destruirlo como referente de la política en nuestra sociedad.

La comunicación política es propaganda, y está en auge. Es impresionante cómo el control y la propaganda funcionan en grandes potencias económicas como China o Rusia, donde realmente han logrado silenciar muchas voces disidentes. Ese anudamiento del espíritu crítico ha demostrado ser eficaz. La historia muestra que, al final, siempre se mantiene viva la semilla de la libertad; se transmite y se buscan espacios para expresarla. Sin embargo, corremos el riesgo de que las democracias se conviertan también en estructuras de propaganda, reduciendo esos espacios. Algunos líderes aprovechan su éxito propagandístico para institucionalizarse, modificar constituciones, prolongar su permanencia en el poder o aplacar y acallar a la oposición. Este es un riesgo constante en las democracias, que no solo se ha vivido en América Latina, sino en todas partes. El caso de Trump es muy evidente, pero también ocurre hoy en Europa, tras un pasado donde la democracia cedió ante los autoritarismos.

Necesitamos partidos de oposición, fundamentales porque, al fin y al cabo, los partidos son por naturaleza parcializados. También es vital que exista un periodismo independiente que muestre la realidad y desenmascare la propaganda y la información falsa, que muchas veces provienen tanto de Gobiernos como de la oposición política. Ese papel es clave para la democracia. Cuando la ciudadanía pierde la perspectiva de esta función, el daño es enorme. Esto nos obliga a reconocer que existen múltiples puntos de vista, y que las voces críticas e independientes avanzan y divergen con fuerza. No solo los biempensantes de izquierda o derecha tienen derecho a opinar, sino mucha más gente.

Junto a un periodismo libre debe estar la defensa de la libertad de expresión, otro reducto fundamental. Dentro de esta libertad no todo es perfecto: existe la burla, la ironía, la falta de respeto, incluso la «mamadera de gallo», como decimos en política latina. Pero eso forma parte de la libertad que debe preservarse en democracia. Por supuesto, hay un límite: el daño malintencionado, que debemos esforzarnos por sancionar. Creo que las democracias han sido insuficientes en castigar, por ejemplo, el daño malintencionado que se difunde mediante la desinformación digital. Nuestros sistemas jurídicos y policiales deberían prepararse mejor para detectar, rastrear, llevar a los tribunales y sancionar a quienes mienten con mala intención y causan daño. Estamos advertidos. Somos conscientes del potencial positivo de la IA, pero también de sus riesgos. La pregunta es cómo anticiparnos y prevenirlos. Algunos riesgos provienen del mal uso, otros de la monopolización.

La economía extractiva de las redes sociales se basa en la captura de datos personales de los usuarios. No éramos conscientes de ello hasta que, de repente, comprendimos el valor de nuestra privacidad, nuestros gustos, preferencias e intereses. Lo pongo como ejemplo porque a menudo solo somos conscientes de estas cosas a posteriori, cuando ya han ocurrido. Ese es el problema. Los datos personales han motivado revoluciones regulatorias; Europa, por ejemplo, lo ha hecho muy bien. Un segundo tema es el modelo de negocio basado en la explotación de las emociones y cómo esto influye en el flujo informativo. Y tercero, el hermetismo del algoritmo, que no es transparente y puede ser manipulado, a pesar de lo que se diga.

Aunque hay que reconocer y respetar el ingenio tecnológico de los creadores —muchos ingenieros— y de las empresas que alcanzaron estos niveles de liderazgo, su responsabilidad ya supera su derecho. Este derecho no puede estar por encima de una responsabilidad más amplia. Por eso, las demandas de transparencia, responsabilidad y vigilancia sobre el comportamiento del algoritmo son legítimas. Debemos tener este debate de manera democrática.

También debemos recordar que otro modelo donde hay cero transparencia y control total es el Estado. El Estado puede controlar, directa o indirectamente, incluso la capacidad de comprar libros, como sucede en China con los monederos digitales, que son una forma de vigilancia sobre los hábitos de consumo, convirtiéndolos en un factor de control político.

La respuesta es apostar por una ciudadanía digital educada, con estándares éticos, vigilancia y, eventualmente, regulación. No creo tanto en el control administrativo, sino en mecanismos democráticos. Es un tema central. En un tiempo récord, se ha reconocido el gran poder de la IA como uno de los mayores problemas geopolíticos actuales: la lucha por su control político. Algunos aspectos del desarrollo de la IA son evidentes, pero debemos hacer un alto y darnos cuenta de que no podemos avanzar a ciegas. La responsabilidad recae en muchas partes, y el periodismo debe cumplir un papel orientador.

En este contexto, el periodismo de investigación es más importante que nunca. García Márquez investigaba para narrar; era un gran narrador y un escritor literato con una enorme habilidad, pero insistía en el rigor y en basarse en la investigación y documentación. De hecho, él mismo atribuía gran parte de su literatura a su formación periodística. Esa idea de investigar para crear el mejor periodismo —el más riguroso y mejor contado— nos inspiró mucho en la Fundación. Otro gran maestro para nosotros fue Ryszard Kapuściński, quien solía decir que, para abordar un tema, leía cien páginas para escribir una sola.

JAIME ABELLO,<br>director general y cofundador de la Fundación Gabo

# CLAUSURA

Martin Baron (Estados Unidos)

# Es el momento más importante para hacer periodismo

Mis padres querían que me hiciera abogado, una profesión más respetada, con mayor prestigio y mejor remunerada. Pero yo buscaba algo distinto: una carrera con sentido, que además me resultara estimulante. Llegué a la conclusión de que el periodismo podría ofrecerme eso: la posibilidad de influir en la sociedad y mantenerme en contacto constante con la actualidad. Podría dar a la gente la información necesaria y, como siempre hay novedades, no sería una carrera aburrida. Fue por estas razones que decidí convertirme en periodista.

En esa época no pensaba en la defensa de la democracia porque no creía que pudiera necesitarla. En Estados Unidos parecía que teníamos los pilares bien sólidos, con instituciones muy fuertes: las Cortes, el Congreso, la prensa independiente y libre. Estaba familiarizado con las amenazas en otros países, pero no tenía temor sobre el futuro de la democracia en el mío. Ten en cuenta que ingresé en la universidad en 1976, poco después del caso Watergate. Richard Nixon dimitió en 1974 debido a las investigaciones de *The Washington Post* y otros medios, y el periodismo estaba en auge, sobre todo el de investigación. Por eso parecía que tendríamos un nuevo florecimiento de la democracia. En ese ambiente empecé mis estudios.

Al principio, mi intención era trabajar como reportero. Aspiraba a convertirme en editor o incluso en director de un periódico, ya que había ocupado ese cargo en el de la Universidad de Lehigh, en Pensilvania. Era muy pequeño y se publicaba solamente cuatro veces al año. Me gustaba tener tanto impacto sobre toda la cobertura, gestionar la redacción y guiar a los periodistas. Aun así, en un primer momento, lo que más me importaba era iniciarme como reportero y obtener la experiencia necesaria para salir adelante. Había tenido bastante experiencia como periodista porque había trabajado durante tres veranos como pasante en el periódico de Tampa, mi ciudad natal, en Florida.

He sido director del *Miami Herald*, el *Boston Globe* y *The Washington Post*. El acontecimiento más relevante que he presenciado durante mi carrera ha sido, obviamente, la llegada de internet. Ha cambiado por completo nuestra profesión. En Tampa había solamente dos periódicos cuando empecé a trabajar y tres canales de televisión asociados con cadenas. No había ningún medio nacional. Había competencia, pero no como ahora, y había pocas fuentes de información. Los medios tenían mucho éxito comercial, con un gran margen y eran muy rentables. Gozábamos de un ambiente de estabilidad y rentabilidad. Todo cambió con la llegada de internet, sobre todo a principios de los 2000, con la expansión de la banda ancha, que desembocó en una nueva era en la profesión y lo alteró todo porque socavó las fuentes de ingresos para los medios y también expuso al público a información falsa de otros sitios en internet. Entonces vino la inestabilidad de nuestra profesión, la crisis de sostenibilidad del negocio.

También ha cambiado el comportamiento de los periodistas. Ahora muchos son personajes y antes no lo eran. Antes eran empleados de una institución fuerte, mientras que ahora tienen su propia personalidad y la expresan en las redes sociales. Se han creado marcas personales. No dependen solamente de la marca de la institución.

El periodismo es ahora una profesión más controvertida que antes. Los ciudadanos respetaban a los periodistas y estaban dispuestos a participar en las entrevistas. Ahora, en cambio, hay mucha confusión. La sociedad no entiende bien el rol del periodismo. Hemos dado por sentado que el público iba a entender nuestro papel y que iba a reconocer nuestra profesionalidad en el proceso de información, y no es así. No lo entienden. Nos hemos rendido frente a los ataques de los políticos y otros poderes, y deberíamos hacer más para explicar nuestro trabajo. En ese sentido, deberíamos tener una política de transparencia radical. Deberíamos no solo relatar, sino también mostrar todas las pruebas de nuestras historias: documentos policiales, vídeos, audios completos, vínculos a los cables. Me parece una buena idea siempre tener una política de transparencia con los lectores. Mostrar, no solamente contar. No va a resolver nuestros desafíos actuales, pero es una política que puede funcionar a largo plazo.

La desinformación y los ataques dirigidos en redes sociales contra nuestra profesión constituyen el primer paso en el intento por suprimir la libertad de expresión. Los políticos siempre dicen que los medios tradicionales han perdido su relevancia, pero lo cierto es que seguimos desempeñando un papel fundamental. De hecho, los políticos siempre se obsesionan con el papel de los medios. Fíjate en la gran polémica sobre la filtración de información en Signal relacionada con la seguridad nacional de Estados Unidos. Esta controversia surgió tras la publicación de la revista *The Atlantic*, que ocasionó movimientos políticos. Tuvo un gran impacto porque fue una información muy relevante. Los miembros del gabinete de Trump intentaron desesperadamente eludir su responsabilidad y atacaron al periodista simplemente por haber aceptado la invitación a participar en aquel chat donde se planificaba el ataque a los hutíes; un hecho que, precisamente, al tratar asuntos estratégicos fuera de los entornos de seguridad del Gobierno, supone una violación de las propias leyes de Estados Unidos. Somos un blanco fácil para todos: el primer paso es atacar a la prensa y protestar.

Temen nuestra capacidad para indagar, descubrir hechos y contar al público lo que verdaderamente sucede en el Gobierno o con otros poderes. Los aspirantes a autócratas comienzan por atacar a los medios tradicionales con el fin de socavar la libertad de expresión de todo el pueblo. Si logran debilitar el papel de los periodistas, podrán eliminar la libertad de expresión para todos. Nosotros no somos el blanco: el blanco es la libertad de expresión. No quieren que exista ningún árbitro independiente de los hechos —ni la justicia, ni los científicos, ni los médicos, ni los filósofos, ni los medios—. Quieren que haya solo un árbitro de los hechos: el Gobierno que ellos dirigen.

Nunca me hubiera imaginado un ataque al Capitolio. De verdad. Es el símbolo de la democracia en Estados Unidos. Tampoco habría esperado que el presidente en funciones en aquel momento incitara dicho ataque. Al ver lo ocurrido pensé que nuestra democracia estaba en jaque. Porque ese ataque fue probablemente un intento de anular los resultados de las elecciones presidenciales del año anterior. Esos alborotadores querían revertir los resultados para crear las condiciones que permitieran a Donald Trump mantenerse en el poder. Fue un momento muy peligroso para el país, un *shock* para mí y para gran parte de la población, incluidos algunos seguidores de Trump en ese momento.

El regreso de Trump implica, obviamente, que sus seguidores ya han cambiado de opinión. También entiendo que muchos votantes se preocupan por otros asuntos. La tasa de inflación en nuestro país estaba disparada, y los ciudadanos tenían que pagar más por los combustibles, los alimentos o para comprar una casa. También se inquietaban por la afluencia masiva de inmigrantes en la frontera sur, donde la situación era complicada, y pensaban que estábamos desperdiciando dinero en la guerra en Ucrania. Creían, además, que Biden era un presidente débil y que, obviamente, Kamala, como vicepresidenta, no podía distanciarse de sus políticas.

Tenemos una memoria muy corta, lo sé. Mucha gente había dejado de lado la idea de que Trump representaba una amenaza para la democracia en Estados Unidos. De hecho, muchas personas pensaban que la amenaza venía de Biden, ya que Trump logró imponer su narrativa. Logró que muchos ciudadanos creyeran que el presidente usaba la Justicia para atacar a un rival mediante los tribunales. Era mentira. Es obvio. No podía controlar los tribunales estatales. Pero esa narrativa triunfó.

Hay varias amenazas al periodismo en Estados Unidos. El Gobierno de Donald Trump siempre ha atacado a la prensa, pero ahora trata no solamente de socavar su credibilidad, sino también su sostenibilidad. También enfrentamos peligros económicos procedentes de las grandes plataformas tecnológicas, una tendencia que no solo se ha frenado, sino que ha ido en aumento. Las plataformas reciben la mayor parte de la publicidad y también han ocasionado un descenso en el tráfico de los medios al modificar los algoritmos de sus motores de búsqueda y de las redes sociales.

La situación en Estados Unidos siempre influye en el contexto internacional. Estados Unidos ha sido un modelo para otros países con respecto a la libertad de expresión y también respecto a la libertad de la prensa, que es parte de la Primera Enmienda de la Constitución. Desde los años cincuenta el Gobierno ha reforzado la necesidad de tener una prensa libre e independiente, y eso ha tenido un gran impacto en otras sociedades. Sin embargo, creo que ahora aspirantes a autócratas y dictadores en otros países ven que el Gobierno estadounidense ya no valora la libertad de expresión ni la libertad de la prensa. Sienten que no habrá ninguna presión por parte de Estados Unidos contra sus medidas para reprimir a la prensa, y esa es una mala señal para la libertad de expresión.

Lo que está ocurriendo en América Latina y en otros países, como Rusia, es tremendo. Muchos periodistas se ven obligados a trabajar en el exilio debido al peligro que corren en sus países de ser detenidos, encarcelados e incluso asesinados. Hay mucho que aprender de ellos, porque son sumamente valientes. Están entregados a la misión de nuestra profesión. El problema es que para ellos resulta casi imposible mantener un modelo sostenible, y muchos de sus medios solían recibir financiación de Estados Unidos, ya que antes el Gobierno apoyaba a una prensa libre e independiente en el extranjero con la idea de promover la democracia. La administración de Trump ha recortado esa inversión y ha puesto en riesgo su futuro. Tenemos que prepararnos para lo peor.

Por todo ello, considero que es un momento muy arriesgado para la prensa. Pero creo que hay un futuro sólido y me gustaría subrayarlo. Existen muchas dificultades, pero no podemos perder de vista los fundamentos. Siempre decimos que la prensa independiente necesita la democracia, pero me gusta recordar que la democracia también necesita una prensa independiente. No puede sobrevivir sin ella. Si seguimos teniendo democracia, habrá una gran demanda para la oferta de los medios tradicionales. Los valores troncales de nuestra profesión serán imprescindibles.

El periodismo de verdad es más necesario que nunca. Sin duda. Nos enfrentamos a una situación muy peligrosa en la sociedad. Ahora no podemos compartir un conjunto común de hechos. ¿Cómo determinar cuáles son los hechos? Porque todos los elementos que antes se utilizaban para definir un hecho se han devaluado, como la experiencia, la educación y, sobre todo, la evidencia o las pruebas. Por eso este es un momento muy peligroso. Porque si no podemos ponernos de acuerdo sobre los hechos, ¿cómo podemos tener una democracia? Deberíamos debatir sobre las políticas adecuadas para el país, pero sin un cimiento de hechos, ¿cómo llevar a cabo ese debate? ¿Cómo avanzar como sociedad? En Estados Unidos existe mucha desconfianza en los médicos, en los científicos y en los tribunales. También hay desconfianza en los medios, en la presidencia, en el Congreso, en los negocios e incluso en las instituciones religiosas. Hay desconfianza hacia todos los árbitros de derechos. Es importante preguntarse por qué. Es un momento muy peligroso.

La investigación es clave, por supuesto. Hay que impulsarla aún más en los periódicos, especialmente en esta época en que hay Gobiernos autoritarios y también mucha inteligencia artificial creativa que puede tener un uso perverso. Ya hemos visto la difusión de imágenes falsas, vídeos falsos o audios manipulados. Vamos a necesitar equipos de investigación trabajando junto a especialistas en universidades y otros campos para distinguir qué es verdad y qué es mentira.

Estoy orgulloso de mi carrera y del trabajo realizado con los equipos de redacción. Nuestras investigaciones han tenido impacto, como la de los abusos en la Iglesia, que aún resuena en varios países, o los reportajes sobre Trump, que influyeron en la percepción pública antes de las elecciones de 2020. No controlamos el futuro ni debemos hacerlo, pero sí podemos ofrecer a la ciudadanía la información necesaria para tomar decisiones. Por eso creo que todo este trabajo ha valido la pena.

Siempre digo que no somos taquígrafos. No somos activistas. Somos periodistas independientes. Nuestra tarea es ir más allá de la superficie: entender qué está haciendo nuestro Gobierno, cómo influyen los poderes en la sociedad y cuál es el impacto de sus decisiones en la vida de los ciudadanos. Siempre pienso en cuál es la historia detrás de la historia inicial. ¿Por qué pasó eso? ¿Qué impacto tendrá? ¿Quién influyó en las decisiones? Cuando hay pruebas de mala conducta o fechorías por parte de los poderes, siempre tenemos la obligación de investigar, porque las personas con más poder tienen mayor capacidad para hacer daño y también para ocultar su conducta. El autor principal de la Primera Enmienda, James Madison (1751-1836), expuso en su explicación la necesidad de examinar a los dirigentes públicos y sus medidas. La palabra «examinar» es muy importante. Es decir, debemos exigir cuentas a los poderes y analizar con profundidad los hechos.

El gran reto es preservar ese espíritu crítico. La investigación sobre los abusos sexuales en la Iglesia comenzó por una columna que leí en el *Boston Globe* y que había pasado desapercibida. Hay que prestar atención a los detalles y buscar oportunidades para investigar. Siempre deberemos plantearnos preguntas e indagar en lo que está oculto bajo la superficie.

También es fundamental aprender a comunicar mejor. La manera de consumir información ha cambiado mucho y nosotros no hemos adaptado tanto nuestras narrativas. Tenemos que comunicar con más autenticidad. Contamos con la autoridad porque realizamos un gran trabajo para recopilar información y examinar con profundidad los hechos. Es importante que aprendamos a comunicar la información de forma más eficaz, pero siempre debemos dejar claro nuestro rol: el motivo por el cual tenemos una prensa libre. Si perdemos nuestra libertad de expresión, la ciudadanía la perderá después.

Necesitamos experimentar con nuevas narrativas y formatos. Vivimos en una época visual. Hay que innovar y sorprender. Hay que buscar las mejores formas de narrar. A veces el vídeo es más eficaz, otras el audio es suficiente, y en ocasiones es mejor combinar texto con gráficos animados. Deberíamos elegir entre las múltiples herramientas disponibles.

No recuerdo en toda mi carrera una época tan complicada como esta. Hemos visto una disminución del apoyo a la democracia en Estados Unidos y un aumento de la desconfianza en la prensa independiente. Es un momento muy peligroso para todo el mundo. Nunca antes anticipé un momento como este, con un Gobierno estadounidense que intenta debilitar los pilares de la democracia, como la prensa, la judicatura o el Congreso. También las universidades. Desafortunadamente, muchas instituciones han cedido. No hay nadie que les haga frente. Pensaba, como la mayoría, que las instituciones democráticas en Estados Unidos eran muy fuertes y ahora hemos descubierto que son mucho más frágiles de lo que imaginábamos.

Es el peor momento que he conocido para la prensa y, precisamente por eso, creo que es un buen momento para ser periodista. Es un momento muy arriesgado. Nuestro rol nunca será tan importante como cuando se produce una amenaza a la democracia. Es el momento más crucial para ejercer un periodismo independiente porque hay una gran necesidad de nuestro trabajo. Obviamente, los ciudadanos tienen derecho a elegir su propio Gobierno, pero es un problema cuando escogen un Gobierno que acaba siendo autocrático, porque esta elección, por paradójica que resulte, representa el final de la democracia. Estamos viviendo un momento crítico para la prensa. Creo que aún es pronto para ser plenamente conscientes de la importancia de esta etapa. Si hay periodistas que anhelan trabajar en un momento histórico, realmente importante, hemos llegado a ese momento. Es ahora cuando hay que hacer periodismo.

MARTIN BARON,<br>
exdirector del *Miami Herald, Boston Globe*<br>
y *The Washington Post*

# Agradecimientos y disculpas

Este libro es el fruto de tres años largos de trabajo desarrollado básicamente en horas intempestivas, a menudo en forma de madrugones o de madrugadas, según las posibilidades que brindaba cada momento, fuera de un horario laboral que en mi caso suele ser ya extenso, y también en fines de semana, días festivos y periodos vacacionales. Así que el primer agradecimiento es para mi familia, que tanto ha padecido este proceso. El hecho de que Judith sea también periodista y comparta las inquietudes que se muestran en el libro ha hecho que todo resultara más fácil. Su apoyo ha sido enorme, al igual que el de mi hija Emma, cuya afición a la lectura infantil ha hecho que sienta curiosidad y verdadera ilusión por el proceso de creación de esta obra, tan alejada, desde luego, de sus gustos e intereses.

Quicro dar las gracias también a Emili Albi, que me invitó a escribir el ensayo hace ya años, cuando aún trabajaba en la editorial Ariel, y a Caterina da Lisca, mi editora, que tomó el testigo e hizo suyo el proyecto con gran energía y entusiasmo. He descubierto en ella a una excelente profesional, muy concienciada con la importancia del periodismo en esta época turbulenta. Intensa, exigente y entregada. No ha mostrado reparos a largas conversaciones en horarios nocturnos y en festivos y fines de semana, a veces con el ruido de fondo de los parques infantiles de Barcelona, ciudad donde reside. Ha mejorado el libro con las justas pero muy atinadas aportaciones. Sería una gran periodista.

En el proceso he podido contar con la gran ayuda de Cherilyn Ireton, admirable directora ejecutiva del World Editors Forum Board de WAN-IFRA; de Jaime Abello, director general de la Fundación Gabo, y de su compañero Miguel Montes, así como de Rosental Alves, director del Centro Knight para el Periodismo en las Américas. Todos ellos conocían el proyecto desde sus inicios y han constituido un gran apoyo. También quiero mostrar mi reconocimiento al ejemplar periodista y escritor Sergio Ramírez, por ser tan espléndido al escribir el prólogo —a pesar de hacerlo con cierta premura—. Su contribución resulta especialmente importante por el significado que aporta su presencia. Quiero dar también las gracias a distintos profesionales que me han ayudado de forma generosa y desinteresada con sus sugerencias y contactos. Es el caso de Jesús García Calero, Emilio García-Ruiz, Olga Britto, Raquel González, Greg Piechota, Borja Echevarría, Eduardo Suárez, Martin Baron, Miguel Lorenci, Vicente Montes Gan, José Ángel Esteban, Mónica González, Ana Pastor y Elena Herrero-Beaumont.

Miguel Aguilar, de la editorial Penguin Random House, rival de Planeta, mostró su apoyo al proyecto y me ayudó a contactar con Svetlana Alexiévich, una pieza clave de esta obra. Sentí que el mundo es mejor gracias a personas como él. Y gracias también a personas como Yulia Dobrovolskaya, traductora al español de la premio nobel bielorrusa, que pareció apreciar y compartir el propósito de esta obra hasta el punto de no querer cobrarme por sus servicios como muestra de su implicación.

Me ha maravillado también la generosidad de todos los entrevistados, a los que quiero agradecer su tiempo, su honestidad y el compromiso que han mostrado conmigo y con el proyecto. Y a ellos les quiero pedir su comprensión cuando descubran que nuestras largas conversaciones aparecen en algunos casos editadas y reducidas, ya sea para mejorar el ritmo de lectura, evitar redundancias con los temas tratados con otros entrevistados o ajustar la extensión del propio libro, que en su versión íntegra habría dado para varios volúmenes. No ha sido nada fácil prescindir de contribuciones tan valiosas por parte de profesionales tan brillantes e inspiradores.

Con todo, la decisión más dolorosa, y por la que quiero pedir sinceras disculpas, es la de haber tenido que eliminar entrevistas completas. No ha quedado más remedio al ser este un proyecto tan largo y ambicioso. Algunas conversaciones referidas a la actualidad no resistieron bien el paso del tiempo, tan marcado por los acontecimientos; otras repetían algunas tesis e ideas que ya desarrollaban otros profesionales y ciertas aportaciones resultaban demasiado especializadas, sin duda de gran interés para mí, pero quizás menos relevantes para un lector general, como me hizo ver con gran criterio mi editora.

Es debido a este motivo —que no deja de evidenciar mi torpeza profesional— que no aparecen finalmente profesionales tan relevantes y ejemplares para mí como Dmitry Shiskin, CEO de Ringier Media y uno de los periodistas más innovadores que he conocido; Liz Corbin, directora de Noticias de la European Broadcasting Union (EBU); Rachel Armstrong, directora de la agencia Reuters para Europa; Natalia Torrente, exredactora del desaparecido medio deportivo *Relevo*, autora de la investigación que destapó un importante escándalo en la Federación Española de Fútbol; Ezequiel Barrera, fundador del proyecto de investigación *Gato Encerrado* en El Salvador, Martha Ramos, directora editorial de la Organización Editorial Mexicana (OEM), o Kamal Ahmed, actual director de audio de *The Telegraph*. Vayan estas líneas, en todo caso, como reconocimiento a su labor. Espero poder compensarles algún día, así como a tantas otras personas que quisieron sumarse al proyecto y que, por falta de tiempo o espacio, no pude incluir finalmente. A todos ellos les doy las gracias y, al mismo tiempo, les pido sinceras disculpas.

# Notas bibliográficas


1. «Editorial media as defenders of democracies»: <https://schibstedmedia.com/editorial-media-as-defenders-of-european-democracies/>.

2. Bradford, Anu, *Digital Empires: The Global Battle to Regulate Technology*, Oxford University Press, Nueva York, 2023.

3. Palmer, Ruth; Nielsen, Rasmus Kleis; Toff, Benjamin, *Avoiding the News: Reluctant Audiences for Journalism*, Columbia University Press, Nueva York, 2023.

4. «The Blast Effect. This is how bullets from an AR-15 blow the body apart», *The Washington Post*, 27 de marzo de 2023, <https://www.washingtonpost.com/nation/interactive/2023/ar-15-damage-to-human-body/>.

5. «Terror on repeat. A rare look at the devastation caused by AR-15 shootings», *The Washington Post*, 16 de noviembre de 2023, <https://www.washingtonpost.com/nation/interactive/2023/ar-15-force-mass-shootings/?itid=cb_enhanced_ar15_0>.

6. «Generative AI exists because of the transformer», *Financial Times*, 12 de septiembre de 2023, <https://ig.ft.com/generative-ai/>

7. <https://outliermedia.org/>.

8. <https://www.documenters.org/>.

9. Fidler, Roger F., *Mediamorfosis: comprender los nuevos medios*, Ediciones Granica, Buenos Aires, 1998.